小島 妙子

ドメスティック・バイオレンスの法

アメリカ法と日本法の挑戦

信山社

はしがき

家族とは、経済的利害得失を離れた安全で安らぎを得られる場とされ、このような「親密圏」としての家族に法は極力介入を差し控えるべきであると考えられてきた。しかしながら今日、このような場において、家族の一員から他の一員に対し、殴る・蹴る等の身体的暴力をはじめとする様々な形態の暴力が日常的に加えられている事実が明らかとなっており、家族は現代社会において最も危険な場所の一つとなっている。これに伴い、かかる人格的利益の侵害を放置し黙認してきた法のあり方が、厳しく問い直されている。

本書は、「親密圏」における暴力のうち、ドメスティック・バイオレンスを取り上げ、法的検討を加えるものである。

ドメスティック・バイオレンス（DVと略称される）という言葉は、ここ数年の間に、わが国において「夫・パートナーからの暴力」を意味する言葉として広く用いられるようになった。

女性たちはドメスティック・バイオレンスという言葉を獲得することによって、それまで多くの女性たちが経験してきた夫婦間における不快な言動（「誰にメシを食わしてもらっていると思っているんだ!」と言われたり、性行為を強要されること）や、黙認されてきた事柄（夫婦ゲンカは犬も食わない）が、実は「個人的な問題」ではなく「社会的な問題」であり、相手の言動は、社会的非難に値する行為であって法的にも違法・不当な行為であると認識するようになった。

ドメスティック・バイオレンスに対しては、伝統的に、刑法、不法行為法、婚姻法などが法的救済を行なってきたが、従来の手法は、加害者の法的責任を明確にし、被害者の救済をはかるという点からみて、十分に機能してきたとは言えない。そこにはいかなる問題があったのだろうか。

はしがき

二〇〇一年四月には「配偶者からの暴力の防止及び被害者の保護に関する法律」（いわゆるＤＶ防止法）が成立し、わが国におけるドメスティック・バイオレンスに対する施策が本格的にスタートしたといわれているが、ＤＶ防止法の制定は、従来の法的規制にいかなる影響を与えるものなのだろうか。

さらに、ドメスティック・バイオレンスに対する警察の介入をめぐっては、警察はもっと積極的に介入すべきであるとする意見がある一方で、夫婦・親子・家庭などのようなこれまで市民社会が自律・自治に秩序維持機能を委ねてきた領域における諸問題については、警察権力の介入をできるかぎり抑制すべきであるとする意見がある。ドメスティック・バイオレンスへの警察の介入はいかにあるべきなのだろうか。またＤＶ防止法が創設した罰則付保護命令制度についても、保護命令が申請できる範囲が狭すぎるという意見がある一方で、ＤＶ防止法は警察権力・刑罰権依存の立法であり問題があるという意見がある。このようにＤＶ防止法は相反する立場から挟撃されている状況にある。ＤＶ防止法はどのように評価すべきなのだろうか。

本書は以上のテーマに答えることを目的とするものである。

本書の構成は、まず「ドメスティック・バイオレンス（ＤＶ）とは何か」（序章）、「いま、なぜ、ドメスティック・バイオレンスなのか」について述べ（第一章）、ここ四半世紀にわたり国をあげてＤＶへの取組みをすすめてきた「アメリカにおける法状況」を紹介し（第二章）、「わが国におけるＤＶ被害の実態」について各種調査の結果にもとづき明らかにした上で（第三章）、わが国における「ドメスティック・バイオレンスの法的救済」について、まず「伝統的手法」について論じ（第四章）、次いでＤＶ防止法をはじめとする「新たな手法」について論じることとした（第五章）。

本書がドメスティック・バイオレンスの根絶のための一助となることを願ってやまない。

二〇〇二年六月

小島　妙子

目　次

目　次

序　章　ドメスティック・バイオレンスとは何か

ドメスティック・バイオレンス（domestic violence）という用語は、ここ数年の間に、人々の間で日常用語として用いられるようになった。また二〇〇一年四月には「配偶者からの暴力の防止及び被害者の保護に関する法律」（いわゆるＤＶ防止法）が成立し、わが国におけるドメスティック・バイオレンスに対する施策が本格的にスタートしたといわれている。ドメスティック・バイオレンス（ＤＶと略称されている）とはいかなる意味をもつ用語なのだろうか。また、ドメスティック・バイオレンスに関する法的課題とは何なのだろうか。

一　ドメスティック・バイオレンスの定義

1　日常用語としての概念

ドメスティック・バイオレンスという用語は、ここ数年の間に広く人々の間で用いられるようになり、二〇〇一年の流行語大賞のトップテン賞に選出された。受賞者はＤＶ調査研究会である。「授賞語の解説」によれば、「ドメスティック・バイオレンスとは、夫から妻への、もしくは恋人など親密な関係の男性から女性への暴力をさす」という。

男女共同参画審議会女性に対する暴力部会は、同審議会が一九九七年六月、内閣総理大臣から女性に対する暴力に関する基本的方策について初の諮問を受けたのを機に設置され、以後審議を重ね、その結果について一九九九八年一〇月「中間取りまとめ」を発表し、世論を喚起したが、「中間とりまとめ」は、女性に対する暴力の多様な形態の一つとしてドメスティック・バイオレンスを挙げ、これを「夫・パートナーからの暴力」を意味する用語として用いている。言うまでもなく、ドメスティック・バイオレンスに関する法律上の概念は、日常用語の概念から一定範囲のものが抽出されることになる。特にドメスティック・バイオレンスに関して法律上の特別な救済（若しくは制裁）規定を制定するに際しては、その概念を明確にする必要がでてくるが、ここではまず、日常用語としてドメスティック・バイオレンスの意味内容を吟味してみよう。

ドメスティック・バイオレンスの意味を理解するためには、どのような関係において振るわれる暴力なのか（当事者の関係）と、暴力とはなにか（行為態様）に着目して、検討を加える必要がある。そこで、まず当事者の関係について言葉の由来に遡って検討してみよう。

ドメスティック・バイオレンスという用語の『純化』

もともと、ドメスティック（domestic）という言葉には「家庭の」「家族の」という意味があり、ドメスティック・バイオレンスという言葉の意味としては、家庭内で起こる暴力のすべてが含まれるとイメージする方が自然である。

実際上も、一九九八年五月に初めて「ドメスティック・バイオレンス」を特集として取上げた雑誌「女性情報」は、夫の暴力、夫（恋人）からの暴力の外に、児童虐待、子どもの暴力に悩まされた父親が子どもを殺害した事件（いわゆる金属バット事件）を、「ドメスティック・バイオレンス」として取上げている。

ちなみに、ブリタニカ百科事典はこう解説する。

「ドメスティック・バイオレンス（domestic violence）とは、社会的かつ法的概念であり、最も広い意味では同一世帯内で起こるあらゆる虐待（abuse）を指す。もっともこの用語は、多くの場合、男性パートナーから相手の女性に対する暴行（assaults）を指すものとして、限定して用いられている。」

ところで、今日、ドメスティック・バイオレンスは、日常用語としては「夫・恋人からの暴力」あるいは「夫・パートナーからの暴力」を意味する言葉として用いられ、家庭内で発生するその他の暴力、児童虐待、高齢者への虐待、子の親に対する暴力（わが国においては一九七〇年代以降、未成年の子が親に対して振るう暴力が社会問題となり「家庭内暴力」と呼ばれてきた）等は、日常用語としてドメスティック・バイオレンス（ＤＶ）という言葉には含まれないと考えてよいであろう。

たとえば、二〇〇一年四月に成立した「配偶者からの暴力の防止及び被害者の保護に関する法律」は、主として配偶者（婚姻届をしていないが、事実上婚姻関係と同様の事情にある者を含む）からの暴力を規制の対象としており、家庭内で起こるその他の暴力を対象としていないが、ドメスティック・バイオレンス防止法（略してＤＶ防止法）といわれている。

このように、わが国において、家庭内で起こるあらゆる暴力を含む言葉として成立する余地のあったドメスティック・バイオレンスという言葉が、「夫・恋人など親密な関係にある男性から女性への暴力」あるいは「夫・パートナーからの暴力」を意味する言葉に「純化」していったのはなぜなのだろうか。とりわけ、本来ジェンダーに中立的であるドメスティック・バイオレンスという言葉が、男性から女性への暴力を意味することになったのはなぜなのだろうか。この問に答えるために、ドメスティック・バイオレンスが今日の意味を獲得するまでの経過をふりかえってみよう。

流行語大賞のトップテン賞を受賞したＤＶ調査研究会は、一九九二年わが国にドメスティック・バイオレンス（ＤＶ）という言葉を初めて「輸入」し、わが国における「夫・恋人からの暴力」に対する社会的施策のあり方を問い直す運動を始めた。しかし、当初は、ドメスティック・バイオレンスという言葉は、わが国においてＤＶ研が提示した「夫・恋人からの暴力」を意味する用語として理解されてはいなかった。実際、当時私は、仙台で「女性のための離婚ホットライン（弁護士佐川房子代表）」というボランティア・グループを結成しており、ＤＶ研の運動に共鳴し、翌九三年六月「離婚・ドメスティック・バイオレンス（ＤＶ）ホットライン」と称して、離婚及び「夫・恋人からの暴力」に関する電話相談を実施したが、報道機関はドメスティック・バイオレンスという言葉を「家庭内暴力」と翻訳して報道した。

このような状況に変化が生じたのは、一九九五年北京で開催された第四回世界女性会議において採択された「行動綱領」の中で「女性に対する暴力」が重大問題領域の一項目として取りあげられ、国際社会が女性に対する暴力を防止し撤廃するために各国政府のみならず社会のあらゆる機関が総合的な対策をとるべきことを要請したことを契機として、わが国においてもこのような国際社会の要請に答えて、それまで立ち遅れていた女性に対する暴力撤廃への取組み、とりわけ「夫・パートナーからの暴力」への取組みが急速に進んだことによる。

たとえば、一九九八年三月東京都は全国の自治体としては初めて『「女性に対する暴力」調査報告書』を発表したが、調査の主眼は「夫・パートナーからの暴力」に置かれた。同調査は調査対象となった女性の三人に一人が夫・パートナーから殴る蹴る等の「身体的暴力」をうけている実態を明らかにし、一般社会に多大なインパクトを与えた。

また、総理府は一九九九年、「女性に対する暴力」に関する国レベルで初の実態調査を行っているが、調査項目の第一項目に「①夫婦間での暴行等」を挙げ、調査項目の大半を右項目に費やした。右調査の結果は、二〇〇〇年二月発表されたが、その結果は夫や妻から「命の危険を感じるくらいの暴行をうける」経験があった者が、女性四・六％男性〇・五％というものであり、夫（事実婚・別居中も含む）からの暴行が深刻な被害をひきおこしていることを明らかにした。さらに、このような暴行については「警察や公的機関などが、解決に向けてかかわるべきだと思う」と答えた人が、男女とも約九割に及んでいることがわかった。

一九九九年五月、男女共同参画審議会はわが国における「女性に対する暴力」に関する初の答申を内閣総理大臣に対して行ったが、右答申は、政府に対し、わが国における女性に対する暴力の実態及びそれに対する人々の意識を把握するために調査を実施すること、女性に対する暴力を扱う関係機関・団体、専門家等の活動を十分把握し、これが十分に機能し、または活動できるように支援を行うべきことを提言した。

これを受けて一九九九年一二月、警察庁はつきまとい事案及び夫から妻への暴力事案、児童虐待について、介入に消極的であった従来の姿勢を見直すこととし、各都道府県警察に対し、次長通達「女性・子どもを守る施策実施要綱の制定について」を発出しているが、その趣旨は女性や子どもが被害者となる犯罪については、刑罰法令に抵触する事案につき、適切に検挙措置を講ずることはもとより、刑罰法令に抵触しない事案についても、国民の生命、身体及び財産の保護の観点から、警察として積極的に対策を講ずる必要があるからであるという。また、厚生省も一九九九年四月、売春防止法にもとづいて行ってきた婦人保護事業の対象者の範囲を「夫等からの暴力により保護を必要とする女性」も含むものとする旨の通知を発している。

二〇〇〇年七月、男女共同参画審議会は、「女性に対する暴力に関する基本的施策について」を答申したが、「特に対応を迫られている暴力の形態」の第一項目に「夫・パートナーからの暴力」を挙げ、既存の法制度の的確な実施や一層の活用だけでなく、新たな法制度や方策を含め早急に幅広く検討することの必要性を指摘している。

さらに、二〇〇一年四月「配偶者からの暴力の防止及び被害者の保護に関する法律（DV防止法）」が成立し、わが国におけるドメスティック・バイオレンス対策が本格的にスタートしたといわれるに至っている。

このようにして、わが国において、ここ数年の間にドメスティック・バイオレンス（DV）という言葉は、「夫・恋人からの暴力」「夫・パートナーからの暴力」という日常用語としての意味を獲得するに至ったが、その社会的・政治的意味は、「夫・恋人からの暴力」「夫・パートナーからの暴力」が、女性の個人としての尊厳を害する行為であり、男女平等の実現の妨げとなる行為であって、国家・社会がその問題の解決のため積極的な役割を果たすべきであるという認識が広く共有されるに至ったという点にある。これは、「夫・恋人からの暴力」「夫・パートナーからの暴力」が、単なる「個人的問題」（＝夫婦ゲンカは犬も食わない）から「社会的問題」（典型的にはDV

防止法の成立）へと変化したことを意味する。

しかしながら、この変化があまりにも急激であったことから、ドメスティック・バイオレンスの日常用語としての意味内容はいまだ固まっているとはいえない。以下問題となる点について詳しくみていこう。

どのような関係において振るわれる暴力なのか

ここまで、ドメスティック・バイオレンスを①「夫・恋人からの暴力」あるいは②「夫・パートナーからの暴力」として論じてきたが、①と②では含まれる当事者が異なる。

流行語大賞を受賞したDV調査研究会は、その著書『ドメスティック・バイオレンス』において、「ドメスティック・バイオレンスは、直訳すると『家庭内の暴力』だが、『親密な』関係における男性から女性への暴力を指す。『親密な』関係は法的婚姻関係や現在進行中の関係だけに限らない。夫、内縁の夫、別居中の夫、前夫、婚約者、元婚約者、つきあっている恋人、あるいは以前つきあっていた恋人からの暴力が、ドメスティック・バイオレンスだ」という[(1)]。この定義に従うと、いわゆる「デート・レイプ」も、ドメスティック・バイオレンスに含まれることになる。

ところで、小西聖子氏は、その著書『ドメスティック・バイオレンス』において、「ここでいうドメスティック・バイオレンスはまさに『インティミット』（intimate）な関係にある、あるいはあった二人のあいだに起きてくるものである」といい、女性に対する暴力に限定していないが、ここで「インティミット」とは「その二人の間に性的な関係があることを感じさせる言葉だそうである」と指摘し、恋人関係にある者同士の暴力を含む言葉として用いている[(2)]。

一方で、国などの行政機関において、ドメスティック・バイオレンスとは、おおむね「夫・パートナーからの暴力」を意味する用語である。ここで、パートナーとは、事実婚（内縁関係）にある夫を意味している。別居中の夫・パートナーからの暴力はもちろん含まれる。また、法律婚・事実婚を解消した夫からの暴力も含まれる場合があるが、単なる恋人、婚約者からの暴力は除かれている。

ここで、単なる恋人や婚約者からの暴力が除外されているのは、「夫・パートナーからの暴力」は、被害に遭っても公的機関や民間機関に相談しないことが多く被害を訴えにくい現状があるが、その理由としては、被害者は経済的自立が困難であったり、子どもへの影響を恐れていたり、子どもと引き離されるのではないかと懸念しており、そのため夫・パートナーの下を離れることができず、暴力を甘受しているとみられるので、単なる恋人や婚約者などからの暴力と異なり特別な対策が必要であると考えられたからであろう。

実際に、離婚の際に妻が無職である割合は、一九九五年に成立した離婚において四八・五％であり、一方で離婚後の求職活動は難しく、社会福祉サービスも児童扶養手当の削減にみられるように、離婚母子世帯の増加に伴い切り詰められている現状にあり、離婚後の経済的不安は女性に相当な心理的圧迫を与えていると思われる。離婚により生じた悩みを親権者となった男女に尋ねたところ、女性の悩みでは、「経済的なこと」（七三・〇％）がトップであり、次に「子供のこと」（六六・八％）であった。[3]

このように「夫・パートナーからの暴力」の被害者は、「恋人からの暴力」の被害者とは、その置かれている社会的状況が異なるため、特に、国・自治体としての対応が必要であると考えられたのであろう。[4]

法律婚・事実婚を解消した夫からの暴力については、夫からの暴力は、妻が夫と別れようとするときや、別れた直後に最もエスカレートするといわれており、実際上も、別れ話がこじれて別居中の夫や前夫が妻を殺害する例が相当数みられること、また離婚により、ただちに夫との関係が切れるわけではなく、経済的援助を受けたり、子どもの問題をめぐって、離婚後も被害者が夫・パートナーとの関係を完全に断つことができず、暴力を甘受せざるをえない状況におかれている場合もありうることから、法律婚・事実婚を解消した夫からの暴力も「夫・パートナーからの暴力」として、国・自治体としての対応が必要とされる場合もあると考えられる。

さて、今日、わが国において日常用語としてのドメスティック・バイオレンスとは、「夫・パートナーからの暴力」を意味し、「恋人からの暴力」――たとえばデート・レイプのような形態の暴力――までは含まれないように思われる。これは、わが国においてドメスティック・バイオレンスに関する社会的意味が形成されるに至った背景として、国及び自治体による取組みがここ数年の間に急速に進んできたという状態があり、国・自治体による施策が「夫・パートナーからの暴力」を対象とするものであり、これが人々に共感をもって受け入れられたことから、ドメスティック・バイオレンスが「夫・パートナーからの暴力」と意味するものとして一般社会に浸透したからであろうと思われる。

暴力とはなにか――行為態様

ドメスティック・バイオレンスとは、いかなる行為をいうのだろう。

バイオレンス（violence）には、一般に「暴力」という訳語をあてているが、日常用語として「暴力」とはいかなる行為をさすのかについては人によって理解が異なるであろう。

従来「夫の暴力」といえば、殴る、蹴る等の身体的暴力を意味することが多かった。たとえば、家庭裁判所に離婚調停の申立をする際の申し立ての動機別割合を調査した統計（一九七五～一九九八年）によれば、妻側の申立ての動機のトップ3は、一貫して「性格があわない」「暴力をふるう」「異性関係」であるが、右資料では申立の動機としてこの外に「精神的虐待」「性的不満」などが挙げられており、ここでの「暴力をふるう」が身体的暴力を念頭に置いていることは明らかであろう[5]。

このような状況に変化が生じてきたのは、国連総会において一九九三年「女性に対する暴力の撤廃に関する宣言」が採択され、女性に対する暴力の包括的定義がなされたことが契機である。即ち、右宣言は第一条で『女性に対する暴力』とは、性（ジェンダー）に基づく一切の暴力行為であって、公的生活で起こるか私的生活で起こるかを問わず、女性に対する身体的、性的、若しくは心理的危害または苦痛となる行為、あるいはそうなるおそれのある行為であって、このような行為の威嚇、強制、もしくは恣意的な自由の剥奪をも含む」と定義した[6]。

　また、第二条は、その具体的内容として、「女性に対する暴力」を三種類に分類し、その中の一つの類型としてドメスティック・バイオレンスをこう定義した。

「a　家庭において起こる身体的、性的、および心理的暴力であって、殴打、女児に対する性的虐待、持参金に関連した暴力、夫婦間レイプ、女性性器の切除及びその他女性に有害な伝統的慣行、配偶者以外による暴力および搾取に関連した暴力を含む。」

　このような「暴力」概念は、右宣言が前文でのべているように、女性に対する暴力を「男性の女性に対する支配」という観点から把える見方に由来している。即ち、同宣言は、「女性に対する暴力は、男性が女性を差別する結果となり、また女性の完全な発展を妨げる結果となった男女間の歴史的に不平等な力関係を明らかに示すものであり、女性が男性に比べて従属的地位に置かれていることを余儀なくさせる重大な社会的構造の一つである」と指摘している。「女性に対する暴力」を右のように理解するならば、男性の女性に対する支配の発現形態としての「暴力」には、身体的暴力に限らず、心理的暴力も性的暴力も含まれることになる。

　さて、わが国において、今日、ドメスティック・バイオレンスといえば、当事者の関係という点でいうと「夫・パートナーからの暴力」を意味し、児童虐待等の家庭内で起こるその他の暴力が除外されるに至った事情については既に述べたとおりであるが、暴力の行為態様については、「身体的」暴力のみならず「心理的」「性的」暴力も含むとする「女性に対する暴力の撤廃に関する宣言」における「暴力」概念が、わが国の社会においても広く受け入れられている。

　たとえば、総理府は一九九九年、わが国で初めて、国レベルでの「女性に対する暴力」に関する世論調査（男女間における暴力に関する調査）を行っているが、右調査において、夫婦（事実婚や別居中を含む）の間で行われた行為が「暴力だと思いますか」との問いに対し、「どんな場合でも暴力にあたる」との回答が過半数を超えた行為は、「身体を傷つける可能性のある物で殴る」「刃物などを突きつけておどす」「足で蹴る」「平手で打つ」などの

「身体的暴力」及び「相手がいやがっているのに性的な行為を強要する」という「性的暴力」であった。一方で「どんな場合でも暴力にあたると思う」が過半数に至らなかったのは、「見たくないのに、ポルノビデオやポルノ雑誌をみせる」という「性的暴力」、「『誰のおかげで生活できるんだ』とか、『かいしょうなし』と言う」「何を言っても長時間無視しつづける」「交友関係や電話を細かく監視する」「大声でどなる」などの「心理的暴力」であった。しかしながら「大声でどなる」を除くすべての行為について、「どんな場合でも暴力にあたると思う」という回答が三〇％を超えている点は注目に値する。これに「暴力の場合とそうでない場合がある」と回答した人を合わせると、「性的暴力」「心理的暴力」のいずれの行為についてもその合計が七〇％を超えた。(7)これは、多くの人々が夫婦間の「暴力」には「身体的暴力」が当然に含まれると考えていること、また「性的暴力」のなかでも性的関係の強要は「暴力」に含まれると考えていること、一方でその他の「性的暴力」及び「心理的暴力」については、意見がわかれているものの、「『誰のおかげて生活できるんだ』などとか『かいしょうなし』と言う」についても約三～四割近くの人がこれを「暴力」に含まれると考えていることを示している。

このように、今日、ドメスティック・バイオレンスという用語は、「身体的暴力」のみならず「性的暴力」及び「心理的暴力」も含む言葉として用いられるようになってきたが、そうなった背景には「女性に対する暴力」なかでも「夫・パートナーからの暴力」に対する国・地方自治体による取組みが進み、またこれを促すような民間団体による活動がなされたこと、とりわけ、各種の「女性に対する暴力」の実態調査において、「身体的暴力」のみならず、「性的暴力」「心理的暴力」も「夫・パートナーからの暴力」として取り上げられたこと、被害者が、右調査に答えて、「性的暴力」「心理的暴力」についても、これを「被害」としてその体験を語りはじめ、それが多くの人々の共感を得ているという社会的実態があると思われる。

人々は、ドメスティック・バイオレンスという言葉を獲得することによって、それまで人々が共有してきた夫婦間における不快な言動（「誰にメシを食わしてもらっていると思っているんだ！」と言われたり、セックスを強要されること）や、黙認されてきた事柄（夫婦ゲンカは犬も食わない！）が、実は「個人的な問題」ではなく「社会的な問題」であり、相手の言動は「暴力」であると認識するようになったのである。

ＤＶ調査研究会は、一九九二年、わが国で初めてドメスティック・バイオレンスの実態調査を行ったが、同研究会は、ドメスティック・バイオレンスには、殴る、蹴る等身体的暴力のみならず、「気がすすまないのにセックスをさせられた」「暴力的にセックスを強要された」「見たくないのに、ポルノビデオやポルノ雑誌をみせられた」等の性的暴力、「ばかにされたり、ののしられたり、命令する口調でものをいわれた」「殴るそぶりや、物を投げるそぶりをして脅かされた」「実家や友人とのつきあいを制限されたり、禁止された」「生活費を渡さない」「なにを言っても相手にされず無視され続けた」などの「心理的暴力」が含まれ、あらゆる形態の暴力がドメスティック・バイオレンスであると訴えた。

また、東京都は一九九七年、全国の自治体に先駆けて、「女性に対する暴力」の実態調査を行ったが、同調査は「夫・パートナーからの暴力」の実態把握を主眼に据え、「平手で打つ」「げんこつなどでなぐるふりをして、おどす」「けったり、かんだり、げんこつでなぐる」などの身体的暴力の外に、「何を言っても無視する」「『だれのおかげでお前は食べられるんだ』と言う」「交友関係や電話を細かく監視する」等の精神的暴力、「避妊に協力しない」「おどしや暴力によって、意に反して性的な行為を強要する」等の性的暴力について被害経験の有無を尋ねている(8)。

一九九八年一〇月、男女共同参画審議会女性に対する暴力部会は、「中間取りまとめ」を発表したが、「我が国における女性に対する暴力の多様な形態と類型化」の中で、女性に対する暴力の類型化を試みており、「身体的、性的又は心理的なもの」を挙げ、女性に対する暴力が「身体的暴力」に限られないことを指摘した(9)。

一九九九年、総理府は、わが国で初めて女性に対する暴力に関する国民の意識及び被害経験の態様、程度等について把握すること等を目的とする調査を行った。右調査では調査項目の第一項目に「夫婦間での暴行等について」が挙げられ「夫や妻から暴行等を受けた経験の有無」が尋ねられているが、右調査では、「命の危険を感じるくらいの暴行をうける」「医師の治療が必要となる程度の暴行をうける」「医師の治療が必要とならない程度の暴行をうける」という身体的暴力の経験のみならず、「あなたがいやがっているのに性的な行為を強要される」「あなたは見たくもないのに、ポルノビデオやポルノ雑誌をみせられる」という性的暴力、「何を言っても無視され続ける」「交友関係や電話を細かく監視される」「『誰のおかげで生活できるんだ』とか『かいしょうなし』と言われる」「大声でどなられる」という心理的暴力が「女性に対する暴力」の被害経験の態様として挙げられている。

このようにして今日、ドメスティック・バイオレンスとは、おおむね、「夫・パートナーからの身体的・性的・心理的暴力」を意味する言葉として用いられるようになっているといえよう。

2　ＤＶ防止法上の概念

ドメスティック・バイオレンスと言っても、我々が日常用語として用いているドメスティック・バイオレンスの全てが、法的規制の対象とされているわけではなく、個々の法律の趣旨・立法目的に沿って法的規制がなされていくことになる。したがって現実に法的規制がなされているのは、ドメスティック・バイオレンスの中の一定範囲のものということになる。そこで、いうまでもなく、ドメスティック・バイオレンスに関する法的概念は、1にのべた日常用語の概念から一定範囲のものが抽出されることになる。特にドメスティック・バイオレンスに関して法律上特別な救済（もしくは制裁）規定を制定するに際しては、その概念（＝定義）を明確にする必要がある。わが国においては、二〇〇一年四月に成立した「配偶者からの暴力の防止及び被害者の保護に関する法律」（いわゆるＤＶ防止法）が、ドメスティック・バイオレンスを「規制」する法律として登場するに至っている。そこで、次に、ＤＶ防止法におけるドメスティック・バイオレンスの定義をみてみよう。

◈DV防止法におけるドメスティック・バイオレンスの定義

「配偶者からの暴力の防止及び被害者の保護に関する法律」（以下本法という）の成立により、わが国ではじめて法律によりドメスティック・バイオレンスに定義に与えられ、それに対する本格的な対策が講じられることとなった。

本法には、ドメスティック・バイオレンスという言葉は用いられていないが、本法の提案者は、本法案の国会審議において、本法の提案の趣旨として「夫やパートナーからの暴力であるドメスティック・バイオレンスに対処するための法的措置が求められております」「本法律案は、このようなドメスティック・バイオレンスの状況を改善し、人権の擁護と男女平等の実現を図るため、配偶者からの暴力に係る通報、相談、保護、自立支援等の体制を整備し、配偶者からの暴力の防止及び被害者を保護するための施策を講じようとするものであります」と述べており、本法がドメスティック・バイオレンスを法的規制の対象としていることは明らかである[10]。

さて本法は、右目的を実現するために法的性格の異なる二つの施策を用意している。①保護命令制度の創設（二〇〇一年一〇月施行）、及び②配偶者暴力相談支援センターに関するもの（二〇〇二年四月施行）の二つである。保護命令制度は本法により新設されたものであり、裁判所が被害者からの申立てにより、加害者に対する①接近禁止命令②住居からの退去命令を発し、命令違反者には刑罰を科すという法制度である。配偶者暴力相談支援センターに関する規定は、ドメスティック・バイオレンスの被害者に対し、売春防止法にもとづき婦人相談所等が事実上行ってきた一時保護・相談等の業務につき、法的位置づけを与え、国としての予算措置を講ずるとする規定である。

このように本法は、法的性格の異なる施策を含む複合的な構造となっているため、本法が対象とするドメスティック・バイオレンスには、保護命令制度の適用を受けるもの（＝「配偶者からの暴力」）と、配偶者暴力相談支援センターによる保護の対象となるもの（＝「配偶者からの暴力」の被害者及び被害者に準ずる心身に有害な影響を及ぼす言動を受けた者）の二種類のものがある。

ところで、本法の主眼が保護命令制度の創設に置かれたことから、本法が法的規制の対象とするドメスティック・バイオレンスが「配偶者からの暴力」として、本法第一条において定義され、本法の名称にも採用されている。また配偶者暴力相談支援センターが対象とするドメスティック・バイオレンスとは、我々が日常用語として用いているドメスティック・バイオレンスの用語法ともほぼ一致するといえるので、以下では本法が規定する「配偶者からの暴力」とは何かについてみてみよう。

当事者の関係

本法は、第一条第一項で、

「この法律において『配偶者からの暴力』とは、配偶者（婚姻の届出をしていないが、事実上婚姻関係と同様の事情にある者を含む）からの身体に対する不法な攻撃であって生命又は身体に危害を及ぼすものをいう」と定義している。

ここで、配偶者とは、いうまでもなく、婚姻の届出をしている法律上の夫婦であり、「婚姻届出をしていないが、事実上婚姻関係と同様の事情にある者」とは、民法上あるいは社会保障法上「婚姻に準ずる関係」として扱われ、法的保護を与えられてきた者を言う（準婚理論）。このように本法が法的規制の対象とするドメスティック・バイオレンスとは、当事者の点でいうと法律上・事実上の夫婦に限定され、元配偶者、単なる恋人・一時的同棲相手・婚約者など婚姻に準ずる関係にあるとはいえない者からの暴力は除かれている。その理由として、提案者は、「配偶者からの暴力は、家庭内で行われるものでございますので、外部からの発見がなかなかしにくい、継続して行われる、またエスカレートして重大な被害が生じることがある」という特性があり、一般の暴力とは異なるからであるという。

夫（事実婚を含む）からの暴力の被害者は、離婚後の経済的自立が困難であったり、離婚が子どもに及ぼす影響を恐れていたり、子どもと引き離されるのではないかと懸念しており、容易に夫の下を離れることができず、暴力を甘受していると考えられ、このような者には特別な法的救済が必要であると考えられたからであろうと思われる。

ただし、元配偶者については、離婚後に暴力が激化することもあるので、婚姻中に暴力を受けていた場合であって、当該配偶者であった者から引き続き生命、身体に危害をうけるおそれがある者については、配偶者暴力相談支援センター等の保護の対象にしている。

ところで、本法は、法の趣旨、目的を述べる前文において、配偶者からの暴力の被害者は、多くの場合女性であること、経済的自立が困難である女性に対して配偶者が暴力を行うことは個人の尊厳を害し、男女平等の実現の妨げとなっていること、本法の施策は、女性に対する暴力を根絶しようと努めている国際社会における取組みにも沿うものであることを指摘しており、本法の趣旨・目的が「女性に対する暴力」の防止と被害者の保護にあることは明らかである。しかしながら、本法におけるドメスティック・バイオレンスの定義は性に中立的である。従って、女性（妻）から男性（夫）への暴力も「配偶者からの暴力」に含まれる。その理由は、今日、社会的問題となっているのは、夫・パートナーから相手の女性に対する暴力であるが、夫殺しに見られるように我々の社会には、いうまでもなく、妻から夫への暴力も存在すること、罰則付保護命令が発令される対象者を夫（男性）に限定することは、法の下の平等に反するおそれがあることが考慮されたためであろう。

行為態様

「身体に対する不法な攻撃であって生命又は身体に危害を及ぼすもの」とは、具体的には、刑法上、暴行罪又は傷害罪に当たるような行為を指すといわれ、「暴力」といわれるなかでも、身体に対する不法な攻撃とはいえないような性的暴力（＝見たくないのにポルノビデオを見せるなど。刑法上の強姦罪に当たる行為は身体に対する不法な攻撃といえよう）、あるいは、心理的暴力（何を言っても無視する、交友関係や電話を細かく監視する、「誰に食わしてもらってるんだ」という）は、含まれない。

ただし、右のような行為も個人の尊厳を害し、男女平等の実現の妨げとなるので、「心身に有害な影響を及ぼす言動」として配偶者暴力相談支援センター等の保護の対象となる。

このように、本法におけるドメスティック・バイオレンスの定義の特色は、法的「規制」の対象となる当事者を法律上・事実上の夫婦に限定しており、元配偶者、恋人を含まないこと、対象となる行為を主として身体的暴力に限定し、身体に対する不法な攻撃に当たらない性的暴力又は心理的暴力を含まないことである。

この定義は、我々が日常用語として用いているドメスティック・バイオレンスの中から、対象者、対象となる行為について、それぞれかなり限定を加えたものであるが、それはあくまで、本法が対象とするドメスティック・バイオレンスの概念を定義したものである。ドメスティック・バイオレンスの法的概念がこのように限定されたのは、本法の主眼が配偶者からの暴力の防止と被害者の保護を図る方策として、保護命令制度を創設する点に置かれていることによる。

保護命令制度とは

ここで、保護命令制度とは、配偶者からの暴力により、被害者の生命又は身体に対する重大な危害が発生するおそれが高いと認められる場合に、被害者の生命又は身体の安全を確保し、さらには家庭の平穏を確保するという観点から、国家が夫婦間の生活関係に後見的に介入し、接近禁止や生活の本拠としている住居からの退去を命ずる民事行政的作用を有し、非訟事件の一種として位置づけられるものであるといわれている(11)。

配偶者からの暴力を受けた者が「更なる配偶者からの暴力によりその生命又は身体に重大な危害を受けるおそれが大きいとき」、裁判所は、被害者からの申立により保護命令を発することができる。ここで「生命又は身体に重大な危害を受けるおそれが大きいとき」とは、被害者に対し、殺人、傷害等の被害が及ぶおそれがある状況をいうとされる。

保護命令の内容は、①六月間、被害者の住居その他の場所において、被害者の身辺につきまとい、又は被害者の住居、勤務先、その他の通常所在する場所の付近をはいかいすることを禁止すること（接近禁止命令）、②二週間、被害者と共に生活の本拠としている住居から退去すること（退去命令）であり、裁判所は同居中の夫婦について、①と②をあわせて命ずることができる。

保護命令は、執行力を有しないが、その実効性を確保するため、命令違反者には刑罰を科すこととしている（一年以下の懲役又は百万円以下の罰金）。法執行機関は警察とされ、保護命令が発令された場合、裁判所書記官は、中立人の住所又は居所を管轄する道府県警察本部長等に通知することになっている。

従来、加害者に対する接近禁止命令は、保護命令とは法的性格が全く異なるとはいえ、人格権にもとづく妨害予防・排除請求権を被保全権利として、民事保全法上の仮処分により発令されていたが、違反者に対する制裁が民事上のものに限られることから実効性が薄いとされていた。また、加害者に生活の本拠としている住居から退去するよう命じた仮処分の裁判例はなかった。

退去命令の法制化については、命令を発せられる者の居住の自由や財産的利益を侵害するおそれがあるのではないかという意見があったが、退去命令の期間が二週間と短いこと、退去命令が財産権の帰属には何ら影響を与えるものではないこと、保護命令の発令により確保されるのは、被害者の生命・身体の安全という重大な人格的利益であることから加害者の諸利益に優先すること、などが考慮されて法制化に至ったといわれている。(12)

このように加害者に対し、罰則付保護命令を発することができる法制度は、被害者の生命・身体の安全をすみやかに確保することを目的とする法制度ではあるが、実質的にみれば、加害者に対する「法的制裁」を加えるものでもあるといえよう。

さて、ここで、保護命令制度の創設を中核とするＤＶ防止法の制定は、従来ＤＶに対する法的規制を行ってきた他の法（主なものとして、①刑法、②不法行為法、③婚姻法）にいかなる影響を及ぼすのだろうか。あるいは、Ｄ

V防止法の制定は、既存の法には、何の影響も与えないのだろうか。

そこで、次に既存の法が、これまでドメスティック・バイオレンスに対し、いかなる法的規制を行ってきたのか、DV防止法の制定が既存の法にどのような影響を与えるのかについて検討してみよう。

なおここでは、配偶者間（事実婚を含む）における身体的、性的、心理的暴力に絞って検討する。

二　ドメスティック・バイオレンスの法的規制（伝統的手法）

ドメスティック・バイオレンスに対する法的規制は、伝統的には、刑法、不法行為法、婚姻法により行なわれてきたが、これら伝統的な法的規制は、加害者の責任を明確にし被害者の法的救済をはかるという観点からみて十分な機能を果たしてきたとはいえない。従来の法的規制はどのようになされてきたのか。そこにはいかなる問題が生じていたのか。DV防止法の制定は従来の法的規制にいかなる影響を及ぼしうるのか。以下概観してみよう（なお各々の法が規制の対象とする行為の相互の関係については図1のとおり）。

1　刑　法

［暴行罪・傷害罪］

「殴る、蹴る」「刃物を突きつけて脅す」「平手打ちする」「相手に物を投げつける」「相手を脅すために殴りかかる」「つきとばす」などの身体的暴力は、暴行罪にいう暴行（＝不法な有形力の行使）に当たる。暴行により人の生理的機能に障害を与えれば傷害罪にいう傷害に当たる。また、暴行という方法によらなくても、人の生理的機能に障害を与えれば、傷害罪にいう傷害に当たるので、無言電話を架け続けて相手に神経症を発症させる行為も傷害罪にいう傷害にあたる。このように、ドメスティック・バイオレンスの中の「身体的暴力」は、そのほとんどが、暴行罪・傷害罪の構成要件に該当する行為である。

　ところで、犯罪が成立するためには、いうまでもなく、その行為が刑罰を科するに値するほどの実質的違法性を備えていることが必要とされる。違法性は単に法益侵害の結果、則ち被害者に与えた苦痛の有無・程度だけではなく、行為の動機・意図（目的）、行為の態様（手段・方法）など、行為当時の状況を考慮し、当該行為が社会生活上一般に許容されるものであるか否かによって決せられるが、この際、当然被害者との関係（身分関係）も考慮される。

＜図１＞　ドメスティック・バイオレンスと法的規制

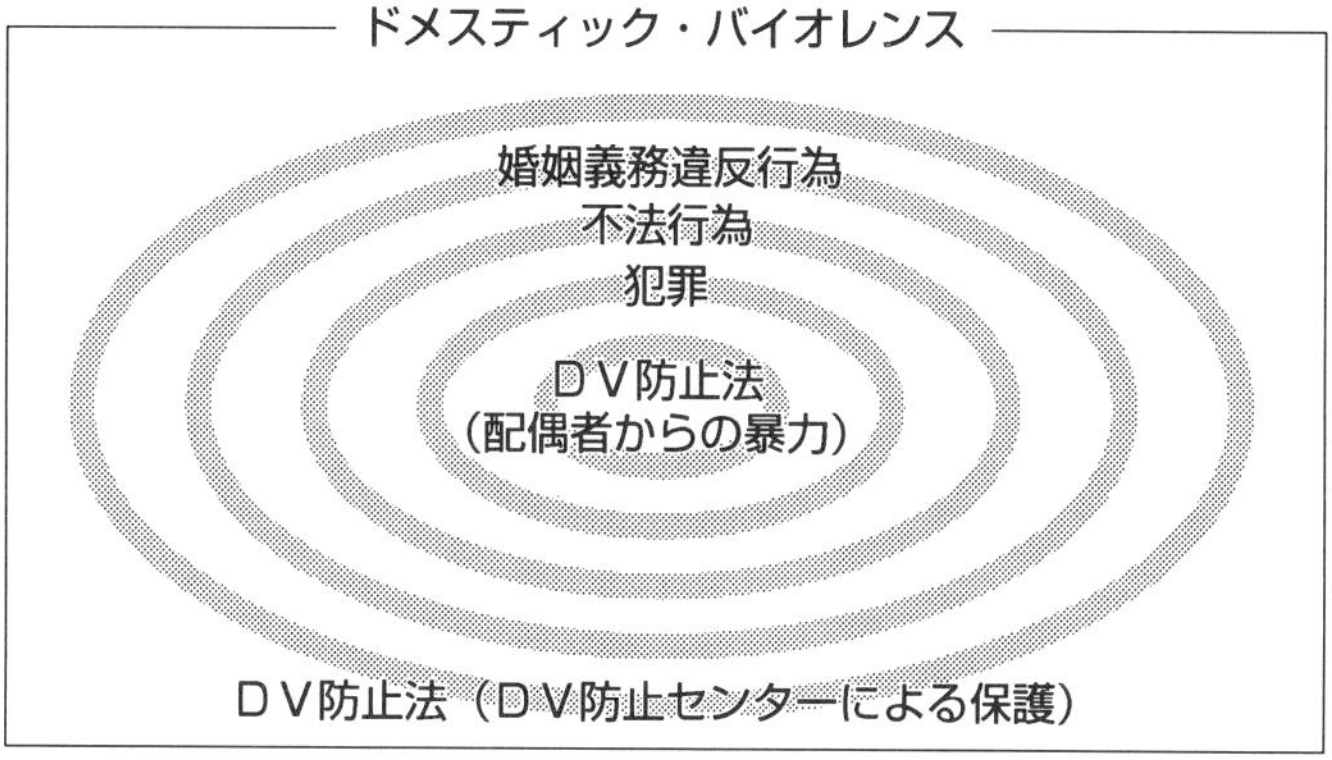

　これまで、法の執行にあたる警察は、夫婦間の暴行、傷害行為は、それが軽微なものである場合には、刑罰を科すほどの実質的違法性を有しない行為であると解してきたといってよいであろう。ドメスティック・バイオレンスは、それが生命・身体に対する重大な法益侵害の結果を伴わないかぎり、警察がこれを犯罪として検挙することはほとんどなかった。

　その背景には、今日まで一般の人々の間に、夫婦間における暴行、傷害行為が、最低限のモラルに違反する反社会性の高い行為であり、社会的にみて許容されない違法な行為であるという認識が薄かったという事情があったといえよう。

　刑法は、刑罰を手段として個々人の諸利益を保護するという機能を有しているが、刑法が一定の行為を犯罪として規定しても、一般社会の人々が当該行為を最低限のモラルに反する行為であり、社会的にみて許容されない違法行為であると認識するに至らなければ、刑法は法益保護の機能を果たすことができない。刑法は実効性をもちえない。法は人々のモラルや社会規範に支えられてはじめてその機能を果たすことができるといえる。

ドメスティック・バイオレンスは、それがたとえ暴行罪・傷害罪にあたる行為であったとしても、一般に「犯罪」にあたる程の社会的非難を加える行為とは考えられておらず、法の執行に当る警察も、「法は家庭に入らず」として、「犯罪」としての検挙を見送ってきたといえる。

このような社会的・法的状況が、女性の生命・身体という人格的利益を脅かすものであることは明らかである。「女性に対する暴力」とりわけドメスティック・バイオレンスに対する国・自治体及びNGOの取組みが本格化するなかで、それまで「夫婦ゲンカには立入れない」「民事不介入」などを理由にドメスティック・バイオレンスに消極的な対応をとり続けてきた警察庁は、一九九九年一二月、次長通達「女性・子どもを守る施策実施要綱の制定について」を発出し、「女性・子どもが被害者となる犯罪等については、刑罰法令に抵触する事案につき適切に検挙措置を講ずることはもとより、刑罰法令に抵触しない事案についても、国民の生命・身体・財産の保護の観点から、警察として積極的に対策を講ずる必要がある」として、各都道府県警察に対し、「女性・子どもを守る施策の実施」を指示した。

また、二〇〇一年一〇月に施行された「配偶者からの暴力の防止及び被害者の保護に関する法律」（いわゆるDV防止法）は、「配偶者からの暴力」を「配偶者からの身体に対する不法な攻撃であって生命・身体に危害を及ぼすもの」（暴行罪・傷害罪にあたるような行為）と定義し、その前文において「配偶者からの暴力は犯罪となる行為である」と指摘している。その意義は、「配偶者からの暴力」が、最低限のモラルに違反する高度の反社会性を帯びる行為であって、社会的にみて許容されない違法行為であることを明言し、現代の社会における右のようなモラル、社会規範の形成を促した点にある。

実際、配偶者が被害者となった犯罪の検挙件数の推移をみると、傷害罪については一九九九年に四〇三件であった検挙件数が二〇〇〇年には八八八件と倍増し、同様に暴行罪についても一九九九年にわずかに三六件であった検挙件数が一二七件と約三・五倍に増加している。これは夫婦間における暴行罪、傷害罪にあたる行為が急に増えてきたということではなく、右のような法的対応の変化及びこれに伴うモラル・社会規範の形成により、右のような犯罪が顕在化してきたとみるべきであろう。

ＤＶ防止法の制定は、警察の対応の変化ともあいまって、今後、暴行罪・傷害罪の「犯罪化」を促進し、ＤＶの処罰範囲を拡大させるものと思われる。

［強姦罪］

いうまでもなく、「性的暴力」のうち「見たくないのにポルノビデオやポルノ雑誌を見せる」「避妊に協力しない」は、犯罪となる行為ではない。

一方、「相手がいやがっているのに性的な行為を強要する」は、その行為が「おどしや暴力によって意に反する性関係を強要する」にみられるように、強姦罪の構成要件である「暴行又は脅迫を用いて」「女子を姦淫した」に当たる場合であっても、強姦罪が成立するのかどうか――妻は強姦罪の客体になるのか、あるいは、客体が妻であることが違法性阻却事由となりうるか――が法的問題とされてきた。

強姦罪は、女性の性的自由・性的自己決定権をその保護法益とする。欧米諸国において、刑罰法規が明文をもって妻を強姦罪の客体とならない（これを夫婦間レイプ免責条項という）と規定していたことから、このような条項が妻の性的自由・性的自己決定権を侵害する法であるとして社会的非難がなされ、夫婦間レイプ免責条項の撤廃が政治的課題となったのとは対照的に、わが国においては、明治時代に制定された刑法における強姦罪の規定は、強姦罪の客体から妻を除外していないにもかかわらず、従来の通説・判例は、夫婦間には原則として強姦罪が成立しないが、婚姻が実質的に破綻しているなどの例外的事情があれば、強姦罪が成立すると解釈してきたといえる。その根拠は、「夫婦とはお互いに性交渉を求めかつこれに応ずべき関係にある」（広島高裁松江支部昭和六二年六月一八日判決）とか、「婚姻とはお互いに相手に性交を行う権利を与えることを包括的に同意する契約である」といわれ、性交の拒否を当然であるとするに足りる事情（たとえば別居中であるとか、病気であるなど）がない限りこれを拒めないからであるとされ、この点、婚姻の締結とは直接の関係をもたない生命・身体への侵害行為（暴行罪、傷害罪など）とは法的評価が異なるとされてきた。則ち、刑法は女性の性的自由・性的自己決定権を法的保護の対象とするが、妻の性的自由・性的自己決定権は原則として法的保護の対象としないということである。[13]

人々の意識もまた、妻が夫の性的要求に応えることは当然であると考えており、妻に対する性行為はたとえそれが暴行・脅迫などによって行われたとしても、社会的に許容されない違法行為であるとまでは考えていなかったといえよう。

このような状況を反映して、強姦罪について妻からの告訴が行われることは皆無に等しかった。たとえば平成七年から平成一〇年までの間に強姦罪で検挙された者のうち、被害者が配偶者（内縁含む）である者は一人もなかった。

右のような法的・社会的状況が妻である女性の性的自由・性的自己決定権を脅かし、個人の尊厳を害するものであることは明らかである。

わが国においても、強姦行為が被害者に深刻な身体的・心理的損害を与える行為であることが人々の間で認識されるようになり、強姦及びドメスティック・バイオレンスなど、女性に対する暴力への国・自治体の取り組みが進展する中で人々の意識にも変化のきざしがみられるようになった。

たとえば、東京都が一九九七年に行った世論調査によれば「妻の意に反して性的な行為を強要する」行為について「どんなことがあっても許されない」と回答した人は、女性七七・一％、男性でも六九・三％であった。[14]

一方、法解釈の分野でも、そもそも、夫婦には性交要求権があるのか、仮に性交要求権があるとしても、暴行・脅迫を用いてこのような権利を実行することは、婚姻が破綻しているかどうかにかかわりなくつねに権利の濫用であって強姦罪が成立するのではないかなど、妻を暴行・脅迫を用いて姦淫した場合強姦罪が成立すると解する見解が有力になっている(15)。

ＤＶ防止法は、「配偶者からの暴力」を「身体に対する不法な攻撃であって生命又は身体に危害を及ぼすもの」と定義しており、具体的には、刑法上、暴行罪又は傷害罪に当たるような行為を指すといわれているが、強姦行為もこれに含まれると解される。

同法は、「配偶者からの暴力」を「犯罪となる行為である」と強く非難しており、ＤＶ防止法の制定が、夫婦間には原則として強姦罪が成立しないと解する判例・通説の法解釈に影響を与える可能性がある。

なお、保護命令が発令されている場合（配偶者からの暴力を受けた者が、更なる配偶者からの暴力によりその生命又は身体に重大な危害を受ける恐れが大きい場合に発令される）、そのような夫婦間の婚姻は実質的に破綻していると推定されるので、保護命令が発令されている状況で行なわれた夫婦間の強姦行為については判例・通説に従っても、強姦罪が成立するといえよう。

〔殺人罪〕

刑法は、「人を殺した者は、死刑又は無期若しくは三年以上の懲役に処する」と定める。殺人罪の保護法益はいうまでもなく個人の生命である。殺人は、被害者の死亡という重大な結果が発生することから、それが夫婦間で行われた場合、これが処罰されないことはないといってよい。

殺人罪における法的問題は、犯罪の成否よりはむしろ、刑の量刑が適正になされているのかどうかである。夫が妻を殺害した場合、妻が不貞を働いていたからとか、妻に落度があったからという理由で、不当に刑が軽くなっていることはないのか。一方長年に亘り暴力を振るわれてきた夫から逃げるため、妻が夫を殺害してしまったような場合、暴力を振るわれてきた事情は十分に考慮されているのだろうか、が問題となる。

ところで今般成立したＤＶ防止法により、裁判所が、被害者の生命又は身体に対する重大な危害が発する恐れが高い場合であると認定し、加害者に保護命令を発しているにもかかわらず、加害者が保護命令に違反して被害者に接近し、これを殺傷するに至った場合には、右事情は量刑にあたって考慮されることになろう。

2　不法行為法（個別的不法行為）

「何を言っても長時間無視しつづける」「交友関係や電話を細かく監視する」「『誰に食わしてもらっているんだ』という」「『出て行け』と脅かす」「大声でどなる」などの心理的暴力、「見たくないのにポルノビデオやポルノ雑誌を見せる」「暴行・脅迫という手段を用いない性関係の強要」などの性的暴力は犯罪となる行為ではないが、性的自由・身体的自由・精神的自由・名誉・プライバシーなどの人格的利益の侵害として、違法とされ、たとえそれが夫婦間において行われた場合であっても不法行為が成立する場合がある。

他人の権利・利益を違法に侵害し、他人に損害を及ぼした者はその損害賠償の責任を負う。これを不法行為責任という。行為がいかに社会的に非難される行為であり他人に損害を及ぼす行為であってもそれが他人の権利・利益を「違法に」侵害するものでない限り、不法行為責任は生じない。いかなる行為が違法性を帯びるのかが不法行為責任の中心問題である。

夫婦間において権利・利益の侵害がなされた場合、不法行為が成立するのか否かについては、従来交通事故の事例（――過失行為の場合）について、主として自動車保険の保険会社の側から、家族共同体としての通常の生活関係から惹起された加害行為、とくに過失行為には、違法性がないか違法性が阻却されるとか、夫婦・親子間の加害行為では協力扶助義務が優先履行される結果、実質上の損害がなく、したがって損害賠償請求権は発生しないとか、家族間不法行為が成立し損害賠償請求権が発生したとしても、それは自然債務であり、請求権の行使は権利の濫用であるとか、円満な家庭内で生じた諸問題は、家族員間の愛情と情誼によって自治的に処理・解決すべきであって訴訟という法的手段に訴えるべきでない、などの消極説が唱えられていた。最高裁判所は、「夫婦の一方が不法行為によって他の配偶者に損害を加えたときは、原則として、加害者たる配偶者は、被害者たる配偶者に対し、その損害を賠償する責任を負うと解すべきであり、損害賠償請求権の行使が生活共同体を破壊する場合等には権利の濫用としてその行使が許されないことがあるに過ぎない」**（最判昭和四七年五月三〇日）**と判示し、この問題に決着をつけた。

一方、学説をみると、夫婦間に原則として不法行為の成立をみとめるが、婚姻の締結とは直接に関係を持たない「一般人としての権利（利益）の侵害が家政の領域内で行なわれた場合には、そのことが行為の違法性判断に影響することがあろう」「不法行為が家政の領域内でなされたものであるかぎり、請求権の行使に一定の制約があるのではないか（ただし、その場合には人格的利益の侵害と、財産的利益の侵害を区別する必要がある）」と主張されていた。(16)

さて、ドメスティック・バイオレンスの中で犯罪にあたる行為は、今日、高度の違法性を有する行為であると考えられるので、民法上も当然に違法となり、不法行為が成立すると考えてよいだろう。

一方、犯罪にあたらない行為についても、長期間に亘って反復継続され、故意に行われる人格的利益の侵害行為である場合、即ち、弱い立場にある者をわざと苛めて苦痛を与える行為（＝「いじめ」）は、相手が配偶者（おおむね妻）であっても「違法」といえるのであり、婚姻関係にあることが違法性の判断に影響することはないのではなかろうか。なぜなら、このような行為は、性的自由、身体的自由、精神的自由、名誉、プライバシーなどの人格的利益の侵害であり、人格的利益は、人間たるの資格にかかわる利益であって、民法の解釈指針として明記されている「個人の尊厳」にかかわる利益であること、また夫婦とは相手の意思及び人格的利益を尊重し、良好な関係を維持していくべき法的義務を負っていると思われ、このような関係にある者が、とりわけ経済的に弱い立場にある相手に対し、「いじめ」とも評しうるような人格的利益の侵害を行うことは、そのような関係にない他人に対するものと同等に、あるいはそれ以上の違法性を有する行為であり、夫婦であるがゆえに、違法性が低くなると考えるべきではないからである。

ＤＶ防止法は、「配偶者からの暴力の被害者は、多くの場合女性であり、経済的自立が困難である女性に対して、配偶者が暴力その他の心身に有害な影響を及ぼす言動を行うことは、個人の尊厳を害し、男女平等の実現の妨げとなっている」と指摘する。ここで、「心身に有害な影響を及ぼす言動」とは、身体に対する不法な攻撃とはいえないような性的暴力や心理的暴力をいうが、ＤＶ防止法は、このような暴力も、配偶者からの暴力と同様に許されないものであるという（同法二四条）。ＤＶ防止法の制定は、夫婦間における人格的利益の侵害行為の違法性判断に影響を与える可能性があると思われる。

また、ＤＶ防止法は、「国及び地方公共団体は、配偶者からの暴力を防止し、被害者を保護する責務を有する」（第二条）と規定し、保護命令制度及び配偶者暴力相談支援センターに関する規定を設けて、配偶者からの暴力の被害者及び被害者に準ずる心身に有害な影響を及ぼす言動を受けた者に対し、法的保護を付与することとしている。

このようなＤＶ防止法が制定されている今日において、人格的利益を侵害された者（おおむね妻）が、損害賠償の実現を国（裁判所）に求めた場合に、これを拒む理由はないのではなかろうか。

以上ここまでは、ドメスティック・バイオレンスについて、不法行為責任を考える際、理論的に問題とされる点であるが、今日までの裁判実務はどうなっていたかといえば、夫婦が婚姻中に損害賠償請求を行使するということはほとんどなく、裁判例は離婚の際に請求される離婚慰藉料に限定されていた。

いうまでもなく、離婚慰藉料には、①離婚の原因となった個別の行為（暴行、虐待、侮辱等）が、身体、自由、名誉に対する侵害となる場合に、これを不法行為として慰藉料を請求する場合と、②個々の行為を問題とするのではなく相手の有責行為によって離婚のやむなきに至ったこと自体を理由として、離婚という結果そのものに対する慰藉料を請求する場合とがあるが、裁判所は②の慰藉料を算定するに当たり、①の不法行為も斟酌してこれを算定しているといわれており、慰藉料を請求する側も、個別的不法行為による慰藉料を離婚慰藉料とは独立の慰藉料として請求する例はこれまでほとんど無かった。

ところで、離婚慰藉料は、一方の有責行為により離婚に至ったことが要件とされ、有責行為としては不貞や暴力（↓身体的暴力を念頭においている）が多いと指摘されているが、実際の裁判例をみると、暴行罪、傷害罪、強姦罪などの犯罪にあたる行為が行われていても、それが重大な傷害を伴うものでないかぎり、婚姻の破綻に至る過程における妻側の落度（——夫の体面を傷つけた、夫に対する思いやりが欠けたなど）が問責され、婚姻の破綻に至る責任は夫婦双方にあるとか、破綻の責任は同等（五分五分）であるとされ、慰藉料が認められない場合があった。

このように、加害者の責任を明確にさせるという点からみると離婚慰藉料には「限界」があることは明らかである。今後は、個別的不法行為による損害賠償を請求する動きが強まっていくことが予想される。

なお、近時、妻が離婚訴訟において、離婚慰藉料とは別個に夫の暴行によって被った損害について個別的不法行為による損害賠償を請求した事案で、神戸地裁が、夫婦間の損害賠償であること、交通事故の場合と異なり保険制度が完備していないことを理由に一般の交通事故の損害算定に比して低額の損害を算定したところ、大阪高裁は、「単に夫婦関係があることのみから損害額を低く算定すべきであるとはいえない」、「保険制度が完備しているか否かで損害額の算定を変えることは（中略）明らかに不合理である」と判示し、交通事故の損害賠償額にほぼ匹敵する損害額を算定した（**大阪高判平成一二年三月八日**、判時一七四四号九一頁以下）。右判決は夫婦間の不法行為による損害賠償について損害額の算定に関するルールを形成していくものと言えよう。

3 婚　姻　法

民法七五二条は、夫婦間の法的義務として同居・協力・扶助義務を規定している。このうち同居・協力義務は夫婦が同居して精神的ないし具体的な生活面で相互援助すべき義務を意味し、扶助義務は夫婦間で経済的に相互援助すべき義務を意味する。

このうち、同居・協力義務は、夫婦間における身上的（パーソナルな）義務といわれているが、このような身上的義務は、法的義務としては大きな意味をもたないと言われてきた。[17] その理由は、これらの義務は直接強制することは不可能であり、損害賠償も婚姻中は実質的にみてほとんど無意味だからであるといわれている。

しかしながら、私は、夫婦はお互いに相手の意思及び人格的利益を尊重し、良好な婚姻関係を維持していくべき信義則上の法的義務（婚姻に基づく義務）を負っていると解すべきであり、同居・協力義務とは、いずれも、このような義務から導かれる義務と解するべきであると考える。ここで、右信義則上の義務は、事実婚など婚姻に準ずる関係にある者同士も負っていると考える。

ドメスティック・バイオレンス（夫・パートナーからの身体的・性的・心理的暴力）とは、すべて、このような婚姻にもとづく法的義務に反する行為として違法と解される。

そこで、「何を言っても長時間無視しつづける」「交友関係や電話を細かく監視する」「『誰に食わしてもらっているんだ』と言う」「出ていけと脅かす」「大声でどなる」などの心理的暴力や、「暴行・脅迫という手段を用いない性関係の強要」などの性的暴力も、個別的不法行為が成立する程の違法性があるとはいえない場合にも、夫婦がお互いに負っている右信義則上の義務に違反する行為であると考える。

いうまでもなく、ドメスティック・バイオレンスの中でも犯罪となる行為や、不法行為（個別的不法行為）となる行為は、当然に右にいう婚姻義務に違反する行為となろう。

ＤＶ防止法は、配偶者暴力相談支援センターにおいて、配偶者からの暴力の被害者及び被害者に準ずる心身に有害な影響を及ぼす言動を受けた者の保護のために、一時保護業務、相談業務等を行なうとしているが、これは、右に述べるところの婚姻義務に違反する違法な行為の被害者に対し、国家が用意した社会保障の施策であるといえよう。

さて、今日、一般に、婚姻義務に違反する行為のすべてが、ただちに離婚原因になると解されているわけではない。婚姻義務に違反する行為は、「婚姻を継続し難い重大な事由」（民法七七〇条一項五号）の有無を判断する際の「一事情」とされるにとどまっている。

そこで、婚姻義務違反のなかでも、「重大な人格的利益の侵害」といいうるような、暴行罪・傷害罪・強姦罪などの犯罪にあたる行為、あるいは刑罰法規に触れるとまではいえないが、婚姻期間中の長期間に亘って故意をもって反復継続して行なわれる人格的利益の侵害であって「いじめ」とも評しうるような心理的・性的虐待行為が行なわれた場合に、被害者がそれを理由として離婚を求めても、離婚が認められる保障はない。

一般には、「夫婦間の暴行・虐待」は、「婚姻を継続し難い重大な事由」にあたり、離婚原因になると言われている。この問題に関するリーディング・ケースと言われている最判昭和三三年（一九五八年）二月二五日（家裁月報一〇巻二号三九頁）は、次のように判示した広島高裁判決を維持し、夫の上告を棄却したものである。

「今日の夫婦の日常生活においては時に或る程度の暴力の伴う行為にでることがあるもやむを得ないものとして一般に許容されるところであるとしても、前記認定のような控訴人（夫）の被控訴人（妻）及びその実父に対する暴行、傷害、脅迫の行為の如きは、右許容の限界を著しく超えるものであって、被控訴人（妻）としても到底忍従し得ないものである。」

本件は、夫が妻の頭部を茶器で殴打し全治二週間の切創を負わせる、刃物を持って妻を追いこれで死ねと脅す等の暴力をたびたび振るったあげく、妻が実家に戻ると実家に押しかけ、手拳で実家の硝子戸を壊すなどの違法行為を行ない、脅迫、住居侵入、器物破損等の罪により有罪判決を受けたという事例であった。

裁判所は、夫婦間におけるある程度の暴力（ここでは身体的暴力を意味する）は一般社会において許容されているという立場から、暴力が許容限度を超える場合について、「婚姻が破綻している」と認定し、離婚を認めたにすぎない。即ち、夫の暴行・傷害・脅迫などは破綻認定の一事情にすぎないのである。従って、たとえ夫による暴行・傷害・脅迫などの犯罪にあたるような行為が認定されても、「婚姻が破綻していない」として離婚が認められない場合がある。このような法解釈は、今日に至るまで維持されてきたといえよう。

たとえば、東京高裁平成八年（一九九六年）七月三〇日（判時一五七七号九二頁）判決は、夫が妻や第三者に対し粗暴な行為や暴力を振るったことがあり、妻は夫の態度に不満を抱いていたところ、ある日夫が仕事上の不満から物にあたって家の中を散乱させ、翌朝妻がこれを片付けた際、夫に対し不満そうな顔を見せたことから、夫がテーブルを傾け、妻に対しスリッパを投げ付ける等の暴力を振るったため妻が家出をし、別居に至ったという事案について、一審判決が、夫に自省の機会を与えて妻の離婚請求を棄却したにもかかわらず、夫は控訴審に至っても「自省の跡がほとんどみられない」として、婚姻の破綻を認定し、妻からの離婚請求を認めた。本件では、夫は妻との離婚調停の期間中に妻と偶然会った際も口論となり、妻を殴打・足蹴りし、腰・手・腕打撲、口唇挫傷、頸椎捻挫の傷害（加療約一〇日間の見込み）を負わせている（判タ九四五号一七八頁以下参照）。かかる暴行・傷害が認定されているにもかかわらず一審判決は、妻の離婚請求を棄却している。高裁判決も離婚は認めたものの、夫の暴行・傷害行為が婚姻を破綻させたという理由ではなく、夫が自己中心的で時として他罰な態度を自省した跡が認められないという理由から、婚姻破綻を認定し、破綻の責任の程度について「どちらかといえば被控訴人（夫）の責任が重い」として離婚を認めている。

一審判決においても、高裁判決においても、夫の暴行・傷害行為は破綻を認定する際の一事情とされているにすぎず、さらに、かかる行為が「犯罪となる行為」であり、社会的に許容されない行為であるという認識が薄いと言わざるを得ない。

このような法解釈は、ＤＶの加害者の法的責任を明確にし、被害者の法的保護を図るという観点からみて、きわめて問題があると思われる。

「重大な人格的利益の侵害」といいうるような暴行罪、傷害罪、強姦罪にあたる行為やいじめと評しうるような心理的・性的虐待行為が認められる場合には、そのような行為は、婚姻義務の著しい違反行為として、原則として離婚原因になると解すべきであり、民法七七〇条一項五号の解釈にあたっても「重大な人格的利益の侵害」が認定される場合には、原則として、七七〇条一項五号に当たるとして、被害者からの離婚請求を認めるべきであろう。

さらに立法論としては、民法七七〇条一項を多元的に捉えた上で、絶対的離婚原因として、「配偶者による重大な人格的利益の侵害」を追加することも検討に値しよう。今後の課題である。[18]

一方で、暴行・傷害などのような重大な人格的利益の侵害が破綻の原因である場合、加害者（多くは夫）からの離婚請求は許されるのだろうか。これはいわゆる有責配偶者の離婚請求として論じられてきた問題である。

日本の離婚法が破綻主義を採用していると考えると、そこから、破綻主義を採用する以上は、「婚姻を継続し難い重大な事由」さえあれば離婚が認められることとなって、破綻に至る責任の所在は問題にすべきでないという考え方が導かれる。具体的には、婚姻の破綻につき責任のある者（有責配偶者）からの離婚請求も妨げないということが主張される。従来、有責者とされたのは不貞行為を行った者（多くは夫）であった。

最高裁は、有責配偶者の離婚請求は信義誠実の原則に照らして判断すべきであると解している。即ち、夫の不貞が原因で婚姻が破綻し別居期間が約三六年に及んだ事案について、「有責配偶者からされた離婚請求であっても、夫婦間の別居が両当事者の年令及び同居期間との対比において相当の長期間に及び、その間に未成熟の子が存在しない場合には、相手方配偶者が離婚により精神的・社会的・経済的に極めて苛酷な状態におかれる等離婚請求を認容することが著しく社会正義に反するといえるような特段の事情の認められない限り、当該請求は、有責配偶者からの離婚請求であるとの一事をもって許されないとすることはできないものと解するのが相当である」と判示している（最判昭和六二年九月二日判時一二四三号三頁）。

鈴木禄弥教授は、右判決は「積極的破綻主義」と「消極的破綻主義」をいわば折衷した立場をとっていると指摘し、もし純粋の積極的破綻主義により、離婚請求が可能ということになれば、「結局は、追出し離婚が許されるのと同じ結果になり、婚姻制度をほぼ無意味にする」と論じる。[19] 一方、右判決に対しては、破綻主義を徹底すべきであるとする立場から批判があり、米倉明教授は、「憲法は個人本位の、愛情本位の婚姻観・離婚観を要請する」として、積極的破綻主義を推奨する。[20]

ちなみに、破綻主義を明確化するという観点から「夫婦が五年以上継続して共同生活をしていないとき」（いわゆる「五年別居条項」）を離婚原因に追加することを提案する「婚姻制度等に関する民法改正要綱試案」（一九九四年七月）も、その理由として「婚姻関係が破綻して回復の見込みがない以上、当事者をその拘束から解放して新しい生き方を選択することを認めるのが望ましい」、「離婚訴訟において有責性を問題にすると、当事者間の過去の非行の暴き合いを招くことは避けられず、その紛争を激化させ、子の福祉にも悪影響を及ぼすことになるから、破綻した婚姻については、原則としてこれを離婚によって解消させ、当事者間の衡平の確保は、財産分与等の離婚の効果の問題として扱うのが望ましい」と指摘する。[21]

さて、夫が妻に暴行を加え傷害を負わせたあげく、「出て行け」と言ったので、妻はやむをえず家を出て別居に至ったが、夫の一方的な離婚請求には応じたくないという場合、積極的破綻主義の立場をとるなら、「婚姻が破綻している」とみられるかぎり、夫の離婚請求は認められることになる。このような結論は、鈴木教授のいうとおり「追出し離婚」をみとめることになって、きわめて不当である。

相手の意に反する一方的婚姻の解消（裁判離婚）に当たっては、破綻に至る責任の所在を問題にすべきである。有責配偶者の離婚請求は信義誠実の原則に照らして判断すべきであり、その判断の際のファクターとしては、有責配偶者の責任の態様・程度が重視されるべきである。有責行為の態様が、暴行・傷害などの犯罪行為や刑罰法規に触れるとまではいえないが、婚姻期間中の長期間にわたって反復継続して行なわれる人格的利益の侵害であり、いじめとも評しうるような性的・心理的虐待である場合は、そのような者からの離婚請求は原則として許されないと解すべきであろう。ＤＶ防止法が成立し、「配偶者からの暴力」が犯罪となる違法で許されない行為とされ、さらに配偶者が暴力その他心身に有害な影響を及ぼす言動を行うことは、個人の尊厳を害し、男女平等の実現の妨げとなっていると指摘され、このような行為の被害者に対する法的救済が社会的に要請されている今日において、「追出し離婚」を許すような法解釈は到底受け入れられるものではないからである。

有責配偶者からの離婚請求については、近時、主として、破綻主義の徹底という観点から問題提起がなされてきたが、ドメスティック・バイオレンス（夫・パートナーからの身体的・性的・心理的暴力）に対する社会的非難が高まり、ＤＶ防止法が制定されるに至った今日において、ドメスティック・バイオレンスの加害者の責任を明確にし、被害者の救済を図るという観点から再検討する必要があると思われる。

なお、判例により認められてきた離婚慰藉料（相手方の有責行為によって離婚のやむなきに至ったこと自体を理由として、離婚という結果そのものに対する慰藉料）についても、破綻主義の趣旨に反するとして、これを制限すべきであるとする意見が有力に主張されている(22)。

破綻の責任は通例五分五分に存すること、表面上は非行が原因となって婚姻が破綻したように見えても、実は気質や生育歴や婚姻観の差異が破綻の根本的な原因であり、非行は破綻のしるしにしか過ぎないことが少なくないこと、裁判において破綻の原因を追及することは、夫婦間の人格や関係に破壊的な影響を及ぼし、離婚後の再出発を妨げること、などがその理由として主張されている。

しかしながら、暴行・傷害などのような「重大な人格的利益の侵害」が行なわれ離婚に至った場合には、被害者からの慰藉料請求が原則として認められるべきであろう。「重大な人格的利益の侵害」を「破綻のしるし」にすぎないと考えたり、「重大な人格的利益の侵害」がなされているのに、婚姻破綻の責任を五分五分であると考えることは、夫婦間の暴力行為を容認する結果となり妥当でないと思われる。また加害者の責任を明確にすることは、とりわけ被害者の離婚後の出発にとって重要なことであると思われる。

以上のように、婚姻法においても、今日、ドメスティック・バイオレンスの加害者の責任を明確にし、被害者の救済を図る法解釈が要請されているといえよう。

三　ドメスティック・バイオレンスに関する法的課題

〔本書のテーマ及び本書の構成〕

ＤＶ防止法の成立により、わが国におけるドメスティック・バイオレンスに対する法的規制が本格化したといえるが、ドメスティック・バイオレンスに関し、検討されるべき法的課題は多い。とりわけ、ドメスティック・バイオレンスに対する警察の介入をめぐっては、積極的介入を求める立場と、これに批判的な立場が対立している。

即ち、刑罰法令に抵触しない場合であっても、警察はドメスティック・バイオレンスに積極的に介入すべきであるとする意見がある一方で(23)、夫婦、親子、家庭、学校、地域をはじめとして、これまで市民社会が自律、自治に秩序維持機能を委ねてきた領域における諸問題については、ぎりぎりのところまで警察権力介入を抑制すべきであるとする意見がある(24)。ドメスティック・バイオレンスへの警察の介入はいかにあるべきなのだろうか。

ＤＶ防止法が創設した罰則付保護命令制度についても、罰則付保護命令が申請できる範囲が狭すぎるという意見がある一方で(25)、ＤＶ防止法は、警察権力、刑罰権依存の立法であり、警察権力がその本質において、市民不在、人権抑圧の存在であることを変えていないのだから、そのような警察にＤＶへの積極的介入の権限を与えるような警察依存の立法には問題があるとする意見がある[26]。このようにDV防止法は、相反する立場から挟撃されている状況にある。DV防止法はどのように評価すべきなのだろうか。

さて、これまで法のらち外におかれていたドメスティック・バイオレンスが、女性の人権を侵害し、個人の尊厳を害する行為であるとの認識が我々の社会において共有される一方で、これを解決する行為主体（アクター）として期待されるコミュニティーが崩壊し、問題解決能力を喪失しているという現状がある。ここに国家とりわけ警察に対しドメスティック・バイオレンスへの積極的介入を求める社会的要請が生じている。このような社会的要請に国家は応えなければならないであろう。

しかしながら、ここで問題となるのは、現実の警察組織の「質」である。近時、相次いで発生した一連の「警察の不祥事」を契機に、平成一一年七月「警察刷新会議」は「警察刷新に関する緊急提言」を行なったが、右提言は、日本の警察の体質を変えうるような内容とはなっていないと指摘されている[27]。都道府県警察が自治体警察としての実質を有せず、一般市民が警察活動をコントロールする手段を持ちえないような警察に、DVに関する法的対策のすべてを委ねてしまうことには疑問がある。

ドメスティック・バイオレンスに対する警察の介入はいかにあるべきか。本書においてこの点を検討してみたい。

ところで、DV防止法が創設した保護命令制度は、わが国においてこれまでに類例のない制度であるところ、右制度は、アメリカ法におけるDV規制法の中核として採用されたプロテクション・オーダー（保護命令）制度を参考にしている。そこで、わが国におけるDV防止法の適正な法運用のあり方を考えるに当っては、類似の法制度をすでに実施しているアメリカ法について、なぜそのような法制度が採用されるに至ったのか、法の執行にあたりどのような問題が生じているのかを検討しておく必要があると思われる。

また、アメリカのDV規制法は、全米初の連邦法である「女性に対する暴力防止法」（Violence Against Women

Act of 1994）が犯罪防止法の一環として成立したことに象徴されるように、DVの犯罪化に主要な関心が向けられ、刑事司法システム全体の改革が行なわれてきた。とりわけ、警察によるDV犯罪へ積極的介入が要請され、加害者（被疑者）の逮捕が奨励されている。わが国においても、警察によるDVへの積極的介入が要請されており、DVへの警察の介入の是非とその限界が法的問題となっているところ、アメリカ法は右問題を考えるに当たり、貴重な示唆を与えてくれると思われる。

さて、ドメスティック・バイオレンスには、従来、刑法、不法行為法、婚姻法が、各々の法律の趣旨・立法目的に沿って法的規制を加えてきたが、従来の法的規制は、加害者の法的責任を明確にし、被害者の法的救済をはかるという観点からみて、十分な機能を果してきたとは言えない。従来の法的規制にはいかなる法的問題が生じていたのか。DV防止法の制定は、従来の法的規制にどのような影響を及ぼしうるのか。

本書は以上のテーマに答えることを目的とするものである。

本書では、右テーマに答えるため、まずドメスティック・バイオレンスがいまなぜ社会的に問題とされるに至ったのかについて、国際社会の動向を中心に述べ、さらにDV防止法制定に至るまでのわが国における政府、地方自治体、民間団体における取り組みについて概観し（第一章）、ここ四半世紀にわたりおびただしい数のドメスティック・バイオレンス規制法を制定し、国をあげてドメスティック・バイオレンスへの取組みをすすめてきたアメリカにおける法状況を紹介し（第二章）、わが国におけるドメスティック・バイオレンスの被害の実態について明らかにする（第三章）。次に既存の法がドメスティック・バイオレンスに対し、いかなる法的規制を加えてきたのか、そこに、どのような問題が生じていたのか、DV防止法は既存の法にいかなる影響を及ぼすのか等について検討し（第四章）、ドメスティック・バイオレンスに対する本格的な法的規制として登場したDV防止法の意義とその概要、及びストーカー規制法の意義とその概要について述べ、最後にドメスティック・バイオレンスに対する警察介入の是非とその限界について論じることとする（第五章）。なお、本書におけるドメスティック・

バイオレンスとは、夫・パートナーからの身体的・性的・心理的暴力を意味し、法的には婚姻義務に違反する人格的利益（生命、身体、性的自由、名誉等の諸利益）を侵害する違法な行為をいう。

（1）「夫（恋人）からの暴力」調査研究会『ドメスティック・バイオレンス』有斐閣（一九九八年）一〇頁。
　右研究会の代表として、流行語大賞を受賞した吉浜美恵子氏は、ドメスティック・バイオレンスとは、アメリカにおいて一九七〇年代に、反レイプ運動の流れの中で生まれた〝Battered Women's Movement〟（ＢＷ運動）において、夫や恋人からの暴力を受けた女性や彼女たちの支持者など右運動に携わる女性たちが、自らの経験と問題意識を反映する言葉として選んだ言葉であるという。ＢＷ運動は、親密な関係における女性への暴力は、レイプと同様、男性の女性に対する支配と抑圧を維持するための手法であり、その根絶のためには、家父長制に代表される男女不平等で抑圧的な社会構造・制度や習慣を根本的に変革することが不可欠であるという信条に基づいていたと指摘する。このような経過を抜きにしては、ドメスティック・バイオレンスという言葉を正しく理解することができない旨主張される。その上でドメスティック・バイオレンスとは、親密な関係における男性から女性への暴力であり、「親密な関係」とは、法的婚姻関係に限定されず、デート、恋人関係、婚約、内縁関係をも含むという。また、現在の関係に限定されず、親密な関係にあった男性からの暴力も含まれるという。吉浜氏は、日本女性が自らの経験を語ることばを自らの手で作り出していくまでの間は、〝domestic violence〟に対応する日本語として「夫や恋人による女性への暴力」という叙述的なことばをあてることにしたと言う。詳しくは吉浜美恵子「アメリカにおけるドメスティック・バイオレンスへの取り組み― The Battered Women's Movement ―」財団法人横浜市女性協会発行『民間女性シェルター調査報告書Ⅱ―アメリカにおける民間女性シェルターの事例とドメスティック・バイオレンスへの取り組み』（一九九五年）五四頁以下。
（2）小西聖子『ドメスティック・バイオレンス』白水社（二〇〇一年）一八頁。
（3）厚生省大臣官房統計情報部編『離婚に関する統計』財団法人厚生統計協会発行（平成一二年）三八頁。
（4）ハーマンは、婦女子は家庭内で監禁されていると指摘し、「子どもたちは一人で生きてゆけないために監禁状態に置かれる。女性ならば物理的な力と並んで経済的、社会的、心理的、法的従属によって監禁状態に置かれる」という。ジュディス・Ｌ・ハーマン〔中井久夫訳〕『心的外傷と回復』みすず書房（一九九六年）一一一―一一二頁。

(5)　前注(3)、一一三頁。
(6)　国際女性の地位協会編『国際女性94』尚学社(一九九四年)一三五頁以下(米田眞澄訳)。
(7)　内閣総理大臣官房男女共同参画室『男女間における暴力に関する調査』(平成一二年)六―七頁。
(8)　東京都生活文化局女性青少年部女性計画課『「女性に対する暴力」調査報告書』(平成一〇年)四八―五一頁。
(9)　男女共同参画審議会女性に対する暴力部会『中間取りまとめ』(平成一〇年)三頁。
(10)　本法の議案提出者である参議院「共生社会に関する調査会」会長石井道子氏が、参議院本会議において行なった本法提案の趣旨説明による。
(11)　南野知恵子外監修『詳解DV防止法』ぎょうせい(平成一三年)一五五頁。
(12)　参議院「共生社会に関する調査会」理事会の下に設置された「女性に対する暴力に関するプロジェクトチーム」における、保護命令制度の導入をめぐる種々の議論については、前注(11)三二頁以下。
(13)　夫婦間での強姦について、「女性の性的自由は、夫との関係でも刑法上保護される」と主張して、判例、通説を批判する論稿として、葛原力三「夫婦間での強姦」法セミ四三〇号三六頁以下(一九九〇年)。
(14)　前注(8)、三〇頁。
(15)　佐伯仁志・道垣内弘人「対談　民法と刑法(第一六回)」法教二三八号六四―六六頁(二〇〇〇年)。
(16)　配偶者間の不法行為について、学説・判例を整理し、このテーマが内包する諸問題を全体として見通しうる骨格を示した論稿として、藤岡康宏「配偶者間の不法行為」『現代家族法体系2』有斐閣(昭和五五年)三七五頁以下。
(17)　鈴木禄弥『親族法講義』創文社(一九八八年)二九頁。
(18)　我妻教授は、不貞行為・悪意の遺棄などの離婚原因は、その事実があれば原則として離婚を認めるべきであり(絶対的離婚原因)、これによって「離婚請求の最低線を維持することが妥当と考えられる」と説く。また、不貞・悪意の遺棄などの事実があるのに、婚姻を継続し難い重大な事由がないとして離婚を認めないのは正当ではないと主張する。我妻栄『親族法』有斐閣(昭和三六年)一二四頁、一七〇頁参照。
　私見は、民法七七〇条一項の離婚原因に、「配偶者による重大な人格的利益の侵害」を加えることを検討すべきではないかという主張である。
(19)　鈴木、前注(17)、六六頁。

(20)　米倉明「積極的破綻主義でなぜいけないか」ジュリスト八九三号三八頁以下（一九八七年）。
(21)　法務省民事局参事官室『婚姻制度等に関する民法改正要綱試案及び試案の説明』八七頁（平成六年）。
(22)　鈴木眞次『離婚給付の決定基準』弘文堂（平成四年）二九八―二九九頁。
　島津一郎教授は、離婚について破綻主義をとると離婚慰藉料の請求は許されなくなると説き、婚姻破綻の責任は両当事者五分五分の場合が大多数であるという理由は離婚の効果にもあてはまるからであるという。島津一郎「相互有責の法理に代わるもの」法曹時報三九巻九号三一―三二頁（昭和六二年）。
(23)　戒能民江「警察の介入姿勢の『変化』と『法は家庭に入らず』の維持」法セミ五五〇号五六―五七頁（二〇〇〇年）。
(24)　小田中聰樹「刑事法制の変動と憲法」法律時報七三巻六号四三―四八頁（二〇〇一年）。
(25)　戒能民江「配偶者暴力防止法と諸外国のドメスティック・バイオレンス防止立法の現状」法律のひろば五四巻九号二五―三三頁（二〇〇一年）。
(26)　前注（24）。
(27)　広中俊雄「警察の電話盗聴に関する住民監査請求に思う―警察オンブズマン構想に寄せて―」篠原一編『警察オンブズマン』信山社（二〇〇一年）七七―九八頁。

第一章　いま、なぜ、ドメスティック・バイオレンスなのか

一　フェミニズム理論の進展

わが国におけるドメスティック・バイオレンス（ＤＶ）対策は、二〇〇一年（平成一三年）四月に成立した「配偶者からの暴力の防止及び被害者の保護に関する法律」（以下ＤＶ防止法という）によって、本格化しつつあるが、わが国におけるＤＶへの取組みを加速させる契機となった「事件」として、一九九五年に北京で開催された「北京女性会議」を挙げることができよう。右会議で採択された「行動綱領」は、ドメスティック・バイオレンスを始めとする女性に対する暴力に関する政府の対応に大きな影響を与えた。そこで、北京女性会議に至るまでの国際社会における女性に対する暴力に関する取組みの経緯を踏まえて、右会議の意義について述べ、次に、わが国における政府及び地方自治体による取組み・民間団体による取組みについて述べ、ＤＶ防止法制定に至る経緯を振り返ってみよう。

《「性役割」論から「権力関係」論へ》

一九九〇年代に入り、国連をはじめとする国際社会はドメスティック・バイオレンスをはじめとする「女性に対する暴力」の撤廃へ向けた取組みを強化するに至る。しかし、一九七九年に国連が「女子差別撤廃条約」を採

択した当時は女性に対する暴力の撤廃は主要なテーマではなかった。国連の取組みを変化させた原動力は何だったのだろうか。

一九七九年、国連総会は、「国連女性の一〇年」の最大の成果である「女子差別撤廃条約」を採択した。この条約は、男女の完全な平等を達成することを目的とするものであったが、伝統的な性別役割分業の変革をその中心理念としていた。この条約には、「女性に対する暴力」を包括的に扱った条項がない。わずかに第六条が、人身売買・売春からの搾取の禁止を定めているにすぎない。差別撤廃条約が採択された当時、「女性に対する暴力」が「差別」であるとの認識は薄かったといえよう。差別撤廃条約にこのような限界があるのは、当時、条約の理念を支えたフェミニズム理論及び性差別についての考え方に起因する。

即ち、アメリカにおいて一九六〇年代に始まった第二派フェミニズム運動は、当初、性別役割分業の変革をその運動の中心理念としていた。現にある男女の役割や性格の違いは生物学的に決定されているものではなく、社会が男女という地位にそれぞれ割り当てたものであり、それゆえ社会変革が可能であるとする「性役割」理論がフェミニズム運動を現実的に支えていた。

ところが、一九七〇年代に入ると、このような「性役割」理論は次のような批判をあびることになる。即ち、「性役割」理論は、どのようにして「性役割」が社会化されるか、あるいは「性役割」を継続したままでの女性の職場参加は女性に職業上の「役割」と家庭内の「役割」との役割葛藤をもたらしていることが多いことなどを明らかにした点で功績があったが、この理論は、男女間の「権力関係」という、より大きな社会構造を見逃しているという指摘がなされるに至った(1)。

「性役割」論は、男女間の不平等な社会関係を、家族や職場などの具体的な集団や組織における個人の位置にもとづく概念である「役割」として描き出すために、あたかもそれ自体が変革可能であるかのように論じる傾向があったが、「性役割」の変更は容易でないことが次第に明らかになっていったのである。「性役割」論に対しては、「性役割」がなぜ女性に押しつけられるのか、「性役割」が男性にいかなる利益を与えているのかが解明されていないという批判がなされるようになる。

フェミニズム理論は、次第に男女間の不平等な社会構造を、男女間の「支配――被支配」関係という視点で描き出す社会理論が主流となっていくのである。(2)

たとえば、ラディカル・フェミニズムと呼ばれる理論は、こう説く。男女間の「支配――被支配」関係は、結婚制度などのような私生活領域を規制している社会制度によって、女性の身体や性が男性によって支配されていることに起因している、と。そこで、具体的には、女性にのみ厳しい性規範（ダブル・スタンダード）、女性に対する暴力（レイプ、セクシャル・ハラスメント、ドメスティック・バイオレンスなど）、女性の経済的自立を脅かすような恋愛あるいは結婚における女性の性役割、人口妊娠中絶の非合法化などを、女性の従属を強いるものとして問題としていく。

また、マルクス主義フェミニズムと呼ばれる理論は、こう説く。男女間の「支配――被支配」関係は、女性の身体や性が男性によって支配されていることに起因するというよりはむしろ、結婚という社会制度の中で女性が無償の家事労働を担わされ、その結果、女性が男性に経済的に従属させられていることに起因する、と。

いずれせよ、フェミニズム理論は、「自由」「平等」という価値が、女性に限っていえば形式的には実現されているものの、実質的には実現されていないこと、それを阻んでいるのは、男女の「支配――被支配関係」であり、これは結婚制度などを中心とする社会構造に根差すものであると主張した。

このようなフェミニズム理論に裏打ちされ、欧米諸国においてそれまで個人的なものとして片付けられ、政治の世界ではあまり取り上げられず周縁におかれていた問題――ドメスティック・バイオレンス、レイプ、セクシャル・ハラスメント、子どもに対する性的虐待、ポルノグラフィー、妊娠・中絶の法的規制、同性愛などの問題――が、本格的に社会問題とされるようになっていった。男女平等を達成するための戦略は、次第に、性別役割分業の変革に加えて、女性に従属的地位を強いる社会的構造の一つである「女性に対する暴力」の撤廃へと発展していったのである。

《性差別とはなにか――差異アプローチから優位アプローチへ》

アメリカにおける反セクシャル・ハラスメント運動、反ポルノ運動などの先頭に立って活躍した法律家キャサリン・マッキノンは、平等原理を拡大していく基盤には性的不平等に対する女性たちの抵抗があり、それは、男性と同じに扱われることに基礎をおくのではなく、女性であるという理由で暴力をうけ、虐待され二級市民として扱われることに対する抵抗を基盤としている、と指摘する(3)。このような女性たちの抵抗が、平等とは同一であることではなく、階層序列がないことであるという概念を生み出したと説く。マッキノンはこのような社会運動を背景に従来の「性差別」に関する説明は不適切であると指摘する。

マッキノンはこう主張する。

従来の議論は、等しいもの同士を不平等に扱うことが不当な差別であって、そこに有意な〈差異〉があるならば不平等な取扱いも差別とは見なされない、という「差異アプローチ」を採用してきた。しかしながら、同じか違うかを判断する物差し自体がもっぱら男性によって定められている。事実はまず不平等な関係が存在し、それを正当化するものとしてジェンダーが規定される。「違い」とは男の支配が女に押しつけた特徴なのである。我々が性に帰属させる「違い」なるものは、不平等が引く線であって、いかなる意味でも不平等の基礎ではない。そもそも男女の間にある「力の優劣」によって「性差別」が生じている以上「差異アプローチ」では不徹底であり、男女格差を力の配分という観点から把握し直す優位アプローチ（dominance approach）にまで進まなければならない(4)、と。

このようにマッキノンは、男女間に力の配分の不均衡があり、男性が優越的地位にあること自体が問題であるとし、女性が従属的地位に置かれていることを余儀なくさせる、あるいは、女性の従属的地位から生じている、あらゆる慣行・社会関係を「性差別」であり、不当だと主張した。

マッキノンは従来の「性差別」の概念を変えることによって、ドメスティック・バイオレンスをはじめとするセクシャル・ハラスメント、レイプ、ポルノグラフィーなどの「女性に対する暴力」のすべてが、不当な「性差別」であり、違法な行為であると主張するに至った。

二　国際社会の動向

《女子差別撤廃条約》

国連総会は一九七九年女子差別撤廃条約を採択した。同条約は、「国連女性の一〇年」の最大の成果ともいわれているものであるところ、男女の完全な平等の達成を目的とし、性別役割分業の変革をその中心理念としていた。(5)締約国は、男女の定型化された役割にもとづく偏見及び慣習その他あらゆる慣行の撤廃を実現するため、男女の社会的及び文化的な行動様式を修正する目的のために、必要な措置をとることが義務づけられた（第五条）。この条約は、現にある男女の性差が、生物学的に決定された性にもとづくものではなく、社会的・文化的に形成される性（ジェンダー）によるものであることを前提として、それゆえ、固定された性別役割分業を変革することによって、男女間の不平等な現実を変革できるという理念にもとづいていたといえよう。

ところで、同条約は、女性に対する暴力（――レイプ、セクシャル・ハラスメント、ドメスティック・バイオレンス、人身売買、武力紛争下でおこる集団レイプなど――）について、包括的規定を有しない。わずかに、第六条が締約国に、「あらゆる形態の女子の売買及び女子の売春からの搾取を禁止するための すべての適当な措置をとる」ことを義務づけているだけである。

同条約は、男女間の不平等が、男性が政治的、社会的、経済的に優越的な地位にあることに起因し、男性優位の社会構造の変革なしには、男女間の不平等な現実を変革することが困難であるという認識、及び、女性に対する暴力は、男女の歴史的に不平等な力関係の反映であり、また、女性を従属的地位にとどめておくための社会的機構の一つであるという認識には、いまだ到達していなかったといえよう。それは、一つには条約を支える中心理念が性別役割分業の変革だったからだと思われる。また、条約がすべての権利・自由の享受を「男女の平等を基礎として」保障していることに端的にあらわれているように、女性に対する差別を主にジェンダー中立的な立場で規定しており、撤廃されるべき差別とは、主として男女の違いに合理的に対応しない不合理な差別を意味していたからである。

《第三回世界女性会議――「ナイロビ将来戦略」》

国連は、「国連婦人の一〇年」――平等・発展・平和――の最終年に当る一九八五年にナイロビで、第三回世界女性会議を開催し、同会議は「西暦二〇〇〇年に向けての女性の地位向上のためのナイロビ将来戦略」を採択した(6)。同会議では、開発途上国側が、深刻な経済危機、貧困の増大を背景に、先進資本主義国には開発途上国の経済危機について責任があり、開発途上国側の経済発展が阻害されていることが、女性の地位に深刻な影響を与えていると主張した。これに対し、先進資本主義国側は、発展途上国の開発問題が女性の地位向上の主要な障害ではないと主張し、両者は激しく対立した。同会議は、冷戦構造、南北対立を色濃く反映するものであった。

さて、ナイロビ将来戦略には「女性に対する暴力」に関する包括的な項目はないが、国連婦人の一〇年の三つの目標――平等・発展・平和――の各項目に関連する個所で、あるいは、三つの目標の項目ではなく、第四の項目――「特殊な状況の婦人」――のなかで、「女性に対する暴力」に関し、政府に対して特定の勧告をしている点が注目される。

たとえば、ドメスティック・バイオレンスは、「発展」「平和」「特殊な状況の婦人」に関連する戦略の中で、セクシャル・ハラスメントは、「発展」に関連するサブテーマ「雇用」についての戦略の中で、人身売買・強制売春・家庭内における若年婦人に対する近親姦・性的虐待は、「特殊な状況の婦人」に関する戦略の中で、ポルノグラフィー及び婦人に対する暴力犯罪、性犯罪については、「平等」に関連する戦略の中で別々にとりあげられている。

ドメスティック・バイオレンスは、「Ⅲ平和」に関する基本戦略の中で「婦人に対する暴力は、あらゆる社会の日常生活の中に様々な形で存在している。婦人は殴られ、不具にされ、焼かれ、性的に虐待され、凌辱されている。このような暴力行為は、平和と他の『一〇年』の目標を実現する上での主要な障害となっており、これに特別な関心が向けられなければならない」と指摘されている（パラグラフ二五八――以下パラ○○と記す）。

また、「Ⅳ特殊な状況の婦人」の中で、「虐待されている婦人」を挙げ、「特定の性に対する暴力は増え続けており、政府は婦人の尊厳の確認を優先的に行なわなければならない」と指摘して、政府に対し、暴力の被害者への救済措置を講ずることのみならず、「婦人に対する暴力をひとつの社会問題として捉えるよう人々の認識を高めること」等を求めている（パラ二八八）。

また、「Ⅱ発展」に関する基本戦略の中で「政府は、家庭内暴力を含む婦人と児童に対するあらゆる暴力を明確にし、防止し、かつ除去するために、また虐待された婦人や児童に避難施設、援助及び指導のサービスを提供するために、地域社会の資源の物資の動員を含む実効ある措置をとるべきである」と要請している（パラ二三一）。

このように、ナイロビ将来戦略は、ドメスティック・バイオレンスを含む「女性に対する暴力」を女性の地位向上を阻害する要因として捉えた初めての国際文書としての意義を有するものであるが、女性に対する暴力全体を統一的に捉えているとはいえない。国連において女性に対する暴力の防止と被害者保護のための取組みが本格化するのは、九〇年代に入ってからである。

《ドメスティック・バイオレンスに関する国連総会決議》

ところで、ドメスティック・バイオレンスに対する国連の取組みには、家庭内でおこる暴力犯罪の防止という観点に立つものがあった。一九八五年国連総会は、ドメスティック・バイオレンスに関する決議を採択した。同決議はドメスティック・バイオレンスを第八回犯罪防止会議で検討すべきテーマとするよう要請し、ドメスティック・バイオレンスの被害者を保護するため、各国政府が民事上・刑事上の救済措置をとるよう要請している[(7)]。しかしながら、この決議におけるドメスティック・バイオレンスとは、女性に対する暴力のみならず家庭における暴力のすべてを指していた。またこの決議が、少年非行の防止に関する基準の作成に関する総会決議と同時に採択されたことに象徴的に表われているように、当時、少年犯罪の防止が犯罪防止をめぐる国連の活動の主要なテーマの一つとなっていた。そこで、ドメスティック・バイオレンスの防止もまた、少年犯罪の防止という観点から家庭の果す役割を重視し、家庭内における暴力犯罪を防止することによって少年犯罪を予防しようとする意味あいが強かった。

同決議は前文においてこう述べている。

「若者たちの適切な成長を確保する点において、彼らを社会のメインストリームに統合するよう確保する点において、青少年の犯罪を防止する点において、家庭の果す重要な役割を忘れずに」

「家庭内における虐待及び暴行は、個々の家族成員――とりわけ若者――に重大な身体的・精神的影響をもたらすきわめて重要な問題であることを認識し」

「ドメスティック・バイオレンスという問題は、犯罪防止及び刑事司法という観点から社会的・経済的状況を背景として検討されるべき問題であり、種々の面をもつ問題であることを確信し」、と。

このように同決議は、妻（女性）や子が家庭内で暴行・虐待を受けていることは認識しつつも、それが問題とされる主なる理由は、暴行・虐待が家庭崩壊を招き、ひいては青少年の犯罪につながる点にあった。即ち、女性の権利・自由の侵害行為それ自体が違法・不当であり、そうであるがゆえに、国家・社会はドメスティック・バイオレンスの防止について積極的役割を果たすべきであるという認識の上になされた総会決議ではなかった。

《女性に対する暴力に関する専門家会議による勧告》

国連において「女性に対する暴力」の撤廃のための取組みが本格化するのは一九九〇年代に入ってからである。これに先立つ一九八九年、女子差別撤廃条約の履行監視機関である女子差別撤廃委員会は、条約第二条、五条、一一条、一二条及び一六条が、締約国に対して、家庭内、職場、その他の社会生活の領域で生ずるいかなる種類の暴力からも女性を保護するよう要請していることを考慮し、締約国に対して、委員会への定期レポートのなかに女性に対するあらゆる種類の暴力の実態、及び、被害者を保護するための現行法制、暴力根絶のためにとられた措置、被害女性のための援助サービスに関する情報を記載するように勧告した。一九九一年までの時点では勧告前に一四ヵ国が、勧告後に二四ヵ国が個別レポートにおいて何らの形で暴力に言及しており、最も多くの国（二四ヵ国）が第一六条のもとで報告した。女性に対する暴力の問題は、主に婚姻と家族という状況で報告されたのである。しかしながら、この時期、各国政府には、何が「女性に対する暴力」に含まれるのか、について共通の理解があったとはいいがたい。各国政府のレポートにおいて、女性に対する暴力の類型の全範囲を扱っている国はほんの数カ国にすぎなかったからである。(8)

ところで、国連経済社会理事会は、一九九一年、婦人の地位委員会の第三五会期における勧告に従い、「あらゆる形態の女性に対する暴力」と題する決議（一九九一／一八）を採択した。この決議は、①加盟国に対し、女性に対する暴力を禁止する制定法を採択し、強化し、および実施すること、及び女性をあらゆる形態の身体的および精神的暴力から保護するためにすべての適当な行政的、社会的および教育的措排置をとること、②女性に対する暴力の問題を明示的に扱う国際文書の枠組を発展させること、③女性に対する暴力の問題を扱う専門家会議を開き、かかる国際文書の準備の可能性、およびそれに含まれるべき諸要素について討議することを、女性の地位向上部を通して国連事務総長に要請した。

右決議にもとづいて国連経済社会理事会が設置した「女性に対する暴力に関する専門家会議」が、一九九一年一一月にウィーンで開催された(9)。同会議の勧告がまさにその後の国連の活動を方向づけていくことになる。そこで勧告の内容を少し詳しくみていこう。同会議において、専門家たちは、女性に対する暴力を根絶するための戦略について討議し、新しい国際人権文書または機構の必要性・可能性について討議した。その結果、同会議は、女性に対する暴力と取り組む戦略を勧告することを決定した。その内容はこうである。

①女子差別撤廃条約を強化補強すべきこと(女子差別撤廃委員会への各国政府のレポートを促すため一般的勧告を作成すること)、②国連総会における女性に対する暴力に関する宣言の採択が、女性に対する暴力を禁止する国際規定を実現化するために短期間に進められるべき実効的方法であること、③女性に対する暴力に関する特別テーマ報告者を任命すること、④女子差別撤廃条約の選択議定書について審議すべきこと。

右勧告をうけて、国連は女性に対する暴力の撤廃に向けて、新たな戦略を次々に展開していくのである。

専門家会議の討議をふりかえってみて、興味深いのは、女性に対する暴力が、差別撤廃条約一条の定める「差別」に含まれるかという点については、ほとんど議論の対象になっていないことである。これは、女性に対する暴力と取り組むための戦略として、既存の条約とりわけ女子差別撤廃条約を利用することが有効であるということが専門家たちの共通の認識になっていたことによると思われる。

また、専門家会議がまとめた女性に対する暴力に関する宣言案の前文中に、「女性に対する暴力が、女性に対する支配及び差別へと至った歴史的に不平等な力関係を顕現し」とあるように、この時期、専門家会議においては、男女間には「支配――被支配関係」というべき「権力関係」があること、あらゆる女性に対する暴力は、このような「支配――被支配関係」の反映であるという認識が共有されていたといえよう。

《女子差別撤廃委員会一般的勧告──「女性に対する暴力」》

一九九二年女子差別撤廃条約の履行監視機関である女子差別撤廃委員会は、「性（ジェンダー）に基づく暴力」が「性差別」の一形態であるとの認識の下に、女性に対する暴力に関する専門家会議の勧告をうけ、次のような一般的勧告第一九「女性に対する暴力」を発表した。

「1、性（ジェンダー）に基づく暴力は差別の一形態である。

（中略）

7、この（女子差別撤廃条約第一条の差別の）定義は、性に基づく暴力、すなわち、女性であることを理由として女性に対して向けられる暴力、あるいは、女性に対して過度に影響を及ぼす暴力を含む。それは、身体的、精神的または性的危害又は苦痛を加える行為、かかる行為の威嚇、強制、および、その他の自由の剥奪を含む。性に基づく暴力は、条約の特定の規定に違反することになろう（これらの規定が、明示的に暴力について述べているか否かに係わらない）。」

と一般的意見を述べた上で、ドメスティック・バイオレンスについては、こう勧告する。

「家族による暴力（family violence）は、最も表面化されない形態の女性に対する暴力の一つである。それは、すべての社会において広くなされている。家族関係の中で、すべての年齢の女性は、あらゆる種類の暴力を受けている（殴打、レイプ、その他の形態の性的虐待、伝統的態度によって永続化された第五条のもとで述べた精神的およびその他の形態の暴力を含む）。経済的独立の欠如のため、多くの女性が、暴力的関係の中に留まることを余儀なくされている。」

「男性による家族関係の破棄は、財政的に困難な状態においては、暴力及び強制の一形態となりうる。これらの形態の暴力は、女性の健康を危険にさらし、平等を基礎とした、家族生活及び公的生活に参加する女性の能力を害する。家族による暴力を撤廃するために必要な措置は以下のものを含む。

●家庭内暴力事件における民事救済、及び必要な場合は刑事罰。
●家族の一員である女性の虐待または殺人に関して、名誉のためであるという抗弁を排除するための立法。
●家族による暴力の犠牲者の安全を確保するためのサービス（避難所、カウンセリング及びリハビリプログラムを含む）。
●家庭内暴力を犯した者のための社会復帰プログラム。
●近親者によるレイプまたは性的虐待が行なわれた場合の家族に対する支援サービス」

「締約国は、家庭内暴力および性的虐待の範囲、およびそのためにとられた防止的、刑罰的および医療的措置について報告すべきである。」

こうして各国にドメスティック・バイオレンス防止と加害者への制裁措置及び被害者保護のための措置をとるよう要請した。

ここでは、ドメスティック・バイオレンスがセクシャル・ハラスメントなどと並ぶ「女性に対する暴力」の一形態であり、「性差別」に該当するとする立場が表明されていることが注目される。このような立場は、これ以後、国連におけるドメスティック・バイオレンスをはじめとする「女性に対する暴力」に関する基本的立場となっていく。

《国連世界人権会議》

一九九三年ウィーンで開かれた第二回世界人権会議は、第一回テヘランでの世界人権会議後、実に二五年ぶりに開催されたが、冷戦後の国際関係において「人権」がキーワードになりつつある状況を反映し、多数の政府やＮＧＯが参加し、人権問題が多角的に検討された。

同会議は、ウィーン宣言・行動綱領を採択したが、同会議で最も成果が上がったテーマは女性の権利に関するものである、といわれている[11]。

世界人権会議の開催に向けて、アメリカのシャーロット・パンチを中心とするフェミニスト・グループは、会議の実質議題として女性の人権問題を取り上げることを要求する運動を展開した。その結果、同会議では「女性の権利は人権である」とするスローガンが繰り返し強調され、運動の成果が、ウィーン人権宣言及び行動綱領に反映された[12]。

ウィーン宣言はその前文で、「世界中で女性が被り続けている様々な形態の差別や暴力を深く憂慮」するとの認識を示した上で、

「女性と少女の人権は不可譲、不可欠で、不可分の普遍的人権である。女性の国内、地域及び国際レベルでの政治的、市民的、経済的、社会的及び文化的生活への完全且つ平等な参加、並びに性を理由とするあらゆる形態の差別の根絶は、国際社会の優先課題である」

「文化的偏見及び国際的売買に起因するものも含めて、性別にもとづく暴力並びにあらゆる形態のセクシャル・ハラスメント及び搾取は、人間個人の尊厳及び価値と矛盾するものであり、除去されなければならない」

と述べている（パラ一八）。

さらに行動計画においては、国連総会に対し、女性に対する暴力に関する宣言案の採択を求めるとともに、国家に対し、同宣言案に従って女性に対する暴力と闘うことを求めている（パラ三八）[13]。

ところで同宣言は、武力紛争の下における女性の人権侵害に関して、性的奴隷制を含むこの種の「すべての」人権侵害は実効的な対応を要するとしており、日本軍の「従軍慰安婦」問題を性的奴隷制ととらえて、日本政府に実効的な対応を求めており、注目される。

世界人権会議は、「女性に対する暴力」が女性の人権を侵害する違法・不当な行為であり、国家・社会がその撤

廃のために積極的役割を果たすべきであることが、国際社会における共通の認識となった世界会議である点で、きわめて注目すべき会議であった。

《女性に対する暴力の撤廃に関する宣言》

国連総会は、国連経済社会理事会が設置した女性に対する暴力に関する専門家会議の勧告をうけ、一九九三年一二月、「女性に対する暴力の撤廃に関する宣言」を全会一致で採択した(14)。

同宣言は、女性に対する暴力を「性差別」として女性の人権の中核に位置づけるとともに、女性に対する暴力の包括的定義――女性に対する暴力とは何か――を示し、国家に対し、女性に対する暴力を防止し撤廃する責務を課したものとして画期的なものであった。同宣言は女性に対する暴力の撤廃をめざした初の国際文書であり、同宣言により各国政府は国際社会に対し女性に対する暴力を撤廃する責務を負うこととなった。宣言は前文において女性に対する暴力と性差別との関連について、

「女子差別撤廃条約の実効的な履行が、女性に対する暴力の撤廃に貢献し、かつこの決議に定める女性に対する暴力の撤廃に関する宣言がこの過程を補強するものである」

「女性に対する暴力は、男性が女性を支配および差別する結果となり、また、女性の完全な発展を妨げる結果となった男女間の歴史的に不平等な力関係を明らかに示すものであり、女性が男性に比べて従属的地位に置かれていることを余儀なくさせる重大な社会的構造の一つである」

と述べている。

更に宣言は、第一条で「女性に対する暴力」の定義を行い、

「『女性に対する暴力』とは、性（ジェンダー）に基づく一切の暴力行為であって、公的生活で起こるか私的生活で起こるかを問わず、女性に対する身体的、性的若しくは心理的危害または苦痛となる行為、ある

いはそうなるおそれのある行為であって、このような行為の威嚇、強制、若しくは恣意的な自由の剥奪をも含む」

と規定し、その具体的内容として、第二条は「女性に対する暴力」を三種類に分類し、

「女性に対する暴力は、以下のものを含む（ただし、これに限定されない）と理解される。

(a)　家庭において起こる身体的、性的および心理的暴力であって、殴打、女児に対する性的虐待、持参金に関連した暴力、夫婦間レイプ、女性性器の切除およびその他女性に有害な伝統的慣行、配偶者以外による暴力および搾取に関連した暴力を含む。

(b)　一般社会において起こる身体的、性的および心理的暴力であって、職場、教育機関およびその他の場所におけるレイプ、性的虐待、セクシャル・ハラスメントおよび脅迫、女性の人身売買および強制売春を含む。

(c)　いかなる場所で起こるかを問わず、国家が犯しまたは許す、身体的、性的および心理的暴力。」

と規定した。

さらに、同宣言は国家の責任について次のように述べている。国家は、女性に対する暴力行為が国家により行なわれたか、又は個人により行なわれたかを問わず、このような行為を防止し、調査し、あるいは国内法に従って処罰するために、相当の注意を払うべきである。国家は、女性に対する暴力を撤廃するためにあらゆる適切な手段をとるべきである。国家には女子差別撤廃条約の批准、暴力を受けた女性に対して行なわれた不法行為を処罰し補償するために刑事、民事、労働、行政上の罰則を開発すること、暴力を受けた女性への支援と社会復帰の面で特別の援助を保障することなどが要請されている、と。

こうして、ドメスティック・バイオレンスは、女性に対する暴力の一形態であるとされ、「性差別」としてその撤廃が国家の責務とされるに至ったのである。

《第四回世界女性会議――北京女性会議》

一九九五年北京においてアジアで初めて第四回世界女性会議（以下北京女性会議という）が開催された[15]。同会議は、八五年にナイロビで開催された第三回世界女性会議で採択された「西暦二〇〇〇年に向けての女性の地位向上のためのナイロビ将来戦略」の実施状況を評価し、西暦二〇〇〇年までに各国政府をはじめとする社会のあらゆる機関が取るべき具体的施策・行動を定める行動綱領を採択するために開催された。ところで、北京宣言と行動綱領は単なるナイロビ将来戦略の一〇年目の評価というにとどまらない内容を有するものとなった。女性会議とは異なる系譜に属する国連の諸会議――リオデジャネイロで開催された「環境と開発」サミット（九二年）、ウィーン国連人権会議（九三年）、カイロ国連人口・開発会議（九四年）、コペンハーゲン社会開発サミット（九五年）などにおける成果が北京宣言と行動綱領にも盛りこまれた[16]。たとえば、ウィーン国連人権会議の成果を踏まえた「女性に対する暴力の撤廃に関する宣言」が北京会議の討議の基礎となった。

また、女性問題を総合的にとらえることの重要性が認識され、行動綱領は、ナイロビ戦略の三つの目標――平等、開発、平和――を別々に討議しないで、三つの問題を貫く一二の重大問題領域を設定し、二〇〇〇年までに達成すべき「戦略目標」をたてるという体系を採った。ドメスティック・バイオレンスを含む「女性に対する暴力」は、「女性と貧困」、「女性と健康」、「女性と経済」、「女性の人権」などと並ぶ重大問題領域の一項目として取り上げられている。

行動綱領は、戦略目標を達成するための行為主体（アクター）として、各国政府のみならず、社会のあらゆる行為主体に一定の施策や行動を求めており、この点が大きな特徴となっている。

たとえば、「女性に対する暴力」について、行動綱領は、これを撤廃するために政府が一定の施策を行うことはもとより（パラ一二四）、地方自治体、地域団体、ＮＧＯ、教育機関、公共部門、及び民間部門、特に企業並びにマスメディアが「必要に応じて」協力する責務を負い（パラ一二五）、また「必要な場合」は「政府、使用者、労働組合、地域団体、青年団体及び非政府機関」が協力する責務を負うとしている（パラ一二六）。

さて、行動綱領は、「女性に対する暴力」を以下のように定義している。

『女性に対する暴力』とは、性（ジェンダー）に基づく一切の暴力行為を意味し、公的生活で起こるか、私的生活で起こるかを問わず、女性に対する身体的、性的若しくは心理的危害または苦痛となる行為、あるいはそうなるおそれのある行為であって、このような行為の威嚇、強制若しくは恣意的な自由の剥奪をも含む。したがって、『女性に対する暴力』は、以下のものを含むが、これに限定されるものではない。

(a)　家庭内において起こる身体的、性的および心理的暴力であって、家庭内の女児に対する殴打や性的虐待、持参金に関連した暴力、夫婦間レイプ、性器の切除やその他女性に有害な伝統的慣行、配偶者以外による暴力および搾取に関連した暴力を含む。

(b)　一般社会において起こる身体的、性的および心理的暴力であって、職場、教育機関およびその他の場所におけるレイプ、性的虐待、セクシャル・ハラスメントおよび脅迫、女性の人身売買および強制売春を含む。

(c)　どこで起こるのかを問わず、国家が犯しまたは許す身体的、性的および心理的暴力」（パラ一一三）。

また、行動綱領は各国政府に対し女性に対する暴力を防止し、根絶するために、総合的な対策を講ずる責務を課している。たとえば、以下の点が重要である。

「(a)　女性に対する暴力を非難し、慣習、伝統又は宗教的配慮を理由に『女性に対する暴力の撤廃に関する宣言』に述べられた暴力廃絶に関する自国の義務を回避しないこと。

(b)　女性に対する暴力に携わることをやめ、国家によって行なわれるものであれ、私人の犯行であれ、女性に対する暴力行為を防止し、調査し、国内法に則って処罰するよう、しかるべき義務を履行すること。

(c)　家庭、職場、地域又は社会であれ、またその形態を問わず暴力を受けた女性及び少女に対する不正を処罰し是正するために、国内法における刑事、民事、労働及び行政上の制裁を制定及び／又は強化すること。

(d)　暴力の予防及び加害者の訴追に重点を置きつつ、女性に対する暴力を廃絶する上でのその有効性を確保するため、法律を制定及び／又は実施し、定期的に見直し、分析すること。暴力を受けた女性の保護、被害者に対する補償、賠償及び治療へのアクセスを含む公正かつ有効な救済方法、並びに加害者の社会復帰訓練を保障するための措置を講ずること」（パラ一二四）。

さらに、地方自治体を含む政府、地域団体、NGOなどには、暴力を受けた少女及び女性に対し避難所を提供すること、被害女性の啓発のために教育・訓練キャンペーンを組織すること、家庭・地域社会における暴力の悪影響に対する感受性を人々に養わせるための教育・訓練プログラムを編成することなどを求めている。

また、戦略目標の一つとして「女性に対する暴力の原因及び結果並びに予防法の効果を研究すること」を挙げ、「さまざまな形態の女性に対する暴力の蔓延に関連する家庭内暴力について、調査研究を促進し、データを収集し、及び統計をまとめ、女性に対する暴力の原因、性質、重大性及び結果、更にその予防と是正を目指して実施された措置の効果に関する調査研究を奨励すること」（パラ一二九(a)）を政府、地域機関、国連その他の国際機関、研究機関、女性団体、NGOに課している点が注目される。

なお、北京女性会議の「行動綱領」の採択に際して、終始大論争となったテーマに「セクシャル・ライツ（性的権利）」と「セクシャル・オリエンテーション（性的指向）」の問題がある。セクシャル・ライツ（sexual rights）は主にEUが行動綱領に盛り込もうと主張したものである。これはカイロ国連人口・開発会議で合意された「リプロダクティブヘルス／ライツ（reproductive health & rights）――生殖に関する健康と権利（行動綱領パラグラフ九四）」よりも更に広い概念であり、女性が生殖を目的としない性に関する事柄についても、自ら自由かつ責任ある決定を行うことができる権利（性的自己決定権）と解釈され、これには、売買春や強姦、セクシャル・ハラスメント、ドメスティック・バイオレンス等の性暴力からの自由のみならず、同性愛の権利（sexual orientation）も含まれるとされたことから、その解釈をめぐって、バチカン、イスラム諸国が猛反対し、結局、セクシャル・ライツ、セクシャル・オリエンテーションという用語は行動綱領には用いられないこととされたものの、その意味内容が盛り込まれることとなった。

「女性の人権には、強制、差別及び暴力のない性に関する健康及びリプロダクティブ・ヘルスを含む、自らのセクシュアリティに関する事柄を管理し、それらについて自由かつ責任ある決定を行う権利が含まれる。全人格への全面的な敬意を含む、性的関係及び性と生殖に関する事柄における女性と男性の平等な関係には、相互の尊重と同意、及び性行動とその結果に対する責任の共有が必要である」（パラ九六）。

ここで、「自らのセクシュアリティに関する事柄を管理し、それらについて自由かつ責任ある決定を行う権利」がセクシュアル・ライツを意味していることは明らかであった。

このように行動綱領は、性に関する自己決定権を承認しており、夫婦間レイプをはじめとする夫婦間の性的暴力はセクシャル・ライツを侵害するものとしても位置づけられている[17]。

さて、行動綱領は、女性のエンパワーメントに関する予定表であると位置づけられ、各国政府は可能ならば、一九九六年末までに自国の行動計画を開発し終えるよう要請された。行動綱領が期限を切って、各国政府にいわば「宿題」を課したことが、日本政府の取組み、とりわけ、それまで立ち遅れていた女性に対する暴力撤廃の取組みを、加速させる大きな要因となった。男女共同参画推進本部は一九九六年一二月「男女共同参画二〇〇〇年プラン」を策定したが、このプランでは「女性に対するあらゆる暴力の根絶」が重点目標の一つとして取り上げられ、「施策の基本的方向」として、「女性に対する暴力について、一九九三年国連総会で採択された『女性に対する暴力の撤廃に関する宣言』の趣旨等も踏まえつつ、適正な捜査や取締りはもとより、予防活動から事後的救済まで現行の関連制度を総合的に検討し、女性に対する暴力を防止する環境づくり、被害女性の救済策の充実等様々な観点から幅広く対応する」ことが盛りこまれた。

《ラディカ・クマラスワミ報告》

国連人権委員会によって、「女性に対する暴力、その原因と結果に関する特別報告者」に任命されていたラディカ・クマラスワミ（Radhika Coomaraswamy）は、各国での調査にもとづき、九五年の国連人権委員会に「予備報告書を提出し、以来次々に報告書を提出した。

とりわけ、一九九六年に提出された報告書は、家庭内における女性に対するあらゆる種類の暴力に焦点をあてた報告書（E/CN.4/1996/53）であり、暴力の実態を報告し、「暴力の被害者である女性が利用できる法的救済は、ほとんどの国の国内制度で未発達なままである」と指摘している[18]。

なお、同報告書において問題とされるドメスティック・バイオレンスとは、夫・パートナーからの暴力のみならず、家庭において起こる女性に対して向けられるジェンダーにもとづく暴力（身体的・性的・心理的暴力）のすべてを意味しており、近親姦、女児に対する暴力、家事労働者に対する暴力なども含まれている。

同報告書は、ドメスティック・バイオレンスが女性の人権を侵害する行為であり、国際人権法は、政府に対し、自らが人権侵害をしない義務を課しているばかりでなく、私人による人権侵害であってもこれを防止し、加害者を処罰する義務を課していると指摘する。同報告書は、予備報告書でも述べているように、女性に対する暴力の最大の原因は、政府が女性に対する暴力犯罪に対し何もしないことであるという認識に立っており、国家の責任について次のように述べる。

「国際社会によって近年確立された基準に照らしてみれば、女性に対する暴力犯罪に対する行動をとらない国家は、犯罪者と同様に罪を犯している。国家は女性に対する暴力に関連する犯罪を予防し、捜査し、処罰する積極的な義務を負う」（パラ三九）。

また、同報告書は、国際法――なかでも自由権規約――は、国家に対し人権の保護において、ジェンダーを含むいかなる理由によっても差別をしない義務を課している旨指摘し、このような義務の不履行は人権侵害であるという。したがって、「暴力の被害者である女性には他の暴力の被害者と同様に、平等な法の執行と保護をうける権利があり、法の執行がなされない慣行はジェンダーにもとづく不平等で差別的な取扱いに相当する」と指摘する（パラ四〇）。

同報告書は、結論として、各国に対し、国家には女性の人権を保護する積極的な責任があり、相当の注意をもって女性に対する暴力を防止しなければならないこと、各国がその国際的な義務を効果的に果たすため、包括的な戦略を開発することを勧告した。なかでも、各国が報告書の第二付属文書に定める指針に従って、ドメスティック・バイオレンスに関する包括的な特別法（保護命令制度を含む法制度）を制定することを、ドメスティック・バイオレンスに取り組む国の行動に取り入れるべき戦略の一つとして挙げている点が、注目される。

《国連特別総会「女性二〇〇〇年」会議》

二〇〇〇年六月には、ニューヨークにおいて国連特別総会「女性二〇〇〇年会議」が開催された。同会議は、九五年の第四回女性会議で採択された「行動綱領」への誓約を再確認するとともに、行動綱領の「完全かつ加速された実行」を確保するために更なる行動を取ることを謳い、「成果文書」で二〇〇項目に亘る具体的な行動を列挙して、二〇〇五年を目標に各国政府が女性政策を進めるための指針を盛り込んでいる。

成果文書の中でも「女性の人権」「女性に対する暴力の防止」「経済のグローバル化が女性にもたらす負の影響」等の項目では「行動綱領」よりも更に踏み込んだ内容となっており、国ごとに期限付きで立法措置をとること等の目標の提示が盛り込まれた(19)。

三　わが国における取り組み

《政府の取り組み》

一九九五年（平成七年）北京女性会議で採択された行動綱領が、女性に対する暴力を防止し根絶するために、総合的な対策をとることを戦略目標の一つに掲げ、各国政府に対し、一九九六年（平成八年）までに自国の行動綱領を開発するよう要請したことが、日本政府にとってそれまで立ち遅れていた女性に対する暴力撤廃の取組みを加速させる大きな要因となった。

男女共同参画推進本部は、平成八年一二月「男女共同参画二〇〇〇年プラン」を策定し、「女性に対するあらゆる暴力の根絶」を重点目標の一つとして掲げた[20]。

平成九年三月男女共同参画審議会設置法が成立し、総理府に男女共同参画審議会が設置された。内閣総理大臣は、平成九年六月、男女共同参画審議会に対し「男女共同参画社会の実現を阻害する売買春その他の女性に対する暴力に関し、国民意識の変化や国際化の進展等に伴う状況の変化に的確に対応するための基本的方策」について諮問した。これを受けた同審議会は「女性に対する暴力部会」を設置し、同部会は平成一〇年一〇月「中間取りまとめ」を公表し、当面の取組課題として、女性に対する暴力の実態把握のため、調査の実施等による情報の収集、及び女性に対する暴力を扱う関係機関等が効果的に機能するようその実効あるネットワークを確立すること等を挙げ、売春防止法にもとづく婦人相談所の役割も含め、女性に対する暴力の現状に対応する公的機関のあり方について検討することを指摘した[21]。

男女共同参画審議会は内閣総理大臣に対し平成一一年五月、わが国における女性に対する暴力に関する基本的方策に係る初めての答申「女性に対する暴力のない社会を目指して」を行なった。右答申は、女性に対する暴力を生み出す社会的背景や被害の潜在化とその理由を踏まえた上で、女性に対する暴力への対応の現状と問題点として実態把握が不十分であることを指摘し、わが国における女性に対する暴力の実態や、それに対する人々の意識を把握するための調査を実施することが緊急の課題であると政府に提言した。また、政府が女性に対する暴力の実態と同様、女性に対する暴力を扱う関係機関・団体、専門家等の活動を十分把握し、これが十分に機能し、または活動できるように支援を行なうべきであると提言した。売春防止法にもとづく婦人相談所についても、女性に対する暴力の現状に対応するため、その在り方について検討を行うべきであると指摘した。

これを受けて、総理府は、平成一一年九月から一〇月にかけて、全国二〇歳以上の男女を対象に女性に対する暴力に関する国民の意識、被害の経験の態様、程度等について国レベルでの初の調査「男女間における暴力に関する調査」を行なった(22)。調査項目は、①夫婦間での暴行等について、②つきまとい行為について、③痴漢について、④性的行為の強要について、である。平成一二年二月に公表された調査の結果によれば、夫婦間の暴行については、「命の危険を感じるくらいの暴行をうける」が、「何度もあった」または「一、二度あった」と回答した人は、男性〇・五%、女性四・六%であり、ドメスティック・バイオレンスの深刻な被害が広く一般社会に広まっていること、女性が主に被害に遭っていることが明らかとなった。また、つきまとい行為については、ある特定の異性にしつこくつきまとわれた経験が「ある」と回答した人は男性で四・八%、女性で一三・六%であり、いわゆるストーカー被害が同じく一般市民の間に広がっており、女性が主に被害に遭っていることが明らかとなった。

警察庁は、平成一一年一二月、夫から妻への暴力事案やつきまとい事案及び児童虐待について、介入に消極的であった従来の姿勢を見直すこととし、各都道府県警察に対し、次長通達「女性・子どもを守る施策実施要綱の制定について」を発出し、女性や子どもが被害者となる犯罪については、刑罰法令に抵触する事案につき、適切に検挙措置を講ずることはもとより、刑罰法令に抵触しない事案についても、国民の生命、身体及び財産の保護の観点から、警察として積極的に対策を講ずる必要があると指示した。

また、厚生省は平成一一年四月、売春防止法にもとづいて行なってきた婦人保護事業の対象者の範囲を夫等からの暴力により保護を必要とする女性も含むものとする旨の通知を発した。売春防止法による婦人保護事業は要保護女子を対象としてスタートしたが、売春問題の潜在化・多様化に伴い、公的機関に保護を求めるケースが減少する一方で、夫の暴力により保護を求める女性のニーズが高まり、近時は、婦人相談所の設置する一時保護所がドメスティック・バイオレンスの被害女性が保護を求める緊急避難場所（シェルター）として機能するようになっていた。右通知は、婦人相談所等による婦人保護事業が夫の暴力事案について事実上果たしている役割を追認したものであった。

なお、女性に対する暴力の中でもセクシャル・ハラスメントについては、右答申に先立つ平成一一年四月にセクシャル・ハラスメント防止法とも言うべき改正均等法二一条及び人事院規則一〇―一〇が施行され、国及び民間企業によるセクシャル・ハラスメント防止対策が本格化しており、ドメスティック・バイオレンスに対する対策は遅れが目立つ状況となり、早急な対策が課題となっていた。

《男女共同参画社会基本法》

男女共同参画審議会が、わが国における女性に対する暴力に関する基本的施策に係る初めての答申を行なった翌月である平成一一年六月には、「男女共同参画社会基本法」が施行された(23)。

同法は、男女が対等な社会を実現するために、家事や育児、介護等の責任分担や性差別の解消等、国が目指すべき理念を定めた初めての基本法であるが、基本理念として、「男女共同参画社会の形成は、男女の個人としての尊厳が重んぜられること、男女が性別による差別的取扱いを受けないこと、男女が個人として能力を発揮する機会が確保されることその他男女の人権が尊重されることを旨として、行われなければならない」（第三条）等を挙げている。

ドメスティック・バイオレンスは、個人の尊厳を害し、男女平等の実現の妨げとなる行為であり、男女共同参画社会基本法の基本理念に反する行為であることが明確となった。

さらに、同法は、国及び地方公共団体が、右基本理念にのっとり、男女共同参画社会の形成の促進に関する施策（積極的改善措置を含む）を策定し、実施する責務を有すること（第八条、第九条）、政府及び都道府県が男女共同参画基本計画を定めなければならないこと（第一三条、第一四条）を規定した（市町村については努力義務を課した）。

男女共同参画審議会は、平成一二年七月「女性に対する暴力に関する基本的方策について」を答申し、特に対応を迫られている暴力の形態の第一項目に「夫・パートナーからの暴力」を挙げ、今後の取組みとして「積極的な公的対応をとることが急務である」と指摘し、①被害者からの相談に応じること、②緊急に一時保護すること、③加害者の検挙その他の適切な措置をとること、④暴力行為や接近禁止の仮処分等の措置を講じていくことが必要であると指摘した。また、「こうした取組みを的確に講じていくために、既存の法制度の的確な実施や一層の活用だけでなく、これまでの状況を踏まえ、新たな法制度や方策などを含め、早急に幅広く検討することが必要である」と述べた。

さらに、同審議会は平成一二年九月、「男女共同参画基本計画策定に当っての基本的な考え方――二一世紀の最重要課題――」を答申したが、答申は、「現在、被害者が置かれている状況等を踏まえると、女性に対する暴力に関して、総合的な対応に関する法制度や、暴力のそれぞれの形態に対応した法制度など、早急に検討することが必要である」と指摘した。

これをうけて、平成一二年一二月に策定された男女共同参画基本計画では、「女性に対するあらゆる暴力の根絶」の第一項目に、「夫・パートナーからの暴力への対策の推進」を挙げ、施策の基本的方向として、「各種施策の充実や既存の法制度の的確な実施や一層の活用を行うとともに、それらの状況も踏まえつつ、新たな法制度や方策などを含め、幅広く検討する」ことが盛り込まれた。

《ＤＶ防止法の制定》

参議院「共生社会に関する調査会」は、平成一一年六月、議長に対し女性に対する暴力に関し緊急を要する課題について中間報告を提出した[24]。平成一二年四月には、共生社会に関する調査会理事会の下に「女性に対する暴力に関するプロジェクトチーム」を設置し、立法化の作業を開始した。プロジェクトチームは、平成一三年通常国会への法案提出を目指し関係省庁や学識経験者、有識者からのヒアリングを行ない、立法化まで三〇回に亘るヒアリングや討議を重ねて新規立法の草案を作成した。共生社会に関する調査会はプロジェクトチーム座長から草案の趣旨説明を受けた後、「配偶者からの暴力の防止及び被害者の保護に関する法律案」を提出することに決定した。同法律案は平成一三年四月四日、参議院本会議において全会一致をもって可決され、衆議院に送付され、四月六日、衆議院における法務委員会の審議を経て全会一致で可決され、同日、衆議院本会議に上程され可決成立した。同法は一〇月一三日施行された（但し、配偶者暴力相談支援センターに係る部分は平成一四年四月一日施行）。

本法は、わが国初のＤＶ防止法として高く評価される法律であり、男女共同参画社会基本法の、いわば「各論」に位置づけられる法律である。その意義は、第一に、本法がドメスティック・バイオレンスは、個人の尊厳を害し男女平等の妨げとなる行為であって、社会的に許容されない行為であり、その解決のためには、国家による法的介入が必要であるというメッセージを社会に発信している点である。

わが国において、今日まで、ドメスティック・バイオレンスは、それがたとえ暴行罪、傷害罪等の犯罪に当たる行為であっても、一般に刑罰に値するほどの違法な行為ではないと考えられてきたが、ＤＶ防止法は「配偶者からの暴力」が、最低限のモラルに反する高度の反社会性を帯びる行為であることを明言しており、ドメスティック・バイオレンスに対する人々の法意識に多大なインパクトを与えるものと思われる。

さらに、本法成立の意義として、裁判所に加害者に対する保護命令を発する権限を付与し、命令違反行為を犯罪とする法制度を創設したこと、従来各都道府県の婦人相談所等が売春防止法にもとづいて行なってきたドメスティック・バイオレンスの被害者に対する保護業務、相談業務について、法的位置づけを明確にし、予算措置を講じたことを挙げることができる。とりわけ、保護命令制度については、これまでわが国の法制度には類例がない全く新しい法制度をDVの被害者保護のために導入したという点で画期的と評することができよう。今後は、法の適正な運用が期待される。

なお、これに先立つ平成一二年五月には、桶川女子大生刺殺事件を契機に警察不信が高まる中で「ストーカー規制法」が成立している。

《地方自治体の取り組み》

国によるドメスティック・バイオレンスへの本格的な対策がスタートする前に先進的な自治体による取組みが始まっていた。各自治体におけるドメスティック・バイオレンスへの取組みは、まず実態の把握からスタートした。

東京都は、平成九年七月「女性に対する暴力」の実態調査を行なった(25)。右調査は東京都全域に在住する満二〇歳以上六四歳以下の男女四五〇〇人を対象として無作為抽出法で行なったアンケート調査であり、「女性に対する暴力」の中でも「夫・パートナーからの暴力」の詳しい実態把握を主眼に据えた調査である。

右調査は、ドメスティック・バイオレンスの実態について、公的機関が行なったわが国初の調査であり、DVに対する社会的関心を高める契機となった。右調査の結果、「精神的暴力」は二人に一人、「身体的暴力」は三人に一人、「性的暴力」は五人に一人が暴力の被害を経験しており、「立ち上がれなくなるまでひどい暴力を振るう」

などの深刻な身体的暴力を受けた経験のある女性も相当な数にのぼっていること、一方で暴力を振るわれても公的機関に相談する人はごく少数にとどまっており、ドメスティック・バイオレンスに対する国・自治体による取組みが緊急の課題であることを示した。

その後、全国の自治体でＤＶに関する実態調査が次々に行なわれた(26)。

たとえば、仙台市は平成一〇年の事業として民間団体である「仙台女性への暴力調査研究会」に委託して、ドメスティック・バイオレンス被害の実態調査を行なった。仙台市では右調査にもとづき、女性に対する暴力に関する相談窓口の設置及びシェルターを運営する民間団体への財政支援など、積極的な施策を実施している。

また、各自治体では、男女共同参画社会の形成の促進を目的とする自治体独自の事業を行なうため、「女性センター」等を設置しており、ここでもドメスティック・バイオレンスを中心とする女性に対する暴力に関する相談業務や緊急時の一時保護事業を行なっていた。

たとえば、神奈川県立かながわ女性センターは昭和五七年に施行された「神奈川県立かながわ女性センター緊急一時保護実施要綱」にもとづき、緊急一時保護を必要とする女性を対象とする県独自の一時保護事業を行なっていた(27)。

さらに、男女共同参画社会基本法の制定は、ドメスティック・バイオレンスを始めとする女性に対する暴力に関する各自治体の施策を加速させる結果となった。すなわち、右法律の制定を受けて各地方自治体においては条例作りが課題となっているところ、自治体における男女共同参画推進条例において、ドメスティック・バイオレンスの禁止を含む女性に対する暴力を禁止する規定を設けるところが多い(28)。

たとえば、鳥取県出雲市は、平成一二年三月二四日、全国の自治体に先駆けて「男女共同参画による出雲市まちづくり条例」を施行したが、右条例は、

「第五条、何人も、性別を理由とする権利侵害や差別的取扱いを行ってはならない。

2　何人も地域、職場、学校などあらゆる場においてセクシャル・ハラスメントを行ってはならない。
3　何人も、夫婦間を含むすべての男女間において、個人の尊厳を踏みにじる暴力や虐待を行ってはならない。」

と規定し、さらに、男女共同参画によるまちづくりを阻害する問題を処理するため、苦情処理窓口を設置し、相談者に対し必要な支援を行うとしている（第一〇条）。

同様の動きは、東京都、埼玉県、鳥取県、北海道、茨城県、富山県、宮城県などに広まっており、市町村レベルでも新座市、倉敷市、岡山市、塩尻市等においてこのような条例が制定されている。

ところで、宮城県岩出山町は、平成一三年四月、「いわでやま男女平等推進条例」を施行したが、同条例は、性別による差別的取扱い、性的行為の強要、性的言動による生活環境の侵害、及び個人の尊厳を踏みにじる暴力や虐待を禁止し、これに反する行為により人権を侵害する行為があった場合に、当該被害者を救済するため、町には、苦情相談機関を置くこととし、さらに、苦情相談機関の相談員の職務として、「侵害行為が著しいと判断する場合には、被害者の身柄の安全を確保する等、適切な保護措置を講ずることができる」と規定している。岩出山町では右条例にもとづき、被害者の一時保護ができる施設を確保し、シェルター機能を営ませている。

DV防止法の制定によって、各自治体によるDVの防止と被害者保護の施策の実施が期待されるところ、岩出山町の取組みは、実質的にみるとDV防止法の各自治体による「上積み」という面があり、注目される。

《民間団体の取り組み》

DV防止法制定に至った大きな要因として、ここ数年間における国・自治体以外の様々な行為主体による運動を挙げることができよう。詳細は別稿に譲るが、民間団体の活動としてまず挙げなければならないのは民間シェルター運動の発展である。一九九二年「夫・恋人からの暴力」調査研究会がわが国において初めてドメスティック・

バイオレンスの実態調査を行ない、わが国におけるＤＶの防止と被害者の保護に向けた運動がスタートした。一九九四年にはわずか七ヶ所にすぎなかったといわれている民間シェルターは、その後次々に設立され、九四年に「女のスペース・にいがた」（新潟）、九七年に「ＦＴＣシェルター」（東京）、「女のスペース・おん」（札幌）、「かけこみ女性センター・あいち」（名古屋）、「スペース・えんじょ」（大阪）などが活動を開始し、二〇〇〇年時点において全国で二十数ヵ所に及んでいた。[29] 各シェルターはネットワークを形成し、一九九八年六月には第一回「女性への暴力・駆け込みシェルター・ネット会議」が札幌において開催され、翌九九年には新潟で、二〇〇〇年には東京において一二〇〇名以上の参加者を得て開催された。二〇〇〇年大会では「女性に対する暴力防止法」の早期制定を求める要望書を採択し、新規立法を求める運動を展開した。[30]

また、日本弁護士連合会両性の平等に関する委員会は、一九九五年三月「女性に対する暴力——夫の暴力、強姦、売買春」をテーマにシンポジウムを開催した。[31] また日弁連は、毎年四月に「全国一斉女性の権利一一〇番」と題する電話相談を各地の単位弁護士会で実施しているが、一九九四年から一九九六年の三年間は、相談テーマを「夫婦間暴力一一〇番」として実施し、一九九八年は「夫からの暴力一一〇番」としてＤＶの相談活動を行ない、ＤＶ問題に対する世論を喚起し被害者の相談に応じた。さらに、一九九八年第四一回日弁連人権擁護大会において分科会のテーマの一つとして「家族と暴力」を取りあげ、右人権大会では「妻への暴力、子どもへの虐待をなくすための対策を求める決議」を採択した。[32]

各単位弁護士会もドメスティック・バイオレンスを女性に対する人権の問題として積極的に取り上げている。たとえば、東京弁護士会は一九九八年一二月に「ドメスティック・バイオレンスからの救済——隠されてきた暴力」を開催した。[33] また各単位弁護士会の両性平等委員会は、九七年六月神戸弁護士会（現兵庫県弁護士会）を皮切りに、横浜弁護士会（九九年）、札幌弁護士会（九九年）、東京弁護士会（二〇〇一年）などで、ドメスティック・バイオレンスに関する相談マニュアルを相次いで出版している。[34]

ところで、一九九八年五月には「日本ＤＶ防止・情報センター」が設立された。「日本ＤＶ防止・情報センター」は、ＤＶが人権侵害であり、次世代の健全な社会の到来を脅かす社会問題であることについて啓発し、ＤＶホットラインを開設し、被害を受けた女性やその支援者に対し、援助プログラムの拡充と支援に寄与する活動を行っていく等の趣旨で設立された団体であるところ、設立後、ＤＶの啓発援助活動に役立つ著作を次々に発表し、一般社会におけるＤＶへの理解を深める活動を行なっている。[35]またＤＶ防止法についても「ＤＶ防止法提言二〇〇〇――安全な家庭を取戻すために」を発行し、保護命令制度の創設を提言した。[36]

また、北京ＪＡＣ（Japan Accountability Caucus Beijing）は、北京世界女性会議で採択された「行動綱領」のテーマに沿って政策提言を行い、その実現のためロビー活動、調査、研究活動を行なうＮＧＯとして一九九五年九月に発足したが、全体の共通のテーマとして、①女性省の設置、②女性に対する暴力撤廃のための法制度化の二点を挙げ、一九九六年一一月にはラディカ・クマラスワミによる「ドメスティック・バイオレンス特別報告書」を仮訳、発行し、九七年九月には「女性に対する暴力防止法参考資料――日本の女性に対する暴力防止法をつくろう」を発行した。[37]また、二〇〇〇年七月には、第五回北京ＪＡＣ全国シンポジウムを開催し、「女性に対する暴力根絶のための根本的施策の確立と、実効性ある女性に対する暴力防止法制定を求める要請書」を採択し、男女共同参画審議会女性に対する暴力部会に送付している。[38]

また、社団法人自由人権協会（ＪＣＬＵ）は、二〇〇〇年八月、保護命令制度の創設を柱とする「ドメスティック・バイオレンス禁止法案」を発表し、パブリック・コメントを募集した。[39]

このような民間団体の多方面に亘る積極的な取組みが、政府・自治体などの施策と相俟って、ＤＶ防止法制定への機運を盛り上げ、今般の「配偶者からの暴力の防止及び被害者の保護に関する法律」の制定に至ったといえよう。

（1）ロバート・W・コンネル〔森重雄外訳〕『ジェンダーと権力』三交社（一九九三年）九三―一〇三頁。

（2）江原由美子『装置としての性支配』勁草書房（一九九五年）三―四〇頁。

（3）キャサリン・マッキノン「戦時の犯罪、平時の犯罪」ジョン・ロールズ他『人権について』みすず書房（一九九八年）一〇三―一三六頁。

（4）キャサリン・A・マッキノン〔奥田暁子外訳〕『フェミニズムと表現の自由』明石書店（一九九三年）五三頁以下。

なお、川本隆史教授はフェミニズムが現代正義論に突き付けた問いは以下の三点に集約されるという。即ち、①これまで提出された正義原理は、いずれも性差別に関する不適切な説明に頼っていたのではないか（マッキノンによるもの）。②従来の正義原理は、公的領域と私的領域との区別を持ち出して、家族を正義の適用範囲の外側に追いやってきた。けれども、そうした公私二分法によってこそ、私的な空間での性差別が温存され続けてきたのではないか。③既成の正義原理は、責任やケアリング（世話の活動）に基づいた女性的な推論（理由付け）モデルよりも、抽象的な権利をベースとする男性的な推論モデルの方にもっぱら依拠してきたのではないか。そもそも「正義」自体が男性的な観念でしかないのではないか（ギリガンによるもの）。詳しくは、川本隆史『現代倫理学の冒険』創文社（一九九五年）六六頁。

（5）同条約については、国際女性の地位協会編『女子差別撤廃条約注解』尚学社（一九九二年）参照。

なお、女性の地位向上に関連する国際文書の邦語訳は、その多くが国際女性の地位協会編『女性関連法データブック』有斐閣（一九九八年）に収録されている。

（6）国際女性法研究会編『国際女性条約・資料集』東信堂（一九九三年）九九頁以下。

（7）40/36 Domestic violence (96th plenary meeting 29 November 1985).

なお、一九九〇年キューバで開催された第八回国連犯罪防止会議の概要については、長島敦「開発との関連における犯罪防止及び刑事司法」法律のひろば四三巻一二号一一頁以下（一九九〇年）。

（8）国連婦人の地位向上部「女子差別撤廃条約の締約国レポートに見られる女性に対する暴力」〔吉崎邦子訳〕国際女性の地位協会編『国際女性92――特集バイオレンスと性』尚学社（一九九二年）六九頁以下。

（9）「国連女性に対する暴力に関する専門家会議報告書」〔米田眞澄訳〕、前注『国際女性92』七三―七九頁。

（10）前注『国際女性92』八七頁以下。

（11）山崎公士「世界人権会議の成果と課題」自由と正義四四巻一一号五八頁以下。

(12) ウィーン会議と「女性の権利は人権である」グローバル・キャンペーンについては、戒能民江「ドメスティック・バイオレンスと性支配」『岩波講座現代の法11ジェンダーと法』(一九九七年)二九二―二九三頁。
戒能教授は、右論文において、二〇世紀の国際社会における「女性に対する暴力」への取組みを包括的に論じられている。
(13) 「ウィーン宣言及び行動計画」(自由人権協会訳)自由と正義四四巻一一号一頁以下。
(14) 国際女性の地位協会編(米田眞澄訳)『国際女性94』(一九九四年)一三五頁以下参照。
(15) 北京会議の概要については、総理府男女共同参画室編『北京からのメッセージ――第四回世界女性会議及び関連事業等報告書』(平成八年)。
(16) 武者小路公秀「世界女性会議における国連外交の新展開」『国際女性95』一一五―一一七頁。
(17) わが国におけるセクシャル・ハラスメント対策に関する行政当局の対応について、「北京女性会議」が大きな影響を与えているとし、右観点から「北京女性会議」の概要について述べているものとして、水谷英夫『セクシャル・ハラスメントの実態と法理』信山社(二〇〇〇年)一五六―一六一頁。
(18) ラディカ・クマラスワミが国連人権委員会に提出した報告書の主要な部分を翻訳したものとして、クマラスワミ報告書研究会『女性に対する暴力――国連人権委員会特別報告書』明石書店(二〇〇〇年)九―七四頁。
また、ドメスティック・バイオレンスに関する報告書については、北京JAC発行『ラディカ・クマラスワミによる「ドメスティック・バイオレンス特別報告書」』(一九九六年)。なお、クマラスワミ報告書については、財団法人女性のためのアジア平和国民基金も一九九八年以降数次に亘り翻訳書を発行している。
(19) 総理府内閣総理大臣官房男女共同参画室『国連特別総会「女性二〇〇〇会議」の概要』(平成一二年)。
(20) 総理府内閣総理大臣官房男女共同参画室『男女共同参画二〇〇〇年プラン&ビジョン』(平成九年)。
(21) 男女共同参画審議会の答申は、内閣府男女共同参画局　ホームページ参照(http://www.gender.go.jp/)。
(22) 総理府内閣総理大臣官房男女共同参画室『男女間における暴力に関する調査』(平成一二年)。
(23) 男女共同参画社会基本法の特徴と意義については、大沢真理編『二一世紀の女性政策と男女共同参画社会基本法』ぎょうせい(平成一二年)五九―八三頁。
(24) DV防止法制定の経緯については、南野知恵子外監修『詳解DV防止法』ぎょうせい(平成一三年)一一―五三頁。
(25) 東京都生活文化局女性青少年部女性計画課『「女性に対する暴力」調査報告書』(平成一〇年)。

(26) 丸田隆「家族の中のいじめ（1）——バタード・ウーマン」法セミ五五七号七六頁（二〇〇一年）。
(27) 神奈川県立かながわ女性センター『緊急保護室一〇年の検証』（平成五年）。同センターは、平成一一年に再度一時保護の実態をまとめ、今後の課題と方向性について検討している。詳しくは、『「女性への暴力」に関する調査研究報告書』参照。
(28) 各自治体の男女共同参画推進条例の制定状況については男女共同参画局のホームページ（前注（21））参照。また各自治体で制定された条例の内容については、各自治体のホームページ参照。なお、男女共同参画推進条例をつくる必要性・条例作りの具体的プロセス等については、山下泰子・橋本ヒロ子・斉藤誠『男女共同参画推進条例のつくり方』ぎょうせい（平成一三年）。
(29) 民間シェルターの活動状況については、波田あい子、平川和子編『シェルター』青木書店（一九九八年）。
なお、DV防止法制定後、政府（内閣府）による民間シェルターに関する始めての全国調査が行なわれた。右調査によれば、平成一三年一二月現在の民間シェルターの施設数は、一四都道府県三五ヶ所であり、うち二四施設が「運営費のほとんどを寄付や会費に頼っており、財政的に限界がある」と回答している（第九回男女共同参画会議女性に対する暴力に関する専門調査会への報告による）。

また、民間団体の動きについてはシェルター・DV問題調査研究会議　調査3報告書『シェルターを核とした関係援助機関の活動連携実態および法制度・運用に関する調査』（二〇〇〇年）〔戒能民江担当〕一二一—一四頁。
(30) 東京大会の報告書は、全国女性シェルターネット東京大会実行委員会編『全国女性シェルターネット二〇〇〇年東京フォーラム報告書』（二〇〇一年）として出版されている。また女のスペース・おんは、暴力の本質と実態について理解を広げる目的でブックレット『女性への暴力（Violence Against Women）』をシリーズで出版している（一九九六年～二〇〇一年）。
(31) 日本弁護士連合会両性の平等に関する委員会『シンポジウム基調報告書　女性に対する暴力』（一九九五年）。
(32) 日本弁護士連合会第四一回人権擁護大会のシンポジウム（第三分科会）の基調報告書は、明石書店から出版されている。日弁連編『ドメスティック・バイオレンス防止法律ハンドブック』（二〇〇〇年）。
(33) 東京弁護士会のシンポジウムの記録については、鈴木隆文、石川結貴『誰にも言えない夫の暴力』本の時遊社（一九九九年）二四七—三〇一頁。
(34) 神戸弁護士会両性の平等に関する委員会『「夫の暴力」事件相談マニュアル』（一九九七年）。

横浜弁護士会第二五回県民集会実行委員会人権擁護委員会女性の権利小委員会『DVサポートマニュアル』（一九九九年）。札幌弁護士会平成一〇年度両性平等委員会編『DVサポートマニュアル』。東京弁護士会両性の平等に関する委員会編『ドメスティック・バイオレンス　セクシャル・ハラスメント』商事法務研究会（平成一三年）。

(35)「日本DV防止・情報センター」（大脇雅子代表）は、DVに関する多数の書物を出版しているが、代表的な著作として『ドメスティック・バイオレンスへの視点』朱鷺書房（一九九九年）。

(36) 日本DV防止・情報センター発行（DV防止法研究会in神戸執筆）『DV防止法提言二〇〇〇』（二〇〇〇年）。

(37) 北京JAC発行『ラディカ・クマラスワミによる「ドメスティック・バイオレンス特別報告書」』（一九九六年）。北京JAC女性に対する暴力防止法コーカス『女性に対する暴力防止法参考資料』（一九九七年）。

(38) なお、北京JACでは、静岡で開催された第四回全国シンポジウムにおいて「女性に対する暴力防止法」の制定に向けて分科会を開催している。詳しくは、北京JAC第四回全国シンポジウム実行委員会世界女性会議ネットワーク静岡編『二一世紀・ローカルからグローバルへ――女たちがめざす新時代』ウィメンズブックストア松香堂書店（二〇〇〇年）。

(39) 社団法人自由人権協会『ドメスティック・バイオレンス防止法案』（二〇〇〇年）。

第二章　アメリカにおける法状況

一　アメリカＤＶ法の概観

《バタード・ウーメンズ・ムーブメント》

アメリカにおいて一九七〇年代以降今日までの四半世紀の間に、おびただしい数のドメスティック・バイオレンス（domestic violence ＝ＤＶ）関連法が制定されてきたが、それ以前は法的システムはＤＶを容認し事実上これを助長してきたといわれている。

ローマ法に由来する「親指の法理」（rule of thumb）によれば、夫は妻を懲戒する権利があり、ただ自分の親指よりも太いむちで殴ってはならないとされた。妻の殴打を容認する古来のルールは、コモンローに取り入れられ、アメリカの裁判所もこれを認めていた。たとえば一八二四年ブラッドレー事件において裁判所は、夫は節度のある方法で妻を身体的に懲戒する合理的権利があり、この場合夫は不法な身体接触（assault and battery）で訴追されないと判示した。その後、一八七一年のフルガム事件において裁判所は、夫が妻を身体的に懲戒する権利は認められないとする判決を下し、これをうけて一八七六年から一九〇六年までの間にいくつかの州が妻に対する殴打（wife beating）を鞭打ちの刑とする法律を制定した。このように、妻に対する殴打は犯罪とされ法的には許されない行為とされたが、その後も警察などの法執行機関は、夫婦のプライバシーをみだりに侵害すべきではないという立場から、ドメスティック・バイオレンスへの介入を拒んでいたといわれている。市民的権利に関する連邦委員会は、一九八二年に発表した報告書において、虐待されている妻達の多くが刑事司法システムの様々な段階で援助を拒まれていると報告している。パトリシア・バーナードは、ドメスティック・バイオレンスが、厳密にいえば法律違反となるものから正真正銘の犯罪になったのは、ほんのここ二〇年にすぎないと言う(1)。

ところで、一九六〇年代に始まったフェミニズム運動はバタード・ウーメンズ・ムーブメント（battered women's movement）を生みだし、全米に次々に「シェルター」とよばれる施設、即ち被害女性のための緊急避難場所が開設された。最初のシェルターは、イギリスのチズウィックで一九七二年に開かれたと言われており、この動きはまたたく間に全米に広がったのである。シェルターは、夫の暴力から逃げ出した妻と子どもの緊急一時避難場所であり、常時（二四時間）電話による相談を受けつけ、被害者に緊急時の衣食住を無料で提供した。当初は個人、民間団体の寄付などで運営されていたシェルターも、今日では州及び州政策を支援する連邦政府から財政援助をうけている。今日、このようなシェルターが全米一二〇〇カ所以上に開設されているといわれている。バタード・ウーメンズ・ムーブメントは、妻に対する暴力などのような親密な関係における女性に対する暴力を、男女間の政治的、経済的、社会的力関係に起因するものであり、またこのような男女間の不均衡な力関係を助長する仕組みをもつ「構造的暴力」であるととらえ、ドメスティック・バイオレンス（ＤＶ）は個人的な問題ではなく社会的問題であると主張したのである(2)。

被害女性たち及びバタード・ウーメンズ・ムーブメントの支援者たちは、シェルターのような差し迫ったニーズがある程度満たされると、その関心を法システム、とりわけ刑事司法システムに向けた。別居中の夫に繰りかえし「殺してやる」と脅され、裁判所からプロテクション・オーダー（protection order）を得た上で警察に再三にわたり夫を逮捕するよう求めていたにもかかわらず、警察に何度もこれを無視され、ついには夫に重傷を負わされたトレーシー・サーマンは、警察の対応は平等保護条項に反するとして警察当局・市を訴え、二三〇万ドルという高額の損害賠償を支払えという判決を勝ちとった（一九八五年）[3]。この判決が警察当局のＤＶ対策に与えたインパクトは大きく、以後警察はＤＶ犯罪への対応を変えざるをえなくなった。被害女性達及びその支援者たちがＤＶに関する法的システムの対応を変化させた原動力になったと言われている[4]。

《あらゆる法領域に及ぶＤＶ法》

今日において州・連邦による政策はあらゆるところでＤＶを社会的に非難しており、そのことは刑法、刑事訴訟法など刑事司法システム、不法行為法、家族法などあらゆる法領域に及んでいる[5]。

●ペンシルベニア州が一九七六年全米初のＤＶ防止法を制定して以来、今日アメリカのあらゆる州とコロンビア特別区において民事裁判所の発するインジャンクション（injunction 差止命令）によって、ドメスティック・バイオレンスの被害者に法的保護を与える州法（ＤＶ防止法）が制定されている。州法が規制の対象とするＤＶとは各州ごとに異なってはいるが、おおむね、配偶者・前配偶者・同居人など一定の身分関係にある者に対して行なわれる虐待行為（abuse）であり、裁判所が発するインジャンクションの内容は虐待禁止命令・接近禁止命令・住居からの退去命令、子についての仮の監護権の付与、配偶者・子の扶養料の支払命令など多岐に亘っている。裁判所の命令は通常プロテクション・オーダー（protection order 保護命令）あるいはレストレイニング・オーダー（restraining order 制止命令）とよばれている。

●今日アメリカのほとんどの州で、プロテクション・オーダーあるいはレストレイニング・オーダーの違反行為は軽罪（おおむね、一年以下の拘禁刑あるいは罰金）に当る犯罪とされている。

●今日全米のあらゆる州とコロンビア特別区において、ＤＶ犯罪が行なわれたと信ずべき相当の理由がある場合には警察官は現行犯でない場合でも加害者（被疑者）を逮捕することができる旨定める州法を制定している。

●オレゴン州で一九七七年全米初の義務的逮捕法が制定されて以来、今日全米二七の州及びコロンビア特別区において、ＤＶ犯罪が行なわれたと信ずべき相当の理由がある場合には、警察官は加害者を逮捕しなければならない旨定める義務的逮捕法（mandatory arrest law）を制定している。

●一九九〇年以後、全米四九州とコロンビア特別区がストーキング禁止法を制定した。

●一九九二年ルイジアナ州は、ドメスティック・バイオレンスを犯したことのある親は単独監護権も共同監護権も与えないものとする旨定め、ＤＶを犯したことのある親にはカウンセリングに参加しこれをやり遂げることを条件として監督付の訪問（面接交渉）(supervised visitation) のみを認める旨定める州法を制定した。従来ドメスティック・バイオレンスは直接子どもに向けられない限り子の監護権の決定に当って考慮されなかった。しかしながら、右州法は、母（妻）への暴力は子供に対しても悪い影響を与え、このような父（夫）に監護権を与えることは「子の最善の利益に反する」との立場から、ＤＶの加害者には単独監護権も共同監護権も与えないこととした。さらに、ＤＶは面接交渉などを通じて当事者間に接触がある場合には離婚後であっても継続するという認識に立ち、ＤＶの加害者が子を訪問するに当ってはこれを監督付とした(6)。

今日において、州法で、ＤＶは「子の最善の利益」に反するものである、あるいは、ＤＶには共同監護はふさわしくない、もしくは、ＤＶが認定される場合には共同監護を禁止する旨定める州法を制定している州が、およそ一一州あり、その他の多くの州では、子の監護者の決定に当ってＤＶを少なくとも考慮事情とするよう定めている。

なお、子の仮の監護者の指定は、プロテクション・オーダー（保護命令）の命令内容となっているが、多くの州が子の監護者の決定に当って州法を改正したのに伴い、プロテクション・オーダーに関する州法も改正している。

●一九九三年にノースカロライナ州が夫婦間レイプを犯罪化したのを最後に、今日、全米のあらゆる州とコロンビア特別区は夫婦間レイプを州法あるいは判例法により犯罪として取扱っている(7)。

《女性に対する暴力防止法》

アメリカ社会でドメスティック・バイオレンスが重大な犯罪であると捉えられるようになったことを最もよく反映しているのが、一九九四年八月に成立した「女性に対する暴力防止法」（Violence Against Women Act of 1994）である。[8] 同法は女性がレイプ、ドメスティック・バイオレンスなどの暴力犯罪の標的になっているにもかかわらず、このような犯罪が刑事司法システムにおいて「第二級の犯罪」（second class crime）としてしか扱われておらず、法の執行が適正、厳格に行なわれていないとの認識に立ち、法の目的として女性に対する暴力犯罪の防止と処罰を掲げている。

同法成立の背景を述べた下院の報告書は、毎年四〇〇万人の女性が夫またはパートナーに殴打されており、ドメスティック・バイオレンスの被害者の九五％が女性であり、病院の救急処置室を利用する女性の約三五％がＤＶによるケガであると指摘した上で、夫は妻を懲戒するために自らの親指よりも細い鞭でなら殴打することができるとする「親指の法理」は、刑事司法制度のすみずみにおいてみられ、警察においても検察においてもＤＶは、「くだらないもの」「重要でないもの」として取扱われていると述べている。[9]

同法は、ＤＶ犯罪の加害者はこれを逮捕することが望ましいとする政策＝逮捕奨励政策を採用する州に、連邦から財政支援をすることによってこれを推進している。また、他州の発するプロテクション・オーダーについて各州は「十分な信頼と信用」（full faith and credit）を与えなければならないとされ、他州において発せられたプロテクション・オーダーをあたかもその州で発せられたかのように執行しなければならないと定めており、これによりプロテクション・オーダーの執行力を強化し、州を越境して行なわれるプロテクション・オーダーの違反行為を連邦犯罪として厳しい刑罰を科すこととしている。

さらに、同法がＤＶ犯罪の被害者に連邦訴権を認めたことは画期的なことであった。即ち、同法は、女性がレイプ、ＤＶなどの暴力犯罪の標的とされるのは被害者の個人的事情のゆえではなく、まさに被害者の「性」に起因しており、女性であるがゆえに蒙る「市民的権利」の侵害は「人種」「宗教」に基因する市民的権利の侵害と同様であるとの認識に立ち、レイプ、DVなどの性（ジェンダー）にもとづく暴力犯罪（crime of violence motivated by gender）の被害者に、加害者に対する連邦訴権（federal civil rights cause of action）を認めるものである。[10] 同法には、DVやレイプの被害者に民事的救済を与えるものであることから、州の不法行為法に代わって連邦不法行為法を制定するものではないか、大量の事件が裁判所に持ち込まれ連邦裁判所がパンクするのではないかなどの反対意見があり成立が危ぶまれていたが、「難産」の末ようやく成立したものである。

ところが、二〇〇〇年五月、連邦最高裁判所は、性にもとづく暴力犯罪の被害者に加害者に対する連邦訴権を認めた連邦法の規定は、憲法が連邦議会に与えた権限を超えているので違憲であるとする判決を、五対四の僅差で下した。[11] 同判決の法廷意見は、「一三九八一条により連邦訴権を付与しようとする連邦議会の努力は、通商条項あるいは合衆国憲法修正一四条第五節のいずれによっても、正当とは認められない」と判示し、このような救済は合衆国によってではなく州によって付与されるべきであると述べた。

事案は、バージニア工科大学の女子学生が大学のフットボール代表チームのメンバーである男子学生二人にレイプされた事件が発生し、被害者である女子学生が二人の加害者を一三九八一条違反で訴えたところ、加害者側が右条項を違憲であるとして争ったので、合衆国政府が右条項の合憲性を擁護するため訴訟参加したというものである。

右判決について、アメリカ大学女性協会法律擁護基金（The American Association of University Women Legal Advocacy Fund）は、反対の声を挙げており、同基金のディレクター、パトリシア氏は、「残念なことに、周知のとおり、目下のところレイプ、暴行・脅迫、虐待に対する州レベルの救済は機能していない。裁判が州ごとにこれほど違う場合に、どうやって女性達に裁判に訴えなさいと勧めることができようか」とコメントしている。[12]

右判決後は、各州や自治体において連邦法と同様の訴権を認める法律の制定を求める動きが広がり、ニューヨーク市議会は、二〇〇〇年一二月全米で初めて、性にもとづく暴力の被害者に加害者に対する訴権を認める法律（The Gender-Motivated Violence Protection Act）を満場一致で可決し、同法はジュリアーニ市長の署名を得て、一二月一九日発効している。[13]

さて、「女性に対する暴力防止法」は、一九九六年には、ストーカー行為の防止という目的から、州を越境して行なわれるストーカー行為（interstate stalking）についても、州を越境して行なわれるプロテクション・オーダーの違反行為と同様に厳しい刑罰を科すことができるよう改正された。[14]

また、二〇〇〇年一〇月には、一九九四年に成立した連邦法を大幅に強化する法律（Violence Against Women Act of 2000）が成立している。[15]主な改正点としては、被害者と親密な（intimate）又はロマンティック（romantic）な社会的関係にある（またはあった）者により行なわれた暴力を dating violence と定義し、逮捕奨励策及びプロテクション・オーダーの執行プログラムなどのいくつかの適切な分野において、これを支援の対象として追加している。

さらに、暴力犯罪及びプロテクション・オーダーに違反した者を警察官が逮捕することを奨励する政策及び警察官に対し加害者の逮捕を義務付ける政策（義務的逮捕政策）を各州が強化するための財源として、二〇〇五年までの間の五年間において毎年六五〇〇万ドルの連邦予算を支出することができる旨を定めている。

加えて、一九九四年の「女性に対する暴力防止法」で財源が付与された政策で、ザ・ストップと名付けられた政策があるが（STOP：Services and Training for Officers and Prosecutors）、女性に対する暴力犯罪に取り組む警察・検察・裁判所を、効果的でかつ被害者が中心におかれるシステムにすることを目的とする政策であり、各州が、ドメスティック・バイオレンス、レイプ、ストーキング等に対する刑事司法システムの対応を、それに関係するあらゆる機関——もちろん被害者支援システムも含む——について向上させ、刑事司法システムを再構築することを推進する政策である。二〇〇〇年の「女性に対する暴力防止法」はストップ政策に対し、二〇〇五年までの間毎年一億八五〇〇万ドルの連邦予算の支出を認め、うち警察に二五％、検察に二五％、非営利のＮＧＯによる被害者支援システムに三〇％、裁判所に五％の予算を配分するとしている。また、コミュニティーが被害女性と子どもたちのために提供するシェルターには二〇〇五年までの間に毎年一億七五〇〇万ドルの連邦予算を支出することができるとしている。

《ケーシー判決とＯＪ裁判》

ところで、アメリカにおいて妊娠中絶問題は大統領選の争点になる程大きな社会問題となっているが、連邦最高裁判所は一九九二年ケーシー事件においてペンシルベニア州法の中絶規制――既婚女性に対し中絶をする前に夫への告知を命ずるもの――が違憲であるとの判断を下した(16)。

右判断を支えたのは、アメリカにおいて多くの女性達が夫から身体的・心理的虐待を受けているという事実であった。判決は、州の規制が中絶の禁止を目的とするものでなくても、その規制の目的あるいは効果のいずれかが、中絶という選択に対する実質的な障害を設けることによって、中絶を選択する女性に「過度の負担」（undue burden）を課することになるなら、その規制は憲法に違反すると述べ、既婚女性に対して中絶をする前に夫に告知せよと命ずることは、彼女達の決断に対し「過度の負担」をかけることになると言う。なぜなら、多くの女性達は、夫による身体的・心理的・経済的脅しを恐れるからである、と。同判決は両親への告知要件は合憲としたが、両親への告知要件と夫への告知要件を同様に扱うことはできないとして、「州は夫に対し両親が子供を支配するように妻を支配することを認めてはならない」「女性達は結婚しても憲法上保障される自由を失なわない」と判示したのである。連邦最高裁判所が妊娠中絶の規制というアメリカ社会において重大な関心を集めている憲法問題について、ドメスティック・バイオレンスの実情を十分に考慮して違憲判断を示したことは、ドメスティック・バイオレンスに対する裁判所の認識の到達点を示すものとして注目されている。

また、ときあたかも、「女性に対する暴力防止法」が成立した一九九四年、フットボール界のスーパースターであるＯＪシンプソンが前妻ニコルとそのボーイフレンドを殺害した疑いで起訴される事件が発生した。ＯＪ裁判がはじまるやいなや、全米の人々は裁判報道にくぎづけになり、ＤＶホットラインには被害者から相談が殺到し、裁判所ではプロテクション・オーダーを求める申立が急増した。ＯＪ裁判の後、各州ともＤＶ防止法を強化したといわれている。ＯＪ裁判では結局無罪評決が下されたが、ＤＶに対する一般の人々の関心は一気に高まり、ＤＶはアメリカ社会において深刻な犯罪であると認識されるようになった(17)。

ところで、この事件では、事件の前年ニコルがＯＪに対するＤＶ犯罪の告発をとりやめたため、ロサンゼルス地方検事局の検察官がＯＪを起訴できなかった事実があり、起訴強制政策の是非をめぐる議論が活発化した。即ち、起訴強制政策（No-Drop Policies）とは、検察官は犯罪の証拠がない場合を除いて原則としてＤＶ犯罪を起訴しなければならないとする一方で、被害者に対しＤＶ犯罪の告発を取りやめることを許さず、被害者に犯罪の証人となることを強制し、被害者が証人としての出廷を拒めば、法廷侮辱のかどでこれを収監する制度である。このような制度については、被害者の自己決定権を侵害するのではないかとの批判があり、従来からその是非をめぐって議論が続いていたのである(18)。

このように、アメリカにおいてドメスティック・バイオレンスは、ここ四半世紀の間に、夫の権利であり容認される行為から、犯罪であり違法行為であると認識されるようになった。アメリカのＤＶ対策法は、全米初の連邦法である「女性に対する暴力防止法」にみられるように、ＤＶを犯罪として取扱うことに主要な関心が向けられ刑事司法システムの改革を行なってきたといえよう。また、アメリカのＤＶ対策法は、国連女性に対する暴力とその原因及び結果に関する特別報告者ラディカ・クマラスワミが、国連に提出したドメスティック・バイオレンス特別報告書にも多大なる影響を与えている(19)。

《本章のテーマ》

そこで、本章では、まず第一に、民事裁判所がプロテクション・オーダーによって加害者に接近禁止命令等を発し、被害者に法的保護を与え、プロテクション・オーダーの実効性は裁判所の命令違反行為を軽罪として処罰することで図るドメスティック・バイオレンス防止法（各州法）について、その内容と問題点について述べる。このような法律がドメスティック・バイオレンス規制法のスタートを切る立法であり、ここからすべてが始まったといえるからである。次に、ドメスティック・バイオレンスにおける刑事司法システム――警察・検察・裁判所――の対応の何が問題とされそれがどのように改革されてきたのか概観する。また、従来犯罪とされなかった夫婦間レイプ及びストーキングの犯罪化についてその経緯、内容を検討する。

わが国におけるDV対策は、二〇〇一年四月「配偶者からの暴力の防止及び被害者の保護に関する法律」が成立し、本格的なスタートを切った。同法は、わが国初のDV防止法であり、同法が、裁判所に加害者に対し六ヵ月間の接近禁止命令及び二週間の住居からの退去命令（いずれも保護命令と呼ばれる）を発する権限を与え、命令違反行為を犯罪（一年以下の懲役又は百万円以下の罰金）とする法制度を創設したことは、画期的と評することができよう。本法の罰則付保護命令は、明らかにアメリカ法の法実践（とりわけプロテクション・オーダー法）を参考にして、これまでにない全く新しい法制度を創設したものであるところ、わが国における今後の適正な法運用のあり方を考えるに当っては、類似の法制度をすでに実施しているアメリカ法の法実践について、なぜそのような法制度が創設されたのか、法の執行に当ってどのような問題が生じているのか、という観点から検証しておくことは、有意義なことであると思われる。

また、DV防止について警察をはじめとする刑事司法が果すべき役割をどう考えるべきかについても課題は多い。たとえば、警察の介入はどうあるべきか。加害者の逮捕についてはどう考えるのか。その後の起訴などの刑事手続の果す役割をどう考えるのか。刑事手続における被害者の自己決定権をどう保障するのか。アメリカにおける四半世紀に及ぶ法実践から示唆を得たいと思う。

なお、アメリカにおいて、ドメスティック・バイオレンス（ＤＶ）の定義は各州ごと、また各法分野ごとに異なっており、これを一義的に定義することは困難であるが、とりあえず以下の定義に則って述べていく。

ＤＶ防止法が規制の対象とするＤＶとは、おおむね配偶者・前配偶者・同居人・前同居人・血族・姻族・子どものいる者同士などの身分関係にある者に対する虐待行為を言い、ここで虐待行為とは、おおむね身体的利益の侵害及びその未遂、脅迫、嫌がらせ、ストーキング、性的暴行、子どもの略取誘拐、住居侵入などを言う。ちなみに、単なる交際相手に対する虐待行為を含める州は一部にとどまっていたが、近時は徐々に増加する傾向にある。

また、ＤＶ犯罪とは、おおむね、同様の身分関係にある者を被害者とする、暴行・脅迫（assault）、不法な身体的接触（battery）、不法目的侵入（burglary）、強制（coercion）、不法監禁（false imprisonment）、子の誘拐（kidnapping）、強姦（rape）、性的暴行（sexual assault）、ストーキング（stalking）、殺人（murder）などの犯罪をいう。

ところで、アメリカの犯罪統計（統一犯罪報告書）によれば、親密な関係にある者による殺人の被害者は一九九八年において一八二九人であり、うち一三一七人（七二・〇％）が女性であった[20]。

これをわが国と比較すると、一九九八年においてわが国において配偶者間（内縁含む）に発生した殺人事件の検挙件数は一七六件であり、うち女性を被害者とする事件が一一八件（六七・〇％）であった[21]。統計の取り方の違いを考慮に入れても、事件数はアメリカとはケタ違いに少ないことがわかる。

一方、全米犯罪被害調査（犯罪が警察に届けられたか否かを問わず、人々が受けた犯罪被害について全米を代表する世帯のサンプル調査を行ない、これにもとづいて全米における犯罪被害を積算したもの）によれば、親密な関係にあるパートナーによる暴力犯罪（殺人、レイプ／性的暴行、強盗、加重暴行、単純暴行）の被害者となった女性の数は一九九八年において八七万六三四〇人であり、男性被害者は一五万七三三〇人といわれている。これを人口一〇万人当りの発生率でみると、女性七六六・八に対し、男性一四六・二であり、女性が男性の約五倍の被害に遭っていることが分かる。わが国において、これに類する調査はないのでこの点の比較はできないが、総理府が平成一一年九月から一〇月にかけて実施した「男女間における暴力に関する調査」によれば、夫や妻から「命の危険を感じるくらいの暴行を受ける」が「何度もあった」「一、二度あった」と回答した人は女性で四・六%、男性で〇・五%であった。わが国においても、アメリカと同様に、女性が主として被害に遭っていることが明らかになっている。

二　ドメスティック・バイオレンス防止法

1　はじめに

《プロテクション・オーダー——保護命令》

一九七四年に、ミネソタ州で全米初のシェルター（緊急一時避難場所）が開設されるや、この動きは全米に広がり、各地にシェルターが設置された。シェルターは利用者のニーズに応じて緊急の援助（衣・食・住）がなされる場所であり、ドメスティック・バイオレンスの被害者たちが、一時、加害者の下を逃れて生活する安全な場所を提供するものとして、被害者にとって差し迫った必要性から生み出されたものであるが、本来、生命・身体・自由などの人格的利益の侵害に対しては、国家による法的保護が与えられるべきである。

アメリカにおいても、一九七〇年代当時すでに民事法領域においては不法行為にもとづく損害賠償、刑事法領域では刑法による暴行罪などによる処罰が法的制裁として用意されていたが、将来おこりうる虐待行為それ自体の差止と、それにとどまらない被害者への迅速かつ包括的救済措置を求めて、バタード・ウーマンのための被害者救済運動は、州法による特別法の制定を求める活動を展開した。その結果、民事裁判所（あるいは家庭裁判所）の発するインジャンクション（injunction）――通常プロテクション・オーダー（protection order 保護命令）とよばれる――によって被害者に法的保護を与える州法の成立をみることとなった。一九七六年にペンシルベニア州で成立したドメスティック・バイオレンス防止法は、一九八三年頃までの数年間にまたたくまに全米ほとんどの州で成立した。アメリカのドメスティック・バイオレンス規制法は、まさに、ここからスタートしたと言えよう。

州法が規制の対象とした行為とは、配偶者（のちの改正により、前配偶者あるいは、同居人などへの適用が拡大された）、親子、兄弟姉妹、などの一定の身分関係にある者に対する虐待（abuse）であり、具体的には、身体的利益の侵害、脅迫、嫌がらせ（harassment）、性的暴行などである。裁判所は、このような行為が行なわれた場合には、①虐待行為を禁止し、②被害者への接近を禁止し、③加害者に対し住居からの退去を命じ、さらには、④被害者に子への仮の監護権を与え、加害者に対し子との面接交渉を制限し、⑤子あるいは配偶者への扶養料の支払いを命じ、⑥カウンセリングへの参加を義務づける、⑦武器を没収するなどの幅広い救済命令を発することができる。

救済命令の内容は、各州ごとに異なっているが、包括的な救済を命ずるプロテクション・オーダーは、当事者が夫婦である場合には、子の仮の監護権の付与、面接交渉の制限、扶養料の支払いを命ずるなどの点で、まさに、「ミニ離婚」とも言うべき機能を果たしうるものであるといわれている。

《違反行為の犯罪化》

ところで、プロテクション・オーダーには、法の執行という点に問題があった。すなわち、プロテクション・オーダーとは、裁判所が特定の行為を行なうこと（＝住居からの退去命令）、あるいは、特定の行為を行なわないこと（＝虐待行為の禁止、接近禁止、武器の所持の禁止）を命ずるインジャンクションである。インジャンクションは伝統的に裁判所侮辱によって履行が強制されることになっていた。そこで多くの州では、プロテクション・オーダーの違反行為を裁判所侮辱に当たると定めていた。ところで、裁判所侮辱は民事的裁判所侮辱と刑事的裁判所侮辱の二つの手続があるが、民事的裁判所侮辱は違反者を呼び出し命令に従うよう強制するものであり、刑事的裁判所侮辱は、違反者に刑罰を科す手続であり、いずれも違反者に対し、後日、裁判所の手続を通して制裁を科すことにより、プロテクション・オーダーの履行を強制するものである。

しかし、このような手続では被害者を即刻保護できないことから、プロテクション・オーダーを発する目的であるところの被害者の安全性が確保できないと批判されるに至り、警察官が違反者を令状によらないで逮捕することによって、プロテクション・オーダーの執行を行なうとする方策がとられるに至った。各州は、プロテクション・オーダーの違反行為を軽罪（おおむね一年以下の拘禁刑あるいは罰金に当たる罪）と定めて犯罪化し、さらにプロテクション・オーダーの違反行為があったと信ずべき相当の理由がある場合には警察官は令状によらないで違反者を逮捕できると定める（州によっては警察官による逮捕を義務付けているところもある—義務的逮捕）、あるいは、プロテクション・オーダーの違反行為を犯罪化しないけれども、プロテクション・オーダーの違反行為があったと信ずべき相当の理由がある場合には、警察官は刑事的裁判所侮辱のかどで違反者を逮捕できると定めることによって、違反者に対する警察官の逮捕権限を拡大する州法改正を行なった。このように、アメリカでは、プロテクション・オーダーの執行は、違反者を警察官が令状によらないで逮捕する方法が大きな比重を占めるに至っている。

一九九四年に成立した「女性に対する暴力防止法」（Violence Against Women Act = VAWA）は、他州の裁判所の発したプロテクション・オーダーについて「十分な信用と信頼」（full faith and credit）が付与されると定めたので、各州は他州が発したプロテクション・オーダーをあたかもその州で発せられたように執行しなければならないことになった。また、州を越境して行なわれるプロテクション・オーダーの違反行為を連邦犯罪とし、厳しい刑罰を科すこととした。即ち、連邦法においても、プロテクション・オーダーの実効性確保がドメスティック・バイオレンス防止のための重要な戦略の一つとされている。

《ＤＶ法の中核としての役割》

このように、ドメスティック・バイオレンス防止法は、アメリカにおけるドメスティック・バイオレンス規制法のスタートであり、その後今日まで四半世紀に亘っておびただしい数のドメスティック・バイオレンス規制法が制定された今日においてもなお、アメリカにおけるドメスティック・バイオレンス規制法の中核をなすものといえよう。

ＯＪシンプソンが、前妻ニコルとそのボーイフレンドを殺害した疑いで起訴された事件は無罪評決が下されたが、この事件はアメリカ社会においてドメスティック・バイオレンスを再び大きな社会問題にする結果となったと言われている。ＯＪ事件は、アニタ・ヒルとクラレンス・トーマスの事件がセクシャル・ハラスメントという社会問題に対して果した役割と同様な役割をドメスティック・バイオレンスという社会問題に対して果した、と評するものがいるほどである。ＯＪシンプソンの裁判が始まるや、プロテクション・オーダーを求める申立てが急増したという指摘もあり[22]、ＯＪ事件の後、各州ともドメスティック・バイオレンス防止法の規制を強化している傾向にある。刑事司法手続においては、中産階級と専門職階級によって犯されるドメスティック・バイオレンスの事件は、ほとんど見当たらないという指摘もある中で[23]、民事手続であるプロテクション・オーダーが、ドメスティック・バイオレンス防止法において大きな役割を担っていることは間違いない。

わが国におけるＤＶ対策は、二〇〇一年四月「配偶者からの暴力の防止及び被害者の保護に関する法律」が成立し、本格的なスタートを切った。同法は、わが国初のＤＶ防止法であり、とりわけ、裁判所に加害者に対し、六ヵ月間の接近禁止命令及び二週間の住居からの退去命令を発する権限を与える保護命令制度を創設し、保護命令の実効性を確保するために、命令違反行為を犯罪（一年以下の懲役又は百万円以下の罰金）とすることとした。このような法制度をＤＶの防止と被害者保護のために創設したことは、画期的と評することができよう。同法の罰則付保護命令は、あきらかに、アメリカのＤＶ防止法におけるプロテクション・オーダーを参考にしていると思われる。わが国における保護命令制度の今後の課題、とりわけ適正な法運用のあり方を考えるために、そのルーツを探り、法運用上いかなる問題が発生しているのかにつき検討しておくことは、有意義であると思われる。

そこで、以下では、アメリカにおけるドメスティック・バイオレンス防止法について現行法の内容、運用の実態とその問題点、及びプロテクション・オーダーの利点とその有効性について述べる。

2　ドメスティック・バイオレンス防止法の内容

今日、アメリカのあらゆる州とコロンビア特別区において、民事裁判所（もしくは家庭裁判所）の発するプロテクション・オーダー（civil protection orders）によって、ドメスティック・バイオレンスの被害者に法的保護を与える州法（ドメスティック・バイオレンス防止法）が制定されている。(24)その内容は、各州ごとに異なっているが、おおむね州法が規制の対象とするドメスティック・バイオレンスとは、配偶者・前配偶者・同居人など一定の身分関係にある者に対して行なわれる虐待（abuse）であると定義される。そこで、以下では、①規制の対象となる身分関係、②対象となる行為、③プロテクション・オーダーの内容、④緊急プロテクション・オーダーについてみてみよう。

⑴　身分関係

プロテクション・オーダーは、加害者と被害者の間に一定の身分関係がある場合に限り発せられる。いかなる身分関係があることを要件とするかについては、各州ごとに規制が異なっているが、各州の州法は、この要件を年々緩和し、要件とされる身分関係を広げる傾向にある。(25)まず、ほとんどの州で配偶者に対する虐待は要件を満たす。また、配偶者間の虐待の四分の三は、別居後あるいは離婚後に生じると指摘されており、ほとんどの州ではこのような虐待を防止するため、前配偶者への虐待も要件を満たす。また、多くの州では正式に婚姻していなくても、親密な関係にある同居人に対する虐待も、この要件を満たす。さらに、その他の家族への虐待、たとえば兄弟姉妹、親、成人した子、姻族などへの虐待に対しても、プロテクション・オーダーを発することができる旨定める（表1参照）。なお、未成年の子に対する児童虐待については、ドメスティック・バイオレンス防止法とは別個の立法が用意されている州が多い。

また、多くの州では、当事者が婚姻しておらず、また、同居中でもない場合でも、当事者間に子どもがいる場合は、プロテクション・オーダーを発することができる旨定めている。ところで、同居中でもなく、子どももいない単なる交際相手である場合でも、この要件を満たすとする州は、一部にとどまっていたが、近時増加傾向にある[26]。同性愛者もこの要件を満たすという所はわずかである。

ところで、判例は、規制の対象となる虐待行為についてはこれを比較的広く解釈する傾向があるのとは対照的に、当事者の身分関係については、これまで制限的に解釈する傾向があったと指摘されている[27]。

たとえば、メイランド州では、州法が前夫あるいは別居中の配偶者も保護の対象とする旨改正をしたにもかかわらず、判例法は、加害行為がなされたとき同居していたかどうかを斟酌するように求めたり、ニューヨーク州、ミネソタ州では、子とは出産後をいい、妊娠中は、「子どものいる者同士」に含まれないと解釈していた。このような判例法に対しては、妊娠中の女性は暴力を受ける可能性が高いこと、妊娠を相手に知らせることが虐待の引き金になることは、ケーシ事件に関

＜表1＞　プロテクション・オーダーと身分関係

＜当事者の身分関係＞
・配偶者
・前配偶者
・同居人
・前居人
・血族あるいは姻族
・子どものいる者同士
・交際相手　など

する連邦最高裁判決もこれを認めていることから、多くの批判が寄せられている。

⑵　対象となる行為

州法が定める虐待（abuse）とは、おおむね、身体的利益を侵害する行為、及びその未遂、身体的利益を侵害するとの脅迫、嫌がらせ（harassment）、ストーキング（stalking）、性的暴行、子どもへの虐待などであり、不法監禁、住所侵入、子どもの略取・誘拐などを加える州もある。精神的虐待（侮辱など）を含む州はわずかである（表２参照）。

＜表２＞　虐待とされる行為

＜虐待とは＞
- 身体的利益の侵害及びその未遂
- 脅迫
- 嫌がらせ
- ストーキング
- 性的暴行
- 子どもの略取、誘拐
- 住居侵入　など

身体的利益を侵害する行為とは、暴行、違法な身体的接触をいい、また、嫌がらせとは、たとえば、職場や学校で騒ぎをおこす、自宅・職場・学校へ繰り返し架電する、後をつけまわす、自宅、職場、学校など被害者がいる場所の外にずっと居続けて被害者を監視するなどの行為を言う。

また、ストーキングを犯罪化する州が増えており、これもまた、プロテクション・オーダーを発することができる行為とされている。ストーキングとは一般に、合理的な人間に対し生命・身体に危害を加えられるかもしれないという恐怖を抱かせる故意をもって、くりかえし人をつけまわしたり、嫌がらせをする行為をいう。

ここで、性的暴行とは強姦には限られないことに注意を要する。

ところで、判例法は、当事者間の身分関係についてはこれを制限的に解釈するのとは対照的に、虐待行為については比較的に広く解釈して被害者の保護をはかっている、と指摘されている[28]。たとえば、ニューヨーク州のある裁判所は、妻と子どもを襲わせるために犬を訓練していた夫に対し、これを脅迫に当たるとして、犬と一緒に自宅から退去するよう命じ、アイオワ州のある裁判所は妻の車を高速度で追いかけた夫の行為は暴行に当たるとした。

(3) プロテクション・オーダーの内容

一定の身分行為がある者に対する虐待行為が行なわれた場合、裁判所が発することができるプロテクション・オーダーの救済内容をみてみよう。

プロテクション・オーダーが含む救済内容は、これまた、各州ごとに異なっているが、包括的な救済を定める州法はおおむね以下のような命令を発することができると定めている。即ち、虐待禁止命令、接近禁止命令、住居からの退去命令、仮の監護権の付与、面接交渉の制限、子の扶養料・配偶者の扶養料の支払命令、医療費・弁護士費用・裁判費用の支払命令、カウンセリングへの参加命令、銃の引渡命令などである（表3参照）。

＜表3＞　救済の内容

＜プロテクション・オーダーの内容＞
・虐待行為の禁止命令（no further abuse）
・接近禁止命令（stay away and no contact orders）
・住居からの退去命令（vocate orders）
・仮の監護権の付与、面接交渉の制限
・配偶者、子の扶養料支払命令
・医療費・弁護士費用・裁判費用の支払命令
・カウンセリングへの参加命令
・銃の引渡命令

ところで、プロテクション・オーダーと称される命令の法的性格は、インジャンクション（injunction 差止命令）である。インジャンクションとは、違法な行為・不行為の実行または継続を禁止する裁判所の命令である[29]。これは本来エクイティ（衡平法）上の救済（remedy）であり、裁判所の裁量により与えられるものである。相手に一定の違法行為の実行を禁止する禁止的差止命令（prohibitory injunction）と、すでに相手が行なった違法行為の結果たる事態を是正すべく積極的な行為を命ずる命令的差止命令（mandatory injunction）がある。また、救済の具体的内容は、エクイティ（衡平法）の命じるところをより有効に実現するという見地から、弾力的な措置を命ずることができると解されている。さらに、インジャンクションの発令は、最終的に裁判所の裁量にもとづくものとされ、一応の要件を満たしても、具体的妥当性を考慮したうえで発令されないこともあるのである。

インジャンクションは、執行がしばしば問題となるといわれており、命令が任意に履行されない場合、被告は裁判所侮辱（contempt of court）に問われる。インジャンクションの執行について、裁判所は国の執行力、特に警察力に頼っていると指摘されている[30]。

ところで、このようなインジャンクションに対応する制度は、わが国の民事訴訟法上では存在しないと指摘されており、作為・不作為執行（民執法一七二条）は、ある程度これに対応するが、インジャンクションの幅広さや裁判所の裁量の広さには対応すべくもないと言われている[31]。

ちなみに、「配偶者からの暴力の防止及び被害者の保護に関する法律」において創設された保護命令制度は、法的性格としては、民事行政的作用を有し非訟手続の一種であると考えられるところ、インジャンクションとはその法的性格が全く異なる手続である。

次にプロテクション・オーダーによる具体的救済内容をくわしく検討してみよう。

ア　虐待行為の禁止命令・接近禁止命令

ほとんどすべての州で、虐待行為の禁止命令、接近禁止命令、住居からの退去命令を発することができる旨定める。あらゆる種類の将来おこりうる虐待行為を禁止することができる。身体的利益の侵害行為のみならず、脅迫、様々な嫌がらせ行為が禁止される。

イ　住居からの退去命令

各州の立法者は、とりわけ住居からの退去命令と、自宅・職場・学校などで被害者へ接近することを禁止する命令（=接近禁止命令）が、被害者を将来おこりうる虐待行為から守るには有効であると考えた。このような命令により、加害者が被害者に近づくことを禁止することができるからである。そこで、ほとんどの州が、加害者に対し、被害者と同居中の住居から退去するよう命ずることができると定めている。

しかしながら、住居の所有者、あるいは、賃借権者が加害者である場合、あるいは住居が加害者と被害者の共有である場合、または加害者と被害者が共同で賃借している場合でも、加害者に退去を命ずることができるかどうかについては各州の州法の定めは異なっている。

多くの州において、加害者に退去を命ずることができる住居とは、被害者が所有するか、または共有する住居、あるいは被害者に賃借権があるか、または共同で賃借している住居である。加害者が単独で所有しあるいは賃借している住居であっても加害者に退去を命ずることができる旨定める州は、一部にとどまっている。

たとえば、イリノイ・ドメスティック・バイオレンス法は、加害者が単独で所有し、あるいは賃借している場合でも、加害者に対し住居からの退去を命ずることができる旨定めている[32]。同法は、退去命令の可否は、命令が発せられた場合に被告（加害者）の蒙る不利益（hardship）と、原告（被害者）が暴力の危険に晒されることにより蒙る不利益を比較衡量して決する旨定めている。この手法は近年アメリカの判例法がインジャンクションの可否を判断する際に用いる手法である。

ところで、たとえ、州法において、加害者が住居を所有しあるいは賃借している場合でも、加害者に退去を命ずることができる旨定めていても、裁判所は、このような命令を出したがらない傾向にあること、とりわけ、この傾向は、緊急時において、相手方に通知せずに、相手方を審尋しないで発せられる緊急プロテクション・オーダーにおいては顕著であると指摘されている[33]。

ウ　仮の監護権の付与・面接交渉の制限

ほとんどの州で、州法は、裁判所が、プロテクション・オーダーの内容として、中立人に子の仮の監護権を付与し、相手方が子と面接することを制限することができると定めている。被害者にとって、この救済方法は非常に重要である。加害者は、子どもを通じて被害者に接近し、脅迫・嫌がらせなどの虐待を行なう可能性が高いからである。

ところで、子の監護権の決定、及び、面接交渉の決定については、各州の州法に近年注目すべき動きがみられる。

すなわち、アメリカでは、子の監護権を決定する一般的な基準として「子の最善の利益」が用いられてきたが、一九六〇年代から始まった無責離婚主義の発展は、父母の非行を子の監護権の決定に当り重視しない傾向を生んだと指摘されている。そのため、父母による家庭における虐待行為は、直接子供に向けられたものでない限り、子の監護権の決定に当り考慮されなかった。一方で「子の最善の利益」は、性に中立的な基準とされ、過去において主として母親が子を養育してきたことは評価されず、経済力などが重視され、虐待行為の被害者となることの多い母親にとって状況は不利であった。(34)

ところが、一九九二年、ルイジアナ州は、ドメスティック・バイオレンス（DV）に関与したことのある親には子の単独監護権も、共同監護権も認めないとする州法を制定した。また、このような親には、監督付の訪問権のみを認めると定めている。(35)

ルイジアナ州ほど明確な規定ではないものの、DVは「子の最善の利益」に反するものである、あるいは、DVには共同監護はふさわしくない、もしくは、DVが認定される場合には共同監護を禁止する等を州法で定めている州が一一州あり、その他ほとんどの州で、少なくとも子の監護権の決定に当ってDVを考慮事情とするよう定めている。このような子の監護権の決定に関する州法の改正は、プロテクション・オーダーにおける子の仮の監護権の付与に関する州法の規定にも影響を与え、法改正に至っている。

また、各州の州法はドメスティック・バイオレンスが認定された場合には監督付の訪問権のみ認めるなど、加害者による面接交渉を制限しようとする立法傾向がみられる。

エ　配偶者・子の扶養料の支払命令

裁判所が配偶者・子の扶養料の支払いを命ずることができる旨定める州法がある。しかしながら、裁判所が、プロテクション・オーダーの審理手続は、配偶者・子の扶養料を定める機会としては適当でないと考えている場合があるとの指摘がある。また、ある調査によれば、扶養料の支払いを請求した者のうち八八％が棄却されたといわれており、虐待を受けている女性の多くが加害者（夫あるいはパートナー）に経済的に依存している現状を考慮すると、このような法の運用にはきわめて問題があると指摘されている[36]。

オ　医療費・弁護費用・裁判費用の支払命令

多くの州で、裁判所は医療費・弁護士費用・裁判費用の支払いを命ずることができる旨定めているが、裁判所は裁判費用の支払いは命ずるが、弁護士費用の支払いはほとんどが請求を棄却されているとの調査もある[37]。

カ　カウンセリングへの参加命令

多くの州では、裁判所が加害者にカウンセリングへの参加を義務付けることができる旨定めている。多くの裁判官は、義務的カウンセリングは、裁判所の発する制裁措置を補強し、かつ、裁判所及びコミュニティーがドメスティック・バイオレンスを許容しないことを常に想起させるものであるがゆえに、カウンセリングは有益であると考えている。

キ　銃の引渡命令

裁判所が、加害者に銃の所持を禁止することができる旨定める州もある。ところで「女性に対する暴力防止法」（VAWA）は、ドメスティック・バイオレンスに関する軽罪で有罪とされたことのある者、及びプロテクション・オーダーに従う義務のある者は何人も、銃を所持してはならないと定め[38]、また、これらの者に対し銃を売却することも禁止している[39]。さらに右違反行為を連邦犯罪として、違反者に対して厳しい刑事罰を科す旨定めている。このようにして、同法は、加害者に銃の所持を禁止することができる旨定める州法を補強するものとなっている。

(4)　緊急プロテクション・オーダー

プロテクション・オーダーは、通常、相手方に通知し、審尋（hearing）の機会を与えた上で発せられる。この場合、プロテクション・オーダーの有効期限は、これを六ヵ月ないし一年と定める州が多い。プロテクション・オーダーの発令には時間がかかる場合もあり、申立人に対し虐待が行なわれる差し迫った、かつ現在の危険がある場合には、申立人は、緊急プロテクション・オーダー（以下その法的手続の特徴から「一方的緊急差止命令」（ex parte injunction）と呼ぶ）を申し立てることができる。裁判所は、緊急性が認められる場合には、相手方に通知せず、審尋の機会を与えることなく、一方当事者の申立にもとづいて、接近禁止命令や住居からの退去命令などを発することができるが、一方的緊急差止命令は、発令後、ただちに相手方に告知され、異議申立の機会が与えられることになっている。なお、右命令の有効期間は短く、ほとんどの州で二〜三週間と定められている。また、一方的緊急差止命令の救済内容は、通常のプロテクション・オーダーと同様とする州が多いが、なかには、扶養料の支払い、医療費等の支払い、カウンセリングへの参加命令などを除外する州もある。

裁判所に対し、一方的緊急差止命令としてのプロテクション・オーダーを発令する権限を付与する州法に対しては、一方的緊急差止命令は、相手方に通知せず、審尋の機会を与えずに、相手方の権利（たとえば財産権など）を奪うものであり、合衆国憲法修正一四条に定めるデュー・プロセス条項に違反するのではないかとの主張がなされており、その合憲性が争われている。この点について、いまだ連邦最高裁判所の判決はないが、各州の最高裁判所は、連邦最高裁が一方的緊急差止命令一般の合憲性判断に当たって用いた基準に従い、制約される個人の利益（たとえば財産上の利益）、差止命令発令による州の利益（被害者の安全を確保する利益）、一方的緊急差止命令発令後に用意されている手続的保障（発令後の速やかな通知と審尋）を、比較衡量した上で、おおむね、ドメスティック・バイオレンスに関する一方的緊急差止命令の発令を認める州法の規定を、合憲であると判断している。

たとえば、ミズーリ州最高裁判所は、一方的緊急差止命令によって住居からの退去を命じられ、子ども達との接触を禁じられた者が、州法は違憲であると争った事件について、第一審裁判所で下された違憲判決を覆して次のように判示した(40)。

即ち、一方的緊急差止命令を発令する場合に、裁判所が事前に、相手方へ通知し、相手方に審尋の機会を与えることは必要ではない。どの程度の手続が必要なのかは、個人の利益と州の利益とを比較衡量し、さらに第三の要素として、手続の悪用により誤って個人の利益を害する危険性――事後に誤りを正す手続きが用意されているか否か――を考慮しなければならないと判示した。

ここで、個人の利益とは、家の所有権（財産権）と子どもに自由に接触する権利である。一方で、州の利益とは、公衆の健康・公共の福祉・市民の安全性を確保することである。さらに、第三の要素とは、現行法の手続の公正さと確実性、及び、付加的な手続的保障の確実性である。

州最高裁は、相手方の利益は財産上の利益及び子の監護における自由であるのに比して、州の利益は被害者の生命・身体の安全の確保であること、一方的緊急差止命令は、申立人に対し虐待が行われる差し迫った現在の危険（an immediate and present danger）が存在する場合に限り発せられること、また、相手方は一方的緊急差止命令に対する異議申立の機会を速やかに与えられること、命令は、相手方による異議申立の後速やかに開かれなければならない審尋期日までの間に限り有効であることなどの諸点を比較衡量し、一方的緊急差止命令を発令する権限を裁判所に与えている州法の規定を合憲と判示したのである。

しかしながら、各州の制定法が各州の最高裁判所により合憲と判断されているにもかかわらず、裁判官は、依然として、具体的事案に応じて発令する一方的緊急差止命令が相手方のデュー・プロセス上の権利を奪うのではないかと危惧していると指摘されており、とりわけ、住居からの退去命令については、裁判官が差止命令の発令に消極的態度をとることが多いという実務上の問題が生じていると指摘されている（この点については次項参照）。

3　プロテクション・オーダーの発令に関する問題

プロテクション・オーダーの発令は裁判所によって適正に行なわれているのだろうか。ここでは、緊急時に発せられるプロテクション・オーダー、なかでも住居からの退去命令に関する問題と、相互的プロテクション・オーダーの問題をとりあげる。

(1) 緊急プロテクション・オーダーの発令

プロテクション・オーダーとは、裁判所の発するインジャンクションであり、典型的なエクイティ上の救済方法であるところから、その発令は、最終的には裁判所の裁量に基づくとされ、法の定める一定の要件を満たしても、具体的妥当性を考慮した上で、発令されないことがある。

プロテクション・オーダーの発令は、まさに裁判官の裁量にかかっており、これが、プロテクション・オーダーの有用性を害しているとの指摘がなされている[41]。

とりわけ、いまだに多くの裁判官が、緊急時に、相手方に何らの通知をせず、審尋の機会も与えないで発令される緊急時プロテクション・オーダー（以下その法的手続の特徴から「一方的緊急差止命令」という）の発令には、消極的態度をとっているといわれている。立法者の意図は、必要なときに当然のこととしてプロテクション・オーダーが発令されることであるにもかかわらず、多くの裁判官は、十分に審理せずに命令を発令することは、個人の自由・財産に対する重大な制約になると考えているというのである。緊急プロテクション・オーダー（一方的緊急差止命令）に対する主要な法的批判は、このような命令はデュー・プロセスに反するのではないかという点にある。

実際、ニューヨーク市家庭裁判所の上席裁判官は、同裁判所のすべての裁判官に対し、一方的緊急差止命令を発令することは裁判所の裁量の範囲内にあるが、一方的緊急差止命令の手続がデュー・プロセスに反するのではないかという議論があるので、この点を十分検討するように強く勧めている[42]。

連邦最高裁はいまだ、ドメスティック・バイオレンスに関するこの種の命令の合憲性について直接判断してはいないが、各州の最高裁判所は、連邦最高裁が一方的緊急差止命令一般の合憲性判断に当って用いた基準に従い、制約される個人の利益（たとえば相手方の財産上の利益）、差止命令発令による州の利益（被害者の安全を確保する利益）、一方的緊急差止命令発令後に用意されている手続的保障（発令後のすみやかな通知と審尋）を比較衡量した上で、おおむね、ドメスティック・バイオレンスに関し、裁判所に一方的緊急差止命令を発令する権限を与える州法を合憲であると判断している。

たとえば、既に述べたとおり、ミズーリ州最高裁判所は、一九八二年、一方的緊急差止命令を出す権限を裁判所に与えている州法の規定を合憲と判示した。

このように各州の制定法が各州の最高裁で最終的に合憲と判断されているにもかかわらず、裁判所は、依然として、具体的事案に応じて発令する一方的緊急差止命令――とりわけ、住居からの退去命令――が、デュー・プロセスに反するのではないかと懸念しているといわれている。これに加えて、実際上、裁判所が一方的緊急差止命令の申立を棄却しても、申立人が控訴することはほとんどないという事情もあり、各州の最高裁で合憲判決が出されているにもかかわらず、依然として、裁判官が一方的緊急差止命令――とりわけ、住居からの退去命令――の発令を躊躇する傾向があると指摘されている（ただし、虐待禁止命令、接近禁止命令については、相当改善されているようである）。

そもそも、差止命令は、エクイティ（衡平法）上の救済方法であって裁判所の裁量により与えられるものであり、訴訟当事者は権利として（as of right）これを請求することはできないとされる。ドメスティック・バイオレンス防止法は、一定の身分関係のある者からの虐待行為について裁判所が発することのできるインジャンクションに関し、州法で裁判官の裁量に一定のガイドライン（指針）を示したものにすぎない。そこで裁判官は州法に定められた要件を満たす場合でも具体的妥当性を考慮して差止命令を発しないことができる。命令を発令するかどうかは、結局は個々の裁判官の裁量に委ねられる。

プロテクション・オーダーの利点として、裁判官の裁量の幅が広く、虐待行為の禁止、接近禁止にとどまらない幅広い救済――被害者が必要としているあらゆる救済――を裁判所がデザインすることができる点が指摘されているが、裁判官の裁量の幅が広いことは、一方で、被害者に必要な救済を裁判所が与えないという運用――望ましくない法運用——を生む危険性もあるということであり、一方的緊急差止命令——とりわけ住居からの退去命令——については、その発令をめぐって、法運用の問題点が指摘されている。

(2) 相互的プロテクション・オーダー（mutual protection orders）

プロテクション・オーダーの発令に関して大きな問題となっていることの一つに、相互的プロテクション・オーダーの発令問題がある。

相互的プロテクション・オーダーとは、プロテクション・オーダーの審理において相手方が「申立人も暴力を振るっている」と争うような場合に発する命令であり、その内容は「お互いに相手を虐待してはならない」「相互に相手に接触してはならない」「お互いに相手方の住居に立入ってはならない」という命令である。当事者双方に作為・不作為を命ずる内容となっている。

相互的プロテクション・オーダーには次のような問題点があると指摘されている[43]。

第一に、このような命令は、申立人のデュー・プロセス上の権利を侵害するといわれる。このような命令は、相手方が申立人の虐待行為を原因としてプロテクション・オーダーを求める申立が正式に受理されていないにもかかわらず、発令されるものであり、申立人が相手方の申立内容を知らないまま、これに対する防御の機会も与えられずに発令されるので、申立人のデュー・プロセス上の権利を侵害するというのである。

実際に、各州の裁判所においても、このようなプロテクション・オーダーをデュー・プロセスに違反するとして無効とする判決も出されている。

第二に、相互的プロテクション・オーダーは、両当事者を加害者とするもので、申立人（＝被害者）に対する非難も含まれるものである。申立人が実際に虐待行為を行っており、かつ、将来さらに虐待行為を行う危険性がある場合に、このような事実を認定した上で相互的プロテクション・オーダーが発せられるのなら、申立人も非難されるのは当然である。しかし、相互的プロテクション・オーダーは通常このような事実認定を行なわないで発令される。このような事実認定なしに発令される相互的プロテクション・オーダーは、「多くの女性がしばしば暴力を振るっている。暴力はお互い様である」という、誤った認識を助長し、被害者を非難するものであり、不当であるといわれている。

第三に、相互的プロテクション・オーダーには、執行上の問題がある。現場に臨場した警察官は、いずれがプロテクション・オーダーに違反したのか判断できない。その場合、警察官は何もしないか、あるいは、双方を逮捕することになろうが、前者の場合、被害者を保護する目的が達成できず、後者の場合、本当の被害者をも逮捕してしまうことになる。いずれにせよ、相互的プロテクション・オーダーは被害者の安全を確保するという目的を果たすことができない。

相互的プロテクション・オーダーには、このような様々な問題があることから、全国家庭・少年裁判所裁判官会議は、相互的プロテクション・オーダーは原則として発令しないように勧告し、例外的に①当事者双方がプロテクション・オーダーの申立手続をとり、申立書を相手方に送達し、②当事者双方が法律に定められた虐待行為を行ない、③お互い相手方に危害を加える恐れがあり、④救済命令を付与する他の必要条件をすべて満たす場合に限り、相互的プロテクション・オーダーを発するよう勧告した（一九九〇年）。

そこで、いくつかの州法は、相互的プロテクション・オーダーの発令を禁止しており、裁判官会議の勧告に従って、相互的プロテクション・オーダーの発令を制限している州法もある。

また「女性に対する暴力防止法」（Violence Against Women Act of 1994）は、プロテクション・オーダーの執行力を強化して、他州が発したプロテクション・オーダーについて「十分な信頼と信用」（full faith and credit）が与えられる旨定めるが、相互的プロテクション・オーダーについては当事者双方にプロテクション・オーダーを求める申立をしており、かつ、当事者双方にプロテクション・オーダーを与えられる要件があると認定されるような特段の事情がある場合に限り「十分な信頼と信用」が付与されると定めている（18 U.S.C. § 2265（c））。

このように、裁判所による安易な相互的プロテクション・オーダーの発令には批判がなされており、これに歯止めをかける方向で立法化が進んでいるといえるのである。

4　プロテクション・オーダーの執行とその問題点

プロテクション・オーダーは違反者に対する制裁が厳格になされなければ、単なる一片の紙切れである。その執行（enforcement）はどのように行なわれているのだろうか。また、どのような問題が生じているのだろうか。

(1)　違反者への制裁——裁判所侮辱・軽罪

プロテクション・オーダーは、裁判所が特定の行為を行なうこと（＝住居からの退去命令）、あるいは、特定の行為を行わないこと（＝虐待行為の禁止、接近禁止、武器の所持の禁止）を命ずるインジャンクションである。インジャンクションは、金銭賠償では、不十分・不適切な権利侵害に対する救済——たとえば継続する恐れのある権利侵害——に対して発せられるものである。インジャンクションは伝統的に裁判所侮辱によって履行が強制されることになっていた。

そこで、多くの州は、州法によって、プロテクション・オーダーの違反行為は裁判所侮辱に当たると定めていた。裁判所侮辱には、民事的裁判所侮辱と刑事的裁判所侮辱があるが、各州の制定法は条文上プロテクション・オーダーの違反をどちらの裁判所侮辱とするのか明記していないことが多く、この場合は州法の他の規定や判例法を調査する必要があった。

裁判所侮辱には、民事的裁判所侮辱と刑事的裁判所侮辱があり、前者は裁判所の命令に従わない者に命令の遵守を強制するための手続であり、後者は違反者を処罰するための手続とされている。民事的裁判所侮辱によるインジャンクションの履行を求める者は、改めて裁判所に対し制裁を求める申立をしなければならない。また、警察官は民事的裁判所侮辱を理由として、違反者をただちに逮捕することはできないと考えられている。なぜなら、民事的裁判所侮辱の手続において、被告は命令違反行為を改める機会を裁判官によって与えられる必要があるからであり、それは民事的裁判所侮辱の手続が被告を処罰するためのものではなく、被告を命令に従わせるようにするための手続だからであるといわれている。このように民事的裁判所侮辱によっては、警察官が違反者をただちに逮捕することができないため、命令違反行為によって生命・身体に対する侵害を受けている、あるいは受ける危険に晒されている被害者を、即時に保護することはできなかった。

一方で刑事的裁判所侮辱は、違反者を処罰するための手続とされ、地方検事が違反者を訴追し、拘禁刑が科せられるためには陪審による審理が保障され、証明の基準は、刑事事件におけると同様に合理的な疑いを超える証明が必要とされている。

警察官の逮捕権限との関係では、州法に特段の規定がない限り、軽罪（おおむね一年以下の拘禁刑、あるいは罰金に当る罪）による逮捕と同様の逮捕権限があると解されている。ちなみに、コモンロー及びこれに従う州法によれば、軽罪は、警察官の面前で行なわれた場合に限り、警察官は令状によらないで逮捕できることになっている。ところで、警察官は刑事的裁判所侮辱により違反者を逮捕できることを知らないことが多く、また、州法は、プロテクション・オーダーの違反行為を裁判所侮辱に当ると定めていても、民事的裁判所侮辱に当るのか刑事的裁判所侮辱に当るのか明文で規定していないことが多く、これを判別するには他の州法や判例法を調べなければならず、そのためプロテクション・オーダーの違反行為があった場合に警察官に逮捕権限があるのか否か、一義的に明確な状況ではなかった(44)。

そこで、プロテクション・オーダーの違反行為に関する警察官の逮捕権限を明確にするため、各州の州法は、プロテクション・オーダーの違反行為を軽罪に当る犯罪とするか、あるいは、警察官が刑事的裁判所侮辱のかどで令状によらないで違反者を逮捕できると明確に規定するか、いずれかの州法改正を行なった。

プロテクション・オーダーの違反行為を軽罪とする州法は、警察官に違反者を逮捕する明確な権限を与えるも

＜表4＞　法執行官の逮捕権限——プロテクションオーダーの違反行為に関する制定法の規定の6つの組み合わせによる——[45]

＜制定法規定＞	＜逮捕権限(注1)＞
Ⅰ　a　違法行為は軽罪に当たる。 　　b　違反行為が行われたと信ずべき相当の理由がある場合令状なくして逮捕できるという規定（＝令状なし逮捕を許す規定）がない。	Ⅰ　警察官はプロテクション・オーダーの違反行為を現認した場合に限り違反者を逮捕できる。
Ⅱ　a　違反行為は軽罪に当たる。 　　b　令状なし逮捕を許す規定がある。	Ⅱ　警察官はプロテクション・オーダーの違反行為があったと信ずべき相当の理由がある場合には、違反者を令状なしで逮捕できる。
Ⅲ　a　違反行為は刑事的裁判所侮辱に当たる。 　　b　令状なし逮捕を許す規定がない。	Ⅲ　警察官はプロテクション・オーダーの違反行為を認した場合に限り、違反者を逮捕できる。
Ⅳ　a　違反行為は刑事的裁判所侮辱に当たる。 　　b　令状なし逮捕を許す規定がある。	Ⅳ　警察官はプロテクション・オーダーの違反行為があったと信ずべき相当の理由がある場合には、違反者を令状なしで逮捕できる。
Ⅴ　a　違反行為は民事的裁判所侮辱に当たる。 　　b　令状なし逮捕を許す規定がない。	Ⅴ　警察官は違反者を逮捕できない(注2)。
Ⅵ　a　違反行為は民事的裁判所侮辱に当たる。 　　b　令状なし逮捕を許す規定がある。	Ⅵ　警察官は違反者を逮捕できない。

（注1）　プロテクション・オーダーの違反にもとづく逮捕について、制定法で付与された逮捕権限に加えて、警察官は軽罪（例えば、単純暴行、脅迫、住居侵入など）を現認した場合は令状なしで逮捕できる。

また、重罪（銃器による脅迫、加重暴行など）は、犯罪が行われたと信ずべき相当の理由がある場合には令状なしで逮捕できる。

（注2）　民事的裁判所侮辱にもとづく逮捕の合憲性については、いまだ裁判は提起されていないが、憲法学者は理論的に、法執行官は民事的裁判所侮辱を理由に違反者を逮捕できないと考えている。

なぜなら、違反者は自らおかした命令違反行為を改める機会を裁判官によって与えられる必要があるからであり、民事的裁判所侮辱は、違反者を処罰する手続ではなく、プロテクション・オーダーに従わせるための手続だからである。

のであった。警察官の逮捕権限を定める州法は、おおむね軽罪については、警察官の面前で犯罪が行なわれた場合に限り、令状によらない逮捕ができるとするものであった。そこで、プロテクション・オーダーの違反行為を軽罪とすれば、これによって、たとえば、裁判所から退去命令を受けた者が被害者の住居にいることを現認しただけで、警察官は違反者を逮捕することができるようになった(表4)。今日、全米のほとんどの州とコロンビア特別区において、プロテクション・オーダーの違反行為は、軽罪にあたる犯罪とされている。

しかしながら、プロテクション・オーダーの違反行為を軽罪にするだけでは、被害者を十分に保護することはできなかった。なぜなら、違反の常習者は、警察官が到着する前に現場から逃げてしまうからである。軽罪については、被害者・目撃者からの報告がなされただけでは、警察官は令状によらない逮捕をすることができず、警察官は逮捕状をとらなければならない。このルールはコモン・ローに起源を有している。警察官は被害者から、違反行為があった(接近禁止命令が発せられているにもかかわらず自宅に押しかけてきた)旨告げられ、違反行為があったと信ずべき相当の理由が認められる場合でも、被害者宅から逃亡した違反者を逮捕できなかったのである。

そこで、各州は、このような事態に対処するために、警察官の逮捕権限を拡大し、プロテクション・オーダーの違反行為が行なわれたと信ずべき相当の理由がある場合には、違反者を逮捕することができる旨定める州法改正を行なった(表4)。

なかには、警察官は、プロテクション・オーダーの違反行為があったと信ずべき相当の理由がある場合には、違反者を逮捕しなければならないと定め、警察官の逮捕に当っての裁量を剥奪している州もある。このような立法政策を義務的逮捕政策という。

このように、裁判所侮辱の制度は、民事的裁判所侮辱は違反者を呼び出し命令に従うよう強制するものであり、刑事的裁判所侮辱は、違反者に刑罰を科す手続であり、いずれも違反者に対し、後日、裁判所の手続を通して制裁を課すことによって、プロテクション・オーダー(インジャンクション)の履行を強制するものである。しかし、このような手続では被害者を即刻保護できないことから、プロテクション・オーダーを発する目的であるところの被害者の安全性が確保できないと批判されるに至り、警察官が違反者を令状によらないで逮捕することによって、被害者を即刻保護する方策がとられることとなった。このように、アメリカでは、プロテクション・オーダー（インジャンクション）の執行は、違反者を警察官が令状によらないで逮捕するという方法が大きな比重を占めるに至っている。

なお、プロテクション・オーダーの違反行為に対する制裁が刑事的裁判所侮辱あるいは軽罪と定められていても、違反者に対する裁判所の制裁は概して甘く、めったに違反者を刑務所へは送らないという批判がなされている。ニューヨーク州では、州法でガイドラインを定めて裁判官の裁量を制限するべきであるという意見も表明されているぐらいである。なかにはプロテクション・オーダーの違反者に対する最低限の制裁（——自由刑を科す場合のミニマムスタンダード）を定めている州もある。たとえば、カリフォルニア州では、身体的利益の侵害を含むプロテクション・オーダーの違反行為に対しては、最低限四八時間の拘禁刑を科す旨定める。ネバダ州は、プロテクション・オーダーの違反行為が身体的暴力行為を含む場合は最低限五日間の拘禁刑を科す旨定める。しかし、ほとんどの州は、裁判所にいかなる制裁を科すのかについて幅広い裁量を与えていると指摘される。ちなみに、州法が定める違反者に対する制裁の上限は、拘禁刑なら六ヵ月又は一年、罰金刑の場合は一〇〇〇ドル程度である。(46)

このように、プロテクション・オーダーは、裁判所による民事的・刑事的裁判所侮辱の手続、プロテクション・オーダー違反行為の犯罪化、警察官による違反者の令状によらない逮捕を通して、法の執行がなされているといえる。

(2)　二重の危険——ディクソン事件

プロテクション・オーダーの違反行為を刑事的裁判所侮辱（法廷侮辱罪）で訴追することについては、次のような問題が生じた。即ち、プロテクション・オーダーの違反行為について法廷侮辱罪として有罪とされ、その後、同じ行為について犯罪として訴追されることは、「何人も、同一の犯罪について生命または身体を二度の危険に晒されない」と定めている合衆国憲法修正第五条に反して、被告人を二重の危険に晒すことになるのではないか、という問題である。

ある調査によれば、警察官はプロテクション・オーダーの違反行為が身体的利益の侵害行為を含む場合には、プロテクション・オーダーの違反行為と暴行罪・傷害罪の両方で告発するけれども、地方検事は、通常、暴行罪・傷害罪を立証するだけの証拠がある場合には、プロテクション・オーダーの違反行為で起訴するよりもむしろ暴行罪・傷害罪で起訴する。その理由は、地方検事が両方で起訴することは被告人を二重の危険に晒すことになるのではないかと考えているからであるという。(47)

この点に関し、連邦最高裁判所は一九九三年ディクソン事件で次のように判示した。(48)

この事件において、被告人は、妻に対する暴行及び脅迫行為を行なってはならないと命ずるプロテクション・オーダーに違反し、法廷侮辱罪により有罪とされ、六〇〇日間の拘禁刑を宣告されていたが、その後、さらに、単純暴行罪、殺人の故意を有する暴行罪、脅迫罪など五つの訴因で訴追された。被告人は、刑事訴追は憲法修正第五条に違反するので、却下されるべきであると主張した。これに対し、連邦最高裁は、先例として*Blockburger* 事件を引用し、修正五条のいう「同一の犯罪」に当たるか否かは、双方の犯罪の構成要件が同一か否か（same-elements test）によると判示した。即ち、それぞれの犯罪が、他方の犯罪に含まれない構成要件を含んでいるか否かを検討し、もし、含んでいないのであれば、双方の犯罪は「同一の犯罪」に当たると判示した。

この基準に伴い、被告人に対する単純暴行罪については、二重の危険の抗弁を認めた。なぜなら、プロテクション・オーダーは、被告人に対し、単純暴行を禁止していたので、このようなプロテクション・オーダーの違反行為＝法廷侮辱罪に該当する行為とは、即ち、単純暴行であり、二つの犯罪の構成要件は同一であると判断した。しかしながら、殺人の故意を有する暴行罪については、二重の危険の抗弁を認めなかった。最高裁は、殺人の故意を有する暴行罪が成立するためには、単純暴行の事実の外に、被告人が被害者を殺害する故意を有していた事実を立証しなければならず、殺人の故意を有する暴行罪と、単純暴行の事実を立証すれば成立する法廷侮辱罪とは、構成要件が異なると判断した。また、脅迫罪の訴因は、子どもを誘拐するという脅迫、身体的傷害を加えるとの脅迫であり、脅迫の事実を立証すれば成立する法廷侮辱罪とは構成要件が異なると判断した。

このように、法廷侮辱罪と刑法犯の構成要件が異なる場合には、二重の危険は問題にならないと判断したのである。

(3)　プロテクション・オーダーの執行強化――「女性に対する暴力防止法」

プロテクション・オーダーには、近年に至るまで、ある州で発せられたプロテクション・オーダーは、その州でしか執行できないという重大な欠陥があった。被害者が、ある州でプロテクション・オーダーを得たあと、他州に逃れたが、加害者がこれを追いかけてきて、他州で虐待行為に及ぶことはよくあることだが、このような場合、プロテクション・オーダーは、他州では何の効力もなかった。もっとも、イリノイ州、ネバダ州、オレゴン州などは各州法で他州の裁判所が発したプロテクション・オーダーも、執行できる旨定めていたが、このような州は少数にとどまっていた。

一九九四年に成立した連邦法「女性に対する暴力防止法」（Violence Against Women Act）は、プロテクション・オーダーの執行力を強化して、このような問題に対処するものであった。

第一に、同法は、他州が発したプロテクション・オーダーについて「十分な信頼と信用」(full faith and credit) が与えられなければならない旨定めており、各州は他州が発したプロテクション・オーダーをあたかもその州で発せられたように執行しなければならないと定めている（18 U.S.C. § 2265）。

しかしながら、同法は、一方で「十分な信頼と信用」が与えられるプロテクション・オーダーに一定の要件を設け、適正な当事者管轄と事物管轄を有する裁判所によって発せられたものであること、またデュー・プロセスを侵害しないために、相手方に相当な通知と審尋のための相当な機会が与えられた上で発せられたものであることを要する旨定めている。なお、一方的緊急差止命令（緊急プロテクション・オーダー）は、相当な期間内に、命令を発した裁判所によって相手方に通知され審尋の機会が提供される場合に限って、「十分な信頼と信用」が与えられると定める。

また、相互的プロテクション・オーダー（mutual protection orders）は、当事者双方が申立てをしており、当事者双方がプロテクション・オーダーを得る権利があると認められる特段の事情がある場合に限り、「十分な信頼と信用」が付与される、と定める。

ここで、相互的プロテクション・オーダーとはプロテクション・オーダーの審理において、相手方が申立人も暴力を振るっていると争うような場合に、裁判所が「お互いに相手を虐待してはならない」などという命令を発することがあり、このような命令を相互的プロテクション・オーダーという。相互的プロテクション・オーダーには様々な問題があると指摘され、州法でその発令を禁止している州もある。すなわち、このような命令は、申立人の虐待行為を原因としてプロテクション・オーダーを求める相手方の申立が、正式に受理されていないにもかかわらず、発令されることから、申立人が相手方の申立内容を知らないまま、これに対する防御の機会も与えられずに発令されることになるので、申立人のデュー・プロセス上の権利を侵害するのではないかという主張がなされている。また、相互的プロテクション・オーダーは申立人の虐待行為について事実認定を行なわないまま安易に発令されることが多く、この点も批判を浴びている。さらに相互的プロテクション・オーダーには、執行上の問題がある。即ち、警察官などが当事者のうちいずれがプロテクション・オーダーの違反行為を行なったのか判断できないからである。このように、相互的プロテクション・オーダーには様々な問題があることから、その発令を禁止する州もあり、また、その発令に様々な制限を課している州もある（本書一〇二頁）。

そこで、「女性に対する暴力防止法」は、相互的プロテクション・オーダーに、「十分な信頼と信用」を付与する場合を限定したのである。

ところで、二〇〇〇年一〇月には、一九九四年に成立した連邦法を大幅に強化する法律 Violence Against Women Act of 2000 が成立した。同法においては、プロテクション・オーダーの執行を強化する取組みがなされており、たとえば逮捕奨励政策により連邦から支出される財源について、州際間のプロテクション・オーダーの執行のためにも支出することができることを明確にし、各州がプロテクション・オーダーの州際間の執行を改善することができるようにした。

さらに「十分な信頼と信用」に関する条項を改正し、州外でのプロテクション・オーダーの執行のために登録を必須の要件とすることを禁止し、また、プロテクション・オーダーが登録された場合でも、被害者の同意なくして加害者にこれを告知することを禁止した。

第二に、一九九四年に成立した「女性に対する暴力防止法」は、州を越境して行なわれるプロテクション・オーダー（緊急プロテクション・オーダーも含む）の違反行為を連邦犯罪とし、厳しい刑事罰を科すことを定めている（18 U.S.C. § 2261）。

すなわち、①脅迫・嫌がらせ・身体的利益の侵害を禁止するプロテクション・オーダーに違反する行為を行なう目的をもって、州境を越境し、引き続いてプロテクション・オーダーの違反行為を行なった者、②強制・脅迫・欺罔により、州境を越境させ、プロテクション・オーダーに違反して故意に配偶者あるいは親密な関係にある者の権利を侵害した者は、以下の刑を科すこととしている。即ち、被害者が死亡した場合は死刑あるいは終身刑、生涯に亘る障害を与えた場合あるいは瀕死の重傷を与えた場合には二〇年以下の自由刑、重大な身体障害を与えた場合あるいは凶器を用いた場合は一〇年以下の自由刑などを科すこととしている。従来は、プロテクション・オーダーの違反行為が、プロテクション・オーダーが発令された州以外の州で行なわれた場合には、摘発が困難であったが、州際間の違反行為を連邦犯罪とすることにより処罰が容易になったといえる。

同法は、一九九六年改正され、州を越境して行なわれるストーカー行為（interstate stalking）についても、これを連邦犯罪として、厳しい刑罰を科すこととし、(18 U.S.C. § 2261A)、さらに二〇〇〇年一〇月の改正では、州際間のドメスティック・バイオレンス及びストーキングについて犯罪の要件を明確化し、これらの犯罪の起訴を容易にした。

第三に、一九九四年に成立した「女性に対する暴力防止法」は、ドメスティック・バイオレンスに関する軽罪で有罪判決をうけた者と同様に、プロテクション・オーダーに従うべき義務のある者が銃器を所持することを違法行為になると定め、これを連邦犯罪として、違反者に厳しい刑事罰を科すこととした (18 U.S.C. § 922 (g) (9))。このような立法は、銃の所持が、家族あるいは親密な関係にある者による殺人と強い関連性があり、さらに、ドメスティック・バイオレンス歴と銃器により家族あるいは親密な関係にある者によって犯される殺人との間には、顕著な関連があるという研究結果にもとづいている。

連邦法で採用された法政策はいずれもプロテクション・オーダーの執行を強化するための方策といえよう。

5　プロテクション・オーダーの利点

プロテクション・オーダーには、他の法的手段と比較すると、次のような利点があると指摘されている[(49)]。

第一に、プロテクション・オーダーとは、裁判所の発するインジャンクション（injunction）であり、典型的なエクイティ上の救済方法であるところから、裁判所の裁量の幅が大きく、虐待行為の禁止、接近禁止に限らない幅広い救済内容をもつ命令が出せることである。

第二に、プロテクション・オーダーは、民事手続なので、虐待行為があったことを「証拠の優越」によって証明すれば足り、刑事訴追における事実の証明（──合理的疑いの余地のない程度──）に比べ、立証責任が軽減されることである。

第三に、プロテクション・オーダーは、刑事司法手続による処罰のように、すでに起こった虐待行為に対する制裁ではなく、将来起こりうる虐待行為を防止することができる。

第四に、民事上のプロテクション・オーダーは、刑事手続よりも、はるかに少ないコストで済むことである。プロテクション・オーダーが発せられるだけであれば、加害者が失業するおそれはないが、逮捕、刑事訴追、有罪判決、ましてや収監されるとなれば、加害者には失業の危険が生じる。収監は、扶養料、子の養育費の支払いに重大な影響を与える。中産階級が刑事司法手続においては当事者として登場することが少なく、プロテクション・オーダーなどの民事手続を利用する理由はここにある。

第五に、プロテクション・オーダーには、警察の介入を容易にするという利点がある。警察官がドメスティック・バイオレンス・コールに対応して現場に臨場したとき、警察官は、暴行などの軽罪が行なわれたと信ずべき「相当な理由」が認められない限り逮捕できない。しかし、それを認定することは困難である。それよりも裁判所から接近禁止命令、あるいは退去命令が発令されているのに、被害者に接近した、あるいは、自宅から退去しないという事実を認定する方がはるかに容易である。プロテクション・オーダーの違反行為があったと信ずべき相当の理由がある場合、警察官は違反者を逮捕することができる旨定める州法が多い。プロテクション・オーダーが存在することは、警察がドメスティック・バイオレンスに介入することをより容易にするものである。そこで、警察官がいつでもプロテクション・オーダーの存在を検索できるシステムを構築している州もある。

第六に、プロテクション・オーダーは被害者をエンパワーメントすることができる。とりわけプロテクション・オーダーの違反について警察がこれを逮捕できるとする州では、プロテクション・オーダーが警察によって執行されることを双方が知っているということ自体が被害者を安全にし、加害者が虐待行為を再開する可能性を減少させる。

6　プロテクション・オーダーの有効性

プロテクション・オーダーは、加害者に対し、将来の虐待行為をやめさせるという点でどの程度効果があるのだろうか。この点に関する大規模な調査はいまだに行われていないが、いくつかの調査によれば一般的にいってプロテクション・オーダーは暴力をやめさせる効果があるといわれている。たとえば、一九九四年、司法省の資金援助を得て、National Center for State Courtsが、デラウェア州、コロラド州のデンバー市、コロンビア特別区の裁判所で行った調査を見てみよう(50)。

この調査は、裁判所でプロテクション・オーダー（緊急プロテクション・オーダーも含む）を獲得した女性被害者への電話調査を、プロテクション・オーダー発令後の一ヵ月後、及び六ヵ月後に行ったものであり、それぞれ調査に応じた者は一ヵ月後が二八五名、六ヵ月後が一七七名である。プロテクション・オーダーの有効性に関する被害者の認識を、(1)生活の質が向上したか――よりよい状態、より安全だと感じるか、(2)その後の虐待行為の程度――プロテクション・オーダーに関連のある問題が生じたか、について調査したものである。調査によれば、一ヵ月後に、生活の質が向上したと回答した者は全体の平均で七二・三%、六ヵ月後では八五・三%であった（表5）。

一方で、プロテクション・オーダーの発令後何も問題が生じていないと答えた者は、一ヵ月後では七二・四%であり、生活の質の向上に関する回答と比較し、ほぼ同数であるが、六ヵ月後には六五・三%と大幅に減少し、様々な問題が生じていることがわかる。一ヵ月後の調査をみると、身体的暴力が再び行われたとする報告はわずか（二・六%）であるが、住居や職場への架電（一六・一%）、住居への訪問（九・〇%）、ストーカー行為（四・一など）が、プロテクション・オーダー発令後にも行われていることがわかった（表6）。プロテクション・オーダー発令以前には、ほとんどの人が身体的暴力をうけており、武器による強迫・侵害行為をうけていた者も三六・八

＜表５＞　プロテクション・オーダーの効果①

＜生活の質によって評価される、被害者の認識に基づくプロテクション・オーダーの有効性＞

	１ヵ月後のインタビュー（ｎ＝285）	６ヵ月後のインタビュー（ｎ＝177）
生活の質が向上した	72.3%	85.3%
より良好だと思う	72.3%	92.7%
より安全だと思う	73.7%	80.5%

＜表６＞　プロテクション・オーダーの効果②

＜プロテクション･オーダーに関連する問題によって評価される、被害者の認識に基づくプロテクション・オーダーの有効性＞

	１ヵ月後のインタビュー（ｎ＝268）	６ヵ月後のインタビュー（ｎ＝167）
何も問題は生じない	72.4%	65.3%
住居・職場への架電	16.1%	17.4%
住居への訪問	9.0%	8.4%
ストーカー行為	4.1%	7.2%
再び身体的暴力を加える	2.6%	8.4%
再び心理的暴力を加える	4.4%	12.6%
その他の問題を引き起こす	1.1%	0.6%

＜表７＞　プロテクション・オーダーの効果③

＜プロテクション・オーダーが発せられる以前に行われた虐待行為＞

	（ｎ＝285）
武器を用いての脅迫・侵害行為	36.8%
身体に対する重大な虐待行為（殴打、首しめ）	54.4%
身体に対する軽い虐待行為(平手打ち、つかむ、蹴る、押す)	83.9%
脅迫行為（脅す、ストーキング、ハラスメント）	98.9%

％であったが（表7）、プロテクション・オーダーを得れば、少なくとも、その直後には身体的暴力はやむことが明らかになった。ところで、本調査における加害者の六四・八％がプロテクション・オーダー発令以前にすでに逮捕歴を有している者であった。このような場合でも、やはり、プロテクション・オーダーにはある程度の有効性があることが明らかとなった。しかし一方で、何度も逮捕されている加害者についてはプロテクション・オーダーに関連する問題が発生していると指摘されており、このような場合はプロテクション・オーダーにだけ頼っていては、被害者を保護できないので、刑事訴追が必要であり、民事、刑事の両手続による介入がもっとも有効であると指摘されている。

さて、プロテクション・オーダーは、殺人を犯すような可能性のある加害者、筋金入りの加害者——繰り返し家族に激しい暴力を振るってきた者——には、効果がないと指摘する者もおり、プロテクション・オーダーの有効性は、相手によるとも言えよう。中産階級、専門職を有する人々によるドメスティック・バイオレンスは、刑事手続に登場することが少ないといわれており、このような人々にとってプロテクション・オーダーなどの民事手続は有効な救済手段として機能しているようである。

7　日本法への示唆

わが国において、二〇〇一年四月「配偶者からの暴力の防止及び被害者の保護に関する法律」（いわゆるＤＶ防止法）が成立したが、右法律が創設した保護命令制度は、アメリカ法のプロテクション・オーダー法にきわめて類似している。裁判所がＤＶの加害者に対し、接近禁止命令、住居からの退去命令を発令し、命令違反行為を犯罪として命令の実効性を確保し、命令の法執行機関として警察を当てている点である。

むろん、アメリカのプロテクション・オーダーとは、英米法において違法行為に対するエクイティ上の救済として伝統的に認められてきたインジャンクションであり、わが国にはインジャンクションに比類する法制度はない。保護命令制度の法的性格は、民事行政的作用を有し、非訟手続の一種と考えられるが、わが国の保護命令はインジャンクションとは全く異なる法制度である。

しかしながら、わが国において、これまで、私人の申立にもとづいて裁判所が発した禁止命令に違反した場合に刑罰を科すという法制度は例がないこと、保護命令があきらかにアメリカ法のプロテクション・オーダー法を参考にしていることから、わが国における保護命令制度の今後の課題を考えるに当ってアメリカ法の歩みが参考になると思われる。

すなわち第一に、既に述べたとおり、インジャンクションの伝統のあるアメリカ法においてすら、プロテクション・オーダーの発令及びその執行について様々な問題が生じていることである。とりわけ、緊急時に相手方に通知せず、審尋の機会も与えずに発令される緊急プロテクション・オーダー、なかでも住居からの退去命令の発令をめぐる問題、及び相互的プロテクション・オーダーの発令に関する問題が指摘されている。

また、プロテクション・オーダーの執行は、インジャンクションの執行として伝統的には裁判所侮辱によって履行が強制されることになっていた。裁判所侮辱の制裁は、違反者に対し後日裁判所の手続を通して制裁を課すことによって、インジャンクションの履行を強制するものである。しかしながら、このような法制度では、ＤＶの被害者を即刻保護することができないことから、プロテクション・オーダーを発する目的であるところの被害者の安全が確保できないと批判されるに至り、プロテクション・オーダーの執行は、警察官が違反者を令状によらないで逮捕することによって被害者を即刻保護する方策がとられるようになった。各州はプロテクション・オーダーの違反行為を軽罪に当る犯罪とするなどの州法改正を行なった。さらに、各州は警察官の逮捕権限を拡大し、プロテクション・オーダーの違反行為が行なわれたと信ずべき相当の理由がある場合には、現行犯でなくとも、令状によらないで違反者を逮捕できるとする州法改正を行なった。

アメリカにおいてプロテクション・オーダーの違反行為を軽罪とする（犯罪化）に至るには、右のような経緯があった。わが国に導入された保護命令制度は、当初から命令違反行為に罰則を科することとしているが、今後はその執行が問題となろう。とりわけ警察官による権限行使の是非、なかでも逮捕権行使の是非をめぐり論議をよぶものと思われる。

第二に、プロテクション・オーダーは、アメリカにおいて四世紀半に及ぶ法実践を経ているものであるが、当初は、これが発令される当事者の範囲が配偶者、前配偶者等に限られていたところ、次第に、同居人、前同居人、子どものいる者同士に拡大する州法が増加しており、近時ではさらに親密な関係にある者（dating relationship）を加える州もあらわれていることである。

また、プロテクション・オーダーの対象となる虐待行為も次第に拡大され、今日ではおおむね、身体的利益の侵害及びその未遂、脅迫、嫌がらせ、ストーキング、性的暴行、子どもの略取・誘拐、住居侵入などその範囲が広くなっている。

これと比較すると保護命令は、「配偶者からの暴力」の被害者に限って発令されるので、保護命令を受けることのできる被害者の範囲が限定されており（原則として配偶者――事実婚を含む――に限られる）、対象となる行為も、「身体に対する不法な攻撃であって生命又は身体に危害を及ぼすもの」に限られている。

わが国においても、今後保護命令が定着するに従い、保護命令発令の対象となる当事者、及び対象行為についてこれを拡大すべきであるとする要請が高まるものと思われ、将来的には法改正を要することになろう。

第三に、プロテクション・オーダーによる救済の実践は、DV被害者にとって必要とされる救済内容とは何かについて示唆を与えてくれるものである。

すなわち、プロテクション・オーダーの救済内容には、虐待行為の禁止命令、接近禁止命令、住居からの退去命令のみならず、子の仮の監護権の付与、面接交渉の制限、配偶者・子の扶養料の支払いなどが含まれており、これらの事項が、裁判所によって早急に解決される必要があることを示している。

わが国の法制度においては、保護命令の救済内容がきわめて限られているため、子の監護権の付与、面接交渉の制限、婚姻費用の支払いを命ずること等は、家事審判（家審九条一項乙類三号・四号）及び家事調停等保護命令とは全く別の手続が利用されることが予定されている。

そこで、少なくともＤＶ防止法の適用を受けるような「配偶者からの暴力」の被害者から、子の監護権の付与、面接交渉の制限、婚姻費用の支払いなどについて家事審判、家事調停の申立がなされた場合には、ＤＶ防止法の趣旨に則した処理——迅速に被害者保護を図る——が、なされるべきであると考える。

三　刑事司法システムの改革

1　はじめに

《逮捕奨励政策》

かつて、アメリカにおいて、ドメスティック・バイオレンスは、法を厳格に解釈すれば犯罪に当たる行為であったにもかかわらず、犯罪でないものとして扱われていた。即ち、一九七〇年代には、警察のドメスティック・バイオレンスに対する対策は、仲裁（mediation）に終始し、加害者を逮捕することは、ほとんどなかったのである。アメリカ合衆国法執行部（U.S.Law Enforcement Assistance Administration）は、このような政策を奨励していた。警察はドメスティック・バイオレンスを家族紛争（family dispute）ととらえ、和解によって解決すべき問題であるという考え方をとり、警察の役割は、中立的な仲裁者として当事者の鎮静化に努めることであるとされた。ところが、一九八〇年代に入ると、ドメスティック・バイオレンスに対する警察の対応は、大きく転換し、警察の積極的な介入、とりわけ加害者の逮捕が最も適切な対策であると主張されるようになった。

警察の対応を大きく転換させた原動力の一つとして、ドメスティック・バイオレンスの被害者が警察当局らを訴えて巨額な損害賠償を勝ち取った事件がある。原告は、警察にはドメスティック・バイオレンスの被害者を保護する積極的義務があり、義務の不履行は合衆国憲法修正第一四条に定める平等保護条項に違反すると主張して、市、警察当局を訴えた。コネチカット州の連邦地方裁判所は被告らに二三〇万ドルという高額な損害賠償の支払いを命じた（一九八五年）。この判決が警察当局に与えたインパクトは非常に大きかった。警察はドメスティック・バイオレンスの被害者の保護を怠ると、高額な損害賠償を支払わされることになった。

さらに、ドメスティック・バイオレンスの防止には加害者の逮捕が最も効果的である、とする犯罪学者の研究結果（ミネアポリス実験）も、警察当局の対応を変えさせる原動力となった。

各州は、州法を改正し警察官の逮捕権限を強化した。すなわちドメスティック・バイオレンスの事案において、暴行・脅迫（assault）、不法な身体接触（battery）などの軽罪（＝おおむね一年以下の拘禁刑あるいは罰金に当る罪）が行われたと信ずべき相当の理由（probable cause）がある場合には、警察官は令状なしで加害者を逮捕することができる旨定めるに至った。各州はそれまで、軽罪については、現行犯を除いて令状によらない逮捕を認めていなかった。家庭内で暴行などの軽罪が行われた場合には、通常、警察官の現認という場面がないため、駆けつけた警察官が被害者の申告などにより暴行などの軽罪が行われたと信ずべき相当の理由がある場合でも、加害者を逮捕できなかったのである。各州の州法改正により、このような場合でも、令状によらずにその場で加害者を逮捕することが可能となった。

さらに、ドメスティック・バイオレンス事案においては、警察官に加害者（被疑者）の逮捕を義務づける州法を制定する州も登場した（義務的逮捕政策）。これは、警察官から逮捕するか否かの裁量権限を奪う法律であった。

一九九四年に犯罪防止法の一環として成立した「女性に対する暴力防止法」（Violence Against Women Act）においても、逮捕奨励政策が推進されており、これを進めるために連邦予算を支出する旨を定めるなど、連邦政府においても逮捕政策が支持されている。

このような改革の結果、警察の対応は大きく変化し、ドメスティック・バイオレンス事案においては加害者の逮捕をもって臨むとする対策がとられるようになった。しかしながら一方で、このような逮捕装励政策については、逮捕によって将来の暴力犯罪を抑止することができるのか、逮捕を用いることは家族とりわけ子どもに心理的、経済的に悪影響を及ぼすのではないか、起訴を伴わない逮捕は、「処罰としての逮捕」という意味をもつものであり、警察による権限濫用のおそれがあるのではないかという批判がなされ、さらに、義務的逮捕政策については、被害者の意思を無視するものであり、被害者の自己決定権を否定することになるのではないかなどの批判がある。

とりわけ、逮捕するだけでは、暴力の抑止効果は長続きせず、暴力の抑止に永続性を持たせるためには、その後の起訴、有罪判決その他の刑事司法システムの関与——保護観察、拘禁、カウンセリング、被害者への弁償——が不可欠ではないかという指摘がなされている。

《起訴強制政策》

従来、ドメスティック・バイオレンスの事案は逮捕されても起訴されないことが多く、起訴率の低さが逮捕によるドメスティック・バイオレンスの抑止力を減殺しているという指摘もなされていた。被害者は、ＤＶ犯罪の起訴を行なわない検察当局に対しても、被害者を保護する義務を怠っているとして民事訴訟を提起したが、警察当局を訴えた訴訟が高額の損害賠償を勝ちとるという華々しい成果をあげたのとは対照的に、検察官には起訴するか否かの幅広い裁量があるため、被害女性は決して勝訴することはなかったのである。しかしながら、被害者たちは、合意判決（settlement decree）——検察は、ドメスティック・バイオレンスを起訴しないという従来の政策を改めて、事案に応じた取扱いをすることに合意する——を得ることに成功した。

ところで、ドメスティック・バイオレンスの事案では、被害者が加害者からの報復を恐れるあまり、途中で告発をやめてしまうことも多く、問題となった。そこで、ドメスティック・バイオレンスの事案について被害者による告発のとりやめを認めず被害者に犯罪の証人となることを強制する一方で、検察官は証拠がないなどの例外的な場合を除いてドメスティック・バイオレンス事案を起訴しなければならないと定める州法も登場するに至っている。被害者が証言を拒むような場合は、検察官は被害者を裁判所侮辱の罪で告訴することができ、被害者は罰則付召換令状（subpoena）を発せられ、これに従わない場合、被害者が収監されることになった。

このような起訴強制政策（no drop policies）が採用された理由は、①ドメスティック・バイオレンスは、個人的被害ではなく公益に反する行為であり、②たとえその被害者が被害を免れても他の被害者が被害に遭うおそれがあるので、加害者を訴追し有罪宣告あるいはリハビリを受けさせることによって犯罪を防止する必要があること、③加害者が被害者に対し告発を取下げよという脅迫をすることが無くなり、被害者を保護することができること、などが挙げられている。

しかしながら、起訴強制政策に対しては、①被害者の自己決定権が公益によって制限されるのは妥当ではない、②訴追をやめる権限を被害者から奪うことは起訴の有用性を奪うに等しい、③被害者は自らが手続きをコントロールできなくなるため犯罪を告発しなくなってかえって危険に晒される、などの批判がなされており、賛否の議論が分かれている。

《問題の所在》

ひるがえって、日本における法状況は、ごく最近に至るまでアメリカにおける七〇年代の状況と同様であり、ドメスティック・バイオレンスの被害者あるいはこれを支援する団体から、ドメスティック・バイオレンスにおける暴行罪、傷害罪などについて、通常の犯罪と同様に扱ってほしいという要請がなされていた。警察庁はようやく一九九九年五月に至り、介入に消極的だった従来の姿勢を見直し、事件として立件することを含め積極的に対応する方針を決め、全国の警察本部に指示した。

さらに同年一二月、警察庁は次長通達「女性・子どもを守る施策実施要綱の制定について」を各都道府県警察に対し発出し、夫からの妻への暴力事案、つきまとい事案、児童虐待などの女性・子どもが被害者となる犯罪については、刑罰法令に抵触する事案につき適切に検挙措置を講ずることはもとより、刑罰法令に抵触しない事案についても、国民の生命、身体及び財産の保護の観点から、警察として積極的に対策を講ずるよう指示している。

しかしながら、ドメスティック・バイオレンスについて、警察の介入はどうあるべきか、加害者の逮捕についてはどう考えるのか、その後の起訴などの刑事手続の果す役割をどう考えるのか、刑事手続における被害者の自己決定権はどのように保障されるべきなのか、そもそも、ドメスティック・バイオレンスの防止について警察などの刑事司法が果すべき役割をどう考えるのか、警察の対応を変えさせるためには今何をしなければならないのか、など検討すべき課題は山積している。

そこで、このような課題に答えるに当り、ここ四半世紀にわたり、ドメスティック・バイオレンスの防止について、刑事司法システムの改革を大きな柱として取り組んできたアメリカ合衆国の法実践を紹介し、日本法への示唆を得たいと思う。

2　警察の対応

(1)　変革の原動力

ア　警察当局を被告とする訴訟の提起

アメリカにおいて、従来警察は、ドメスティック・バイオレンスが刑法上の暴行・脅迫（assault）、不法な身体接触（battery）などの軽罪に当たる行為であるにもかかわらず、これを犯罪としては扱わず、ドメスティック・

バイオレンスを家族間の紛争ととらえ、和解によって解決すべき問題であると考えていた。警察の役割は、中立的な仲裁者として当事者の鎮静化に努めることであり、警察が加害者を逮捕することはほとんどなかった。アメリカ合衆国法執行部もこのような政策を奨励していた。

このような警察の対応に対し、ドメスティック・バイオレンスの被害者側から、多くの女性たちが夫あるいは恋人のような親密な関係にある者によって暴力犯罪の被害者となっている状況の下で、他人が加害者であれば犯罪とされ逮捕されるのに、夫などが加害者である場合には犯罪とされず逮捕もされないのは、犯罪被害者である女性に対する差別的取り扱いであるという批判がなされ、警察に対し法の厳正かつ適切な執行を求める要求がなされるようになった。

法律家達は、警察当局を被告とするクラス・アクションを提訴し、警察当局のドメスティック・バイオレンスへの対応を改めさせることによって被害者を救済することを求める訴訟を提起した[51]。請求内容は単なる損害賠償請求ではなく、警察当局に対する救済命令を求めるものであり、インジャンクションを求める訴訟である。これはアメリカの現代型訴訟と呼ばれる類型の訴訟であるところ、憲法的価値（――平等、自由、デュー・プロセス――）の侵害が個人ではなく組織によって行なわれている場合、組織を再編成しなければその侵害を除去できないことから登場してきた訴訟で、「構造的改革（structural reform）訴訟」と呼ばれている。

一九七六年、カリフォルニア州オークランドで警察当局の長官を被告とするクラス・アクションが、ドメスティック・バイオレンス（DV）の被害者である女性たちとりわけ黒人女性たちを代表して提起され（スコット対ハート事件）、同年ニューヨークで、ニューヨーク州警察当局及びニューヨーク家庭裁判所等の諸機関を被告とするクラス・アクションが、ドメスティック・バイオレンスの被害をうけながら警察や諸機関から繰り返し保護を拒否されてきた妻たちを代表して提起された（ブルーノ対コッド事件）。

［スコット対ハート事件］　スコット対ハート事件（*Scott v. Hart*）では、DV被害者のなかでも黒人女性が警

察による保護をうけられないことを指摘し、このような警察の対応は合衆国憲法修正一四条に定める平等保護条項に違反すると主張した。原告は裁判所が警察当局に対し以下の救済命令を出すように求めた。①ＤＶ被害者からの電話に積極的に対応すること。②重罪が犯されたと認知した場合、あるいは被害女性が加害者を逮捕するよう要求した場合には、加害者を逮捕すること。③被害者に市民による逮捕（citizen's arrest）の権利があることを告知すること。④警察官に対しＤＶ事件を適切に取扱うための教育・訓練を行なうことなどである。

一九七九年一一月になってようやく、両当事者は以下の合意（settlement decree）に達した。①警察はＤＶ被害者からの電話に速やかに対応すること、②警察は重罪が行なわれたと信ずべき相当の理由がある場合、あるいは、軽罪が行なわれたことを現認した場合にはいつでも加害者を逮捕すること、③被害者に市民による逮捕の権利があることを告知し、さらに、被害者にカウンセリングなどの支援機関を紹介すること、④警察当局は、プロテクション・オーダーを執行することなどである。裁判所は、合意判決が確実に実現されるようにするため判決後も事件の管轄を保持し、制度改革の状況を監視した。

［ブルーノ対コッド事件］　一九七六年ニューヨークで提訴されたブルーノ対コッド事件（*Bruno v. Codd*）では、原告らは警察当局は加害者の逮捕を怠っており、家庭裁判所はＤＶ被害者である妻たちに裁判所の手続を利用させないようにしていると訴えた。また、妻たちは、苦労して裁判所からプロテクション・オーダーを得ても警察はその執行を拒んでいると主張した。

訴えが提起されると家庭裁判所は、原告らの要求に応じて裁判所のシステムを被害者にとって利用しやすいものに変えた。また、ニューヨーク州議会は、州法（ＤＶ法）を改正し、裁判所の職員がプロテクション・オーダーの申立について申立をやめさせようとしたり、申立を妨げたりすることを禁止した。そこで、裁判所は家庭裁判所に対する訴えを却下した。

一方、警察当局は訴え却下の申立をしたが、一九七七年裁判所はその申立を退けて次のように判示した。[52]

あまりにも長期間に亘って、英米法は夫による妻への身体的虐待行為を他人からの暴力とは異なるものとして扱ってきており、それればかりかこれを容認できる行為として扱ってきた。宣誓供述書の膨大なページによって裏付けられている原告の申立が真実であるなら、ただ単に法文に記載されている法律が変わったにすぎないということになる。実際は、妻への虐待は、いまだに、被害者を保護するよう訴えられている者——警察当局——によって容認されている、と。

結局、警察当局は原告らとともに合意判決を受け入れた。判決の救済内容は以下のとおりである。①警察は、虐待をうけているか、またはプロテクション・オーダーに違反する行為がなされていると申告された場合には、被害者である妻を保護する義務がある。②警察官は、夫が妻に対して重罪を犯したか、またはプロテクション・オーダーに違反したと信ずべき相当の理由がある場合には、夫を逮捕しなければならず、両当事者を和解させようと試みてはならない。③警察官は、妻から夫が犯罪を犯したと申立てられたが、警察官が到着したときには夫が不在である場合に、妻が夫の逮捕を希望するか、あるいは市民による逮捕を希望する場合には、ほかの犯罪と同じように、夫の所在を探索しなければならない。④警察官は被害者が医療をうけられるように援助しなければならない。⑤警察官は被害者に、家庭裁判所からプロテクション・オーダーを得る権利があることを知らせなければならない。⑥警察はこの新しい政策を公表しなければならない。

さらに、裁判所は合意判決が確実に履行されるために、監督官をおき、制度改革の状況を監視させた。裁判所は裁判管轄を保持し、両当事者に対し、もし必要なら、さらなる救済の申立をすることを許可した。

二つの訴訟の結果は、全米の警察当局に、DVの被害者の保護を怠ると訴訟で敗訴する危険があることを示した。警察当局は、それまでのDVへの対応を改める方針をとるようになった。

［サーマン対トリングトン市事件］　警察の対応を改めさせる大きなターニング・ポイントとなった訴訟がトレーシィー・サーマン対トリングトン市事件（*Thurman v. City of Torrington*）である。[53] 事件の概要は以下のとおりで

ある。

原告はトレーシィーという女性とその子どもであり、被告はトレーシィーの住むトリングトン市と警察当局である。トレーシィーは、別居中の夫より、一九八二年一〇月から一九八三年六月一〇日までの間約八ヵ月間に亘って生命・身体に重大な危害を加える旨の脅迫を受け、トレーシィーはこのような被害を受けていることを警察に知らせて夫を逮捕するように再三に亘って申し入れたにもかかわらず、警察はこれを拒否していた。この間夫は治安紊乱罪により逮捕され、六ヵ月の拘禁刑の宣告を猶予され、二年間の保護観察を科せられて釈放されたが、釈放の条件は、トレーシィーへの接触禁止であった。しかしその後も夫はトレーシィーを脅迫し、トレーシィーは何度も警察に対し保護観察条件に違反しているので逮捕するよう要求したがこれを拒否された。

一九八三年五月、トレーシィーは裁判所に申立てを行ない、暴行禁止、脅迫禁止、嫌がらせ禁止を命ずるプロテクション・オーダー（一方的緊急差止命令）を得て、その後も警察当局に夫を逮捕するよう要求していたが、警察は夫を逮捕しなかった。

一九八三年六月一〇日、夫はトレーシィーが滞在する友人宅へ行き、トレーシィーと話をしたいと要求した。トレーシィーは、警察に連絡し、保護観察の条件に違反しているので夫を逮捕してほしいと要求した。トレーシィーは子どもに危害を加えないように夫を説得しようとして家の外に出たところ、夫はトレーシィーの胸、首、のどを繰り返して刺して、同女に首から下が半永久的に麻痺に陥るような重傷を負わせたものである。警察官は、現場に向かう前に休憩をとり、現場に到着したのはトレーシィーの緊急通報から二五分後であった。

原告は、被告らは、平等保護条項に違反するような差別的取扱いをしており、トリングトン市の警察当局は、家族関係にない他人による虐待行為の被害者には十分な法の保護を与える一方で、被害者が夫あるいは恋人から暴行をうけ虐待されている女性である場合には、一貫してより少ない保護しか与えていないと主張した。被告は、原告が憲法上の権利侵害を十分主張していないとして、訴え却下を求めた。

連邦地方裁判所は被告の申立を退けたが、その理由を次のように述べている。

「市職員及び警察官は、法と命令を守り、コミュニティーにおいて人々の個人的な安全を守る積極的な義務(affirmative duty)がある。このような義務は、家族的な関係にある（domestic relationship）、あるいはあった、加害者によって、個人的な安全が脅やかされている女性たちにも、個人的な安全が脅やかされるあらゆる人々——もちろん加害者とそのような関係にない人々も含まれる——と同様に、平等に適用される。

市の職員及び警察官は、家族的な関係にある女性たちに対してであろうとそれ以外の人々に対してであろうと、人々への攻撃の可能性を通知された場合には、コミュニティーにおけるこのような人々の個人的な安全を守るために相当な手段をとるべき積極的な義務がある。このような義務を怠れば、法の平等な保護の要請を拒んだことになろう。」

「原告は、このような家族的関係を有する者によって暴力を受けた被害者について、法文の文言をもって差別する法律を摘示しているわけではいないが、法を差別的に適用するために用いられる行政上の区分(administrative classification)　が存在すると主張している。」

原告の主張するとおり、夫あるいは恋人のような親密な関係にある者から暴力をうけたと申し立てている女性たちには不十分な保護しか与えない、あるいは全く保護を与えないという慣行は、右にいう行政上の区分にあたり、市はドメスティック・バイオレンスの被害者である女性を差別する場合は、そうするだけの州の重要な利益を明らかにしなければならない。

「しかしながら、今日において、夫が妻を身体的に懲戒する特権を有するという申立は『いよいよ時代おくれの誤った考え方』になっている。」「ただ単に夫だからという理由で、妻に身体的暴力を振るったり妻の身を危険に晒すことは許されない。これに伴い、警察官はこのような暴力に介入することを故意に自制したり、『加害者と被害者が結婚しているからというただそれだけの理由で自動的に逮捕を拒否すること』は許されない。警察官によるかかる不履行とは、法の平等保護の要請を拒絶することである。」

こうして、連邦地方裁判所は、一九八四年一〇月被告側の訴却下の申立を退けた。連邦地方裁判所は、事実審理の結果、一九八五年六月、原告の主張を認め、被告側に対し原告トレーシィーに金二三〇万ドルの損害賠償を支払うように命じ、母親に対する暴力を目撃した三歳の子どもには三〇万ドルを支払うよう命じた。

右判決は、夫あるいは恋人のような親密な関係にある者による暴力犯罪の被害女性に対し、他人間の暴力犯罪の被害者と比べると、不十分な保護しか与えていなかった従来の警察の対応は、合衆国憲法修正一四条に定める平等保護条項に違反する性差別であると判断したリーディング・ケースであるといわれている。右判決後、これに依拠した判決がいくつか出されたが、一九八九年一一月、連邦最高裁判所が児童虐待の事例（デシャニイ事件）において（*DeShaney v. Winnebago County Deparment of Social Services* 事件）、州は原則的には私人間の暴力から個人を守る積極的義務がないと判示したので、夫あるいは恋人のような親密な関係にある者による暴力犯罪の被害者が警察の怠慢を追求する途は事実上極めて制限されてしまった、といわれている。(54)

しかしながら、サーマン事件において、裁判所が一九八五年に市及び警察当局に巨額の損害賠償の支払いを命じたことは、警察当局にドメスティック・バイオレンス対策を改めさせる契機となった。

ある論者は次のように言う。(55)

「警察及び刑事司法システムにおけるその他の機関が、虐待されている女性をより十分に保護するようになるためには、なにが最高の動機付けになるのか――研究者による調査結果なのか、義務的逮捕を命じる法律なのか、あるいは経済的な制裁を加えられるかもしれないという恐れなのか。歴史は、多くの場合、最後の動機が最も強力な動機付けとなることを示している。」

「犯罪学者シャーマンの研究（一九八四―八五）（訳者注――ドメスティック・バイオレンスに対する警察の対応の中では「逮捕」がその後の再犯防止に最も有効であることを示した研究――）が、発表された後でも、サーマン事件の評決が下され、それが世間に広く知れ渡るまでは、ドメスティック・バイオレンスの事例で義務的逮捕をすでに採用している警察組織は、過去五年間そうであったように、全国で一〇％に留まっていた。にもかかわらず、サーマン事件の判決後は、これが全国で三一％にはね上がったのは、偶然とは思われない。」

「刑事司法の過誤を追求する訴訟が安全と自尊心を守るための必死の闘いであればあるほど、そのような訴訟を起されるかもしれないという恐れが、虐待されているアメリカ人女性たちの窮状を最もよく改善させるものになるだろう。」

このように、アメリカにおいては、警察の怠慢を追求する訴訟が、警察のドメスティック・バイオレンス政策を改めさせる大きな原動力となった。

イ　ミネアポリス実験

警察の対応を改めさせるもう一つの要因となったものは、ドメスティック・バイオレンスの防止には加害者の逮捕が最も効果的であるとする犯罪学者の研究（ミネアポリス実験）である。(56)

ミネアポリス実験は、犯罪学者のシャーマンが警察当局の援助で一九八一年から約一年間ミネアポリスで行った実験であり、ドメスティック・バイオレンスに対する警察の対応の中では、「逮捕」がその後の再犯防止に最も有効であることを示した実験である。

実験の方法は、ドメスティック・バイオレンス事案の軽罪（配偶者又は同居人等による単純暴行）が犯されたとして警察官に出動を求めた者を無作為に三つのグループにわけ、警察官に加害者に対する①逮捕及び一晩の拘留、②説得及び調停、③住居からの退去（八時間）の三種類の対応をさせ、それぞれのグループにおける警察の介入後六ヵ月間における暴力の再犯率を比較したというものである。実験の結果、再犯率は、①逮捕・拘留一九％、②説得・調停三七％、③住居からの退去三三％であり、逮捕が一番有効であることが示された。

ミネアポリス実験以後、この結果を検証するために同様の実験がミルウォーキー、マイアミなどの六つの都市で行われたが、実験の結果は別れ、ミネアポリス実験と同様に、再犯の防止には逮捕が有効であるとするものから、逮捕と再犯率の間には相関関係がないとするもの、さらには、逮捕はある種の者たちにとっては再犯率をあげるとするものまであった。

ドメスティック・バイオレンス事案に、逮捕で臨む政策には賛否両論がまきおこったが、ミネアポリス実験の結果が発表されるや、各州は警察の逮捕権限を強化する政策をとり、右実験はその後のドメスティック・バイオレンス対策に大きな影響を及ぼしたのである(57)。

(2) 現行の法制度

ア　逮捕権限の強化

一九八〇年代に入ると、ドメスティック・バイオレンスに関する警察の対応は大きく変化し、警察の積極的な介入、とりわけ加害者の逮捕が最も適切な対策であると主張されるようになった。各州は州法を改正し、警察官の逮捕権限を強化した。即ち、ドメスティック・バイオレンスの事案において、暴行などの軽罪が行なわれたと信ずべき相当の理由がある場合には、警察官は逮捕令状によらないで加害者を逮捕することができる旨定めた。各州は、コモン・ローの原則に従い、軽罪については、現行犯を除いて、令状によらない逮捕を許していなかった。ところが、家庭内で暴行などの軽罪が行なわれた場合には、通常は警察官による現認という場面もないために、被害者からの通報により駆けつけた警察官が被害者の申告により軽罪が行なわれたと信ずべき相当の理由がある場合でも、加害者を逮捕することができなかったのである。このような州法の定めがドメスティック・バイオレンスの事案において逮捕を用いる際の障害になると認識されるようになり、警察官が令状によらないでも加害者を逮捕することができるように州法が改正された。

さらに、警察官から逮捕するか否かの裁量権限を奪い、ドメスティック・バイオレンスの事案においては、警察官は軽罪が行なわれたと信ずべき相当の理由がある場合には、加害者を逮捕状によらないで逮捕しなければならないと定める州法も登場している。

一九九四年に犯罪防止法の一環として成立した連邦法「女性に対する暴力防止法」(Violence Against Women Act)は、アメリカの女性たちが、ドメスティック・バイオレンス、レイプなどの暴力犯罪の標的になっているにもかかわらず、刑事司法制度において法の執行が厳格、適正に行なわれておらず、性による差別的適用が行なわれているとしてその是正を求めることを目的としている。同法において、連邦政府は、ドメスティック・バイオレンスの事案において、軽罪が行なわれたと信ずべき相当の理由がある場合に警察官に逮捕状によらない逮捕を許している州・地方公共団体など、あるいは逮捕状によらない逮捕を義務づけている州・地方公共団体などに対し、そのような対策を進めるための財源を付与する旨定めることによって、逮捕奨励政策を推進している。また、二〇〇〇年一〇月には、一九九四年に成立した「女性に対する暴力防止法」を大幅に強化する法律が成立しているが、これもまた、各州が逮捕奨励政策を進めるための財源を提供するとしている。

そこで、ここでは、警察官の逮捕権限について定める州法の内容、及び「女性に対する暴力防止法」の推進する逮捕奨励政策の内容について検討してみる。

イ　州法の内容

［州ごとに異なるドメスティック・バイオレンス逮捕法］　各州が定めるドメスティック・バイオレンス逮捕法は、大まかに三つの型に分類できる。即ち、義務的逮捕型・裁量逮捕型・混合型である。

義務的逮捕型の法律は、警察官に逮捕令状によらないで加害者を逮捕することを義務付ける立法であり、裁量逮捕型の法律は、警察官に逮捕令状によらないで加害者を逮捕する権限を与えるが、警察官に逮捕するか否かの裁量を与える立法であり、混合型は、一定の要件がある場合には警察官に逮捕を義務付けるが、その他の状況においては警察官に逮捕するか否かの裁量を与える立法である。

また、ドメスティック・バイオレンス逮捕法は、法が適用される犯罪を列挙しており、どの程度の等級の犯罪が逮捕の対象になるのかが問題になる。さらに、法が適用されるためには、加害者と被害者との間に、配偶者・元配偶者・同居人・元同居人のような一定の身分関係が存在することが必要であり、どのような身分関係があれば逮捕の対象になるかは各州の定めるところによる。また、逮捕が許されるのは犯罪が行なわれてから数時間以内とするなどの要件を課したり、犯罪が行なわれた確証あるいは明白な侵害行為を逮捕の要件とする州もある。

このように、ドメスティック・バイオレンス逮捕法は、各州により大きく異なり、被害者に手厚い保護を与える州法がある一方で、警察官に既存の逮捕法以上の権限を何ら与えるものではない州法もある。後者は、せいぜい、警察当局がドメスティック・バイオレンスを許さない旨を宣言するにとどまる立法となっている(58)。このように、州法が被害者に与える保護は各州ごとに大きく異なり、この点が大きな問題になっている。

〔義務的逮捕型・裁量逮捕型・混合型〕　義務的逮捕型の立法とは、警察官から逮捕するか否かの裁量を奪う立法である。

たとえば、ニューヨーク州法は以下のとおり定める(59)。警察官はドメスティック・バイオレンス事案において重罪が行なわれたと信ずべき相当の理由がある場合、あるいは、プロテクション・オーダーの違反が行なわれたと信ずべき相当の理由がある場合には、加害者を逮捕しなければならず、当事者の仲裁を試みてはならないと定める。また、軽罪が行なわれたと信ずべき相当の理由がある場合には、被害者が逮捕を求めない場合を除いて、逮捕が義務づけられるが、警察官は被害者が逮捕を求めるのか否かを被害者に質問してはならないとされている。

つぎに、裁量逮捕型の立法とは、ドメスティック・バイオレンス事案について逮捕令状によらないで逮捕をする権限を与えるが、警察官に逮捕するか否かの裁量を与える立法である。

また、混合型の立法とは、一定の要件がある場合には警察官に逮捕を義務付けるが、その他の状況においては警察官に逮捕するか否かの裁量を与える立法である。ここで逮捕が義務づけられる場合とは、たとえば一定時間内に再犯が行なわれた場合であるとか、あるいは身体的傷害の結果を伴う暴行である場合などである。このような混合型の立法は増加傾向にある。

［当事者］　多くの州は、ドメスティック・バイオレンスに関する逮捕法が適用されるためには、加害者と被害者の間に一定の身分関係がなければならないと定め、保護される関係を列挙している。すべての州が同法により保護される関係として配偶者・前配偶者を挙げている。この外に、同居人・前同居人・子どものいる者同士を列挙する州も多い。兄弟・親子などの血族・姻族（義理の関係も含む）等の家族、交際相手などを保護の対象とする州もある。

［逮捕状によらない逮捕が許される犯罪の程度・等級］　通常、警察官は、重罪が犯されたと信ずべき相当の理由（probable cause）がある場合、あるいは、軽罪が警察官の面前で犯された場合に限り、加害者を逮捕状によらず逮捕することができる。暴行はしばしば軽罪とされており、また、警察官がドメスティック・バイオレンス通報により現場に駆けつけた時点においては、既に犯罪が行なわれた後であることが多いので、従来の州法の下では、警察官は暴行が行なわれたと信ずべき相当の理由がある場合でも、加害者を逮捕する権限がなかった。ドメスティック・バイオレンス逮捕法は、加害者と被害者の間に一定の身分関係がある場合において、警察官に逮捕状によらない逮捕の権限を付与したり、逮捕状によらない逮捕を義務付ける特別法である。

ところで、ドメスティック・バイオレンス逮捕法は、逮捕状によらない逮捕ができる犯罪、あるいは、逮捕が義務付けられる犯罪を列挙しているが、どの程度の等級の犯罪がこれに当るのかは各州ごとに異なっている。そこで、列挙される犯罪がすべて重罪である州においては、そのような法律は従来の逮捕権限を何ら拡大するものにならない。また、逮捕状によらないで逮捕できる犯罪を単純暴行（simple assault）ではなく、凶器を使用する暴行、身体的傷害の結果を伴う暴行、身体的傷害を加えようとする故意を有する暴行等のような加重暴行（aggravated assault）と定めている州法は、逮捕できる場合が限定され、被害者に十分な保護を与えることができなくなる。一方で、単純暴行ばかりでなく、ハラスメント・脅迫（threat）も逮捕状によらない逮捕ができる犯罪に加えている州もある。

ウ　執行上の問題点——二重逮捕（dual arrests）

ドメスティック・バイオレンス逮捕法の執行上の問題のうち最も重大な問題は、加害者とともに被害者も逮捕してしまう事態——二重逮捕——を招いたことである。立法者は、「身体に対する第一次的な攻撃者（primary physical aggressor）」を決定してそのような攻撃者のみを逮捕するよう明文の規定を設けたり、正当防衛の場合には逮捕されない旨の規定を設けるなどしてこの問題に対処している。

このうち「身体に対する第一次的な攻撃者」については、被害者が先に口論を始めたか否か、先に有形力を行使したか否かにかかわりなく、「身体に対する第一次的な攻撃者」を逮捕するべきであるとされ、「身体に対する第一次的な攻撃者」を決定する際に考慮すべき事情を州法が列挙している。たとえば、カルフォルニア州法では警察官は以下の要素を考慮すべきであるとされる（California Penal Code § 836（c)3）。すなわち①ドメスティック・バイオレンスの被害者を保護するという法の目的、②重大な権利侵害の恐れを生じさせる脅威、③当事者間のドメスティック・バイオレンス歴、④いずれの当事者が正当防衛を行なったか。

エ　逮捕以外の警察の介入

各州のドメスティック・バイオレンス法は、逮捕以外の警察官の責務についても定めている。たとえば、カリフォルニア州法は、ドメスティック・バイオレンスに関する暴行について、加害者を逮捕しない場合においても、警察官は、被害者には加害者を市民による令状によらない逮捕（citizen's arrest）をする権限があることを告知するよう誠実に努力する旨要求している（California Penal Code § 836（b)）。

この外に、他州の法律において警察官の責務とされているものは、おおむね以下のとおりである。

①被害者に近くのシェルターの住所及び電話番号を教えること、②被害者に法的権利及び法的救済を説明する用紙を渡すこと、③被害者が荷物を取りに住居へ戻るときに付き添うこと、④被害者に安全な場所について助言

することと、⑤被害者を医療機関に連れて行くこと、⑥プロテクション・オーダーを得るために裁判所へ出向く交通手段を確保すること、⑦関係する子どもにとって最善の利益は、加害者と一緒にいることではなく被害者と一緒にいることであると推定すること、⑧加害者は釈放されることがあると被害者に知らせること、⑨武器を押収すること。

(3)　「女性に対する暴力防止法」（Violence Against Women Act）による財政的支援

「女性に対する暴力防止法」は、一九九四年八月犯罪防止法第四編として成立した連邦法である。

同法は、女性がレイプ、ドメスティック・バイオレンスなどの暴力犯罪の標的になっているにもかかわらず、このような犯罪が刑事司法のシステム上「第二級の犯罪」（second class crime）としてしか扱われておらず、法の執行が適正、厳格に行なわれていないとの認識に立ち、法の目的として、女性に対する暴力犯罪の防止と処罰をあげている。

同法成立の背景を述べた下院の報告書には、夫は妻を懲戒するために自らの親指よりも細いムチで妻を殴打することができるとする「親指の法理」（rule of thumb）は、刑事司法制度のすみずみにおいてみられ、警察においても検察においても裁判所においても、ドメスティック・バイオレンスは「くだらないもの」「重要でないもの」として取扱われている、と述べ、刑事司法制度の全般にわたってジェンダー・バイアスが存在することを指摘している。

さて、同法は、すべての州に逮捕奨励政策（DV犯罪の加害者については逮捕が望ましいとする政策）をとるよう義務づけるものではないが、一定の要件をみたす州に連邦予算を提供することによって逮捕奨励政策を推進している。

同法によるファンドを受けとろうとする州は、二年以内に以下の要件をみたすことを証明しなければならない（42 U.S.C. § 3796hh.）。

①ドメスティック・バイオレンス犯罪が行なわれたか、あるいは、プロテクション・オーダーの違反行為が行なわれたと信ずべき相当の理由がある場合には、加害者の逮捕が奨励されるか、逮捕が義務づけられるような立法・法実践がなされていること、②加害者と被害者の双方を逮捕する「二重逮捕」を防止するための法実践がなされていること、③相互的プロテクション・オーダーは、当事者双方が申立をしており、かつ、当事者双方がプロテクション・オーダーを与えられる要件があると認定されるような特段の事情がある場合でない限り発せられないこと、④被害者がＤＶ犯罪について刑事告訴する場合でも、プロテクション・オーダーを得る場合でも、費用がかからないこと。

なお、二〇〇〇年には、「女性に対する暴力防止法」を大幅に強化する連邦法である Violence Against Women Act of 2000 が成立しているが、同法もまた、各州が逮捕装励政策を進めるための財源を提供するとしている。

(4)　逮捕奨励政策への批判

警察の対応の変化、とりわけ、ドメスティック・バイオレンスを犯罪として扱い、逮捕とこれに引き続く刑事手続によって加害者を処罰するという刑事制裁の強化は、ドメスティック・バイオレンスを家族間の紛争として許容する社会的価値観を変化させ、ドメスティック・バイオレンスに対する社会的非難を高めることとなった。コモンロー上の「夫婦一体の原則」はその力を失ない、妻は夫を加害者とする犯罪の被害者として認知され、夫婦間にも市民社会のルールが適用されるようになったといえる。

一方でドメスティック・バイオレンス犯罪について、加害者の逮捕を積極的に行なう方策については次のような疑問が投げかけられている(60)。

第一に、逮捕によって将来の暴力犯罪を防止することができるのかどうか、という点である。

この点については、逮捕の「脅し」が効を奏するのは「普通の人」であり、「筋金入り」の加害者には功を奏さないのではないか。逮捕による犯罪の抑止力は、一時的なものであり、持続しないのではないか。逮捕自体によって暴力が抑止されるのではなく、その後の起訴、有罪判決その他の刑事司法の帰結——保護観察、カウンセリング、被害者への弁償——によって暴力が抑止されるのではないか。逮捕によって当該配偶者への暴力犯罪が防止されたとしても、加害者への逮捕後のリハビリがなされなければ、加害者は警察の介入のない他の家族（老人、子ども）への暴力へ向かうのではないか。また、加害者は、当該配偶者との関係を解消して別の被害者を見つけるだけではないか、という疑問が投げかけられている。

第二に、逮捕を多用することは、予期せぬ望ましくない結果をもたらす可能性があるのではないか、という点である。

家族の一員、とりわけ配偶者の逮捕は、他の家族にトラウマを惹き起こす可能性があり、とりわけ、子どもたちにとって、父親が逮捕される場面を目撃することは望ましくないことが多い。

また、逮捕それ自体によって深刻な財産上の損害が生じることは少ないかもしれないが、逮捕されたことが加害者の将来の雇用に影響を与え、ひいては子の扶養料の支払いに影響することもあるだろう。

さらに、警察への通報が逮捕につながるとなれば、被害者は加害者からの身体的・経済的報復を恐れるあまり、警察への通報をためらう可能性がある。

また、被害者が警察への通報をためらう傾向は、マイノリティー（黒人）の社会で強くなろう。なぜなら、黒人たちは、つねづね白人と比べ不均衡な割合いで逮捕されており、警察官による暴行の被害に遭っていると主張しており、警察への通報は「最後の手段」であると思っているからである。そこで、ドメスティック・バイオレンスに逮捕を多用する限り、黒人男性を不均衡な程逮捕している、あるいは、逮捕の際警察官による暴行が行なわれているとの批判を免れないのである。

第三に、犯罪の防止のために逮捕を多用することは、憲法上警察に認められた合法的、制限的な逮捕権限を逸脱することになるのではないか、という点である。

即ち、憲法上警察は社会的な目的を達成するために人に苦痛を与え、あるいは屈辱を負わせる権限を与えられてはいない。いかなる機関も――とりわけ警察は――、有罪を宣告する法的諸手続、及び許容される公務上の行為の基準を定める法的諸手続に基づかない限り、右のような権限を行使しえない。逮捕した人を起訴する責務を伴わないような逮捕を行なうことは、危険な先例となると思われる。起訴を伴なわない逮捕は、「処罰としての逮捕」という意味をもつものであり危険である。もちろん、ドメスティック・バイオレンスを防止する目的は妥当なものであり、その目的が今日まで警察の無関心によって頓挫してきたことは認めるが、最終的な起訴を伴わない逮捕、あるいは被害者の意向に注意を払わない逮捕は、警察権限の濫用の危険性を生じさせるのではないか。

(5) 義務的逮捕政策への批判

さらに、義務的逮捕政策には一層の批判が投げかけられている[61]。

第一に、義務的逮捕政策は、逮捕するか否かについて警察官の裁量を奪えば、第一線の警察官の態度(behavior)を変化させることができるという前提の下に採用されている。しかしながら、義務的逮捕政策の導入によって第一線の警察官の実践が変化したという証明はなされていない。警察官の多くは、一九九四年時点においても、ドメスティック・バイオレンスケースにおける加害者の逮捕は徒労であり、逆効果であると思っており、警察組織をあげた取組みがないと立法も功を奏さないという指摘がある。警察官は、逮捕の要件――たとえば軽罪が行なわれたと信ずべき相当の理由――がないと認定することで、容易に法の「抜け途」を作ることができる。

義務的逮捕を支持する人々は、警察当局にはドメスティック・バイオレンス（ＤＶ）に関する知識が不足していたり、あるいは、ドメスティック・バイオレンスへの介入に消極的であるという理由から、警察官の態度を立法によって強制的に変えさせようとする。しかしながら、警察官の態度を変えるためには、ドメスティック・バイオレンスに関する教育・訓練によって、警察官のＤＶに取組む姿勢(attitude)を変えさせなければならない。なぜなら、義務的逮捕立法を実践するのは第一線の警察官であり、警察官は気に入らない政策を「骨抜き」にするためにあらゆる手段を用いることができるからである。

第二に、義務的逮捕政策は、被害女性から法的介入の結末をコントロールする権利を奪うものであり、自己決定権を侵害するものである。女性たちは、加害者の逮捕による経済的損失あるいは精神的・身体的報復をおそれて逮捕を望まない場合がある。女性たちが、暴力はやめさせてほしいが、しかし、法的介入の結末――逮捕するかどうか――について被害者の意思を尊重してほしいと望むことは、正当なことである。被害女性の意思と全く無関係に逮捕するか否かを決定することは、被害者の自己決定権を否定することになる。

また、加害者の「逮捕」自体が被害者の保護にとって決定的影響を及ぼすか否かは明らかではなく、むしろ逮捕するか否かの決定に当って被害者の意見が尊重されるということ自体が、被害者にとって、加害者に対する「力関係」において優位に立てるという点で意味があり、被害者に対する暴力の防止につながるという指摘もある。

さらに、被害者から法的介入の結末をコントロールする権利を奪うことは、予期しない副次的な影響を生じさせる。すなわち、自らの意見と無関係に加害者の逮捕が決定されると知った被害者は、ドメスティック・バイオレンスが起こっても、警察を呼ばなくなるのである。とりわけ、過去において、警察により過度な暴力の行使や差別的取扱いを受けてきた黒人たちにとって、警察は最後の手段であり、被害者の意思と無関係に逮捕されるとなれば、被害女性は、なおのこと警察を呼ばなくなるのである。

第三に、義務的逮捕政策は、加害者のみならず被害者をも逮捕する結果となりやすい。警察官は現場において両当事者から自分こそ暴力を受けたという正反対の虚偽の申立を受ける。二つの対立する申立があった場合、一方当事者だけを逮捕すれば、明文の規定に反して他方当事者を差別的に取扱ったとの非難を免れない。警察は機械的に当事者双方を逮捕し、後の問題は裁判所に委ねる途を選択するだろう。実際に、ワシントン州の義務的逮捕政策に関するある研究によれば、逮捕のうちの三分の一は二重逮捕（dual arrests）であったという。二重逮捕を防止するために、「第一次的な攻撃者」（primary aggressor）という概念を導入し、当事者双方のうちの「第一次的な攻撃者」のみを逮捕するよう義務付ける立法もなされているが、このような修正は、警察官から逮捕するか否かの決定について裁量の余地を奪うという当初の立法目的と矛盾しており、結局逮捕するかどうかの裁量の余地を警察官に与えることになるのである。

第四に、義務的逮捕政策は、歴史的には被害女性の要求・目的に冷淡であった警察の手に強大な権限を与えることになる。警察官は、加害者及び被害者の双方が逮捕されることになるかもしれないとほのめかすことによって、被害者が警察に援助を求めることを躊躇させることができる可能性がある。また、警察当局は、憲法上の平等保護条項は、男性が恣意的に差別的取扱いをうけないことを要求すると主張し、女性はしばしば先に暴力を始めるものだと主張することもできるのである。義務的逮捕政策が機械的に発動されれば、被害者に重大な損害を与える結果を招来させる危険がある。

(6)　日本法への示唆

アメリカにおいて、ほんの二〇数年前まで、ドメスティック・バイオレンスは刑罰法規にふれる行為でありながら、犯罪でないものとして扱われ、警察による対応も当事者の仲裁に終始していたが、一九八〇年代に入ると、警察の対応は変化し、ドメスティック・バイオレンスへの積極的な介入が望ましいとされるようになり、とりわけDV犯罪の防止には加害者の逮捕が最も有効であるとされるようになった。これに伴い、各州は州法を改正し、警察の逮捕権限を拡大し、ドメスティック・バイオレンスケースにおける軽罪（暴行など）について、犯罪が行なわれたと信ずべき相当の理由がある場合には現行犯でなくても令状によらない逮捕ができるようになった。さらに、警察から逮捕するか否かの裁量の余地を奪い、軽罪が行なわれたと信ずべき相当の理由がある場合は、令状によらずして加害者を逮捕しなければならないとする義務的逮捕政策を導入する州も登場した。このように、ドメスティック・バイオレンスに逮捕を多用する方針は、一九九四年に成立した「女性に対する暴力防止法」においても支持され、連邦は逮捕奨励政策をとる州に連邦予算を支出するとしており、加害者の逮捕によりDV犯罪を防止するという方策は、アメリカにおけるＤＶ対策の主要な柱の一つとなっている。

警察の対応の変化を促したのは、既にのべたように、被害者が警察のＤＶ政策の改変を求めて警察当局を訴えたクラスアクション、及び警察には被害者を保護する積極的義務があり、これを怠ることは憲法修正一四条の定める平等保護条項違反すると主張して、市及び警察当局を訴えて巨額の損害賠償を勝ち取った訴訟、あるいは、ドメスティック・バイオレンス犯罪の再犯防止には加害者の逮捕が最も効果的であるとする犯罪学者シャーマンの実験（ミネアポリス実験）などであった。

ところで、アメリカにおいて、ドメスティック・バイオレンス犯罪の予防には加害者の逮捕が望ましいという逮捕奨励政策が、多くの支持を集めた事情として、犯罪の防止には犯罪者を治療して社会復帰させる方法が望ましいとする刑事政策が批判され、犯罪対策においては、犯罪者に対し厳格な刑罰を科すことによって犯罪を思いとどまらせることが重要であるとする考え方が一九八〇年代のレーガン政権の下で主流となったという、アメリカにおける犯罪対策の基本理念の転換がその背景にあると思われる。

即ち、一九六〇年代、七〇年代においては、犯罪者を何らかの病気をもつものととらえ、社会にとって有益な構成員にするため処遇の中で治療する必要があるという考え方（――治療モデル――）が主流であったが、増加する犯罪という現実の前に、犯罪者の治療・処遇プログラムは犯罪防止にはほとんど効果がないのではないかという懐疑的な主張が力をもつようになり、これに沿う研究結果が発表されるようになる。さらに、従来、社会学者、心理学者、政治学者の専門分野とされてきた刑事政策、とりわけ刑罰の抑止力についての実証的な研究の領域において、経済学者が発言権をもつようになり（犯罪学への「経済学の侵略」とよばれた）、犯罪の防止は犯罪者の教育ではなく犯罪をおこす可能性のある者に対し刑罰の「脅し」を効果的に行なうことで達成できるとの主張が有力となった。一九八〇年代に入って台頭した「合理的選択理論」は、行為者は①犯罪から得られる利益を②逮捕の危険性や③刑罰の重さと比較衡量して実際に犯罪を行なうかどうかを決める、と説明した。合理的選択理論の主張を取り入れた犯罪学者ウィルソンは、その著書『犯罪問題の考察』において、医療モデルにもとづいた刑罰にかわり、潜在的な犯罪者を合理的な判断の持ち主と捉え、彼らに対しては厳格な刑罰によって威嚇し、犯罪を思いとどまらせることが重要である、と主張した。ウィルソンの主張は一九八〇年代以降のアメリカにおける犯罪対策の基本理念となっていった。このような考え方は実際の刑事政策に反映され、警察予算の増加、警察のパトロール強化、犯罪予防対策の実施によって逮捕の危険性を高める政策や、適正な応報に基づく量刑の実施、量刑ガイドラインの導入、刑務所の運用強化によって厳罰化をすすめる政策が採用されるようになった(62)。

一九九四年に成立した「犯罪防止法」はアメリカにおける最大の犯罪関連法とされているが、この法律もアメリカにおける一九八〇年代以降の犯罪政策の基本理念を反映しており、その主な内容は、警察官の増員等のための警察予算の強化、刑務所の増加などの刑務所の運用強化、犯罪防止教育プログラムへの助成や、銃器規制、死刑運用の拡大などの厳罰化である(63)。ちなみに、ドメスティック・バイオレンス犯罪に対する逮捕奨励政策をすすめる「女性に対する暴力防止法」は、この犯罪防止法第四編として成立しているが、同法はＤＶ犯罪等の女性に対する暴力犯罪を、逮捕の危険性を高め、厳罰化をすすめることによって抑止しようという基本理念に基づいている。

一方で、被害女性たち及びこれを支援する者たちは、女性に対する暴力を防止するための方策として、機能不全をおこしている刑事司法システムの強化を求め、加害者の逮捕や処罰を求めるようになった。

こうして、ドメスティック・バイオレンス犯罪の加害者を逮捕する政策は、犯罪の抑止という観点から正当化されるようになった。

しかしながら、このような政策については、加害者の逮捕によって本当にＤＶ犯罪を抑止することができるのか、逮捕の多用は予期せぬ望ましくない結果（たとえば逮捕を目撃する子どもへの影響）をもたらすのではないか。なにより、犯罪防止のために逮捕を多用することは、憲法上警察に認められた合法的・制限的逮捕権限を逸脱することになるのではないか。とりわけ、起訴を伴わない逮捕は「処罰としての逮捕」という意味をもつものであり、警察権限の濫用の危険を生じさせるのではないか、などの疑問が呈されている。

このように、アメリカにおいて、ドメスティック・バイオレンス犯罪の防止のため、加害者の逮捕を奨励する政策は、理論的にも実践的にも様々な疑問が提起されてはいるが、一九八〇年代以降におけるアメリカの犯罪政策の基本的な理念に合致するものとして、DV対策の主要な柱として採用され今日に至っている。

ひるがえって、わが国の現状をみれば、警察庁が一九九九年五月に至り、ドメスティック・バイオレンスや児童虐待などの家庭内暴力について、介入に消極的だった従来の姿勢を見直し、刑事事件として立件することを含め積極的に対応する方針を決めたと発表した。

さらに同年一二月、警察庁は次長通達「女性・子どもを守る施策実施要綱の制定について」を各都道府県警察に対し発出し、夫からの妻への暴力事案、つきまとい事案、児童虐待などの女性・子どもが被害者となる犯罪については、刑罰法令に抵触する事案につき適切に検挙措置を講ずることはもとより、刑罰法令に抵触しない事案についても、国民の生命、身体及び財産の保護の観点から、警察として積極的に対策を講ずるよう指示している。

アメリカにおける四半世紀に亘る実践を思うとき遅きに失した感はある。今後の日本における警察のDV対策はどうあるべきか。我々はアメリカでの法実践、警察のDV政策をめぐる論争から以下の点を学ぶことができるのではないだろうか。

第一に、加害者を逮捕するだけではDV犯罪の予防にはならない。起訴―有罪判決と続く刑事司法全体のシステムが機能してはじめて犯罪の防止という目的に仕えることができるという点である。一方で、加害者の逮捕に「処罰として逮捕」という機能を営ませることは、警察による権限濫用の危険を招く恐れがあり到底是認できない。警察はDV犯罪の捜査を厳正に行ないDV犯罪の立件に努めるべきである。

第二に、警察は、加害者を逮捕するか否かの決定をする際には、被害者の意思を尊重すべきであろう。被害者の意思を無視して逮捕することは、事実上被害者から刑事手続の進行を支配する権限を奪ってしまうことを意味し、これはＤＶの被害に遭っても警察への通報をしなくなるという望ましくない結果を招来する。被害女性が、暴力はやめさせたいが、法的介入の結末について自分の意見を尊重してほしいと望むことは正当なことであり、被害者の意思を無視することは被害者の自己決定権を侵害するものであって妥当でない。

第三に、アメリカで警察の対応を変化させた原動力の一つが、被害者による警察の怠慢を告発しこれを性差別であると主張する民事裁判であったことにみられるように、警察にＤＶ犯罪に対する従来の取扱いを改めさせるためには、被害者側の不断の告発——裁判を視野に入れた——が必要である。

第四に、ＤＶ対策に消極的な第一線の警察官の態度を変えさせるためには立法措置だけでは不十分であり、ＤＶに関する教育・訓練によってＤＶに取組む姿勢を変えさせることが大切である。

3　検察及び裁判所の対応

(1)　はじめに

加害者の逮捕によりドメスティック・バイオレンス犯罪を防止するという考え方には、すでに述べたように多くの疑問が投げかけられている。加害者の逮捕後の起訴及び刑事裁判手続こそが重要であるという指摘もある。アメリカにおいて加害者の起訴はどのように行なわれているのだろうか。

一九八〇年代以前、検察はＤＶ加害者の起訴をほとんど行なわなかったといわれており、このような事態に対し、被害者たちは検察官が被害者保護を怠っているとして民事訴訟を提起した。しかし、起訴するか否かの決定に当って検察官が幅広い裁量を有しているがゆえに、警察当局を訴えた訴訟が高額の損害賠償を勝ち取るというような華々しい成果を挙げたのとは対照的に、検察当局を訴えた被害者が勝訴することはなかった。

しかしながら、多くの民事訴訟において被害者と検察当局との間に合意（settlement decree）が成立し、検察当局はＤＶ犯罪を起訴しないという政策を改め、各ケースを事案に応じて取扱うことにするという改革を行なうことに合意した。また、検察当局はＤＶ犯罪に関する起訴、被害者の取扱い、「被害者の支援者」（victim advocates）の利用などに関するマニュアルを作成し、検察官の訓練を行なうこととした。

ところで、検察官がＤＶ犯罪を起訴する際に直面した最大の問題とは、起訴について非協力的な被害者の取扱いであった。被害者は加害者の報復を恐れていたり、あるいは経済的に加害者に依存していたりすることから、起訴手続を進めようとする検察官に協力しないことがあった。このような事態に対処するため、多くの州は起訴強制政策を採用した。

起訴強制政策とは、被害者に対し犯罪の告発（charge）を取り止めることを許さない制度であり、被害者にＤＶ犯罪の証人となることを強制するものである。被害者が証人としての出廷を拒めば裁判所侮辱のかどで被害者自身が収監されることになるのである。一方で、検察官も犯罪の証拠がない場合を除いて原則としてＤＶ犯罪を起訴しなければならないとされ、起訴するか否かの裁量に厳格な制限が加えられる。このような起訴強制政策については、被害者に刑事司法へのアクセスを思いとどまらせ、被害者の自己決定権を侵害するものであるという批判がなされている。

起訴強制政策の一方で、検察当局及び裁判所は被害者の不安を取り除くために、様々な被害者保護対策を講じている。たとえば、検察は被害者支援プログラムを策定したり、裁判所は加害者の保釈に厳しい条件を課したり、刑事裁判所が加害者（被疑者・被告人）にプロテクション・オーダーを発するなどの対策をとっている。

しかしながら、それでもなお、告発を取り止めたいとする被害者もおり、検察官側の加害者を起訴することによる利益（公益）と被害者の利益は対立することがありうる。

ＤＶ犯罪の起訴において被害者の自己決定権は尊重されるべきか。自己決定権を支える制度としての被害者支援のあり方はどうあるべきなのだろうか。

また、DV犯罪について、起訴前あるいは起訴後において、加害者に将来の暴力を防止する目的で策定されたカウンセリング・プログラムを受けさせ、加害者が無事にプログラムをやり終えれば刑事司法手続を終了させる（不起訴にする、あるいは公訴を棄却する）事件処理の方法（ダイヴァージョン）が、アメリカの多くの州で認められている。このような事件処理については、莫大な数のDV事件の処理を迅速に行なえるという利点があること、及び刑事処罰までは望まないとする被害者の意向に沿うものとしてこれを是認する意見がある一方で、そもそもカウンセリング・プログラムによって再犯を防止する効果があるのか、DV犯罪についてこのようなダイヴァージョンを認めることはDV犯罪を他人間の犯罪ほど重大な犯罪ではないというメッセージを人々に与えることになり望ましくないのではないか等制度の問題点を指摘する声もある。加害者を逮捕した後のDV犯罪の事件処理は本来どうあるべきなのか。アメリカではどのような問題が生じているのか。ある先進的な裁判所の取り組みも紹介しながら考えてみたい。

(2)　被害者の支援者（victim advocates）

検察当局は、「被害者の支援者」をスタッフに加えDV犯罪の被害者をサポートしている。「被害者の支援者」は通常法曹有資格者ではないが、DV犯罪の被害女性たちに必要な援助を与える者である。被害者の支援者は、刑事司法制度について説明し、被害者の精神的な支えとなり、検察官と被害者との連絡役をつとめ、法廷に出廷する間子どもの世話をしてくれる人の手配をし、加害者に対する接近禁止命令の申立書を起案してやり、シェルターの有用性や、社会保障のサービスに関する情報を提供する。検察当局はこのような被害者支援の欠如が、被害者による告発の取り止めという事態を招いていたという認識に立って、被害者支援プログラムを用意した。

ところで、このような「被害者の支援者」の活動には、次のような懸念が表明されている(64)。すなわち、検察当局は多くの「在庫」事件を抱えて忙しいため、検察当局の目的は、被害者のニーズや願望にかかわりなく有罪率をあげることに向けられがちであり、このような検察当局の目的と被害者の願望——必ずしも加害者の刑事処罰までは望まないが、即刻暴力をやめさせてほしい――とは食い違うのではないか。

被害者の利益とは、有益でかつ自分を支配しない職員が配置されている刑事司法システムに容易にアクセスできることである。この辺の事情を理解しないと、「被害者の支援者」は、被害者から不満を買うことになろう。

両者の利益が対立する可能性を考えると、被害者にとって検察側のスタッフである「被害者の支援者」が、被害者の立場よりむしろ検察側の立場に立ち、被害者の利益を損なう事態も否定できないのであり、検察当局が用意する被害者の支援制度については、この点の検証が今後の課題であるといわれている。

(3)　起訴強制政策（no drop policies）

ＤＶ犯罪の起訴に関して採用された政策の中でも最大の論議を呼んでいるものに起訴強制政策がある。これは、被害者に対してＤＶ犯罪の告発（charge）を取り止めることを許さない制度である。即ち、被害者に犯罪の証人（witness）となることを強制するものであり、被害者が証人としての出廷を拒めば、裁判所侮辱のかどで収監されることもありうるということである。検察官は、被害者が証言を拒んだ場合には、裁判所に対し被害者に罰則付召喚状（subpoena）を発するよう求めることになる。一方で、検察官も犯罪の証拠がない場合を除いて、原則としてＤＶ犯罪を起訴しなければならないとされ、起訴するか否かの裁量に厳格な制限が加えられる。この起訴強制政策は多くの州で採用されている。このような政策は、加害者が起訴されない限り暴力は継続され、加害者は被害者に対しさらに肉体的・精神的損害を与えるという前提にもとづいている。

このような政策を支持する理由としては以下の点が挙げられている。

第一に、ＤＶは単なる個人に対する犯罪ではなく社会秩序に反する犯罪である。

第二に、検察組織の効率という点からみて、起訴強制政策は非生産的な不起訴事案を制限することになり、有罪判決による事件終結――在庫一掃――の比率を高めることになる。

第三に、加害者が被害者に対し告発をやめるよう脅迫する可能性を減らすことができる。

第四に、社会には、ＤＶ犯罪の加害者を識別し、加害者に有罪判決を下すという利益がある。即ち、たとえ被害者が当該加害者から逃れることができても、加害者は別の被害者をみつけて暴力を繰り返すであろう。起訴強制政策の利点は、このような加害者を刑事司法制度によって暴力を振るう者として識別することにある。このような政策は、被害者になる恐れのある者に、当該加害者が暴力を振るったことのある者であることを知らせることができるのである。さらに、起訴された加害者は治療プログラムを強制され、これにより将来の暴力を防止することができる。再度起訴されればより重い処罰を科す可能性が生まれる。

ところで、起訴強制政策に対しては、被害者の自己決定権が、ＤＶ犯罪の一般予防・あるいは特別予防という見地から制約されることになること、パターナリスティックでありかつ被害者の自尊心を侵すものであること、被害者が裁判所侮辱のかどで収監されることになれば被害者はＤＶだけでなく刑事司法手続によって「二次被害」に遭うことになることなどを理由として、これに反対する論者も多い。

イブ・ブザワとカール・ブザワは反対の論拠をおおむね次のように述べる(65)。

第一に、起訴強制政策が採用されても、裁判所の体制が強化されなければ、十分な成果をあげられない。

第二に、被害者が起訴に協力しないか、あるいは、信用性のある証言をしないならば、起訴事件が増加しても被告人が有罪の宣告を受ける見込みはない。

第三に、起訴強制政策の採用は、被害者に対して、捜査当局にＤＶ犯罪を報告することを躊躇させることになる可能性がある。被害者は、ＤＶ犯罪を報告することによってその後の刑事手続の進行に対する支配（コントロール）を失うことを、恐れるからである。

第四に、このような政策は、被害者支援制度と結びつくと、告発を続けることに利益がない被害者と、事件処理が仕事である検察当局、及び検察当局と協力して事件を進行させようとする「被害者の支援者」との間に、「対立」を生む可能性がある。このことは、被害者から刑事手続への信頼を奪い、通常のルートで助けを求めることをやめさせ、被害者に「システムにおしつぶされている」とすら感じさせることになる。このような対立は、起訴強制政策を採用する場合、しばしば現れる。ある調査によれば、多くの検事局が「非協力的な被害者」問題に悩まされているという。即ち、三三％の検事は、自らの担当する事件のうち五五％を超える事件が「非協力的な被害者」の事案であると言う。証言が得られない場合には被害者に証言を強制しており、このような検事の実に九二％が裁判所に罰則付召換状を要求するという。

第五に、起訴強制政策は告発をとり止めるという被害者の決定が、実に複雑な実態を抱えていることを無視している。即ち、被害者は単に加害者からの報復をおそれて告発を止めるわけではない。告発を自由に止めることができるということは、刑事訴追が継続しているという「脅し」を用いて、刑事司法システムを被害者の目的を達成するために操作する可能性を被害者に与えることになる。被害者から告発を自由に取り止める権限を奪うことは告訴の有用性を事実上損なうことになる。被害者は公判が始まるまで通常六ヵ月から九ヵ月間待たされており、この間多くの被害者は、別居の条件、子の監護権、面接交渉権などについて加害者と交渉し取り決めをする。被害者は、起訴がせっかくの取り決めを危うくすることをおそれている。実際に公判が近づくと、多くの加害者が被害者に嫌がらせを始めたり、面接交渉を妨害したり、すでに決めた合意を守らなくなることがある。このような状況の下では、刑事訴追を継続することが必ずしも被害者の利益になるとは限らない。

おそらく、多くの被害女性にとって、自由に告発を止めることができる場合、そうでない場合より安全であるけれども、実際告発を止めてしまうと安全でなくなるのである。インディアナポリスで行なわれたある調査によれば、被害者は告発を自由に止めることができるが、なおかつ、告発をやり遂げたとき、被害者の告発はもっともよい形で終結し、これこそ暴力に対する予防効果があがる唯一の方法であるという。

大切なことは、実際に起訴されるかどうかではなく、被害者がどのような状況に置かれるのかということである。被害者は刑事訴追の手続において完全なパートナー（full partner）として取扱われる必要があり、そのことは、被害者に対する情報の開示を要求する。即ち、長期的観点からみた暴力の動向について――家族による暴力はエスカレートする傾向があるが、このような暴力のサイクルを断ち切るためには、起訴が効果的である可能性があること――、起訴を継続することに伴うコストの公平な負担等について、十分な情報が被害者に与えられる必要がある。

要するに、起訴強制政策というような極端な方法を支持する者には、より破壊的でない方法によって同じ目的を達成することができないのかどうかを確認する責任があると思われる。とりわけ、裁判所の職員がDV事案に対し敏感になるように長期間に亘って教育・訓練するプログラムを実施すること、十分なスタッフを擁する被害者支援プログラムのために財政支援をすること、被害者に対し、司法手続並びに被害者が有する諸権利について教育することはすべて、起訴強制政策のような根拠のない押しつけを伴わずに、被害女性が告発を取り止める事例を減少させるという目的を達成させる可能性がある。

ブザワは、以上の理由から、起訴強制政策は、実践的ではなく、また正当化されないと主張する。

起訴強制政策の是非をめぐる議論は、刑事訴追を継続することが必ずしも被害者の利益になるとは限らない場合があり、起訴に持ち込みたい検察当局の利益と被害者の利益が対立する可能性があること、従って、被害者支援は検察当局とは別個独立の機関が担当しないと被害者の利益を害する可能性があること、両者の利害の対立を調整するためには被害者へ告発の取り止めを禁止するといった被害者の自己決定権を侵害する方法ではなく、むしろ被害者を刑事手続における完全なパートナーとして扱い、被害者に対する十分な情報開示を行なうことで被害者の自己決定権を支援する方向を模索すべきことを教えてくれる。

アメリカの経験は、刑事手続における被害者の自己決定権の尊重とこれを支える被害者支援システムの必要性について示唆を与えるものである。

(4)　公判前における被害者の安全確保の方策

ア　保釈条件

多くの州では暴行のような軽罪で逮捕された加害者(被疑者)は、保釈金を預託してすみやかに保釈される。DV犯罪において加害者の保釈後、加害者が被害者に報復したり、あるいは、脅迫したり、懐柔したりして告発を止めさせようとすることがあり、被害者の安全確保が他の犯罪に比してより強く求められることになる。そこで、裁判所は加害者(被疑者)の保釈に厳しい要件を課すことによって被害者の安全確保を図っている。その仕組みについて次に述べる。

警察官は一般に、加害者（被疑者）を逮捕した場合には、「不必要な遅滞なく」治安判事の下へ被疑者を連れて行かなければならない(図1)。いかなる場合に遅滞なしといえるのかは、州により異なるが、多数の州では逮捕後六時間以上かかった場合には、被疑者の有罪を認める全ての供述の任意性を決定する際に考慮すべき一要素としてその遅滞が問題にされるといわれている。被逮捕者は治安判事の前で自分が有する権利の告知をうける。多くの州では、治安判事がこのときミランダ警告を与える義務があるとされる。ところで多くの裁判所では、軽罪で逮捕された者は、治安判事に会わずに予め定められた金額の保釈金(定められた期日に法廷に出頭して被疑事実に対する答弁を行なうことを確保するために納入させる金銭）を、警察か裁判所の職員に預託することができるという保釈制度を採っており、大部分の逮捕者はこの保釈制度により釈放される(66)。

さて、DV犯罪においては、加害者(被疑者)が釈放されてから公判が始まるまでの間、加害者が被害者に報復したり、被害者を脅迫して告発をやめさせようとしたり、あるいは被害者に暴力を振わないと約束して被害者を抱き込む恐れがあり、被害者の安全を確保する必要性が強調されている。そこで、各州は、ドメスティック・バイオレンス犯罪の被疑者には通常の軽罪について認められている保釈――一定の保釈金を預託して「自動的」に保釈される――を許さず、裁判官が保釈審尋（bond hearing）を行なうこととし、保釈に当っては被疑者に一定の条件を課すことによって被害者の安全を確保することにしている。もちろん、重罪についても、軽罪の場合と

＜図１＞　公判前における刑事手続の概要

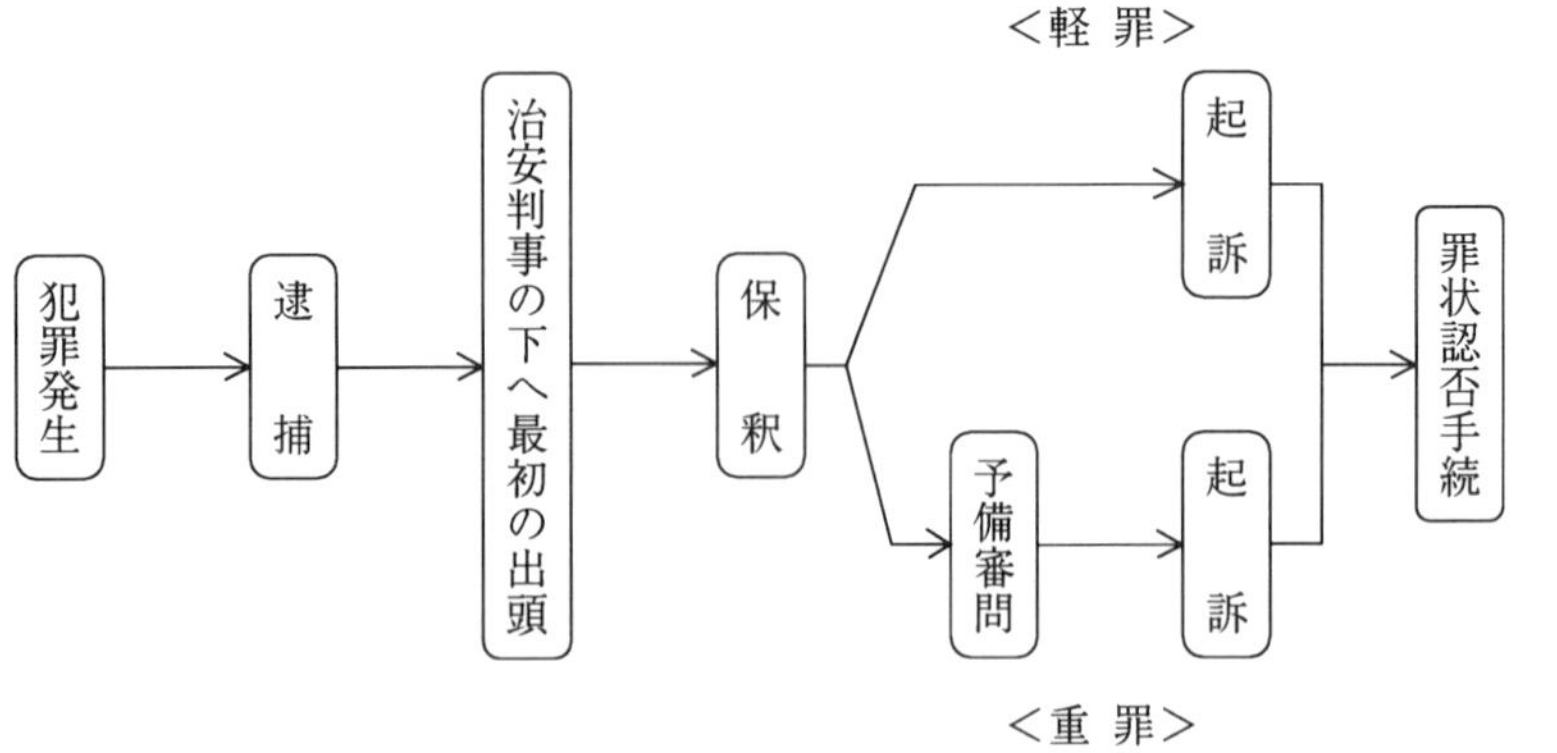

同様に被疑者を釈放する場合には、保釈に厳しい条件を課している。被疑者が保釈条件に違反した場合には保釈は取消される。

裁判所が被疑者に課す保釈の条件とはおおむね以下のとおりである(67)。

①自宅、職場、学校で、被害者及び証人に接触しないこと、②被害者、証人、家族に嫌がらせをしたり、脅迫したりしないこと、③家族と同居している自宅から退去すること、④アルコール、コカイン、ヘロインなどの薬物を断ち、ドメスティック・バイオレンスあるいは薬物乱用の治療センターに入所すること、⑤武器を引渡すこと、⑥カウンセリングに参加することなど。

裁判官は、検察官が調査しなければならないとされる以下の事項を考慮して保釈条件を決めている。

①当事者間における暴力の履歴、②被害者に与えた損害の重大さ、③保釈金に関する被害者の意見、④被疑者による報復のおそれ、⑤被疑者の犯歴、⑥暴力の頻度・程度がエスカレートしているか否か、⑦武器使用の有無あるいは武器使用のおそれ、⑧アルコールあるいはヘロイン・コカインなどの薬物使用の有無、⑨被疑者の精神の健康、とりわけ自殺のおそれの有無、⑩被害者と同居している住居以外の被疑者のための住居の有無、⑪被害者に生ずるおそれのある危険の微候、⑫被疑者の雇用上の地位、⑬被疑者が裁判所に出廷する可能性など。

なお、多くの州ではＤＶ犯罪については重罪・軽罪を問わず、当局に対し、加害者の保釈について被害者に知らせるよう義務づけている。

イ　罪状認否手続の迅速化 —— fast track program

保釈後に、罪状認否手続（arraignment）がすみやかに行なわれることが、DV犯罪訴追成功の鍵を握るといわれている（もっとも罪状認否手続をとらず、起訴前にダイヴァージョンにより処理することを認める州もある）。罪状認否手続が、事件後の次の開廷日に行なわれるような特急プログラム（fast track program）が不可欠であるといわれている。というのも、罪状認否手続が保釈後すぐに行なわれれば、被害者の身体にはあざ、こぶ、歯の損傷などの外傷がみられ、加害者が暴行の事実を否認することは困難になるからである。罪状認否手続までの間に、被疑者（加害者）が保釈条件に違反して被害者や証人を脅迫したりすれば保釈は取消され、被疑者は公判までの間収監されることになる。

ウ　予備審問における被害者の証言に代わる証拠の採用

重罪（feloney）の場合には、逮捕された被疑者（加害者）は治安判事の下に出頭し判事に面会する。裁判所が被疑者を釈放する場合には、被害者の安全を確保するため、軽罪の場合と同様に保釈には厳しい条件が課せられる。条件に違反すれば保釈は取消される。

ところで、重罪の場合、被疑者（加害者）には予備審問（preliminary hearings）を受ける権利がある（図1）。予備審問の目的は、第一に、被疑事実を裏付ける相当の理由を確認し、それがなければ訴追を却下すること、第二に、証拠開示をさせること、第三に、被疑者を大陪審の審理に回付するかどうかを決定することである。一般的にいって被害者は、予備審問において証言をしなければならない。被害者は予備審問における証言によって被疑者（加害者）に報復されるのではないかと恐れている。多くの州では起訴強制政策を採用しており、被害者による告発の取下げを許さないので、被害者が証言を拒めば検察官は裁判所に罰則付召喚状（subpoena）の発行を求め、被害者が証言を拒めば被害者は収監されることになる。被害者に対しこのような方法で証言を強制することには批判が強い。そこで近時は加害者による報復から被害者を保護するために、被害者が法廷で証言しないですむ方法を採用する州もある。即ち、警察官あるいは目撃証人の証言により犯罪の立証を行なうのである。たとえば、カルフォルニア州では警察官の伝聞証言（hearsay testimony）によって証人の供述に代えることを認める州法を制定するに至っている(68)。

エ　刑事裁判所の発するプロテクション・オーダー

裁判所は、「治安判事の下への最初の出頭」あるいは「罪状認否手続」において、DV犯罪の被疑者（加害者）に対し、刑事裁判手続が係属中に被害者と接触することを禁止する命令を発することができる。民事裁判所から発せられる民事的プロテクション・オーダー（civil protection orders）とは異なり、刑事裁判所によって発せられる刑事的プロテクション・オーダー（criminal protection orders）は、刑事裁判手続が係属している間、被疑者の行動を規制することを目的とするものである。

多くの州において、裁判所がプロテクション・オーダーを発する権限は州法に基づいている。プロテクション・オーダーはドメスティック・バイオレンス犯罪の被害者を保護するものであり、ここでドメスティック・バイオレンス犯罪とは、各州法の定めるところによるが、典型的には、暴行・脅迫（assault）、不法な身体接触（battery）、不法目的侵入（burglary）、強制（coercion）、不法監禁（false imprisonment）、子の誘拐（kidnapping）、強姦（rape）、性犯罪（sex crime）ストーキング（stalking）などの犯罪をいう。保護される被害者とは、被疑者（加害者）の配偶者、前配偶者、同居人、前同居人、同一の世帯員及び世帯員であったもの、血族あるいは姻族、婚約者あるいは交際中の者、被疑者（加害者）との間に子どもをもうけた者、被疑者の子を妊娠中の者などをいう。

カリフォルニア州、イリノイ州のように犯罪の被害者本人のみならず、被害者の子どもなどのような被害者の近親者をも保護の対象としている州もある(69)。

プロテクション・オーダーの内容は、各州ごとに異なっているが、プロテクション・オーダーは、おおむね禁止命令と作為命令の組み合わせとなっている。たとえば、被疑者（加害者）に、被害者との接触をそれが何であれ禁止し、その結果加害者に別居を義務付けるもの、被害者との接触を許すが攻撃的な行為を禁止するものなどがある。ニュージャージー州のように被疑者に武器、銃器などのような一定の物品の所持を禁止する州もある。(70)

プロテクション・オーダーが発せられるのか、どんな内容になるのかについて、被疑者には審問を受ける権利がある。手続が、逮捕令状によらない逮捕（warrantless arrest）によって開始される場合には、審問の機会は「治安判事の下への最初の出廷」において確保される。召喚状（summons）あるいは逮捕令状によって開始される場合には、裁判所は召喚状・逮捕状の発令と同時に、一方的暫定的（ex parte temporary）プロテクション・オーダーを発することができる。このような命令も、発令後すみやかにプロテクション・オーダーに関する審問の機会を与えればデュー・プロセスに違反しないとされている。

被疑者がプロテクション・オーダーに違反すると、保釈が取消されたり、法廷侮辱罪に問われたり、銃器の免許が取り消され銃器の引渡しを求められたり、起訴されている件とは別にプロテクション・オーダーの違反行為自体が軽罪あるいは重罪になったりするなど、被疑者には重い制裁が科せられることになっている。

(5)　ダイヴァージョン

起訴強制政策を採用する州がある一方で、いくつかの州では、DV犯罪について、これを起訴しないで加害者（被疑者）にカウンセリングを受けさせ、加害者がカウンセリングをやりおえた場合刑事手続を終了させることを認める州がある。このような州では検察官は大量のDV犯罪を起訴前に刑事手続から外してカウンセリングを受けさせることにより処理している。起訴前に加害者にカウンセリングを受けさせ刑事手続を終了させることを認める州法に対しては、このようなやり方は加害者にDV犯罪が他の犯罪と比べそれほど重大な犯罪ではないというメッセージを与えることになるので、将来の暴力を防止することができない、カウンセリングによる刑事手続の終了は起訴後に限るべきである、とする意見がある。

そこで、いくつかの州では、このようなカウンセリングは、起訴後の段階で実施することとされており、加害者（被告人）がカウンセリングをやり終えると、罪状認否手続、有罪決定以前に刑事手続を終了させることができることになっている。また、加害者が有罪決定をうけることの重要性を強調して、カウンセリングは有罪決定後の刑の宣告手続においてのみ許される（――言渡される拘禁刑に代わるもの、あるいは保護観察の要件として）とする州もある。

このように、事件を刑事司法手続のいずれかの段階で公式の刑事手続の外に移し、他の処遇ないしサービスを受けさせることによって刑事手続を終了させることの総称を「ダイヴァージョン」(diversion) という。これは、一九六〇年代末から七〇年にかけてアメリカで普及した刑事政策の一つである。ダイヴァージョンが普及したのは、当時アメリカでラベリング理論（犯罪は本来的に存在するのではなく誰かがそれを非難してラベルを貼るから犯罪になると主張し、刑事司法機関や社会が犯罪者にラベルを貼るプロセスに着目し、犯罪の烙印＝スティグマ＝付けのあり方について再検討を迫る理論）が主流となり、犯罪対策に大きな影響を与えた結果である。刑事司法機関は「不介入主義」をとるべきであるという主張がなされた。ダイヴァージョンは、①非犯罪化 (decriminalization)、②非施設化 (deinstitutionalization)、③適正手続の保障 (due process) とともに四Ｄ政策とよばれ、一九七〇年代にアメリカのみならずヨーロッパ各国において指導的な刑事思潮となったといわれている。(71) わが国において、これに類似する制度としては司法警察員による「微罪処理」、及び検察官による「起訴猶予制度」がある。

ダイヴァージョンは、被害者側の刑事処罰までは望まないが暴力はやめさせてほしいという意向と、検察及び裁判所側の未済事件を迅速に処理したいという要望にこたえるものとして、また刑事裁判手続よりも迅速に処理できるため事件直後の加害者の反省の気持ちを利用できるものであるとして、ＤＶ犯罪について多用されている。

ダイヴァージョンがどの段階で認められるかについては各州ごとに違いがある。起訴前にダイヴァージョンを認める州がある一方で、被疑者・被告人（加害者）が将来の暴力を防止するために策定されたカウンセリングプログラムに任意に参加している間は、正式裁判手続（trial）・有罪決定（conviction 被告人の有罪答弁、不抗争の答弁、陪審の有罪の評決などにより裁判官が有罪と決定すること）・刑の宣告手続（sentencing）が延期される州もある。また、ダイヴァージョンが刑の宣告手続でのみ許される州（拘禁に代わるもの、あるいは保護観察の要件として言渡される州）もある。たとえば、起訴後のダイヴァージョンが認められる州では、正式裁判手続前にダイヴァージョンへ移行した加害者（被告人）が、カウンセリング・プログラムを成功裡にやり終えると、公訴は棄却される。加害者プログラムをやり終えることができず、犯罪を犯したり、刑事裁判所の発するプロテクション・オーダーに違反したりすれば、正式裁判手続に戻されることになる。

ダイヴァージョンは、加害行為が重大である場合、もしくは加害者のそれまでの経歴からカウンセリングでは効果がないと考えられる場合には、一般に用いられない。ほとんどの州は、すでにダイヴァージョンプログラムを受けたことがある者、近時暴力犯罪で有罪となった者をダイヴァージョンで処理することはできないとしている。

さて、ダイヴァージョンには、被害女性のニーズに答える一方で、加害者を更生させ、かつ裁判所の未済事件を減らすという利点がある。即ち、カウンセリングプログラムは、加害者に刑罰を受けさせるよりもむしろ暴力を止めさせたいという願望をもつ女性の要求に答えるものである。また、ダイヴァージョンでは、加害者が収監されないので加害者に失業の危険がなく、もし被害者が望むなら加害者との関係を続けることもできる。

このような利点があるにもかかわらず、ダイヴァージョンには犯罪の抑止効が弱いのではないかという批判もある。(72) なぜなら、ダイヴァージョンにおいて加害者は刑事処罰を免れることができるからである。それが公判前になされるなら起訴を免れることができるのである。加害者は、起訴あるいは有罪決定を免れ、刑の宣告手続におけるダイヴァージョンにおいては拘禁を免れることができる。ダイヴァージョンは、人々に、DV犯罪は重大な犯罪ではないというメッセージを伝える可能性がある。DV以外の犯罪についてダイヴァージョンプログラムを採用していない州では、一層その恐れが強い。また、ダイヴァージョンは検察官によって有罪答弁取引の道具（dumping groungs 投げすての道具）として悪用される危険があるのではないかとの指摘もある。

さらには、ダイヴァージョンに用いられるカウンセリングという方法に対し、根本的な疑問が投げかけられている。即ち、カウンセリング・プログラムによって再犯が防止できるのか否かについていまだ評価が定まっている状況ではないとの指摘がある。ニール・ジェイコブソンらは、その著書『夫が妻に暴力を振るうとき』の中で、「現存する、暴力をふるう男性に対する治療は、すべて実験段階にあるので、裁判官が、暴力をふるう男性に実刑判決を下す際、投獄の代わりに、更生や教育プログラムへの参加を命ずることに、私たちは反対する」と論じている(73)。

加害者カウンセリングが必ずしも一定の効果を保障するものではないことは、検察当局もこれを認めており、検察当局は現在、保護観察局の職員、被害女性の支援者、カウンセラーと協同して、カウンセリング・プログラムの質の向上を図る方策を講じているといわれている。カリフォルニア州では、州法がカウンセリング・プログラムを管理する基準を定めるなどしており、立法者たちもカウンセリング・プログラムが画一的な効果を挙げることができるような方策を講じ始めている状況にある(74)。

このように、アメリカにおいては、DV犯罪をダイヴァージョン（＝カウンセリング）で処理することについては様々な疑問が提起されているが、膨大な数のDV犯罪のすべてに正式裁判手続を用いることは現実的ではないこともあり、刑事裁判手続のいずれかの段階でダイヴァージョンによる処理が認められていると言えよう。このような事件処理、とりわけ起訴前に被疑者（加害者）にカウンセリングを行なうことにより、あるいは、起訴後の正式裁判手続――罪状認否手続、裁判所による有罪決定――を経ることなく、被告人（加害者）へのカウンセリングの実施によって刑事手続を終了させる事件処理に対しては、将来の暴力の防止という観点から、また検察が事件処理に当って裁量権を適切に行使せずこれを濫用する危険があるなどの点から批判がある。

このような批判に答え、マサチューセッツ州クインシィー地方裁判所は、有罪決定前のダイヴァージョンを認めず、保護観察にカウンセリング・プログラムを利用し、これを各機関の連携により厳格に執行し成果をあげている。そこで次にクインシィー地方裁判所の取り組みについて紹介しよう。

(6) クインシィー地方裁判所の取り組み

マサチューセッツ州クインシィー地方裁判所（Quincy District Court）の取り組みは、革新的な取組みとして注目を集めているので、ここで若干紹介したい[75]。クインシィー地方裁判所の取組みは、①警察・検察・裁判所・保護観察所・加害者治療プログラム担当者などの関係機関の連携が緊密であること、②被告人（加害者）は、裁判所で有罪認定を受けた後、おおむね保護観察（probation）に処せられるが、保護観察が厳格に執行されること、に特徴がある。

クインシィー市においては、警察はドメスティック・バイオレンス事件の現場に呼ばれれば加害者（被疑者）の七〇％を逮捕し、地方検事局は、逮捕者の七〇％を起訴することに成功している。裁判所は事件後迅速に罪状認否手続を行なう制度（fast track court scheduling）を採用して審理の迅速化に努めている。裁判所は暴行・脅迫（assault）、不法な身体接触（battery）などのDV犯罪を犯した者、及び裁判所の発する民事的プロテクション・オーダー（接近禁止命令など）の違反者（＝軽罪に該当する犯罪を犯した者）について有罪認定を行なったのち、加害者（被告人）に対しては、おおむね拘禁刑の宣告を猶予し保護観察（probation）に処する。保護観察はきわめて厳格に執行される。即ち、保護観察中に行なわれる加害者治療プログラムは、マサチューセッツ州公衆衛生局公認のプログラムであり、週一回のペースで約一年間グループミーティングが行なわれ、加害者は自らの暴力と向きあって自らの行動を変えるように集団治療をうけ、性役割（ジェンダー・ロール）について再学習する。また、このプログラムでは、被害者に対する暴力が継続していないかどうかを被害者に周期的に問い合わせている。加害者がプログラムに参加しなかったり、暴力行為を自己申告しなかったり、アルコールやドラッグを服用してミーティングに参加したりすれば、プログラムへの参加をやめさせ、ただちに右事態を保護観察官及び裁判所へ報告する。裁判所はすみやかに保護観察の再評価を行ない、場合によってはこれを取消し、加害者は拘禁刑の宣告をうけ矯正施設へ送られる。

このように、クインシィー地方裁判所の取組みは、逮捕率・起訴率が高いこと、その後の裁判所における有罪決定までの手続が迅速になされていること、起訴前あるいは裁判所による有罪決定以前にダイヴァージョンによって事件が処理されることなく、有罪決定後の刑の宣告において保護観察が選択され、しかもこれが裁判所・保護観察官・カウンセリング機関の緊密な連携の下で厳格に執行され、加害者の矯正がはかられている点で注目すべき試みといえよう。

(7)　日本法への示唆

アメリカにおいて、ドメスティック・バイオレンス犯罪の防止のため加害者の逮捕を奨励する政策には、警察による権限濫用の危険を生じさせる恐れがあるのではないか、またDV犯罪に対する抑止という点からみても、逮捕自体によって犯罪が抑止されるのではなく、その後の刑事裁判手続（起訴・有罪決定・拘禁刑・保護観察の言渡など）を通じて犯罪が抑止されるのではないかという批判があり、加害者の起訴の重要性が強調されるに至っている。その結果、いくつかの州で起訴強制政策が採用されている。起訴強制政策とは、検察官は犯罪の証拠がない場合を除いて原則としてDV犯罪を起訴しなければならず、検察官の起訴するか否かの裁量に厳格な制限を加えるものである。一方で、被害者に対し、DV犯罪の告発を取り止めることを許さない制度であり、被害者に犯罪の証人となることを強制し、被害者が証人としての出廷を拒めば法廷侮辱のかどで被害者自身が収監されることもあるというものである。

このような起訴強制政策に対しては、DVは個人に対する犯罪ではなく社会秩序に対する犯罪であること、また加害者が被害者に告発を取り止めるよう脅迫する危険を減少させることができることなどから、これを支持する意見がある一方で、被害者の自己決定権を奪うものであるとする批判がある。

起訴強制政策の是非をめぐる議論は、刑事訴追を求めることが必ずしも被害者の個人的利益になるとは限らない場合がありうること、起訴によって事件を処理したい検察官の利益と、これを望まない被害者の利益が、対立する可能性がありうることを示していて興味深い。

わが国においても、今日ようやく犯罪被害者の支援が本格的に議論される状況にあるところ、警察当局、検察当局等の主導による被害者支援システムが各地で立ち上げられているが、これらのシステムが当局の利益を代弁して被害者の利益を害する可能性がありうることを考慮に入れておくべきであろう。

また、アメリカの実践は検察官の利益（公益）と被害者の利益の調整は、被害者による告発の取り止めを禁止するといった被害者の自己決定権を侵害する方法ではなく、むしろ、被害者を刑事司法手続における「完全なパートナー」として扱い、被害者に対する十分な情報の提供を行なうことによって——たとえば、暴力はエスカレートする可能性があるが、暴力のサイクルを断ち切るためには起訴が有効である可能性があること、起訴を継続することに伴うコストの公平な負担等について、十分な情報を提供することによって——行うべきであること、即ち、被害者の自己決定権を支援する方策を採用すべきことを教えてくれる。公判前に被害者の安全を確保する方策は、加害者による報復が怖いので告発を取りやめたい、あるいは証人として出廷したくないという被害者の恐怖や不安を、裁判所が取り除くことによって、被害者の自己決定権を支えている仕組みともいえよう。加害者が更なる暴力を振るう恐れがあるなら刑事訴追を諦めよというのではなく、このような暴力には決して屈することなく被害者を支えていくシステムを確立しようとしているアメリカの実践には、学ぶものが多いように思われる。

また、DV犯罪防止のため加害者を逮捕することが奨励される結果として、検察当局、裁判所が処理すべきDV事件は増加の一途をたどっているところ、事件処理の迅速化の要請にこたえ、刑事処罰までは望まないが暴力はやめさせたいと望む被害者側の意向に合致するものとして、DV犯罪の加害者（被疑者・被告人）にカウンセリングを受けさせ、これをやり終えた者については刑事司法手続を終了させるという事件処理の方法（ダイヴァージョン）を、多くの州が採用している。

しかしながら、このような事件処理の方法に対しては、カウンセリングによって再犯を防止できるのか、ＤＶ犯罪について ダイヴァージョンを認めることは、ＤＶ犯罪が他人間の犯罪ほど重大な犯罪ではないというメッセージを人々に与えることになり、望ましくないのではないか、等の指摘がなされている。アメリカにおいて加害者カウンセリングは、刑事手続におけるダイヴァージョンとして用いられており、カウンセリングを受けることにより、ＤＶ犯罪の加害者は起訴・有罪決定・拘禁刑の言渡しを免れる結果となっているが、カウンセリングによる再犯防止の効果については疑問の声があがっている。

ところで、マサチューセッツ州クインシィー裁判所においては有罪決定以前のダイヴァージョンを認めず、有罪決定後の刑の宣告手続において保護観察にカウンセリング・プログラムを利用し、保護観察を裁判所、保護観察所、加害者治療プログラムの担当者など関係機関の緊密な連携により実施し、加害者に対し矯正の実をあげている。クインシィー裁判所における取組みをみると、刑事司法システムによりＤＶ犯罪の防止をはかることが、警察、検察、裁判所などの刑事司法システムにいかに莫大なコストを負わせることになるのか、矯正施設も含め各機関の連携・協力なしにはこの目的を達成することは到底できそうもないことがわかる。

刑事司法システムを改革しＤＶ犯罪を防止しようとするアメリカの苦闘は、いまなお続いている。

四　ドメスティック・バイオレンスの犯罪化

1　DV犯罪とは

アメリカにおいて、ドメスティック・バイオレンスを防止する初の連邦法である「女性に対する暴力防止法」(一九九四年成立)が、「犯罪防止法」第四編として成立していることにみられるように、アメリカにおけるDV対策の主要な柱の一つがDV犯罪の防止であることは疑いがない。ここでDV犯罪とはおおむね次のような犯罪を言う。

DV犯罪の定義は各州法により異なっているが、おおむね、配偶者・前配偶者・同居人・前同居人・婚約者あるいは交際中の者など加害者と親密な関係にある者に対する犯罪を言い、このような被害者に対する暴行・脅迫、不法な身体的接触、不法目的侵入、強制、不法監禁、子の誘拐、強姦、性的暴行、ストーキング、殺人などの犯罪をいう。被害者保護のため民事あるいは刑事裁判所が発するプロテクション・オーダーの違反行為は通常軽罪とされているが、これも含めてDV犯罪という場合もある。

ところで、DV犯罪のうち夫婦間レイプあるいはストーキングはアメリカにおいて従来犯罪として扱われてこなかった。二つの犯罪についてその犯罪化はいかにして進められたのか。現行法の内容はどうなっているのか。ここでは右二つの犯罪をとりあげて検討したい。その前にまず、アメリカにおけるDV犯罪の動向についてその概要を述べてみよう。

2　アメリカにおけるＤＶ犯罪の動向

アメリカにおいてＤＶ犯罪の動向はどのような推移をたどっているのだろうか。誰がどのような被害に遭っているのだろうか。警察への届出はどの程度なされているのだろうか。アメリカ司法省の司法統計局（Bureau of Justice Statistics）による報告書「親密な関係にあるパートナーによる暴力（*Intimate Partner Violence*）」に従って概観する[76]。

この報告書は、司法統計局による「全米犯罪被害調査」（National Crime Victimization Survey）及び、連邦捜査局（ＦＢＩ）による「統一犯罪報告書」（Uniform Crime Reports）にもとづくものである。全米犯罪被害調査は、犯罪が法執行機関（警察）に届け出られたか否かを問わず、人々がどのような犯罪被害を受けたかについて、全米を代表する世帯のサンプル調査を行い、これにもとづいて全米における犯罪被害を積算したものである。一方、統一犯罪報告書は、法執行機関が認知した犯罪に関する統計であるところ、殺人以外の犯罪については、加害者と被害者の関係について統計上判別できるように設計されていないので、これによって殺人以外のＤＶ犯罪の発生件数について把握することはできない。このような連邦の統計システムについては、ＤＶ犯罪の発生状況を正確に把握できるように設計されていない等の問題点が指摘され、改善が求められているところである[77]。

なお、この報告書において「親密な関係にあるパートナーによる暴力」とは、配偶者、前配偶者、ボーイフレンド・ガールフレンドによる暴力をいい、同性間の行為も含まれる。また、この報告書でとり上げられているＤＶ犯罪とは、殺人、レイプ／性的暴行、強盗、加重暴行、単純暴行であり、このうち、殺人とは、故意による殺人（但し、謀殺に限らない）を言う。またレイプとは、強制的な（身体的強制のみならず、心理的強制も含む）性的挿入行為（女性性器への挿入に限らず、肛門性交・口淫さらには、異物の挿入も含まれる）を言う。このようにレイプの定義は、わが国における強姦罪より格段に広い。また、単純暴行（simple assault）とは、傷害の結果を伴わな

＜表８＞　親密な関係にあるパートナーによる暴力

（犯罪別、性別　1998年）

罪名／性別	女性		男性		合計	
	（人）	人口10万人当たりの比率	（人）	人口10万人当たりの比率	（人）	人口10万人当たりの比率
殺人	1,320	1.2	510	0.5	1,830	0.8
レイプ／性的暴行	63,490	55.6	—		63,490	28.6
強盗	101,830	89.1	—		103,940	46.8
加重暴行	140,050	122.5	47,910	44.5	187,970	84.7
単純暴行	569,650	498.4	106,790	99.2	676,440	304.9
総数	876,340	776.8	157,330	146.2	1,033,660	465.9

出典：National Crime Victimization Survey data collected by the Bureau of Justice Statistics.

いか、または軽傷（たとえば、打撲症、目のまわりの黒いあざ、切傷、ひっかき傷、こぶ）、もしくは二日未満の入院を要する傷害を伴う暴行をいい、加重暴行（aggravated assault）とは、武器を用いる暴行、または、武器を用いないものであっても重傷を伴う暴行をいう。

(1) DV犯罪の被害状況

一九九八年において、親密な関係にある者による暴力犯罪（殺人、レイプ／性的暴行、強盗、加重暴行、単純暴行）の被害者となった女性の数は八七六、三四〇人であり、一方同じく男性被害者数は一五七、三三〇人である。人口一〇万人当たりの発生率でみると、女性七七六・八であるのに対し、男性一四六・二であり、女性が男性に比べ約五倍の比率で被害に遭っていることがわかる（表８）。女性に対する暴力犯罪の総数のうち六五％は単純暴行である。

一九九三年と比較すると、暴力犯罪の被害者となった女性数は、一九九三年の一一〇万人から大幅に減少している。一方で男性被害者数はいずれも一六万人余りであり、この間の変動は少ない。

ＤＶ殺人の発生件数をみると、一九九八年において、親密な関係にある者による殺人の被害者は一八二九人であり、うち一三一七人（七二・〇％）が女性である（表９）。一九七六年において、親密な関係にある者による殺人の被害者の総数は約三〇〇〇人であったが一九九八年には一八〇〇人余りとなっており、ここ二〇年余りの間に約四〇％ほど減少した。

ところで、女性を被害者とする殺人についてみると、親密な関係にある者による殺人の比率は殺人全体の約三〇％を占めており、この比率はここ二〇年間ほとんど変動がない。男性を被害者とする殺人について、親密な関係にある者による殺人の比率が、大幅に減少しているのとは対照的である。このように親密な関係にある者による殺人被害者の減少は、主に男性被害者が減少したことによるといえる。

(2)　ＤＶ犯罪の被害の特徴

親密な関係にある者による暴力犯罪（レイプ／性的暴行、強盗、加重暴行、単純暴行。ここで殺人は除く）の特徴は

＜表９＞　親密な関係にあるパートナーによる殺人被害者数

	男　性（人）	女　性（人）
1976	1,357	1,600
1977	1,294	1,437
1978	1,202	1,482
1979	1,262	1,506
1980	1,221	1,549
1981	1,278	1,572
1982	1,141	1,481
1983	1,113	1,462
1984	989	1,442
1985	957	1,546
1986	985	1,586
1987	933	1,494
1988	854	1,582
1989	903	1,415
1990	859	1,501
1991	779	1,518
1992	722	1,455
1993	708	1,581
1994	692	1,405
1995	547	1,321
1996	515	1,324
1997	451	1,217
1998	512	1,317

出典：FBI, Supplementary Homicide Reports of the Uniform Crime Reporting Program.

以下のとおりである（九三―九八年の統計による）。

① 全般的にみて、黒人は他の人種より、より多くの被害に遭っている。とりわけ、人口一〇〇〇人当たりの発生率でいうと黒人女性は白人女性より三五％も高い比率で被害に遭っている。

② 年齢別にみると、人口一〇〇〇人当たりの発生率でいうと、二〇～二四歳の女性が最も高く（二一・三）、ついで一六～一九歳の女性（一七・四）、二五～三四歳の女性（一五・五）となっている。

③ 女性は、年間の世帯収入が低い程、発生率が高い。たとえば、人口一〇〇〇人当たりの発生率は年間世帯収入が七五〇〇ドル未満の世帯では、二〇・三であり、七万五〇〇〇ドル以上の世帯の三・三と比べると約七倍にのぼる。男性については、世帯収入による発生率の差はさほど大きくはない。

④ 男性被害者も、女性被害者も、その三分の二は身体的攻撃を受けており、未遂や脅迫にとどまる者はおよそ三分の一であった。一方で、身体的攻撃の結果、傷害を受けた女性被害者が約五〇％であるのに対し、男性被害者は三二％にとどまった。また、ナイフによる傷、内出血、骨折、殴打による失神などの重大な傷害を受けた者は女性五％、男性四％で、性別による差は小さかったが、軽傷を受けた者は女性四二％、男性二七％であり、その比率には大きな差があった。

(3) 警察への届出

親密な関係にある者による暴力犯罪（レイプ／性的暴行、強盗、加重暴行、単純暴行）に対する警察の対応は以下のとおりである（但し、九二年～九六年の資料による）[78]。女性被害者の約五〇％は、警察へ届出をしていた。届出率は九三年に四八％であったが、九六年には五六％であり年々上昇している。

女性被害者が届出をしない理由の第一は、「プライベートな問題、あるいは個人的な事柄だから」であり、届出をしなかった人のおよそ三人に一人がこう答えている。ついで「報復が恐いから」と答えた者が多かった。

警察の対応は、①公式な報告書をとった（七〇％）、②証人・容疑者を尋問した（二九％）、③犯人を逮捕した

（二〇％）、④捜査した・証拠を収集した（六％）、⑤捜査・調査を約束した（四％）である（但し複数回答）。

ちなみに、一九九四年において、一四〇万人の人々が故意の暴力による傷害により、病院の救急治療室で治療を受けた。うち四人に一人は、配偶者、前配偶者、恋人、元恋人など親密な関係にある者からの暴力によるものだった。故意の暴力により病院の救急治療室を訪れた人々の三九％は女性であったが、親密な関係にある者からの暴力により救急治療室を訪れた人々のうちの八四％は女性であった。

このように、アメリカにおいて、ドメスティック・バイオレンスは、莫大な数の事件が発生していること、その多くが警察及び医療機関に届出されていること、主に女性が被害に遭っていることが窺える。

3　夫婦間レイプ（marital rape）の犯罪化

(1)　はじめに

《夫婦間レイプの免責の撤廃》

ナンシー・レモン（Nancy K.D. Lemon）は、過去二〇年間におけるドメスティック・バイオレンス法に関する最もドラマチックな変革の一つが夫婦間レイプの領域において行なわれたと言う(79)。一九七〇年代において、ほとんどの州はこのタイプの暴行を犯罪としていなかった。夫婦間レイプを犯罪とは認めない考え方は、一六世紀のイギリスの裁判官ヘイル卿の主張――お互いの婚姻上の合意及び契約により、ことの性質上妻は夫に自分自身を委ねたのであり、妻はこれを取消すことができない――に由来していた。各州は、レイプとは妻以外の女性とその同意なく性交することであると定めていた。ところが、結婚していたことのある人の七人に一人は、少なくとも一回は夫あるいは前夫にレイプされたことがあるという研究が注目を集めるようになり、夫婦間レイプはめったにおこらないという一般的な認識は変更を迫られた。

夫婦間レイプに関するアメリカにおけるリーディング・ケースの一つであるリベルタ事件（*People v. Liberta*）において、ニューヨーク州の最高裁判所は、一九八四年、男性によるレイプとソドミー行為が犯罪とされるには被害者と結婚していないことを要件とすると定めるニューヨーク州法の規定を、平等保護条項に違反し違憲であると判示した。

同判決は夫婦間レイプと他人間レイプを区別するいかなる合理的理由も存在しないと述べ「結婚の許可証は、夫が罰を受けることなく妻を力づくでレイプすることができる許可証とみられるべきではない。既婚女性も未婚女性と同じように自分自身の身体（body）をコントロールする権利がある」と判示した。

一九七〇年代後半から、一九九〇年代前半までの間に、アメリカのあらゆる州及びコロンビア特別区は、ついに州法あるいは裁判所の判例によって夫婦間レイプを犯罪であると認めた。

しかしながら、ナンシー・レモンは、「これらの多くの州において、夫婦間レイプは他人間のレイプと比べると、いまなお『第二級の犯罪』（a second-class crime）である」といい、次のように指摘する。夫婦間レイプの定義は他人間レイプの定義より狭くてよい、夫婦間レイプは他人間レイプより短期間のうちに警察に届出られなければならない、夫婦間レイプの刑罰は他人間のそれより軽くてよい、夫婦間レイプの実行者については、性犯罪で有罪判決を受けたことがある犯罪者として記録しておくという要請を怠ってよい――その意味するところは明白である。夫婦間レイプはいまだ多くの立法者にとって本当のレイプ（real rape）ではないとみられている、と。

たしかに、二〇〇一年の時点において、制定法上、レイプその他の性犯罪について、夫婦間レイプの免責を完全に撤廃した州は一〇州であり、これに、夫婦間レイプが免責されるのは未成年者との性交自体を犯罪とする規定についてのみ適用する州（七州）を加えても、全体の約三分の一程度の州にとどまっている。このように、ほとんどの州は、いまだ夫婦間レイプの免責を部分的に残している。なお、ニューヨーク州では、裁判所の違憲判決により州法の定める夫婦間レイプの免責は適用されていない。

《レイプ法の改革》

ところで、アメリカにおいて、一九七〇年代以降ミシガン州法の改正を皮切りとして、各州においてレイプ法の改革がなされた。その内容は、レイプの定義を拡大し、被害者からの告発を容易にするものであった。改正のポイントは以下のとおりである。

① 被害者を女性に限定せず性に中立的な犯罪とした。

② 性的挿入を、女性性器への男性性器の挿入に限定せず、フェラチオ、クンニリングス、肛門性交はもとより性器・肛門への侵入があれば、それがわずかであっても、性的挿入に含まれるとした。

③ 「被害者の意に反すること」を犯罪の構成要件から除き、加害者がいかなる状況で何をしたかを重視する構成要件とした。

レイプ法の改正は右のいずれもが画期的なものであり、これにより被害者による告発が容易になったといわれている。

ところが、州法における夫婦間レイプの免責の完全撤廃はいまだに果たされていない。また、法の執行という観点からも夫婦間レイプは他人間レイプとは異なる取り扱いを受けているとの指摘がある。

ちなみに、イギリスでは一九九一年に「婚姻は、現代においては対等な者同志のパートナーシップとみなされる」として、「時代錯誤かつ侮辱的なものとなったコモン・ローによる擬制を破棄する」と判示した貴族院判決が下され、夫婦間レイプ免責原則の破棄が決定的となったといわれているが、これにより実際に夫婦間レイプにより夫が罰せられる事例が急増するということはないと思われる、との指摘もある(80)。

アメリカにおいても、夫婦間レイプ免責の撤廃により事実無根の事件が裁判所に殺到することになるという撤廃反対派の心配は現実のものとはなっておらず、法廷に持ち込まれるケースは、おおむね、暴行、子の誘拐、殺人未遂などの犯罪と併合して起訴されており、いずれも力づくで姦淫したという立証が容易なケースばかりであると言われている[81]。

このように夫婦間レイプが犯罪化されても、これによってただちに夫婦間レイプの摘発・処罰が増化するといった状況にあるわけではないようだが、夫婦間レイプの免責の撤廃をめぐってアメリカで行なわれた論争は、婚姻とは夫婦のお互いの性的自由にとっていかなる法的意味をもつものなのかについて考える際のヒントを提供してくれるものである。

そこで、本節ではアメリカ法においていまだ完全に撤廃されるには至っていない夫婦間レイプの免責について、①その沿革及びこれまでの裁判例、②現行法の内容、③実情について述べてみたい。

(2)　沿　革

ア　婚姻による同意

英米法における夫婦間レイプ免責の根拠として必ず引用されるのは、一七世紀イギリスの裁判官ヘイル卿の次のような主張である。

「夫は、適法な婚姻関係にある妻に対し強姦を行なったかどで有罪とされることはありえない。なぜなら、相互の婚姻の同意および契約により、ことの性質上妻は自分自身を夫に委ねたのであり、妻はそれを取消すことはできないからである。」

ヘイル卿のこのような主張は、一七世紀のイギリス法における妻の地位を反映していたといわれる。即ち、当時、結婚により妻は夫の財産となり、レイプ法には夫の財産を保護するという目的があった。レイプ法は男性の利益を保護するために発展したのであり女性の利益を保護するためではなかったと指摘されている。夫婦間レイプ免責の根拠とされる「当然の同意」・「取消しえない同意」とは、結婚による「夫婦一体の原則」とも密接に関連している。この原則により、男性と女性は結婚により一個の法的主体となり、夫婦の権利行使は専ら夫がこれを行なうとされた。コモン・ロー上、妻は法的に無能力者とされ、財産の取得、契約の締結、訴訟等について法的能力を有しなかった。

その後、女性の地位は飛躍的に向上し、妻の無能力制度が立法によって廃止されるなど結婚している女性の法的地位も向上したにもかかわらず、夫婦間レイプ免責のルールは、一九七〇年代末期まで、アメリカの各州の裁判所において採用されていたと指摘されている。

夫の免責を直接扱ったリーディング・ケースとされる事件は、一九〇五年テキサス州で判決が下されたフレジャー事件であるといわれている。事案は、妻が離婚を請求したが裁判所がこれを認めなかったので、夫婦は同居していたが別々の部屋で就寝していたところ、夫が妻の部屋に入り「夫の権利であると思っていること」を主張したというものである。下級裁判所は夫をレイプの故意をもった暴行（assault）で有罪としたが、控訴裁判所は以下のように言って、有罪判決を覆した(82)。

「あらゆる先例が、夫は妻に対するレイプのかどで有罪とされえないと言っているが、その主要な理由の一つは、妻が婚姻関係を引き受けるときに行なった婚姻の合意であり、法は妻が夫をレイプという犯罪で告発するためにそれを取消すことを許さないのである。」

ところが、一九八〇年代に入ると、夫の免責を、婚姻が破綻している場合には認めないとする裁判例が登場するようになる。

たとえば一九八一年スミス事件において、ニュージャージー州の裁判所は、妻と約一年間別居していた夫が妻のアパートに侵入してレイプしたケースについて夫の免責を認めなかった。裁判所はその理由をこう述べる(83)。

夫の免責は、強姦罪の本質的要素である同意の欠如を否定することによって機能するのだから、性交に対する婚姻による同意が法的に撤回されうる場合には適用されない。（事件が発生した）一九七五年までには、当州の婚姻法は、離婚又は裁判所による別居決定以前においても、妻には同意を取り消す権利があることを認めている。無責離婚法が制定されて以降、配偶者は婚姻を終了させる一方的決定をすることができるようになった。このような権利に当然付随するものとして、妻は別居期間中は夫との性交を拒否することができるのである。妻に性交を拒否する権利がある場合に、夫が妻と強制的に肉体関係を持つならば、それが強姦罪の要件を全て満たすことはあきらかである、と。

また、一九八一年クレティエン事件において、マサチューセッツ州の裁判所は、離婚の仮決定が下りている事案について、妻をレイプした夫に免責を認めなかった(84)。

さらに、一九八四年ワイスハウプト事件において、バージニア州の裁判所は夫婦が約一年間別居していた事例について、夫の免責を認めなかった(85)。

裁判所はまず、ヘイル卿による、婚姻中の性交に対する「取消し得ない同意」という主張はコモンローではなく、せいぜい一七世紀のイギリスにおける慣習であると彼が認めたものを表明したものにすぎない、と断じる。一方で、裁判所は、婚姻に伴う性交に対する同意の存在自体は認め、妻は、婚姻関係を終了させる意思を明確にしている場合には、これを取消しうると判示した。

裁判所は、その理由をこう述べる。婚姻中の性交に対する同意を一方的に取消す決定をすることが許されるべきかどうかという問題は、女性は自ら個人的な運命を独立して支配することができるのか、あるいは他者の支配下に置かれることになるのかという、より重大な問題に係わる。今日、夫婦一体の法理は否定され、法は女性がその財産を独立して支配することを認めている。そこで、身体的な人格を独立して支配することもまた同様に認められるべきである。

また、バージニア州は無責離婚法を採用している。右制定法の意図するところは、まさに自由に婚姻関係から撤退することができる点にあるのだから、妻に婚姻中の性交に対する同意を一方的に取消す権利を認めないなら、そのことは、制定法によって認められる妻の権利――婚姻契約を事実上取消すことができる権利――と矛盾することになる、と。

させて、右判決は、夫と離れて住み、自由意思による性交渉をやめ、全ての状況に照らして事実上婚姻を終了させることを確立するように行動することによって、妻が婚姻関係を終了させる意思を明確にしている場合には、妻は性交への同意を取消すことができると判断したにすぎない。

ところで、ニューヨーク州最高裁判所は、一九八四年、リベルタ事件において、婚姻関係が事実上破綻している場合には夫の免責を認めないとする州法の規定を違憲であると判示した。

この判決は、婚姻の状況如何にかかわりなく夫の免責を認めないと判示するものである。以下この判決をとりあげてその論拠をみてみよう。

イ　リベルタ事件

一九八四年、ニューヨーク州の最高裁判所は、リベルタ事件（*People v. Liberta*）において、夫婦間レイプの免責を認めるニューヨーク州法は、合衆国憲法修正一四条に定める平等保護条項に違反すると判示する画期的な判決を下した(86)。

事案は以下のとおりである。妻を殴打したとして家庭裁判所からプロテクションオーダー（住居からの退去命令）が発せられ妻子と別居していた夫が、子の面接交渉にかこつけて妻子を自分がいるモーテルに呼び出し、そこで妻を殺してやると言って脅迫し、妻をレイプしフェラチオをさせ、傷害を負わせたという事件である。夫はレイプの罪で起訴された。

当時ニューヨーク州法は、レイプとは、「結婚していない」（not married）女性と、力ずくで（by forcible compulsion）性交することとされ、またソドミー行為とは同じく、婚姻関係にない被害者と力ずくで肛門性交、フェラチオをすること等と規定されていた。しかしながら、結婚による免責については一定の例外があり、夫婦あるいは当事者が性的暴行を行なった時点において裁判所による別居命令・別居判決・書面による別居合意に従って別居している場合には、「結婚していない」と見なされる旨定めていた。

被告人である夫は、妻とは「結婚している」ので無罪であると主張した。事実審裁判所は夫の主張を認め、プロテクション・オーダーは夫に住居からの退去を命ずるものであっても夫婦に別居を命じるものではないので、夫婦間レイプ免責が認められると判決した。これに対し控訴裁判所は、夫婦間レイプ免責とこれに対する例外を定めた州法の規定自体は有効という前提の下で、「結婚している」という文言を法の目的から解釈すれば、裁判所による夫に対する住居からの退去命令とは、夫に対してだけではあるが裁判所が別居を命じていると解釈することができるとして、退去命令が夫に対して出されている場合には「結婚している」とは言えないと判示し、夫を有罪とした。

夫は控訴裁判所の判決に対し、州の最高裁判所に対して、自分がプロテクション・オーダーを発せられているがゆえに「結婚していない」＝「未婚である」とされるなら、夫婦間レイプの免責を認める州法の規定自体が、未婚の男性に過度の負担をかけるものであり、合衆国憲法修正一四条の定める平等保護条項に反し違憲であると主張した。未婚男性に対して、既婚男性に認められているところの、女性をレイプする権利を認めないことが、差別であると主張したのである。

『リアル・レイプ』の著者スーザン・エストリッチは、「夫婦間レイプの免責が憲法違反ではないかという申立が、法的保護を奪われた妻によってではなく、法の平等な保護とは未婚男性がレイプを犯す平等な権利を有することを含むと主張する男性によってなされたことは、まさに法的手続きのもつ皮肉の一つであった」とコメントしている(87)。

このような夫の主張に対して、裁判所は、「夫婦間レイプと夫婦でないものによるレイプとを区別する合理的な根拠は、何もない」と述べて、夫の免責を認める州法の規定自体が違憲であると判示した。

判決は、まず、ヘイル卿のいう婚姻に当然伴う取消しえない同意という主張は支持できないと述べて、その理由をこう説く。「レイプとは、人を辱しめる暴力的な行為であり、被害者の身体の完全性（bodily integrity）を侵害する行為であり、しばしば深刻かつ永続的な身体的・心理的損害を生じさせる行為である。このような行為に対する同意を当然に伴うということは合理的ではないし、ばかげている。」「結婚許可証は、夫が罰を受けることなく妻を力ずくでレイプすることができる許可証と考えられるべきではない。既婚女性も未婚女性と同じように自分自身の身体をコントロールする権利がある。」

次に、夫婦間レイプ免責の正当化理由として伝統的に主張されてきた点について以下のように述べる。妻は夫の財産であるという主張、あるいは夫婦一体の原則なるものは、この州ではもうすでに拒否されている。そればかりか、トランメル対合衆国事件（*Trammel v. United States*）で述べられているとおり、コモンローの世界では——いや、いかなる現代社会においても——、女性が動産であるとみなされたり、あるいは、別個の法的主体性を否定されることによって、又は、完全な人間としての承認と関係のある尊厳（dignity）を否定されることによって、女性が品位を汚されることはありえない、と。

さらに、判決は、今日新たに主張されている、夫婦レイプの免責を正当化する理由についてこう述べる。まず、夫婦間レイプ免責は州の介入から夫婦のプライバシーを保護し夫婦の和合を促進するものであるという主張がある。「たしかに、夫婦のプライバシーを保護し和合を促進することは州の正当な利益であるが、夫が妻を強づくでレイプすることと、このような州の利益の間には何の関係もない」。プライバシーの権利とは、グリスワルド事件（筆者注、既婚夫婦への避妊具の販売を州法で禁止することが、プライバシーを侵害するがゆえに違憲とされた事件）にみられるように、合意による行為を保護するものであって、暴力的な性的暴行を保護するものではない。従って、夫婦間レイプの免責が夫婦のプライバシーを増進するものでないことには何の疑いもない。「夫が妻を殴った場合その責任をプライバシーの権利を主張することによって免れることができないように、妻をレイプする行為をプライバシーを装って正当化することはできないのである」。

同様に、夫婦間レイプ免責の廃止は、婚姻を「引き裂く（disrupt）」という主張もまた支持できない。「婚姻を

『引き裂く』行為とは、明らかにレイプという暴力行為であって、刑事司法システムを通じて保護を求めようとする妻の企てではない」、「さらに、結婚において性交が暴行によって行なわれる段階に達したならば、そのような結婚に和合の余地があるとは思われない」。

また、夫婦間レイプは立証が困難であり夫婦間レイプの訴追を許せば、復讐心のある妻によって中立が捏造される恐れがあるという主張がある。しかしながら、立証が困難であることは加害者と被害者が行為前に恋愛関係にあった場合も同様である。既婚女性の方が未婚女性より事件を捏造する可能性が高いとは思えない。また、刑事司法システムには、刑事被告人を保護するシステムが整っており、虚偽の申立を取扱う能力がある。

裁判所は、おおむね以上の理由により、ニューヨーク州法の定める夫婦間レイプ免責を憲法に反すると判示した。

ついで、一九八五年ジョージア州の裁判所は、ウォレン事件（*Warren v. State*）において、コモンローの原則に基づいて夫婦間レイプの免責を主張した夫に対し、夫婦間レイプの免責を認めない判決を下した。

ところで、アメリカの裁判例においては、リベルタ事件のように、夫婦間レイプの免責を認める州法の規定自体を憲法違反であるとして、その適用を完全に否定する裁判例はいまだ少数にとどまっている。

次に、各州における現行法の内容についてその傾向をみてみよう。

(3)　現行法の内容

アメリカにおいて、一九九三年七月までの間に、いかなる場合でもいかなる手段を用いても、夫婦間レイプは免責するという法制度（いわば無条件免責型）は、ノースカロライナ州を最後に姿を消したが、一方で免責規定を全面的に廃止した州及び判例法でこれを全面的に廃止している州は二〇〇一年時点において約三分の一の州にとどまっている。アメリカ法の現状は夫の免責の制限――どのような場合に免責が認められないのか――に関心が向けられている状況であるといえよう。一方で、全米のすべての州及びコロンビア特別区において、加害者が武器を使用した場合、著しい法益侵害（injury）を伴う場合、ただちに身体的損害を与えると脅迫した場合には、たとえ夫婦が同居中であろうとも性犯罪が成立し、夫婦間レイプの免責は認められない。

ところで、アメリカの各州において、レイプという犯罪は幅広く定義されており、「強制力を用いて女性の意に反して行なわれる性交」には限定されていない。一九八〇年代以降アメリカの各州は反レイプ運動の高まりの中でレイプ法を次々に改正し、多くの州はレイプという犯罪を性的暴行罪（sexual assault）として新しく定義し直している。その特色は、第一に、被害者を女性に限定しないこと、第二に、性的挿入を男性性器の女性性器への挿入に限定せず、クンニリングス、フェラチオ、肛門性交はもとより、他人の性器・肛門への侵入があればそれがわずかであっても、性的挿入に含まれるとしたこと、第三に、レイプを被害者が何をしたのか――同意したのか、抵抗したのか――に焦点をおいて定義するのではなく、加害者がいかなる状況で何をしたのかに焦点をおいて定義し直したことである。さらに、用いられる暴力あるいは強制の定義を拡大することにより、あるいは、地位利用による行為を含むと定義することによって、レイプの定義を拡大し被害者の告発を容易にしていった。

なお、各州は、レイプ以外の性犯罪として、性的接触罪（sexual contact）、性的虐待罪（sexual abuse）を設けているが、レイプは他の性犯罪より重罪とされている。以下では主に、レイプに関する免責を中心に述べてみたい。

ア　全面的廃止型

夫婦間レイプ免責を全廃したニュージャージー州の州法では、レイプ（ニュージャージー州では性的暴行罪sexual assault という）を以下のように幅広い概念として定義しており、このような性的暴行罪について被害者が配偶者であるか否かの区別を全く設けていない。即ち、同法によれば以下のいずれかの事情の下において他人に対し性的挿入を行なった場合には、性的暴行罪により有罪とされる（New Jersey statutes § 2C:14-2.c）。ここで、性的挿入とは、女性性器への挿入、クンニリングス、フェラチオ、肛門性交または肛門・女性性器への手・指・

物の挿入をいう、と定義されている。

1　行為者が身体的な暴力を用いるか、又は強制する（coercion）場合。但し、被害者が重大な損害を蒙むる場合を除く（重大な損害を蒙むる場合にはより重罪である加重性的暴行罪に該当する。ここで重大な損害とは、身体的損害に限られず、著しい精神的苦痛なども含まれる）。

「強制する」とは、ニュージャージー州法（New Jersey statutes §2C: 13-5）の定義によるとされ、次のようにして脅迫する（threaten）ことである。

(1)　身体的損害を与える、又は他の犯罪を犯す、と脅迫する。

(2)　犯罪のかどで告発すると脅迫する。

(3)　憎しみ・侮辱・嘲笑を受ける恐れのある秘密、又は信用・事業上の評判を害する恐れのある秘密を暴露すると脅迫する。

(4)　公務員としての職務を行う、又は差し控える、と脅迫する。公務員に職務を行わせる、又は差し控えさせる、と脅迫する。

(5)　他人の法的申立あるいは法的防御に関して、証言する若しくは情報を与える、又は、証言しない若しくは情報を提供しない、と脅迫する。

(6)　行為者にとってそれ自体が利益を与えるものではないが、他人の健康・安全・事業・仕事・財政状況・評判・個人的関係という点に関し、その人に重大な損害を与えることを意図したその他の行為を行なうと脅迫する。

2　被害者が、保護観察中であるか若しくは仮釈放中である、または、病院・刑務所若しくは他の施設に収容されている場合において、行為者が、自らの法的地位、専門職としての地位、又は職業上の地位にもとづき、被害者を監督する権限又は懲戒権を有する場合。
3　被害者が一六歳以上一八歳未満であり、しかも、次のいずれかに該当する場合。
(1)　行為者が三親等内の血族・姻族である場合。
(2)　行為者が被害者に監督権又は懲戒権を有する場合。
(3)　行為者が、養親、保護者であるか、又はその世帯における親代わりの地位にある場合。
4　被害者が一三歳以上一六歳未満であり、行為者が被害者より四歳以上年上である場合。

ところで、同法によれば、以下のいずれかの事情の下において他人に対し性的挿入を行なった場合には、性的暴行罪よりさらに重罪である加重性的暴行罪（aggravated sexual assault）が成立する（§ 2C: 14-2.a.）。

1　被害者が一三歳未満である場合。
2　被害者が一三歳以上一六歳未満であり、しかも、次のいずれかに該当する場合。
(1)　行為者が三親等以内の血族・姻族である場合。
(2)　行為者が、自らの法的地位、専門職としての地位又は職業上の地位にもとづき、被害者を監督する権限又は懲戒権を有する場合。
(3)　行為者が、養親・保護者であるか、又はその世帯における親代りの地位にある場合。
3　行為が強盗・誘拐・殺人などの犯罪の実行（未遂を含む）の最中に行われた場合。
4　武器等を携え、これを使用すると脅迫した場合。
5　行為者が共犯者に幇助又は教唆されて、身体的暴力を用いるか又は強制した場合。
6　行為者が身体的暴力を用いるか、又は強制し、被害者が重大な損害を蒙った場合。

7　被害者が身体障害、知的障害、意思無能力であることについて、行為者がそれを知っていたか、又は知りうべきであった場合。

加重性的暴行罪についても性的暴行罪と同様に、犯罪の成否に当たって被害者が配偶者であるかどうかは全く問題にならない。

このようにニュージャージー州のレイプ法の特色は、性犯罪の成否に当たって被害者の同意の有無を問題にするのではなく、行為者の行為態様に注目してレイプを定義し直している点である。ニュージャージー州は、このように、レイプの定義がかなり広いレイプ法について、夫婦間レイプの免責を全面撤廃している。

ところで、夫婦間レイプの免責をレイプのみならず性的接触罪（sexual contact）も含め、制定法上全面撤廃した州は、二〇〇一年時点において全米で一〇州（フロリダ、デラウェア、インディアナ、マサチューセッツ、ネブラスカ、ニュージャージー、ノースカロライナ、ノースダコタ、オレゴン、ウィスコンシン）にすぎないが、この外に、配偶者の免責は、一定年齢以下の未成年者との性交自体を性犯罪とする規定に限って適用する旨定める州が七州（コロラド、モンタナ、ニューメキシコ、ペンシルバニア、テキサス、ユタ、ヴァーモンド）あり、このような州は、全廃しているといえよう[88]。なお、ニューヨーク州法は今日なおレイプとは婚姻関係にない女性と強づくで性交すること、又は身体障害のゆえに同意能力がない女性、若しくは一一歳未満の女性と性交することと規定しているが、ニューヨーク州最高裁判所はリベルタ事件において夫婦間レイプの免責を認める州法の規定を合衆国憲法修正一四条に違反すると判示しており、夫婦間レイプの免責は廃止されているといえよう。

イ　部分的廃止型

以上に列挙した州以外の州及びコロンビア特別区は、夫婦間レイプの免責をいまだ部分的に残している。二〇〇一年時点において、最も典型的な免責規定は、一時的意識障害（アルコール、薬物などによる意識障害、若しくは無意識であった場合）、又は精神障害若しくは身体障害のゆえに同意能力がない者と性的関係を結んだ場合において、被害者が非配偶者であればこれを性犯罪とするが、配偶者であれば性犯罪としない（＝免責する）規定である。

たとえば、カリフォルニア州法は、配偶者に対するレイプと非配偶者に対するレイプを別々に規定しており、配偶者に対するレイプについては以下のように規定する（California Penal code § 262）。

配偶者に対するレイプとは、以下のいずれかの事情の下で行われた性的挿入行為である。

(1)　力づくで、暴力を用いて、脅迫を用いて、威迫を用いて、又は、その人若しくは別の人に対する急迫かつ不正な身体的侵害行為を与えるおそれを抱かせることによって、その意に反して行われる場合。

(2)　被害者がアルコール、麻酔薬、規制対象薬物によって抗拒不能な状態にある場合であり、そのような状態にあることを被告人が知っていたか、又は知りうべきであった場合。

(3)　被害者が以下のいずれかの状況にあったため抵抗できなかった場合であり、そのことを被告人が知っていた場合。

(A)　無意識であった、又は眠っていた場合。

(B)　行為がなされたことを知らなかった場合。

(C)　犯人の欺罔により当該行為の本質を知らなかった場合。

(4)　将来仕返しをすると脅迫（誘拐・不法監禁・殺害するという脅迫、又は著しい苦痛・重大な身体的損害を与えるという脅迫）することによって、その意に反して行う場合。但し、犯人がそれを行うであろう相当な可能性がある場合に限る。

(5)　収監する、逮捕する、国外追放するという公務員としての権限を用いると脅迫することによって、その意に反して行われた場合。但し、犯人が実際上公務員であることは必要ではないが、被害者がそう信じたことに合理性がなければならない。

一方、非配偶者に対するレイプの定義をみると、配偶者に対するレイプの定義のすべてを含むが、さらにこれに加えて非配偶者に対する場合に限り、レイプが成立する場合を規定している。なかでも最も問題がある条項は、非配偶者に対するレイプが、以下の事情の下で行われた性的挿入行為について成立するとしている点である(California Penal Code §261 (a) (1))。

「被害者が精神病、発育上の障害、又は身体障害のゆえに法的同意を与える能力がない場合」。

したがって、カリフォルニア州では、相手が非配偶者である場合には、精神障害あるいは身体障害のゆえに法的同意を与える能力を欠く者に対する性的挿入行為はレイプとなるが、相手が配偶者である場合はレイプとならない。

ちなみに、ルネ・アウグスティン(Rene Augustine)は、一九九〇年/一九九一年において発表した「結婚とはレイピストにとって安全な避難所」と題する論文において、右のような立法例について、あまり一般的でないもののいくつかの州でみられると指摘し、このような立法例は「皮肉にも」最大限の保護が必要とされると思われる人々に最小限の保護しか与えていないという点で、注目に値すると述べている(89)。

しかしながら、アメリカにおいて、配偶者が精神障害あるいは身体障害のゆえに同意能力を欠く場合には、夫婦間レイプの免責を認めると規定する州は、二〇〇一年時点において相当の州に及んでおり、このような立法例は増加傾向にあると言える。

カリフォルニア州においては、被害者がアルコール・薬物などの影響により、又は無意識であったなどの事情により意思無能力の状態にあり同意能力がない場合には、そのような状態の下で行なわれた性的挿入行為は配偶者に対するものであってもレイプが成立する。しかしながら、このような一時的意識障害のゆえに同意能力がない場合にも夫婦間レイプの免責を認める州があり、このような州も相当数にのぼっている。

一時的意識障害又は精神障害若しくは身体障害のゆえに同意能力がない者と性的関係を結んだ場合、被害者が非配偶者であればレイプが成立するが、配偶者であればレイプが成立しないとする州は二〇〇一年時点で全米のおよそ二分の一の州に及んでおり、このような立法例が、アメリカにおける夫婦間レイプ免責規定の典型例であると言えよう。

次に、部分的廃止型の例としては、配偶者へのレイプに限って、告訴期間を制限する立法例もある。たとえば、カリフォルニア州は配偶者に対するレイプに限り、被害者が、一年以内にこれを一定の機関（医療関係者、弁護士、シェルター関係者、裁判所、検察、警察など）へ届出をしない限り、検察官は起訴できない旨定めている（California Penal Code § 262（b））。イリノイ州では、届出期間がもっと短く、三〇日以内に法執行機関へ届け出なければならないことになっている（Illinois Compiled Statutes Chapter720 §§ 5/12-18（c）.）。

非配偶者のレイプと区別して、配偶者へのレイプに限って一定の期間内に被害を申告しなければならないと定める立法の目的は、被害者による虚偽の告訴を防止するためであると言われている。このような立法に対しては、被害者が配偶者である場合それが非配偶者である場合より虚偽の告訴をする可能性が高いというのは、合理的根拠がなく、また、告訴が虚偽であるかどうかは事案ごとに証拠にもとづいて判断すればすむことであって、配偶者のレイプの告訴期間を短縮することによって達成するべきことではない、等と批判されており、今日このような期間制限型の立法は数州にとどまっている。

ウ　破綻時廃止型

従来、多くの州が採用していた夫婦間レイプの免責は、配偶者に対するレイプについては、たとえそれがいかなる手段によるものであっても免責を認める一方で、夫婦が別居中であるか、あるいは離婚手続中であるなどの事情があれば免責を認めないとする立法例であった。一九八五年時点このような立法例は全米のおよそ二分の一の州に及んでおり、①単に別居中であれば免責を認めない、②裁判所による別居命令にもとづく別居中であれば免責を認めない、③別居中であるか、または離婚手続中であれば免責を認めない、④別居中であり、さらに離婚手続中であれば免責を認めない、の四つのタイプの立法例があったと指摘されている(90)。

右のような立法状況は、一九九〇年代初めにおいても変化がなく、ルネ・アウグスティン（Rene Augustine）は、このような状況について「多くの州が一般的にいって免責を維持している。但し、婚姻に関する法的地位及び配偶者間の同居の合意という点からみて婚姻が完全であるとは思われないときにレイプが行なわれた場合には、免責は否定される」、「一九七〇年代のレイプ法の改革で始まった州法の立法傾向は、夫婦間レイプの免責制限に向いていた。免責を廃止する立法はスローペースであった」と批判している(91)。

夫婦が別居中であるか、あるいは離婚手続中であるなど、婚姻が破綻している場合に限って、夫の免責を認めないとする考え方は、婚姻に当然伴う性交への同意を前提とした上で、これを婚姻の状況次第で一定の場合に限り取消しうるとする考え方にもとづいている。しかしながら、このような考え方は最近の立法例の動向を見る限り克服されつつあるといえよう。

即ち、今日、夫婦間レイプの免責を別居中であるか離婚手続中である場合に限って認めるという立法例を採用しているところは、一〇州あまりにすぎない。今日の立法例の多くは、別居しているか否か、離婚手続中であるか否かなどの当該夫婦の婚姻の状況に応じて免責を認めるか否かを決定するという手法をとっていない。

最も典型的な立法例は、一時的意識障害又は精神障害若しくは身体障害のゆえに同意能力のない者に対する性的挿入行為を、レイプと定めた規定について、配偶者の免責を認めるというものである。

一方で、全米のすべての州及びコロンビア特別区において、武器を使用した場合、著しい法益侵害を伴う場合、ただちに身体的損害を与えると脅迫した場合には、婚姻の状況の如何にかかわらず配偶者の免責は認められない。

これがアメリカ法の現在の到達点である。

なお、夫婦間レイプの免責を婚姻関係にある当事者のみならず、単に同居中であるとか交際中であるカップルに拡張する立法例がある。婚姻に当然伴う性交への同意を、法律上の夫婦のみならず、事実上の夫婦や交際相手にまで拡張しようという考え方にもとづく立法である。一九八五年時点において、このような拡張型は全米の四分の一の州に存在すると指摘されていたが、今日では数州にとどまっており、このような立法例は減少傾向にある。

(4)　実情――申告されにくい犯罪

レイプとは、アメリカにおいて、いまだに最も申告されにくい犯罪であるといわれている。ある調査によればレイプ・性的暴行事件のうち一六%だけが警察に報告されているにすぎないという。また、顔見知りの人による性的暴行の被害者は、赤の他人による性的暴行の被害者よりも、警察をはじめとする各機関へ援助を求めることが少ないという指摘もある。

「全米犯罪被害調査」（National Crime Victimization Survey）のデーターを分析した研究成果によれば、赤の他人による性的暴行の被害者ばかりでなく顔見知りによる性的暴行の被害者と比較しても、夫あるいは前夫による性的暴行の被害者は警察に援助を求める者の割合が低いと指摘されている[92]。このように、夫婦間レイプはドメスティック・バイオレンス犯罪の中でも、最も申告されにくい犯罪といえよう。

また、たとえ警察へ被害を申告しても捜査に至らないケースも多く、検察も有罪判決をとるのがむずかしいなどの理由から起訴には消極的であるとの指摘もある。アメリカにおいて各州における夫婦間レイプの犯罪化によってただちに起訴が激増したという状況にもないようである。

カーステー・イロー（Kersti Yllo）は、その論文「ワイフ　レイプ――二一世紀にとっての社会問題」（一九九九年発表）の中で、「夫婦間レイプの犯罪化における我々の成功（それは決して些細な功績ではない）にもかかわらず、結婚におけるレイプは依然として、――C. Wright Millsの言葉（一九五九年）を借りれば――公的な問題（puplic issue）というよりはむしろ、個人的なトラブル（private trouble）のままである」と指摘し、妻へのレイプについて、これを重大な社会問題であるとして取り組んでいくことの重要性を強調している。(93)

4　ストーキングの犯罪化

(1)　ストーキングとは

ストーキング（stalking）とは、相手につきまとう、一方的に手紙を送りつけたり電話をかける、職場や住居の前で待ち伏せする、行動を監視するなどの行為を繰り返して行い、このような一連の行為によって、相手に、自分または家族の生命・身体に危害を加えられるかもしれないという恐怖心を惹起させる脅迫行為をいう。

アメリカでは、ストーキング被害の八〇％は、当事者同士が配偶者あるいは恋人同士などのような親密な関係にある場合に発生しているとの調査がある。ドメスティック・バイオレンスという文脈の中で、ストーキングを取り上げる理由は、まさにここにある。

Ｏ・Ｊシンプソンが事件前に彼の前妻ニコルをストーキングしていた事実にみられるように、ストーキングに引き続いて殺人などの重大犯罪が行われる場合があるにもかかわらず（――夫・パートナーに殺された女性の九〇％はストーカーの被害をうけていたとする調査がある――）、アメリカにおいてストーキングに対抗する有効な法律が制定されたのは、一九九〇年以降のことである。

一九九〇年に至るまで、アメリカにおいていかなる州もストーキング禁止法を制定していなかった。それまでハラスメント（harassment）に関する州法は存在していたが、それはほんの軽罪であり、ささいな犯罪を防止するために策定された法律にすぎなかったので、どれひとつとして、ドメスティック・バイオレンス及び重大犯罪に先行する深刻な行為に対抗するためには有効な法律ではなかった。警察は暴行に先行していかなる犯罪も行なわ

れていない場合には、たとえストーキングが行なわれていても、被害者を保護することはできなかったのである。(94)

(2) 全米初のストーキング禁止法

全米初のストーキング禁止法が制定されたのは、一九九〇年カリフォルニア州においてである。一九八九年に人気女優レベッカ・シェーファー（Rebecca Shaeffer）が二年間彼女をつけまわしていたファンに撃ち殺されるという事件が発生し、ストーカーに対する社会的関心が一気に高まった。

また、カリフォルニア州オレゴン市でおきた殺人事件の被害者がプロテクション・オーダーを得ていたことが明らかになると、プロテクション・オーダーの有効性に対する疑いが一気に高まり、州はストーカーに対処する法を整備する必要に迫られた。

カリフォルニア州で、一九九〇年にストーキング禁止法が制定されるや、一九九二年までに二七州が同様の州法を制定し、一九九六年時点において、四九州とコロンビア特別区がストーキング禁止法を制定するに至っている。

ところが、当初カリフォルニアで制定された州法及びこれに習った各州法は、合憲性及び法の実効性という二つの点において問題があった。

たとえば、初期のカリフォルニア州法は、ストーキングを、故意をもって、繰り返し、他人の後をつけ、あるいは嫌がらせを行ない、よって、当該人に「死の恐怖あるいは重大な身体的傷害を加えられる恐れを抱かせる故意」の下に「確かな脅迫」(credible threat) を行なうことと定義し、これに刑事罰（軽罪）を科すこととしていた。

このような制定法は法の執行という点で明らかに限界があった。なぜなら、裁判所は、被告人が被害者に「確かな脅迫」＝「明示的な脅迫」を行なったこと、及び、被告人には「恐怖を抱かせるという故意」があったこと――「確かな脅迫」と「故意」――を、認定しなければならなかったからである。

さらに、州法は、被告人によって、刑罰規定があいまいで漠然としているためデュー・プロセス条項に違反する疑い――違憲の疑い――があると主張され、各州法は実際上法の執行が困難な状況にあった。

(3) 模範州法

このような事態に対し、連邦政府の対応はきわめて迅速であった。連邦議会は、一九九二年、司法省の研究機関であるNational Institute of Justice（ＮＩＪ）に対し、合憲でかつ実効性のあるストーキング禁止法の模範州法を開発するためのプロジェクトを引き受けるよう命じた。ＮＩＪはNational Criminal Justice Association（ＮＣＪＡ）を活用し、一九九三年一〇月にストーキング禁止法の模範州法を連邦議会に提出した。その要点は以下のとおりである。

ア　禁止される行為は、合理的な人間に対し、死の恐怖あるいは身体的危害を加えられるかもしれないという恐怖を惹起させる「一連の行為」である。

これについて模範州法の作成者はこうコメントしている。各州法はストーキングに該当する行為を列挙している。しかしながら、裁判所は、州法が特定の行為のリストを含む場合、禁止される行為はそれらに限定されると解することがあるので、模範州法は禁止される行為のリストを挙げなかった、と。

イ　「確かな脅迫」は要件とされない。ストーキングの加害者は被害者を口頭であるいは文書をもって脅迫するばかりではなく、合理的な人間に恐怖を起こさせるような行動をとることによって、被害者を恐怖に陥れることがある。このような行動による脅迫＝「暗示的な脅迫」も禁止される行為に含まれる。

ウ　被害者に恐怖を抱かせるという（脅迫の）故意は、要件とされない。被告人（加害者）が被害者に恐怖を抱かせる行為を故意をもって行い、かつ、被告人が被害者は被告人の行為によって恐怖を抱くことを知っていたか、または知る可能性があった場合には、犯罪が成立する。

ドメスティック・バイオレンス事案では、加害者が、被害者は本当は自分と仲直りしたがっており、つきまとわれることを望んでいるという幻想をもっていることが多いので、被害者に恐怖を抱かせるという（脅迫の）故意はなかったと主張することがあるが、このようなケースでも、模範州法によれば、加害者（被告人）は被害者に恐怖を抱かせるような行為自体を故意をもって行なう限り、（脅迫の故意がなくても）有罪とされるのである。

エ　被害者本人のみならず、被害者の家族・肉親――配偶者、前配偶者、両親、子ども、兄弟姉妹、同居人、前同居人――に対して、危害を加えられるかもしれないという恐怖を抱かせる行為も禁止される。

模範州法は、ストーキング禁止法では、死の恐怖あるいは身体的危害を加えられる恐れを抱かせるような、深刻かつ継続的なストーキングを取扱い、これを重罪とすべきであると提案し、たとえば、単に精神的苦痛を引き起こすだけの行為は、既存のハラスメント禁止法で対応すべきであるという。なぜなら、深刻かつ継続的なストーキングを重罪とすることは、一般の人々がストーキングを比類のない犯罪であると認識するのに役立つからであるという。

ＮＣＪＡは、各州がストーキング禁止法を開発し実施するよう援助するために、各地でセミナーを開催し、模範州法のプロジェクトを推進した。その結果、多くの州が当初制定したストーキング禁止法を改正した。各州は、ストーキング禁止法が憲法に反するという異議申立てに対処し、また、法の実効性を高めるという目的から、法改正に着手した。また、新たにストーキング禁止法を制定した州もあった。その結果、一九九六年時点では四九州とコロンビア特別区がストーキング禁止法を有することとなったのである。

(4)　ストーキング禁止法の現状

一九九六年現在の各州におけるストーキング禁止法の概略は以下のとおりである。

まず、多くの州では、ストーキングで有罪とされるためには、以下の構成要件に該当する事実が合理的な疑いを超える程度に証明される必要があると定めている。

ア　一連の行為（course of conduct）

<表10>　ストーキング禁止法が禁止している行為（1996年現在）

（数字は禁止している州の数）

1．つきまとう、後をつける	40
2．嫌がらせ	25
3．一方的なコミュニケーション（架電・手紙）	18
4．監視	8
5．不法侵入	6
6．立ちふさがる	6
7．接近する	4
8．品物損壊	4
9．まちぶせ	3
10．強迫する	3
11．身体的危害をひきおこす	3
12．警告を無視する	2
13．武器を携える、あるいは示す	1
14．監禁する	1

多くの州では、加害者が「一連の行為」に関与することを要件とする。つまり、繰り返される行為であることを要件とする。行為の回数を要件とする州もある。たとえば、コロラド州、イリノイ州、ミシガン州、ノースカロライナ州は、行為が2回以上に亘って行なわれることを要件とする。

なお、各州は様々な行為を――「つきまとう」などのように明確に規定される行為から、「嫌がらせ」などのような広範な行為まで、多岐に亘る行為を――ストーキングとして定義している（表10参照）。

イ　脅迫（threat）

たいていの州は、加害者が脅迫を行うこと、あるいは合理的な人間に恐怖を抱かせる行為を行うことを要件とする。脅迫は、必ずしも、口頭あるいは文書による必要はない。たとえば、被害者に黒いバラを送る、手を銃の形にして被害者に狙いをつける、玄関先に動物の死骸を送りつけるなどの行為即ち暗示的な脅迫も含まれる。

各州は州法改正によって「確かな脅迫」（credible threat）の定義を拡大し、暗示的な脅迫もストーキングに含まれるとした。

ウ　故意（intent）

多くの州では、加害者の行為が、故意に行なわれることを要する。一方、一九九六年の時点で一五の州では加害者の故意を要件としていない。このような州法によれば、加害者が被害者に恐怖をひきおこす結果となる行為自体を故意をもって行えば、被害者に対し恐怖をひきおこさせるという故意がなくても、犯罪が成立する。このような州では、故意の要件が大幅に緩和されているといえる。

エ　刑　罰

ところで、ストーキングで有罪とされた場合の刑罰については、多くの州では、ストーキングを原則として軽罪としており、おおむね一年以下の拘禁刑又は罰金を科すこととしている。また、刑の加重要件がある場合——武器を携帯している場合、プロテクション・オーダーに違反している場合、ストーキングの前科がある場合、子どもに対して行なった場合などには、一年を超える拘禁刑を科す重罪としている州が多い。

(5)　ストーキング禁止法の合憲性

各州のストーキング禁止法には、一九九六年一月までに、一九の州において五三のケースで違憲の主張がなされたが、おおむね、裁判所は州法を合憲であるとしている。被告人は主に以下の二つの根拠により違憲の主張をした。

第一に、被告人は、ストーキング禁止法を、刑罰法規があいまいで、いかなる行為が禁止されているかについて国民に告知していないため、手続的デュー・プロセスに反する（曖昧性ゆえの無効の法理—— void for vagueness doctrine）と主張した。

たとえば、ホルト事件（*People v. Holt*）では、プロテクション・オーダーが発せられているにもかかわらず、ガールフレンドがスケートの個人レッスンをうけているスケートリンクに繰り返し姿を現し、レッスンの間中彼女を見つめていた被告人が、イリノイ州のストーキング禁止法にもとづいて有罪とされた。裁判所は、被告人の「曖昧性ゆえの無効」の主張を退け、州法は合憲であるとした。裁判所はこう述べる。州法は回避すべき行為とは何かを、罪を犯していない人々に適切に告知している——回避すべき行為とは、脅迫すること、後をつけること、監視すること、それによって、合理的通常人に脅え、不安、恐怖を抱かせることである——と。[95]

裁判所がストーキング禁止法を「曖昧性ゆえの無効」の法理により違憲と判示することはめったにないといわれている

第二に、被告人は、ストーキング禁止法を、表現の自由の規制が過度に広汎であるがゆえに、本来合憲的になしうる表現行為まで委縮させてしまう効果を及ぼすので、ストーキング禁止法自体が文面上違憲であると主張した（過度の広汎性ゆえの無効の法理—— overbreadth doctrin ）。

しかしながら、過度の広汎性ゆえの無効の法理により、ストーキング禁止法が違憲となったことは一度もない[96]と指摘されている。

たとえば、ホワイト事件（*People v. White*）において、被告人はガールフレンドだった被害者の自宅あるいは職場に一週間に百回に亘って架電し、彼女の職場に現れ、彼女とその家族を脅迫したため、ミシガン州のストーキング禁止法にもとづいて有罪となったが、被告人は、州法がアメリカ合衆国憲法修正一条の保障する言論の自由を制限しており、過度の広汎性ゆえに違憲・無効であると主張した。

裁判所は、被告人の主張を退けてこう述べた。被害者に対する頻繁な架電（被害者の自宅あるいは職場へ一日五〇〜六〇回架電することがある）、及び、彼女と家族を殺すという言葉による脅迫は、たとえそれが被告人の主張するように、和解を試みるためのものであったとしても、修正一条によって保障される合法的な目的をもった言動には含まれない、と。[97]

このように、各州のストーキング禁止法が合憲であることについては、ほぼ決着がつきつつあるといえよう。

(6)　ストーキング禁止法の実効性

ストーキング禁止法の実効性については、いまだ十分な検討がなされているとはいえない。しかしながら、ドメスティック・バイオレンスに関する犯罪と同様に、警察が法執行の最前線にいることはまちがいない。

ストーカーには、相手を脅迫はするが、実際にはそれ以上の加害行為に着手することはなく、従って、実際上は被害者に恐怖を抱かせることがない者がいる一方で、被害者を決して脅迫はしないが、きわめて現実的な危険を有する者がいる。警察官は、将来犯罪がおこりうる危険性を見極めて、適切な行動をとらなければならないが、そのためには、特別の知識と技術が要求される。しかしながら、将来おこりうる犯罪行為を予測し、その危険性のレベルを見極めることは、犯罪を捜査し犯人を逮捕するという警察の本来の仕事とは全く質の違う仕事であるとの指摘もある。

有名人のストーカーが多発するロサンゼルスでは、十分に訓練された特別のチームを編成してストーキング禁止法の執行に当っており、同チームでは将来おこりうる犯罪行為を予測し、危険性のレベルを評価するために心理学者の援助を受けているとのことである。また、情報収集の重要性が説かれており、警察が被害者と加害者の双方に関するあらゆる情報――プロテクション・オーダーの発令、ストーキングによる告訴、ドメスティック・バイオレンスに関する前科など――を一括集約するシステムを立ち上げる必要があるともいわれている。いずれにせよ、ストーキング禁止法の実効性はいうまでもなく法の執行――とりわけ、第一線の警察官の動向――にかかっており、今後の推移が注目される。

(7)　サイバー・ストーキング

アメリカでは、ここ数年来サイバー・ストーキング（cyberstalking）が重大な社会問題となっている。サイバー・ストーキングとは、おおむね、インターネット、電子メール、その他の遠距離通信技術を用いて嫌がらせやストーキングを行なうことを言う。一九九九年ジャネット・リノ司法長官は、ゴア副大統領に対し、サイバー・ストーキングの摘発とその防止に取り組むために各州はストーキング禁止法を改正するべきであると勧告した。

二〇〇〇年四月の時点で、インターネット・電子メールなどによるサイバー・ストーキングをストーキング禁止法で規制される対象行為に含めている州は、全米二三州に及んでいると指摘されている。

＜表11＞　カリフォルニア州ストーキング禁止法

CA Penal Code §646．9, 1998年改正

§646．9

(a)　故意に、意図的に、繰り返し、他人をつけまわし、若しくは嫌がらせをし、かつ、当該人にその人の安全あるいはその家族の安全に対し、合理的通常人なら感じるであろう恐怖を抱かせる故意をもって、確かな脅迫を行なった者は、何人も、ストーキングの罪により有罪とされ、１年以下の拘禁刑、若しくは1000ドル以下の罰金、又は拘禁刑及び罰金に科せられる。

(e)　本条において「嫌がらせ」とは、特定の人に向けられた故意による一連の行為を意味し、その人をひどく驚かせ、悩ませ、困らせ、恐怖に陥れる行為をいい、その行為が何ら正当な目的を有しないものを言う。(以下略)

(g)　本条において「確かな脅迫」とは、口頭若しくは文書による脅迫—もちろんコンピューター通信手段による脅迫も含まれる—、又は、一連の行為により暗示される脅迫、若しくは口頭・文書・コンピューター通信手段による陳述と行為の組み合わせにより暗示される脅迫を意味し、脅迫の標的となった人にその人の安全あるいはその人の家族の安全に対し、合理的通常人なら感じるであろう恐怖を抱かせる故意をもって行なわれる行為であり、かつ、脅迫の標的となった人にその人の安全あるいはその人の家族の安全に対し合理的通常人なら感じるであろう恐怖を抱かせるためにその脅迫行為を実行するだけの明らかな能力を伴って行なわれる行為をいう。(以下略)

(h)　本条において、コンピューター通信手段とは、電話、携帯電話、コンピューター、ビデオレコーダー、ファックス、ポケットベルを含むが、これに限定されない。(以下略)

たとえば、カリフォルニア州においては、一九九八年にストーキング禁止法が改正され、サイバー・ストーキングも、ストーキング犯罪に含まれることになった（表11参照）。

なお、一九九四年成立した「女性に対する暴力防止法」は、一九九六年、州を越境して行なわれるストーキング（interstate stalking）について、これを連邦犯罪として厳しい刑事罰を科すことができるように改正された。

五　まとめ

《ドメスティック・バイオレンス防止法》

わが国において、二〇〇一年四月「配偶者からの暴力の防止及び被害者の保護に関する法律」（いわゆるＤＶ防止法）が成立したが、右法律が創設した保護命令制度は、アメリカの各州がＤＶ規制法で採用したプロテクション・オーダーを中核とする法制度にきわめて類似している。それは、裁判所がＤＶの加害

者に対し、接近禁止命令、住居からの退去命令を発令し、命令違反行為を犯罪とすることによって命令の実効性を確保し、命令の法執行機関として警察を当てている点である。

むろん、アメリカのプロテクション・オーダーの法的性格は、英米法において違法行為に対するエクイティ上の救済として伝統的に認められてきたインジャンクション（injunction）であり、わが国にはインジャンクションに比類する法制度はない。保護命令制度は、配偶者からの暴力により、被害者の生命又は身体に対する重大な危害が発するおそれが高いと認められる場合に、国家が夫婦の生活関係に後見的に介入し、接近禁止や住居からの退去を命ずるもので、民事行政的作用を有し、非訟事件の一種と考えられており、いうまでもなくわが国の保護命令はインジャンクションとは全く異なる法制度である。

しかしながら、わが国において、これまで、私人の申立にもとづいて裁判所が発した禁止命令に違反した場合に刑罰を科すという法制度は例がないこと、保護命令があきらかにアメリカ法のプロテクション・オーダーを参考にしていることから、わが国における保護命令制度の今後の課題を考えるに当ってアメリカ法の歩みが参考になると思われる。

すなわち第一に、既に述べたとおり、インジャンクションの伝統のあるアメリカ法においてすら、プロテクション・オーダーの発令及びその執行について様々な問題が生じていることである。とりわけ、緊急時に相手に通知せず、審尋の機会を与えずに発令される一方的緊急差止命令（ex parte injunction）については、その合憲性が争われたこともあり、なかでも住居からの退去命令については、裁判官がこのような命令の発令を躊躇する傾向があることが指摘されている。

また、プロテクション・オーダーの執行は、インジャンクションの執行として、伝統的には裁判所侮辱によって履行が強制されることになっていた。ちなみに、裁判所侮辱の制度は、違反者に対し後日、裁判所の手続――民事的裁判所侮辱あるいは刑事的裁判所侮辱の手続――を通して制裁を課すことによって、インジャンクションの履行を強制するものである。しかしながら、このような法制度ではドメスティック・バイオレンス（ＤＶ）の被害者をただちに保護することができないと批判されるに至り、プロテクション・オーダーの執行は、警察官が違反者を逮捕することによって図る方策がとられるようになった。即ち、各州はプロテクション・オーダーの違反行為を軽罪に当る犯罪とするなどの州法改正を行ない、さらに、警察官の逮捕権限を拡大し、プロテクション・オーダーの違反行為が行なわれたと信ずべき相当の理由がある場合には、現行犯でなくとも、令状によらないで違反者を逮捕できるとする州法改正を行なった。

アメリカにおいてプロテクション・オーダーの違反行為を軽罪とする（犯罪化）に至るには、右のような経緯があった。わが国に導入された保護命令制度は、当初から命令違反行為に罰則を科することとしているが、今後はその執行が問題となろう。とりわけ警察官による権限行使の是非、なかでも逮捕権行使の是非をめぐり論議をよぶものと思われる。

第二に、プロテクション・オーダーは、アメリカにおいて四半世紀に及ぶ法実践を経ているものであるが、当初は、これが発令される当事者の範囲が配偶者、前配偶者に限られていたところ、次第に同居人、前同居人、子どものいる者同士に拡大され、近時ではさらに親密な関係にある者（dating relationship）を加える州もある。また、プロテクション・オーダーの対象となる虐待行為も次第に拡大され、今日ではおおむね、身体的利益の侵害及びその未遂、脅迫、嫌がらせ、ストーキング、性的暴行、子どもの略取・誘拐、住居侵入などが含まれている。

これに比べるとわが国の保護命令は、「配偶者からの暴力」の被害者に限って発令され、保護命令を受ける被害者の範囲も限定されており（原則として配偶者——事実婚を含む——に限られる）、対象となる行為も、「身体に対する不法な攻撃であって生命又は身体に危害を及ぼすもの」に限られている。

わが国においても、今後保護命令が定着するに従い、保護命令の規制の対象となる当事者、及び対象行為についてこれを拡大すべきであるとする要請が高まるものと思われ、将来的には法改正を要することになろう。

第三に、プロテクション・オーダーによる救済の実践は、ＤＶ被害者にとって必要とされる救済内容とは何かについて示唆を与えてくれるものである。すなわち、プロテクション・オーダーの救済内容は、虐待行為の禁止命令、接近禁止命令、住居からの退去命令のみならず、子の仮の監護権の付与、面接交渉の制限、配偶者・子の扶養料の支払いなどが、裁判所によって早急に解決される必要があることを示唆する。

わが国の法制度においては、保護命令の救済内容がきわめて限られているため、子の監護権の付与、面接交渉の制限、婚姻費用の支払いを命ずること等は、家事審判（家審九条一項乙類三号・四号）及び家事調停等の保護命令とは全く別の手続が利用されることが予定されている。

そこで、少なくともＤＶ防止法の適用を受けるような「配偶者からの暴力」の被害者から子の監護権の付与、面接交渉の制限、婚姻費用の支払いなどについて家事審判、家事調停の申立がなされた場合には、ＤＶ防止法の趣旨に則した処理――迅速に被害者保護を図る――がなされるべきであると考える。

《刑事司法システムの改革》

アメリカにおいて、ほんの二〇数年前までドメスティック・バイオレンスは刑罰法規にふれる行為でありながら、犯罪でないものとして扱われ、警察による対応も当事者の仲裁に終始していたが、一九八〇年代に入ると、警察の対応は大きく変化し、ドメスティック・バイオレンスへの積極的な介入が望ましいとされるようになり、とりわけＤＶ犯罪の防止には加害者（被疑者）の逮捕が最も有効であるとされるようになった。これに伴い、各州は州法を改正し、警察の逮捕権限を拡大し、ドメスティック・バイオレンスケースにおける軽罪（おおむね一年以下の拘禁刑あるいは罰金に当る罪。暴行は通常軽罪とされる）について、犯罪が行われたと信ずべき相当の理由がある場合には現行犯でなくても令状によらない逮捕ができるようになった。さらに警察から逮捕するか否かの裁量の余地を奪い、軽罪が行われたと信ずべき相当の理由がある場合には、逮捕令状によらずして加害者を逮捕しなければならないとする義務的逮捕政策を導入する州も登場した。このようにＤＶに逮捕を多用する方針は、一九九四年に成立した「女性に対する暴力防止法」（Violence Against Women Act）においても支持され、連邦は逮捕奨励策をとる州に連邦予算を支出するとしており、加害者の逮捕によりＤＶ犯罪を防止するという方策はＤＶ対策の主要な柱の一つとなっている。

警察の対応の変化を促したのは、被害者が警察のＤＶ政策の改変を求めて警察当局を訴えたクラスアクション、及び、警察には被害者を保護する積極的義務があり、これを怠ることは合衆国憲法修正第一四条の定める平等保護条項に違反すると主張して市及び、警察当局を訴え巨額の損害賠償を勝ち取った事件、あるいは、ＤＶ犯罪の再犯防止には加害者の逮捕が最も効果的であるとする犯罪学者シャーマンの実験などがあげられる。

ところで、ＤＶ犯罪の予防には加害者の逮捕が有効であるとする逮捕奨励政策が多くの支持を集めた背景として、一九八〇年以降アメリカでは、犯罪者に対しては厳格な刑罰によって威嚇し、犯罪を思い止どまらせることが重要であるという考え方が犯罪対策の基本理念となったことが挙げられる。一九九四年に成立した「犯罪防止法」はアメリカにおける最大の犯罪関連法といわれているが、この法律も右基本理念を反映したものであり、女性に対する暴力防止法も、この犯罪防止法第四編として成立している。女性に対する暴力防止法はＤＶ犯罪を刑罰の威嚇によって抑止しようとする理念に基づいているといえる。一方で、被害女性及びこれを支援する人々は、女性に対する暴力を防止する手段を強化する方策として、犯罪被害者である女性を保護することができず、機能不全をおこしている伝統的刑事司法システムの強化を要請し、加害者の逮捕及び処罰を求めるようになった。

こうして、ＤＶ犯罪の加害者に逮捕を多用する政策は、ＤＶ犯罪の抑止という観点から正当化されるようになった。

しかしながら、このような政策については、犯罪防止のために逮捕を多用することは、憲法上警察に認められた合法的・制限的な逮捕権限を逸脱することになるのではないか。とりわけ、起訴を伴わない逮捕は「処罰としての逮捕」という意味をもつものであり、警察権限の濫用の危険を生じさせるのではないか、などの疑問が呈されている。

また、逮捕にＤＶ犯罪を抑止する効果があるのかについても疑問が呈されている。たとえば、逮捕自体によって暴力が抑止されるのではなく、その後の起訴、有罪判決、その他の刑事司法の帰結――保護観察・カウンセリング――などによって暴力が抑止されるのではないか。逮捕を多用することは予期せぬ望ましくない結果をもたらす可能性があるのではないか――たとえば、子供たちにとって父親が逮捕される場面を目撃することは望ましくない結果をもたらすのではないか――という疑問である。

とりわけ、義務的逮捕政策には批判が強い。即ち、義務的逮捕政策は、被害女性から法的介入の結末をコントロールする権利を奪うものであって、被害女性の自己決定権を侵害するものであるという批判である。女性たちは加害者の逮捕による経済的損失あるいは精神的・身体的報復をおそれて逮捕を望まない場合がある。被害女性が暴力は止めさせてほしいが、法的介入の結末――逮捕するかどうか――について自分の意見を尊重してほしいと望むことは、正当なことであり、被害女性の意思と全く無関係にこれを決定することは被害者の自己決定権を否定することになるという批判である。

また、加害者の逮捕自体が被害者の保護にとって決定的影響を及ぼすか否かは明らかではなく、むしろ逮捕するか否かの決定に当って被害者の意思が尊重されるということ自体が、被害者にとって、加害者に対する「力関係」において優位に立てるという点で意味があり、被害者に対する暴力の防止につながるという指摘もある。

さらに、被害者から法的介入の結末をコントロールする権利を奪うことは、予期しない副次的な影響を生じさせるといわれている。即ち、自らの意思と無関係に加害者の逮捕が決定されると知った被害者は、ＤＶ犯罪が発生しても警察を呼ばなくなるというのである。また、正当防衛で反撃したＤＶ犯罪被害者までが加害者と一緒に逮捕されるという「二重逮捕」という問題も生じている。

このように、DV犯罪に加害者の逮捕を多用する政策は、これに対し様々な疑問が呈されながらも、アメリカの犯罪対策の基本理念に合致するものとして、DV犯罪防止対策の主要な柱として採用されてきた。

ところで、逮捕政策への批判から、加害者の起訴の重要性が強調されるに至り、いくつかの州で起訴強制政策が採用されている。起訴強制政策とは、検察官は犯罪の証拠がない場合を除いて原則としてDV犯罪を起訴しなければならず、検察官の起訴するか否かの裁量に厳格な制限を加えるものである。一方で被害者に対し、DV犯罪の告発を取りやめることを許さない制度であり、被害者に犯罪の証人となることを強制し、被害者が証人となることを拒めば法廷侮辱のかどで被害者自身が収監されることもあるというものである。

このような起訴強制政策に対しては、DVは個人に対する犯罪ではなく社会に対する犯罪であること、加害者が被害者に告発を取りやめるよう脅迫する危険を減少させることができることなどから、これを支持する意見がある一方で、被害者の自己決定権を奪うものであるとする批判がある。

また、①被害者がDV犯罪を捜査当局に報告しなくなる可能性がある、②告発を続けることに利益がない被害者と検察当局との間に対立を生む可能性がある、③被害者から告発を自由にとりやめる権限を奪うと、被害者は刑事訴追が継続しているという「脅し」を用いて加害者と別居の条件などについて有利に交渉をすすめることができなくなり、告訴の有用性を事実上損なうことになる、などの批判がある。

さらに、DV犯罪防止のため加害者を逮捕することが奨励される結果として、検察当局及び裁判所が処理すべきDV事件は増加の一途をたどり、捜査当局及び裁判所による事件処理の迅速化の要請と、刑事処罰までは望まないとする被害者側の要望にこたえるものとして、DV犯罪の加害者（被疑者・被告人）にカウンセリングを受けさせ、これをやり終えた者については刑事司法手続を終了させるという事件処理方法（ダイヴァージョン）を多くの州が採用している。

しかしながら、ダイヴァージョンに対しては、そもそもカウンセリングにより再犯を防止できるのか、ＤＶ犯罪に限ってダイヴァージョンを認めることは、ＤＶ犯罪が他人間の犯罪ほど重大な犯罪ではないというメッセージを人々に与えるので望ましくないのではないか、などの指摘がある。このように、アメリカで加害者カウンセリングは、刑事手続におけるダイヴァージョンとして用いられており、カウンセリングを受けることによりＤＶ犯罪の加害者は起訴・有罪決定・拘禁刑の言渡を免れる結果となっているが、カウンセリングによる再犯防止の効果については疑問の声があがっている。

ところで、マサチューセッツ州クインシィー裁判所においては、右のような批判に答え、有罪決定前のダイヴァージョンを認めず、有罪決定後の刑の宣告手続において保護観察にカウンセリングを利用し、保護観察を裁判所、保護観察所、加害者治療プログラム担当者など関係機関の親密な連携により実施し、加害者に対する矯正の実をあげている。

しかしながら、このような取組みはアメリカの先進的な裁判所における取組みといえ、あらゆる州のすべての裁判所でこのようなシステムができあがっているというわけではない。クインシィー裁判所の例をみると、刑事司法システムによりＤＶ犯罪の防止をはかることが、警察・検察・裁判所・矯正施設などの刑事司法システムにいかに莫大なコストを負わせることになるのかがわかる。

さて、我々は、ＤＶ防止対策の主要な柱としてＤＶ犯罪の防止に取り組み、刑事司法システムの改革をすすめてきたアメリカの「壮大な実験」から何を学ぶことができるのだろうか。

第一に、加害者を逮捕するだけでは、ＤＶ犯罪を防止することはできない。その後の起訴、有罪判決と続く刑事司法システムの全体が機能して、はじめて犯罪の防止という目的を達成することができるという点である。そもそも起訴を伴なわない逮捕の多用は、警察権限の濫用を招く危険がある。警察はＤＶ犯罪の捜査を厳正に行ない、ＤＶ犯罪の立件に努めるべきである。

第二に、警察・検察当局の従来の対応を改めさせる大きな原動力となったものは、被害者たちが提起した民事裁判――捜査機関の対応は被害者保護を怠っており平等保護条項に反する旨を主張する裁判――であったことである。このことは、捜査当局の対応を改めさせるためには、被害者側からの不断の告発・監視が不可欠であることを示唆している。

第三に、被害者には、DV犯罪（とりわけ暴行などの軽罪）に関する刑事裁判の帰結をコントロールする権利があり、被害者の意思を無視した加害者の逮捕・起訴は、被害者の自己決定権を害する恐れがあるということである。

被害者に自己決定権を保障する前提として、刑事司法システムは、被害者を単なる犯罪の証人として扱うのではなく、むしろ、刑事裁判手続における「完全なパートナー」として扱い、十分な情報を開示する必要があろう。たとえば、アメリカでは検察当局が「被害者の支援者」をスタッフに加え、「被害者の支援者」が刑事司法制度について被害者に説明し、被害者の精神的支えとなり、シェルターの有用性や社会保障に関する情報を提供するなど様々なサービスを提供している。

また、公判前における被害者の安全確保のために裁判所は様々な手立てを講じている。たとえばDV犯罪については保釈条件を厳しくしたり、保釈について被害者にその時期を知らせるようにしたり、罪状認否手続を迅速に行なうよう特急プログラムを用意したり、被害者が法廷で証言しなくてもよいように警察官の伝聞証言によってDV犯罪の立証をすることを認めたり、刑事裁判手続の継続中被疑者の行動を規制するために被害者との一切の接触を禁止することなどを内容とする刑事的プロテクション・オーダーを発し、違反者を厳しく処罰する制度などを用意している。

わが国においても、警察庁は一九九九年一二月発出した次長通達「女性・子どもを守る施策実施要綱の制定について」において、夫から妻への暴力事案等について、刑罰法規に抵触する事案については、「被害女性の意思を踏まえて」検挙その他の適切な措置を講ずるとしているが、被害女性の自己決定権を強調するだけでなく、これを真に保障する条件を整備する必要があろう。即ち、刑事司法システムは被害者支援・被害者の安全確保の体制を十分に整える必要があり、被害者が安心して加害者の責任を追求できる制度を整えるべきである。

第四に、警察・検察当局による被害者支援システムが当局の利益を代弁して被害者の利益を害する可能性がありうるということである。アメリカにおいて起訴強制政策をめぐる議論において、刑事訴追を継続することが必ずしも被害者の利益になるとは限らない場合があり、起訴に持ち込みたい検察の利益と被害者の利益が対立する場面があった。わが国では、むしろ、被害者が捜査当局に被害を訴えても刑事訴追が進まないという不満の声が聞かれ、アメリカとはまさに逆の状況になっている。しかしながら、ここでも刑事訴追を望む被害者の利益と、多数の事件を抱えてDV犯罪の摘発にまで手がまわらない捜査当局の利益が対立する構図がある。したがって被害者支援は警察・検察当局とは別個独立の第三者機関が担当することが必要であろう。

《夫婦間レイプ及びストーキングの犯罪化》

アメリカにおいて、夫婦間レイプは、一九七〇年代まで、夫の免責が認められ、犯罪が成立しなかった。その根拠は、妻は婚姻に伴い夫との性交に当然「同意」しており、これを取消しえないからである、とされた。

しかしながら、一九八〇年代に入ると各州において、婚姻が破綻している場合には、夫の免責を認めないと判示する裁判例がみられるようになる。その理由は、婚姻が破綻している場合には、婚姻に伴う性交に対する同意を取消しうるからであるとされた。一方、一九八四年ニューヨーク州の最高裁判所は、リベルタ事件において、夫婦間レイプの免責を認めるニューヨーク州法の規定が合衆国憲法修正一四条に定める平等保護条項に違反すると判示する画期的な判決を下した。その理由は、レイプとは人を辱める暴力的な行為であり、被害者の身体の完全性を侵害する行為であり、婚姻がこのような行為に対する同意を当然に伴うということは合理的ではない、また、既婚女性も未婚女性と同様に自分自身の身体をコントロールする権利がある、というものであった。しかしながら、このように、夫婦間レイプの免責を憲法違反であるとして、その適用を完全に否定する裁判例は、いまだ少数にとどまっている。

次に、各州の立法例の動向をみると、一九八〇年代半ばには、配偶者に対するレイプは、それがいかなる手段によるものであっても免責を認める一方で、例外的に夫婦が別居中であるか、あるいは離婚手続中であるなど、婚姻が破綻している場合には免責を認めないとする立法例が主流であったが、今日、全米のすべての州及びコロンビア特別区において、行為者が武器を使用した場合、著しい法益侵害を伴う場合、ただちに身体的損害を与えると脅迫した場合には、婚姻の状況如何にかかわらず、夫婦間レイプの免責は認められていない。これが、アメリカ法の到達点である。

一方で、一時的意識障害（アルコール・ドラッグによるもの、又は睡眠中など）のゆえに、又は、精神障害若しくは身体障害のゆえに同意能力のない者に対する性的挿入行為について、被害者が非配偶者であればレイプが成立するが、配偶者であればレイプが成立しないとする州は、今日、全米の約二分の一の州に及んでおり、右のような立法例がアメリカにおける夫婦間レイプ免責の典型例であるといえよう。

このような立法例に対しては、法は最大限の保護が必要な人々に法的保護を拒絶しているとの批判がある。

ところで、夫婦間レイプの免責を完全に撤廃している州は、現時点で全米約三分の一の州に及んでいるが、ここで注意しなければならないのは、各州のレイプ法が一九七〇年代以降、レイプの定義を拡大して（たとえば、性的挿入を男性性器の女性性器への挿入ばかりではなく、フェラチオ、クンリニングス、肛門性交なども含む概念としている）、レイプの告発を容易にする法改正を行なっている点である。

夫婦間レイプの免責の完全撤廃とは、レイプの定義を拡大したレイプ法について行なわれているのである。

なお、以上のような夫婦間レイプ免責に関する法改正にもかかわらず、夫婦間レイプは、今日なお最も申告されにくい犯罪であるといわれており、妻へのレイプについてこれを重大な社会問題として取り組んでいくことの重要性が指摘されている。

次に、ストーキングは、一九九〇年代に入るまで、アメリカのいかなる州もストーキング禁止法を制定していなかったが、一九九〇年にカリフォルニア州でストーキング禁止法が制定されるや、全米の各州がこれにならい、一九九六年時点において四九州とコロンビア特別区がストーキング禁止法を制定するに至っている。

アメリカのストーキング禁止法の特色は、ストーカー行為を「犯罪」として、これを取締っていることである。各州のストーキング禁止法が禁止する行為とは、おおむね、つきまとう、後をつける、嫌がらせ、一方的なコミュニケーション（架電、手紙）、監視、立ちふさがる、接近、まちぶせ、などの行為を繰り返し、合理的な通常人に恐怖を抱かせる故意をもって、脅迫（明示的／暗示的）することである。多くの州はストーキングを軽罪（おおむね一年以下の拘禁刑又は罰金を科す）にあたるとしている。

ところで、各州のストーキング禁止法については、その合憲性が裁判で争われている。違憲の主張の根拠は、主として、①刑罰法規があいまいで、いかなる行為が禁止されているかについて国民に告知していないため、手続的にデュー・プロセスに反する（曖昧性ゆえの無効）、②表現の自由の規制が過度に広汎であるがゆえに、本来合憲的になしうる表現行為まで萎縮させてしまう効果を及ぼすので、ストーキング禁止法自体が文面上違憲である（過度の広汎性ゆえの無効）というものである。各州の裁判所は、これまで、おおむね、ストーキング禁止法を合憲であると判断している。

（1）　アメリカにおけるドメスティック・バイオレンス規制立法の歴史を、その原動力となった運動、立法、裁判例などを中心に概観した邦語文献として、拙稿「妻に対する暴力の現状と法的規制――アメリカの事例を中心に」労旬一三三九号二一頁以下（一九九四年）。アメリカにおける夫婦間暴力に対する警察の対応について逸早く紹介した論文としては、小林寿一「夫婦間暴力に対する警察の対応（一）〜（五）――アメリカ合衆国における動向について」警察研究六〇巻八号〜一二号（一九八九年）がある。アメリカの模範法典について、角田由紀子「夫（恋人）からの暴力に対する法的処置――日本の現状とアメリカの模範法典について――」財団法人横浜市女性協会編『民間シェルター調査報告書Ⅱ』（一九九五年）三五―五三頁。

また、ドメスティック・バイオレンスというテーマだけを扱ったロー・スクールの初めてのケース・ブックとして、Nancy K.D.Lemon, *Domestic Violence Law: A Comprehensive Overview of Cases and Sources*（Austin & Winfeid, 1996）がある。憲法上の重要な問題をめぐる議論及び専門的文献の手ごろな利用手段を教師・学者・学生に提供するシリーズ *Controversies in Constitutional Law* の一冊として出版された Patricia G.Barnes ed., *Domestic Violence: From a Private Matter to a Federal Offense* volume 1 - 3（Garland Publishing, 1998）も便利である。

（2）アメリカにおけるバタード・ウーメンズ・ムーブメントについては吉浜美恵子「アメリカにおけるドメスティック・バイオレンスへの取り組み」財団法人横浜市女性協会編『民間女性シェルター調査報告書Ⅱアメリカ調査編』（一九九五年）五四―七一頁。

（3）*Thurman v. City of Torrington*, 595 F.Supp.1521（D.Conn.1984）.

（4）James B.Halsted "Domestic Violence: Its Legal Definitions," in edited by Eve S.Buzawa and Carl G.Buzawa, *Domestic Violence: The Changing Criminal Justice Response*（Auburn House, 1992）.

（5）Patricia, supra note（1）, at xii. Nancy, supra note（1）, at 6.

（6）"Legal Responses to Domestic Violence", *Harvard Law Review*, vol. 106 at 1611〜1618（1993）.

（7）Laura X, "Accomplishing the Impossible: An Advocate's Notes From the Successful Campaign to Make Marital and Date Rape a Crime in All 50 U.S. States and Other Countries", in *Violence Against Women*, volume 5, number 9,（Sage, 1999）, at 1074.

（8）Public Law 103―322, Violence Against Women Act of 1994. 本法の成立とその背景については、拙稿「『女性に対する暴力防止法』の成立とその背景」労旬一三六〇号（平成七年）三九頁以下、及び、青山彩子「米国におけるドメスティック・バイオレンスへの対応㊤」警察学論集五二巻一号（平成一一年）一〇八頁以下がある。また、同法についてEve S.Buzawa and Carl G.Buzawa, *Domestic Violence: The Criminal Justice Response-2nd edition.* at 128-132（Sage, 1996）.

（9）House Report 395, 103d. cong. 1st sess. at 26 - 27.

（10）42 U.S.C. § 13981（part of the Violence Against Women Act of 1994, § 40302）.

（11）　*U.S. v. Morrison*, 529 U.S. 598, 120 S. Ct. 1740, 1755, 146 L. Ed. 2d 658, 144 Ed. Law Rep. 28（2000）.

（12）　Sharon Reis, "Supreme Court Ruling on Violence Against Women Act Disappoints Women's Organization" May 18, 2000. Press contact:media@aauw. org.

（13）　Karen Orlando, "New York Permits Gender Violence Victims to Sue"　12/29/00（http://www.womensenews. org）. New York City Administrative Code §§ 8-901 to 8-907.

（14）　18 U.S.C. § 2261 A（Pub. L. 104—201）.

（15）　Pub. L. 106—386.

（16）　*Planned Parenthood v.　Casey*, 505 U. S. 833, 112 S. Ct. 2791, 120 L. Ed. 2d. 674（1992）. 引用部分は、オコーナー、ケネディ、スータによる法廷意見Ｖ－Ｃである。なお、ケーシー判決の読み方については、ロナルド・ドゥオーキン［水谷英夫・小島妙子共訳］『ライフズ・ドミニオン』信山社（一九九八年）二四七頁以下参照。

（17）　ＯＪ裁判がアメリカ社会に与えた影響について、Eve S. Buzawa and Carl G. Buzawa, supra note（8）, at 198-200.　ＯＪ裁判について、梶山寿子『女を殴る男たち』文芸春秋社（一九九九年）一八頁以下。

（18）　Eve S. Buzawa and Carl　G. Buzawa, supra note（8）, at 177 - 181.

（19）　Report of the Special Rapporteur on violence against women, its causes and consequences, Ms. Radhika Coomaraswamy, submitted in accordance with Commission on Human Rights resolution.　邦語訳は、北京ＪＡＣ発行『ラディカ・クマラスワミによるドメスティック・バイオレンス特別報告書』（一九九六年）、及びクマラスワミ報告書研究会『女性に対する暴力――国連人権委員会特別報告書』明石書店（二〇〇〇年）。

（20）　Bureau of Justice Statistics, Special Report. *Intimate Partner Violence* may 2000, NCJ 178247. この報告書においてintimate partnerとは、配偶者、前配偶者、ボーイフレンド、ガールフレンドを言うと定義している。

（21）　警察庁発行『平成一〇年の犯罪』中の「罪種別被疑者と被害者との関係別検挙件数」。

（22）　Eve S. Buzawa and Carl　G. Buzawa, supra note（8）, at 198.

（23）　id. at 203.

（24）　Nancy K. D. Lemon, supra note（1）, at 6 - 7.

なお、プロテクション・オーダーには、本節がテーマとしている民事的プロテクション・オーダー（civil protection orders）

の外に、刑事裁判所が、刑事手続が終結するまでの間、被疑者・被告人に、被害者との接触を禁ずるなどする刑事的プロテクション・オーダー（criminal protection orders）がある（詳しくは本書一五六頁を参照）。

（25）ＤＶ防止法の各州における制定法の内容及び判例法の動向については、Fredrica L. Lehrman, *Domestic Violence Practice and Procedure*（West, 1996）を参照した。同書については、九七年、九八年、九九年、二〇〇一年に追録版（Cumulative Supplement）が出版されている。プロテクション・オーダー法については同書第四章を参照した。

なお、ジョージア州フルトン郡における保護命令制度の実状を紹介した文献として、西岡繁靖「ジョージア州フルトン郡における家庭内暴力の被害者保護」判時一七五七号二一頁以下がある。また、ドメスティック・バイオレンス事件を専門に扱うために、刑事部と家事部を統合させた「ＤＶ法廷」を設立したワシントンD.C.における実践については、ＮＭＰ研究会・大西祥世編『ドメスティック・バイオレンスと裁判』現代人文社（二〇〇一年）参照。

（26）前注二〇〇一年追録版。

（27）Joan Zorza, "Women Battering:High Costs and the State of the Law", *Clearinghouse Review*, Special Issue（1994）.

（28）id.

（29）望月礼二郎『英米法〔改訂第二版〕』青林書院（一九九〇年）二九六—二九七頁。

（30）ジェフリー・ハザード、ミケーレ・タルッフォ〔田邊誠訳〕『アメリカ民事訴訟法入門』信山社（一九九七年）二一八—二二一頁。

（31）小林秀之『新版・アメリカ民事訴訟法』弘文堂（平成八年）三三三頁。

（32）Illinois Compiled Statutes Chapter 725 § 5/112A-14（b）（2）.

（33）Fredrica L. Lehrman, supra note（25）, § 4:23-Ex Parte Vocate Orders.

（34）Harvard Law Review, supra note（6）, at 1599 ~ 1601.

（35）LA. Rev. STAT. ANN. §§ 9: 361-9: 369（West Supp. 1993）.

（36）Eve S. Buzawa and Carl G. Buzawa, supra note（8）, at 195.

（37）id.

（38）18 U.S.C. § 922（g）（9）.

（39）18 U.S.C. § 922（d）（9）,（s）（3）（B）（I）.

（40）*Williams v. Marsh*, Supreme Court of Missouri, En Banc. 626 S. W. 2d 223（1982）.
（41）Eve S. Buzawa and Carl G. Buzawa, supra note（8）, at 193.
（42）id.
（43）Joan Zorza, supra note（27）.
（44）Peter Finn, and Sarah Colson, *Civil Protection Orders : Legislation, Current Court Practice, and Enforcement*（NIJ123263）（1990）, at 49 ～ 52.
（45）id, at 56, Figure 13.
（46）Barbara J. Hart, Esq., *State Codes on Domestic Violence : Analysis, Commentary and Recommendations*,（1992）, at 21.
（47）Peter Finn, supra note（44）, at 57.
（48）*United States v. Dixon*, ── U.S. ── , 125 L. Ed. 2d 556, 113 S. Ct. 2849, 2854（1993）.
（49）Eve S. Buzawa and Carl G. Buzawa, supra note（8）, at 189 ～ 193.
（50）*Domestic Violence and Stalking, The Second Annual Report to Congress under the Violence Against Women Act*（1997）, at 37 ～ 44.
（51）警察の対応を変化させる原動力となった訴訟について、詳しくは Joan Zorza, "The Criminal Law of Misdemeanor, Domestic Violence, 1970 ～ 1990", 83（1）*The Journal of Criminal Law and Criminology* 46（1992）.
（52）*Bruno v. Codd*, 90 Misc. 2d 1047, 396 N. Y. S. 2d 974（Sup. Ct. 1977）.
（53）*Thurman v. City of Torrington*, 595 F. Supp. 1521（D. Conn. 1984）.
（54）*DeShaney v. Winnebago County Department of Social Services*, 489 U.S. 189,109 S.Ct. 998, 103 L.Ed.2d 249(1989).
Marvin Zalman, "The Courts' Response to Police Intervention in Domestic Violence",in edited by Eve S.Buzawa and Carl G.Buzawa, *Domestic Violence: The Changing Criminal Justice Response*（Auburn House, 1992）, at 97.
DVの被害者が警察の不作為の責任を問い、デュープロセス条項あるいは平等保護条項違反として、警察や自治体に対し一九八三条訴訟を提起した裁判例について、詳しくは、福岡久美子「ドメスティック・バイオレンスと合衆国憲法（一）・（二完）」阪大法学四九巻五号三九頁以下、四九巻六号五三頁以下（二〇〇〇年）。
（55）James B. Halsted, supra note（4）, at 159.
（56）Lawrence W. Sherman, *Policing Domestic Violence*（Free Press, 1992）, at 269 ～ 281.

（57）ＤＶ加害者逮捕政策展開の要因とダイナミックスを分析した論稿として、吉川真美子「アメリカ刑事司法におけるＤＶ加害者逮捕政策」日本法社会学会編『法社会学』五五号一五九頁以下（二〇〇一年）。

（58）Fredrica L. Lehrman, supra note（25）, § 6: 10.

（59）New York Consolidated Laws, Criminal Procedure § 140. 10.

（60）Eve S. Buzawa and Carl G. Buzawa, supra note（8）, at 146-151.

（61）id. at 156 ~ 165.

（62）アメリカにおける犯罪学の動向については、瀬川晃『犯罪学』成文堂（一九九八年）一一九頁以下を参照した。

（63）Violent Crime Control and Enforcement Act of 1994.（pub. L. 103 - 322）. 同法の概要については、大木英敏「米国犯罪防止対策法の概要」警察公論五〇巻四号（平成七年）八七頁以下参照。

（64）Eve S. Buzawa and Carl G. Buzawa, supra note（8）, at 176 - 177.

（65）id, at 178 ~ 181.

（66）アメリカにおける刑事手続の概要については、ロランドＶ・デル＝カーメン著［佐伯千仭監修、樺島正法、鼎博之共訳］『アメリカ刑事手続法概説』第一法規出版（一九九四年）、二八頁以下を参照した。

（67）Fredrica L. Lehrman, supra note（25）, § 7: 24.

（68）California Penal Code § 872（b）.

（69）California Penal Code § 136. 2.
Illinois Compiled Statutes Chapter 725 § 5/112A - 4（a）.

（70）New Jersey Statutes § 2C: 25-26（a）.

（71）瀬川、前注（62）、一〇九頁。なお、ダイヴァージョンについては、藤岡一郎外『現代刑事政策』青林書院（二〇〇〇年）一五四―一五六頁。

（72）Harvard Law Review, supra note（6）, at 1543.

（73）ニール・ジェイコブソン、ジョン・ゴットマン著［戸田律子訳］『夫が妻に暴力をふるうとき』講談社（一九九九年）二九五頁。

（74）Nancy K. D. Lemon, supra note（1）, at 14.

（75）Eve S. Buzawa and Carl G. Buzawa, supra note（8）, at 182 ～ 184.
（76）Bureau of Justice Statistics, supra note（20）.
（77）アメリカにおける「ドメスティック・バイオレンス発生の把握方法」に関する現状とその問題点については、青山彩子「米国におけるドメスティック・バイオレンスへの対応（下）」警察学論集五二巻二号（平成一一年）一四三頁以下を参照されたい。
（78）Bureau of Justice Statistics, *Violence by Intimates: Analysis of Data on Crimes by Current or Former Spouses, Boyfriends, and Girlfriends*（March, 1998. NCJ 167237）. なお前注（76）は、本報告書の改訂版である。
（79）Nancy K. D. Lemon, supra note（1）, at 11.
（80）今井雅子「夫婦間レイプにおける夫の免責原則の廃棄――イギリスの貴族院判決とロー・コミッション報告書を中心に――」『比較法［東洋大学］』三一巻四八頁（一九九四年）。
（81）Kersti Yllo, "Marital Rape", in Patricia G. Barnes ed., supra note（1）, vol. 2, at 329.
（82）*Frazier v. State*, 48 Tex. Crim. 142, 86 S. W.754（1905）.
なお、アメリカにおける夫婦間レイプの免責に関する裁判例の動向については、Rene Augustine, "Marriage: The Safe Haven for Rapists", 29 J. Fam. L. 559（1990/1991）を参照した。

また、一九八〇年代前半までのアメリカにおける裁判例については、石川稔「夫婦間レイプ（その2）―夫婦間に強姦罪は成立するか―」法セミ三五八号六二頁以下（一九八四年）を参照した。
（83）*State v. Smith*, 85 N. J. 193, 426 A. 2d 38（1981）.
（84）*Commonwealth v. Chretien*, 383 Mass. 123, 417 N. E. 2d at 1203（1981）.
（85）*Weishaupt v. Commonwealth*, 227 Va. 389, 315 S. E. 2d 847（1984）.
（86）*People v. Liberta*, 64 N. Y. 2d 152, 474 N. E. 2d 567, 485 N. Y. S 2d 207（1984）.
（87）Susan Estrich, *Real Rape*（1987）, at 77. 邦訳は［中岡典子訳］『リアル・レイプ』（JICC出版局）（一九九〇年）一四五頁。
（88）Fredrica L. Lehrman, supra note（25）. Appendix 2C. 二〇〇一年追録版も参照した。
（89）Rene Augustine, supra note（82）, at 582-583.
（90）荻原玉味「強姦罪における被害者の法的保護（二・完）」警察研究六一巻二号（一九九〇年）二〇―三二頁。

（91）Rene Augustine, supra note（82）, at 584.

（92）Patricia Mahoney, "High Rape Chronicity and Low Rates of Help-Seeking Among Wife Rape Survivors in a Nonclinical Sample", in *Violence Against Women*, vol. 5, num. 9,（Sage, 1999）, at 993.

（93）Kersti Yllo, "Wife Rape: A Social Problem for the 21st Century", in *Violence Against Women*, vol. 5, num.9,（Sage, 1999）, at 1062.

（94）ストーキング禁止法の発展、ストーキング禁止法の現状と課題については、司法長官が「女性に対する暴力防止法」にもとづいて連邦議会に提出した初めての年次報告書である *Domestic Violence, Stalking and Antistalking Legislation,*（1996）を参照した。

（95）*People v. Holt*, 649 N.E. 2d 571（Ill. App.Ct 1995）.

（96）前注（95）年次報告書七頁による。ただし、コロラド州の裁判所は、「迷惑な時間帯に、又は我慢ならない程粗野な言葉で、繰り返し連絡すること」を禁止したコロラド州ハラスメント規制法について、過度の広汎性ゆえに無効と解している。*People v. Smith*, 862 P. 2d 939（Colo. 1993）.

（97）*People v. White*, 536 N.W. 2d 876（Mich. App. Ct 1995）.

第三章　わが国におけるドメスティック・バイオレンスの実態

一　はじめに

わが国において、ドメスティック・バイオレンス（domestic violence = DV）の実態調査が国レベルで始めて実施されたのは、一九九九年（平成一一年）九月～一〇月のことである。一九九五年北京で開催された世界女性会議が「女性に対する暴力の撤廃」を戦略目標の一つに掲げ、各国政府に対し一九九六年までに自国の行動網領を開発するよう要請したことが、日本政府のそれまで立ち遅れていた女性に対する暴力撤廃の取組みを加速させる大きな要因となった。一九九六年（平成八年）一二月に発表された「男女共同参画二〇〇〇年プラン」では「女性に対する暴力の根絶」が重点目標の一つとされ、政府としての取組みが求められた。一九九七年（平成九年）六月、内閣総理大臣は、男女共同参画審議会に対し、女性に対する暴力に関し的確に対応するための基本的方策について諮問し、一九九九年（平成一一年）五月、男女共同参画審議会は、わが国における女性に対する暴力に関する基本的施策に関する初めての答申「女性に対する暴力のない社会を目指して」を行なった。答申は、政府が当面取り組むべき課題の一つとして、女性に対する暴力の実態やそれに対する人々の意識を把握するための調査の実施を提言した。これを踏まえて、総理府は同年九月～一〇月全国二〇歳以上の男女を対象に無作為抽出法により「男女間における暴力に関する調査」を実施した(1)。なお調査項目には「夫婦間での暴行等」の外に「つきまとい行為」・「痴漢」・「性的行為の強要」が含まれていた。

総理府による調査は、男女間における暴力について、国によって実施された初の調査であり、その後の国の施策に多大な影響を与えた。

同調査によれば、女性回答者の四・六％が夫から「命の危険を感じるくらいの暴行をうける」経験が「ある」と回答し、同じく女性回答者の四・〇％が「医師の治療が必要となる程度の暴行をうける」経験が「ある」と回答し、同じく女性回答者の一四・一％が「医師の治療が必要とならない程度の暴行をうける」経験が「ある」と回答しており、夫婦間での暴行がわが国においても広範に「存在」すること、このような身体的暴力については女性の方が男性に比べて圧倒的に多くの被害に遭っていることが明らかになった。

また、これに先立つ一九九七年（平成九年）七月、東京都は自治体としては初めて、都民を対象に無作為抽出法により「女性に対する暴力」調査を行った(2)。右調査は「精神的暴力」は二人に一人、「身体的暴力」は三人に一人、「性的暴力」は五人に一人が暴力の被害を体験しており、夫・パートナーからの暴力が社会の中に広く存在すること、「立ち上がれなくなるまで、ひどい暴力を振るう」などといった深刻な暴力を受けたことがある女性の実数が、相当な数にのぼること、一方で暴力を振るわれても公的な機関に相談する人はごく少数にとどまっており被害が表面化しにくいことを指摘している。

さらに、ドメスティック・バイオレンス被害の実態を克明に調査したものとして、「フェミニスト・カウンセリング堺ＤＶ（夫・恋人等からの暴力）研究プロジェクトチーム」が、一九九七年一〇月から九八年三月にかけて行った調査「夫・パートナー等からの暴力について」がある。これは大阪府ジャンプ活動助成事業として行なわれた調査であり、近畿地方を中心にアンケート用紙を配布して行った調査と、個別のインタビュー調査から成る。右調査は、暴力とは相手を支配するための道具である、という視点から、夫・パートナーからの暴力においては分類しがたい様々な暴力が重複し長期間に亘って継続しており、「分けられないさまざまな暴力の連続という状況、そのすべてがドメスティック・バイオレンスである」と捉えている点に特色がある。さらに、ＤＶ被害者の心身への影響を分析し、問題解決への手掛かりを得ることを目的としている。右調査では、「あなたが別居や離婚等でパートナーとの関係を断つことを考えたとき、障害になるものは何ですか」という質問を行なっているが、現在の暴力の体験者のうち五八・三％が「経済的に自立できないから」と答えている。右調査は、ＤＶ被害女性には現実的な生活の不安が大きいと指摘している。

この外に、民間の調査として、「夫（恋人）からの調査研究会」（ＤＶ研）が一九九二年にわが国において初めて実施し、日本のＤＶ運動の幕あけとなった画期的な調査、日本弁護士連合会が一九九四年から全国一斉に行なった電話調査、「仙台女性への暴力調査研究会」が仙台市からの委託をうけて実施した調査（一九九八年）などがある。(3)

そこで本章では、総理府の調査、東京都の調査、及び著者自身が調査にかかわった「仙台女性への暴力調査研究会」による電話調査をとりあげ、ドメスティック・バイオレンスの実態と、ＤＶに関する一般の人々の意識について検証したい。

二　総理府「男女間における暴力に関する調査」

総理府が平成一一年九月から一〇月にかけて全国二〇歳以上の男女四五〇〇人を対象として無作為抽出法で行なった調査であり、調査の結果は平成一二年二月に発表された。本調査は、「女性に対する暴力に関する国民の意識、被害の経験の態様、程度及び被害の潜在化の程度、理由について把握し、被害者が必要としている援助の在り方を検討するための基礎資料を得ること」を目的としている。

有効回収数（率）は三四〇五人（七五・七％）であり、女性一七七三人、男性一六三二人であった。調査項目は

<表１>　夫や妻から暴行等を受けた経験の有無

（単位：％）

暴行の程度	何度もあった		一､二度あった		合　計	
命の危険を感じるくらいの暴行を受ける	女	1.0	女	3.6	女	4.6
	男	0.2	男	0.4	男	0.5*
医師の治療が必要となる程度の暴行を受ける	女	1.0	女	3.0	女	4.0
	男	0.1	男	1.1	男	1.2
医師の治療が必要とならない程度の暴行を受ける	女	3.6	女	10.5	女	14.1
	男	0.5	男	2.9	男	3.5*
いやがっているのに性的な行為を強要される	女	4.1	女	13.6	女	17.7
	男	0.6	男	3.4	男	4.0

男（n＝1333）女（n＝1464）

（＊「何度もあった」と「一､二度あった」の実数同士を合計して該当数で割ったもの）

資料出所：総理府「男女間における暴力に関する調査」（平成12年）

①夫婦間での暴行等について、②つきまとい行為について、③痴漢について、④性的行為の強要について、である。ここでは主として①と②について取り上げる。

(1)　夫婦間での暴行等について

ア　夫や妻から暴行等を受けた経験の有無

現在夫や妻がいる、または過去に夫や妻がいたが現在はいない（但し、夫婦には事実婚や別居中も含む）という人に、夫や妻から暴行等をうけた経験の有無を聞いたところ、「命の危険を感じるくらいの暴行を受ける」では、男性〇・五％、女性四・六％が「あった」（「何度もあった」「一、二度あった」の合計である、以下同じ）と答えている。「医師の治療が必要となる程度の暴行を受ける」では、男性一・二％、女性四・〇％が「あった」と答え、「医師の治療が必要とならない程度の暴行を受ける」では、男性三・五％、女性一四・一％が「あった」と答えている（表1）。本調査が無作為抽出で全国の男女を調査対象としていることに顧みれば、夫婦間で暴行がわが国においても広く行なわれていること、またこのような身体的暴力については、女性の方が高い比率で被害に遭っていることがわかる。たとえば「命の危険を感じるくらいの暴行をうける」について、女性は男性の約九倍の回答者が「あった」と答えている。

また、「あなたが嫌がっているのに性的な行為を強要される」では、女性一七・七％、男性四・〇％が「あった」と答えており、このような性的暴力についても女性の方が高い比率で被害に遭っている。

なお、本調査では、夫からの暴行等を受けた経験に関する調査とは別の調査項目において、性的行為を強要された経験の有無を、女性に限って聞いているところ、「異性から、おどされたり、押さえつけられたり、凶器を用いたりして、いやがっているのに性的な行為を強要されたこと」が「あった」者は、六・八％（但し、「一回あった」「二回以上あった」の合計）であり、その相手は「夫（事実婚や別居中を含む）」一四・〇％、「恋人」一四・九％となっており、両者をあわせるとほぼ三割を占めていた。

夫や妻から暴行等を受けた経験について、「何を言っても無視され続ける」では、「あった」（「何度もあった」「一、二度あった」の合計、以下同じ）と答えた者は、男性の方が女性よりも多く、「『だれのおかげで生活できるんだ』とか、『かいしょうなし』と言われる」では「あった」と答えた者は、女性の方が男性よりも多かった。「交友関係や電話を細かく監視される」「大声でどなられる」では、「あった」と答えた女性の比率は、「あった」と答えた男性の比率の約一・五倍程度であった。なお、夫や妻から暴行等を受けた経験の有無で、最も「あった」が多かったのは「大声で怒鳴られる」（女性四五・二％、男性二九・五％）である。このような精神的暴力については、身体的暴力ほど男女間に経験の差がなかった。

本調査の特色は、身体的暴力について具体的にどのような暴力を経験したのかではなく、暴力の経験をした者が感じた身体的暴力の程度により、「命の危険を感じるくらいの暴行」、「医師の治療が必要となる程度の暴行」、「医師の治療が必要とならない程度の暴行」の三種類に区分けし、暴力経験の有無を尋ねている点にある。

ところで、暴力の被害者は身体的暴力・性的暴力・精神的暴力を重複して長期間に亘って経験していることが多いといわれており、暴力が常態化しているため、自らの被害の程度を正しく認識していないことがある。「首をしめる」「刃物をもって脅す」などの行為があっても、「命の危険を感じない」こともありうる。また、裂傷、打撲症などの傷害の結果を伴う暴行であって医師の治療が必要となる程度の暴行であっても、「医師の治療が必要とならない程度の暴行」と考えることもある。また、「押す」「こづく」「つねる」「物を投げつける」「なぐるふりをして脅す」などについても、回答者がこのような行為を「暴行」に当たると考えたのかどうか疑問がのこる。そこで、ここでは、暴行あるいは傷害行為の具体例を挙げてその経験の有無を調査した方が身体的暴力の実態をより明らかにすることができたのではないかと思われる。

また、ドメスティック・バイオレンスの被害実態を明らかにするためには、個々の暴力をバラバラに捉えるのではなく、暴力の全体像を把握する必要があるといわれている。そこで「身体的暴力」「精神的暴力」「性的暴力」について、各暴力が重複して振るわれているのかどうか、また暴力の頻度、暴力が継続しているならその期間、暴力によって受けた心身への影響、被害の程度（身体的疾患・精神的疾患の内容）などについて、さらに詳しく調査する必要があると思われる。

なお、本調査は、他の調査と異なり、男性に対しても被害体験の有無を聞いている。そこで、「何を言っても無視され続ける」などの精神的暴力については男性も多くの被害に遭っていることが明らかにされたが、問題はどういう状況での暴力なのかという点である。「精神的暴力」と重複して他の暴力が振るわれているのか、暴力の頻度・程度、暴力が継続した期間、暴力が心身に与えた影響をあわせて調査しなければ、男女間の被害の実態の違いは明らかにならないと思われる。

この点について本調査では、わずかに、身体的な暴行を受けたときの気持ちについて尋ねているだけである。男性では「別れようと思った」（三六・七％）より「別れようとまでは思わなかった」（四六・九％）の方が多いのに対し、女性では「別れようと思った」（五九・一％）が過半数を越え、「別れようとまでは思わなかった」（二九・八％）の約二倍になっている。女性にとって身体的な暴行は離婚を考える程深刻なものであること、女性にとって身体的な暴行は離婚問題に直結する可能性が高いことが窺える。

イ　身体的な暴行を行った配偶者の属性

身体的な暴行を行なった配偶者（事実婚や別居中を含む）の属性について、年令、職業、学歴、収入による差異があるかどうかを調査している。「現在配偶者がいる、又は過去にいた」者であって「過去に現在と異なる配偶者はいない」という条件に該当する女性（一一六三人）と、配偶者から身体的暴行をうけた女性（二六一人）とを比較すると、いずれの属性においても、該当者と被害者との間で大幅な傾向の違いはみられなかった。暴力を振う夫は若年であり、所得が低く、教育水準も低いという思い込みがあるが、身体的暴行は夫の年令、職業、学歴、収入に関係なく行なわれていることが明らかになった。

ウ　身体的な暴行被害の相談の有無

夫あるいは妻から「命の危険を感じるくらいの暴行をうける」「医師の治療が必要となる程度の暴行をうける」「医師の治療が必要とならない程度の暴行をうける」について、ひとつでも「何度かあった」「一、二度あった」と回答した人に、そのことについて誰かに打ち明けたり、相談したかを聞いている。身体的な暴行被害について何らかの相談をした人は五〇・四％であり、性別にみると相談した人は女性（五四・七％）が男性（三〇・六％）を上回っている。

しかしながら、相談先（複数回答）をみてみると、女性は「家族に相談した」（五四・七％）、「友人・知人に相談した」（三四・二％）が圧倒的多数であり、「警察に相談した」、「人権擁護委員に相談した」、「婦人相談所・婦人相談員に相談した」「その他公的機関に相談した」という回答は、いずれも一％以下にとどまっている（表2）。一方で、男性は「家族に相談した」、「知人に相談した」と回答した人が多数を占めるものの、公的機関に相談した人の比率は女性に比べて高い。

警察、婦人相談所など公的機関へ相談して、身体的な暴行被害が表面化するものは、まさに「氷山の一角」といえるのであり、この種の被害には暗数が多いこと、とりわけ、女性については公的機関等への被害申告が極端に少ないことが指摘できよう。

「どこ（だれ）にも相談しなかった」と回答した人は、男性五五・一％、女性三七・八％であり、その理由を尋ねてみると、女性は、「自分さえ我慢すれば、なんとかこのままやっていけると思ったから」（四一・二％）、「自分にも悪いところがあると思ったから」（四一・二％）、「相談するほどのことではないと思ったから」（三二・八％）などであり、男性は「相談するほどのことではないと思った」（四八・一％）が一番多かった。相談しなかった理由のうち、「恥ずかしくて誰にも言えなかったから」「世間体が悪いから」については、性別による差が大きく、女性に被害申告をためらわせる理由になっていることが窺える。

エ　夫婦間暴力と認識される行為について

夫婦間で行なわれたことが、暴力にあたるかどうかを聞いている。「どんな場合でも暴力にあたると思う」という回答が過半数をこえたのは、「身体を傷つける可能性のある物でなぐる」（女性八七・四％、男性九〇・六％）、「刃物などを突きつけて、おどす」（女性八五・一％、男性八八・五％）、「足で蹴る」（女性七四・五％、男性七九・四％）、「相手がいやがっているのに性的な行為を強要する」（女性六一・四％、男性五八・五％）、「平手で打つ」（女性五三・四％、男性五八・五％）であった。このように身体的暴力・性的暴力については「どんな場合でも暴力にあたると思う」という回答が過半数をこえている。

＜表２＞　身体的な暴行被害の相談の有無

（単位：％）

警察に連絡・相談した	0.9
人権擁護委員に相談した	0.9
婦人相談所、婦人相談員に相談した	0.4
その他の公的な機関に相談した	0.9
民間の機関（弁護士会など）に相談した	0.9
医師に相談した	1.8
家族に相談した	54.7
友人・知人に相談した	34.2
どこ（だれ）にも相談しなかった	37.8

n ＝225（複数回答）

資料出所：総理府「男女間における暴力に関する調査」（平成12年）より抜粋。

一方で、「『誰のお陰で生活できるんだ』、とか『かいしょうなし』と言う」（女性四〇・三％、男性三八・四％）、「何を言っても長期間無視し続ける」（女性三七・三％、男性三六・二％）、「交友関係や電話を細かく監視する」（女性三一・一％、男性二九・七％）などの精神的暴力は、「どんな場合でも暴力にあたると思う」と回答した人が三〇～四〇％台に止まった。なお、「どんな場合でも暴力にあたると思う」という回答が最も少なかったのは、「大声でどなる」（女性三一・八％、男性二七・〇％）であった。

ところで、身体的暴力、精神的暴力のいずれの項目についても性別による意識の差はさほど大きくなかったが、「平手で打つ」については、「どんな場合でも暴力にあたると思う」と回答した者は、男性が五八・五％、女性が五三・四％であり、性別による意識差が一番大きかった。

性別による意識の差よりもむしろ、同性間における年代による意識の差が大きく、おおむね年代が上るに従って「どんな場合でも暴力にあたると思う」とする人の割合が低くなっている。たとえば、「相手がいやがっているのに性的な行為を強要する」では、「どんな場合でも暴力にあたると思う」と回答した人は、二〇代男性（七一・四％）と六〇歳以上男性（四六・八％）の間に二四・六％の差があり、二〇代女性（七三・四％）と六〇歳以上女性（四四・六％）の間では実に二八・八％もの開きがあった。

また、「身体を傷つける可能性のある者でなぐる」では「どんな場合でも暴力にあたると思う」と回答した人は二〇歳男性（九五・〇％）と六〇歳以上男性（八三・九％）との間に一一・一％の差があり、二〇代女性（九三・二％）と六〇歳以上女性（七三・三％）との間に一九・九％の開きがあった。

一方で、二〇代女性については、身体的暴力、精神的暴力のいずれについても三〇代女性より「どんな場合でも暴力にあたると思う」と回答した人の割合がやや低くなる傾向がみられる。とりわけ、「平手で打つ」では、「どんな場合でも暴力にあたると思う」と回答した人は、三〇代女性（五七・七％）の方が二〇歳女性（四一・七％）を上廻っている。ちなみに、「平手で打つ」では、六〇歳以上女性の五〇・三％が「どんな場合でも暴力にあたると思う」と回答しており、二〇代女性の同旨の回答を上廻っている。なお、「平手で打つ」では、男性でも同様の傾向がみられ六〇歳以上男性（五八・七％）の方が二〇代男性（四五・七％）よりも「どんな場合でも暴力にあたると思う」と回答した人が多かった。

オ　公的機関等の関与の必要性についての意識

夫婦間で行われたことに警察や公的な機関が、解決に向けてかかわるべきかどうかについて人々の意識を調査している。本調査では、警察や公的機関の介入の要否を、身体的暴行の程度と頻度とに応じて質問している点に特色がある。

「命の危険を感じるくらいの暴行をうける」では、「警察や公的機関などが何らかの形でかかわるべき」と回答した人は九三・三％であり、「その必要はない」とした人は二・六％である。多くの人が、警察や公的機関などの介入を必要であるとしている。次に「医師の治療が必要となる程度の暴行をうける」では、「かかわるべき」（八六・九％）、「その必要はない」（八・〇％）、「医師の治療が必要とならない程度の暴行をひんぱんにうける」では「かかわるべき」（七六・九％）、「その必要がない」（一七・二％）となっており、「かかわるべき」とする比率が暴行の程度と頻度に応じて低下し、「医師の治療が必要とならない程度の暴行を何年かに一度うける」では、「かかわるべき」（三二・一％）、「その必要がない」（六二・八％）とその比率が逆転する。この項目について性別による意識の差はあまり大きくはなかったが、男性に比べ女性の方が「警察や公的機関がかかわるべき」とする意見の割合が低かった。

本問では、公的機関の関与の必要性についての意識について、「暴行」即ち身体的暴力に限って質問している。しかしながらドメスティック・バイオレンスは、身体的暴力、精神的暴力、性的暴力が重複して長期間に亘って振るわれるものである。それゆえ、被害者は多くの問題を抱えており、公的機関の援助を望んでいる。ドメスティック・バイオレンスに公的機関が関与する必要性があるかと思うか否かを調査するに当り、「暴行」に限って質問するのは、ドメスティック・バイオレンスの全体像への理解を欠くものといえるのではないだろうか。

また、公的機関の介入といっても、警察による介入と他の公的機関による介入では、法的位置づけが全く異なる。警察は単に行政サービス・福祉サービスを提供する公的機関ではない。警察は公共の安全と秩序の維持という目的のために人民に命令・強制する権限を有する機関である。ドメスティック・バイオレンスに対する警察権限の介入の是非とその限界については、国民の基本的人権の尊重という観点から、近代国家の根幹にかかわる問題として検討すべきものであるが、他の公的機関の介入に当ってはこのような困難な問題は生じない。単に行政サービスを提供する機関と警察を同列において、DVの介入の是非・限界について人々の意識を尋ねることは相当ではないと思われる。

さらには、DVは、近時ようやく社会問題となったテーマであるので、公的機関が「何らかの形で」かかわるべきかどうか尋ねられても、回答者にはこれらの公的機関がどのようなかかわり方ができるのか、具体的イメージが思い浮かばなかったのではないかと思われる。公的機関の介入の是非に関する質問については、警察と他の機関を区分けして質問し、公的機関の「かかわり」について具体例をあげるなどの工夫があってもよかったと思う。

(2)　つきまとい行為について

ある特定の異性にしつこく、つきまとわれた経験の有無について聞いている。「ある」と回答した人は、男性で四・八%、女性で一三・六%であり、女性の方が多くの被害に遭っていることがわかる。「ある」と回答した人にその相手とどのような関係であったかを聞くと女性では「ただの顔見知り」(一五・八%)、「知人・友人」(二五・七%)、「恋人・元恋人・夫・元夫」(一九・五%)、「職場関係者」(一九・五%)となっており、面識のある相手によるものが八〇・五%を占めている。このように女性のつきまとい被害の約二割は、恋人・元恋人・夫・元夫などによるものであることがわかった。

(3)　本調査の意義

本調査は、ドメスティック・バイオレンス（DV）に関し国が実施した初めての調査であり、その後の国のDV対策に多大な影響を与えた。

本調査により、わが国においても夫・パートナーから妻に対する身体的暴行が広く行なわれており、深刻な被害をもたらしていること、身体的暴行をうけた女性が公的機関に相談することはめったにないこと、夫婦間の身体的暴行については警察などの公的機関が解決にむけてかかわるべきであると考える人が多いことが明らかになった。

また、本調査において、夫婦（事実婚や別居中を含む）の間で行なわれた行為が「暴力だと思いますか」との問いに対し、「どんな場合でも暴力にあたる」との回答が過半数を超えた行為は、「身体を傷つける可能性のある物で殴る」「刃物などを突きつけて、おどす」「足で蹴る」「平手で打つ」などの身体的暴力、及び「相手がいやがっているのに性的な行為を強要する」という性的暴力であり、「どんな場合でも暴力にあたると思う」が過半数に至らなかったのは、「見たくないのに、ポルノビデオやポルノ雑誌をみせる」という性的暴力、「『誰のおかげで生活できるんだ』とか、『かいしょうなし』と言う」「何を言っても長時間無視しつづける」「交友関係や電話を細かく監視する」「大声でどなる」などの精神的暴力であった。しかしながら「大声でどなる」を除くすべての行為について「どんな場合でも暴力にあたると思う」という回答が三〇％を超えている点は注目に値する。

わが国において、従来、夫婦間の「暴力」とは主に「身体的暴力」を意味するものであったが、近時人々の意識に変化のきざしがみられ、夫婦間における「性的暴力」・「精神的暴力」もまた暴力にあたるという意識が共有されつつあることが窺える。

一方で　本調査は、ドメスティック・バイオレンスのなかでも、「身体的暴力」に重点をおいた調査となっており、そのことが、ドメスティック・バイオレンスの被害実態を十分に捉え切れない要因となっていると思われる。

また、本調査の目的の一つとして被害者が必要としている援助の在り方を検討することがあげられているが、DVの被害者に対し、いかなる援助を望むのかについて質問していない点で不十分である。DVの公的支援を検討する際に重要なことは、DVの実態の究明と被害者の要望を十分把握し、国の施策に反映させることであろう。

このように、より踏み込んだ実態調査がのぞまれていたところ、内閣府は、平成一二年度に委託調査研究として、夫・パートナーからの暴力被害について、暴力を受けた女性からの聞き取り調査を行ない、その結果を公表している（配偶者等からの暴力に関する事例調査）。

調査の結果、被害者は傷害罪・暴行罪に該当するような深刻な暴力の被害を受けていること、被害者は身体的暴力・性的暴力・精神的暴力の三種類の暴力のうち何種類かの暴力を重複して受けていること、暴力は被害者の心身に多大な影響を与えていること、暴力の被害は潜在化しており、公的対応もとられていないが、潜在化の要因としては、夫・パートナーからの暴力を容認する社会通念が、周囲の人々ばかりでなく支援に携わる職務関係者の間においても存在すること、及び、社会において女性が自立して生活していくことが困難であり、暴力を振るう加害者から離れ自立して生活したいと考える被害者の行動を阻んでいることが大きく作用していること、等が明らかになっている。

報告書は、夫・パートナーからの暴力とは、男女間の固定的な役割分担、経済力の格差、上下関係などわが国の男女が置かれている状況や、過去からの女性差別の意識の残存に根差すものであり、個人的問題というものではなく、構造的問題として把握し対処する必要があること、及び加害者研究の必要性について指摘している。

三　東京都「女性に対する暴力」調査

東京都が、一九九七年（平成九年）七月から八月にかけて東京都全域に在住する満二〇歳以上六四歳以下の男女四五〇〇人を対象として無作為抽出法で行なったアンケート調査であり、「女性に対する暴力」の実態、とりわけ「夫やパートナーからの暴力」の実態について、信頼のおけるデーターを収集すること、及び、女性に対する暴力や人権に関わる問題、なかでも「夫やパートナーからの暴力」について、男性と女性の意識の差あるいは類似の傾向を把握することをその目的としている。有効回収率は二八一九標本（六二・六％）であり、女性一五五三標本男性一二六六標本であった。東京都の調査は、アンケート調査の外に「夫やパートナーからの暴力」被害体験者面接調査、及び女性に対する暴力に携わっている都内の関係機関に対するヒアリング調査も実施している。自治体の本格的な取り組みとしては全国初のＤＶに関する実態調査であり、極めて意欲的な調査である。そこで本節では、夫やパートナーからの暴力の被害実態及び夫やパートナーからの暴力についての意識を調査した無作為抽出法によるアンケート調査及び被害体験者面接調査の結果を紹介したい。

(1)　日常生活における女性の人権に関する調査（アンケート調査）

ア　夫やパートナーからの暴力の実態

夫やパートナーから暴力を受けた経験について、「次のようなことをされたことがありますか」という問を設定し、身体的暴力・精神的暴力・性的暴力について具体例を一七項目に亘って例示して、暴力を受けた経験の有無と頻度について質問をしている（表3）。

ちなみに、総理府が実施した前記の調査では、夫や妻から暴行等を受けた経験の有無を尋ねるに当り、身体的な暴行については具体例を挙げず、「命の危険を感じるくらいの暴行を受ける」「医師の治療が必要となる程度の暴行を受ける」「医師の治療が必要とならない程度の暴行を受ける」に三区分し、その経験の有無を聞いている。暴力の被害体験の調査に当っては東京都のように暴力の具体例を挙げる方が望ましいことについては既に述べたとおりである。

調査の結果、「何度もあった」と回答した者の割合は、「何を言っても無視する」が一〇・九％と最も高くなっ

＜表３＞　夫やパートナーからの暴力の経験の有無

（単位：％）

		何度もあった	一、二度あった	合　計
精神的暴力	①何を言っても無視する	10.9	33.7	44.6
	②交友関係や電話を細かく監視する	4.1	16.7	20.8
	③「おれが家にいる時は外出しないように」という	3.9	14.0	17.9
	④大切にしているものをわざと壊したり捨てたりする	1.4	6.3	7.7
	⑤「だれのおかげで、お前は食べられるんだ」と言う	5.2	16.9	22.1
身体的暴力	⑥げんこつなどでなぐるふりをしておどす	4.2	12.5	16.7
	⑦身体を傷つける可能性のある物を投げつける	2.1	9.6	11.7
	⑧押したり、つかんだり、つねったり、こづいたりする	4.5	16.2	20.7
	⑨平手で打つ	2.9	14.7	17.6
	⑩けったり、かんだり、げんこつでなぐる	3.2	11.6	14.8
	⑪身体を傷つける可能性のある物でたたく	1.7	3.6	5.3
	⑫立ち上がれなくなるまで、ひどい暴力を振るう	1.0	2.1	3.1
	⑬首を絞めようとする	0.3	1.9	2.2
	⑭包丁などの刃物を突きつけて、あなたをおどす	0.2	0.8	1.0
性的暴力	⑮見たくないのに、ポルノビデオやポルノ雑誌を見せる	0.3	8.4	8.7
	⑯避妊に協力しない	2.7	12.3	15.0
	⑰おどしや暴力によって、意に反して性的な行為を強要する	1.5	3.6	5.1

n＝1183

資料出所：東京都「女性に対する暴力」調査報告書（平成10年）より抜粋。

ており他の項目は一〇％未満である。しかし、「何度もあった」に「一、二度あった」とする回答をあわせると、「何を言っても無視する」が四四・六％と半数近くに達する。同様に「誰のおかげで、お前は食べられるんだと言う」（二二・一％）、「交友関係や電話を細かく監視する」（二〇・八％）など「精神的暴力」の経験を回答する割合が高かった。続いて、「あなたを押したり、つかんだり、つねったり、こづいたりする」（二〇・七％）、「俺が家にいるときは外出しないようにと言う」（一七・九％）、「平手でうつ」（一七・六％）、「げんこつでなぐるふりをしておどす」（一六・七％）、「避妊に協力しない」（一五％）、「蹴ったり、噛んだり、げんこつでなぐる」（一四・八％）、「身体を傷つける可能性のある物を投げ付ける」（一一・七％）などの暴力が経験されていた。「立ち上がれなくなるまでひどい暴力を振るう」（三・一％）、「首を締めようとする」（二・二％）、「包丁などの刃物をつきつけて、あなたを脅す」（一％）などといった深刻な暴力もみられる。このような結果について本報告書は、「東京都内の女性の母集団の規模を考えると、これらの深刻な暴力をうけた経験がある女性の実数はかなりの数にのぼると考えられる」と指摘している。

ところで、同調査では、「夫やパートナーからの暴力」を「何をいっても無視する」などの「精神的暴力」、「押したり、つかんだり、つねったり、こづいたりする」などの「身体的暴力」、「意に反して性的な行為を強要する」などの「性的暴力」に三区分し、各々の区分に含まれる項目に一つでも「何度もあった」若しくは「一、二度あった」と回答した割合を出している。受けた暴力の種類別に、暴力の被害を経験している人の割合をみると、「何度もあった」「一、二度あった」と回答した人をあわせて、「精神的暴力」では五五・九％（二人に一人）、「身体的暴力」では三三・〇％（三人に一人）、「性的暴力」では二〇・九％（五人に一人）が、暴力の被害を経験していた。

また、本調査では暴力の重複の実態について検討しており、暴力を受けた人が、どのような種類の暴力をどの程度重複して受けているかを明らかにしている。その結果「精神的暴力」「身体的暴力」「性的暴力」の三種類すべてについて頻度にかかわらず暴力を受けたことが「あった」とする人は、暴力経験があった人全体の一七・二

＜表４＞　夫の妻に対する行為についての意識
―「どんなことがあっても許されない」と思う―

	女　性	男　性
何を言っても無視する	47.2%	34.2%
交友関係や電話を細かく監視する	59.5%	47.6%
平手で打つ	82.4%	68.2%
おどしや暴力によって意に反して性的な行為を強要する	77.1%	69.3%

女性（n＝1553）男性（n＝1266）

出典：東京都「女性に対する暴力」調査報告書（平成10年）より抜粋。

％であった。精神的暴力と身体的暴力が重複している人が二六・七％、精神的暴力と性的暴力が重複している人が一一・三％、身体的暴力と性的暴力が重複している人が一・一％であり、暴力が重複している人が過半数を超えている。本調査は夫やパートナーからの暴力は、様々な種類の暴力が重複して行われることを明らかにしている。

イ　夫やパートナーからの暴力を振るわれた時の相談の有無

夫やパートナーからの暴力を振るわれた時に、だれかに（どこかに）相談した経験があるかどうかについて質問したところ、「相談した」が一五・六％、「相談したかったが、相談しなかった」が五・九％であり、一方で「相談しようとは思わなかった」が三八・九％であった。「相談した」と回答した人が実際に相談した先は、「友人・知人」（七〇・一％）、「親族」（五七・三％）など私的な相手が多くを占め、「役所の相談窓口・電話相談など」（二・六％）「家庭裁判所、弁護士、警察など」（一・七％）と公的機関への相談はごく少数にとどまっている。

総理府の調査によっても、警察、人権擁護委員、婦人相談所などの公的機関への相談は一％以下にとどまっており、同様の傾向が見られる（但し、総理府の調査では身体的暴行を受けたときの相談の有無について尋ねている）。「相談したかったが、相談しなかった」「相談しようとは思わなかった」は合わせて四四・八％であり、その理由は、「相談するほどのことではないと思った」（六五・五％）、「自分にも悪いところがあると思った」（三五・一％）、「相談してもむだだと思った」（一六・八％）、「がまんすればやっていけると思った」（一四・五％）などが挙げられている。

ウ　夫の妻に対する行為についての意識

本調査では、夫の妻に対する行為についての意識を身体的暴力、性的暴力、精神的暴力について具体例を一〇項目に亘って挙げて、「どんなことがあっても許されない」と思うか、「場合によっては許される」と思うか、いずれかを選択させて回答させ、男女別の意識を比較している（表4）

女性の方がすべての項目で「どんなことがあっても許されない」と思っている人の割合が高くなっており、特に意識の差が大きいのは、「妻を平手で打つ」（女性八二・四％・男性六八・二％）。「妻が何を言っても無視する」（女性四七・二％・男性三四・二％）、「妻の交友関係や電話を細かく監視する」（女性五九・五％・男性四七・六％）である。

「どんなことがあっても許されない」と思う割合が男女ともに高いのは、「大切にしているものをわざと壊したり捨てたりする」（女性九一・二％・男性八六・三％）、「げんこつでなぐるふりをしておどす」（女性八六・六％・男性七六・八％）「誰のお陰でお前は食べられるんだと言う」（女性八二・四％・男性七二・七％）などの項目であった。

ところで、本調査では、性別役割意識の違いによる夫の妻に対する行為についての考え方の差異を明らかにしている。この点が他の調査にみられない特色となっている。本調査によれば男女とも「男は仕事、女は家事・育児」などの考え方を否定する者の方が、これを肯定する者よりも「どんなことがあっても許されない」という意見が多くなっている。

項目別にみると、「妻の交友関係や電話を細かく監視する」については、男女とも性別役割分業意識を否定するグループの方が、「どんなことがあっても許されない」と思うと回答する割合が一〇～一五％程度高くなっている。また、『誰のお陰で、お前は食べられるんだ』と言う」については、女性では性別役割分業意識に関係なく概ね八割程度の人が「どんなことがあっても許されない」と思うと回答している一方で、男性では「女性は結婚したら夫や子どもを優先」という考え方についての回答傾向との関連が顕著にでており、「そう思う」人は「どんなことがあっても許されない」と回答する人が六二・〇％である一方で、「そう思わない」人は「どんなことがあっても許されない」と回答する人が八一・九％であり、二グループ間で「どんなことがあっても許されない」とする回答に二〇％も開きがあった。「意に反して性的な行為を強要する」という性的暴力についていえば、女性の七〜八割が「どんなことがあっても許さない」と思うと回答しているが、男性では性別役割分業意識に否定的な意識をもつグループが肯定的なグループよりも「どんなことがあっても許されない」と思うと答える割合が一〇ポイントほど高くなっている。

一方で、「妻を平手で打つ」という身体的暴力についていえば、男女とも性別役割分業意識の違いによる夫の妻に対する行為についての意識の差は小さい。

エ　夫からの暴力の解決方法

夫が妻に対してけがを負わせるほどの暴力を振るったときの対応のしかたについて、Ａ「当事者や家族の間で解決するよう努力すべきだ」、Ｂ「警察や相談機関などにかかわってもらうべきだ」のいずれの意見に近いかという質問について、「当事者や家族間での解決を支持する」（「Ａに近い」または「どちらかといえばＡに近い」）人は、女性五九・九％、男性七三・〇％であり、男女の考え方に差がある。また、男女とも、「男は仕事、女は家事・育児」といった考え方に肯定的な人の方が、「当事者や家族間での解決」を支持する人が多くなっている。

(2)　「夫・パートナーからの暴力」被害体験者面接調査

本調査では、「夫やパートナーからの暴力」の被害実態についてより具体的に把握するため、被害体験女性に呼びかけを行ない、面接員による被害女性に対する一対一の聞き取り調査を実施している（平成九年一一月実施・有効回答数五二件）。この調査はいわゆるサンプル調査であるが、暴力被害の実態をより鮮明にするものであり貴重な資料となっている。

ア　夫・パートナーからの暴力の実態とその影響について

本調査結果によれば、「一番最初に暴力を振るわれた時期」は、約八割の女性が、交際しはじめてから結婚後五年目までとしており、比較的早い時期から暴力被害をうけていることがわかる。暴力が続いている年数は、「五年以上～一〇年未満」（三二・七％）、「一〇年以上～二〇年未満」（二八・八％）、「二〇年以上～三〇年未満」（二二・二％）であり、長期間に亘って暴力が続いていた。

暴力に至るきっかけについては、「私（被害者）の言ったことが気にいらないとき」、「家事などの私のやることが気に入らない時」が多いが、「普段のけんかのつもりで暴力に至った」「些細なことで」などもあげられている。暴力の内容・種類は「殴る」「蹴る」などの身体的暴力が最も多く、「暴言」「脅す」など精神的暴力が続いている。「殴る」「蹴る」などの身体的暴力、「暴言」「脅す」などの精神的暴力、「好まない体位や嫌な時も強制する」などの性的暴力は重複している場合が多かった。

暴力による本人への影響については九割以上（四七件）の人が何らかの影響があったと答えており、具体例には身体的外傷（七八・七％）をはじめとして、「精神的影響（ノイローゼ、寝込むなど）」（三四・〇％）や「萎縮・脅え」（二九・八％）などを訴えている（複数回答、以下同じ）。身体的外傷の内容は、「顔が腫れる・顔にあざ」「頭部にケガ・頭部にこぶ」「骨折」「唇が切れる・口元が腫れる」「歯が折れる・歯が抜ける」などの深刻な被害が多かった。

暴力を受けた被害者本人の心理状態は、「びっくりした」（四八・一％）、「恐い、恐怖、脅え、ビクビクする」（四〇・四％）、「屈辱的、くやしい」（三二・七％）、「何もしていないのにひどい、なぜこういうことをされなければならないのか」（二三・一％）、「相手のことが嫌になる」（二三・一％）、「軽蔑・情けない」（二三・一％）など、相手への恐怖・怒りや悔しさが示されているが、一方で「私が悪いからか、私が劣っているからか」（二三・一％）と自分を責めている人もいた（複数回答）。

ところで、子どものいる対象者（四五人）のうち、二九人（六四・四%）が子どもへの暴力もあるとしている。特定の子どもに暴力を振るうのではなく、子ども全員が暴力を受けている割合が八割以上を占める（八二・八%）。子どもが受けた暴力の内容は「殴る」「蹴る」「手を掴んで振り回す」「持ち上げて落とす」などの身体的暴力（五九・六%）、「過度の暴言」「ばかにする」「怒鳴りつける」などの精神的暴力（四八・一%）があげられている。これらの暴力が子どもに与える影響をみると「父への憎悪・恐れ」（三四・六%）、「性格・情緒のゆがみ」（二一・二%）、不登校（一七・三%）の外、「子ども本人が暴力を振るうようになる」（一一・五%）もみられる。このように夫やパートナーからの暴力は妻のみならず子どもにも及んでおり、大きな影響を与えていることが明らかになった。

イ　求援助行動

公的機関に援助を求めた人は六九・一%となっている。精神科・病院・医師（一七・三%）、区市町村の役場（一三・五%）、警察（一〇・六%）、弁護士（八・七%）などの順になっている。これら公的機関の対応については、「助かった」「役に立った」などの肯定的な評価をしているのは三一件（三〇・八%）であり、「役に立たなかった」「腹がたった」などの否定的な評価をしているのが四六件（四四・二%）となっていた。本報告書は、警察の対応について、通報などにより暴力の現場に来て助けになったというケースがある一方で、「夫婦ゲンカには干渉できない」「民事不介入」の原則を理由に対応がなされない場合があり、これらの対応に不満を示すケースが多い、と指摘している。

ウ　今後の方向性に関する考え

現在も暴力が続いている人に今後の方向性について尋ねたところ、「夫に見切りをつけ、離れて自活の道を歩みたい」（五三・七%）、「夫に変わってもらい、よく話し合って一緒にやっていきたい」（二二・二%）であり、夫と別れたいと思っている人が過半数をこえていた。本調査報告書は、被害女性の現在の心境について「現在も暴力が続いているケースでは『早く別れたい』という考えをもっていても、『経済的に不安』『子どものことが心配』など別れることによる経済的影響や子どもへの影響に不安を抱いている人が多い」と指摘している。

エ　支援に対する要望

支援に対する要望としては、「社会的価値観の改善」（二六・九％）、「生活の場、避難場所の提供」（二三・一％）、「相談の充実」（一九・二％）、「経済的支援」（一七・三％）、「関係機関やスタッフの対応の改善」（一七・三％）「情報提供のサービス」（一五・四％）が多かった（複数回答）。

(3)　本調査の意義

本調査報告は、平成一〇年三月「『女性に対する暴力』調査報告書」として発表され、ドメスティック・バイオレンスに関する社会的関心を高める一助となった。自治体の取り組みとしては全国初の調査であること、また調査方法が無作為抽出のアンケート調査であったことから、客観的データーとして広く人々に受け入れられたことによると思われる。本調査は、全国の自治体に先駆けて実施されたものであり、その後の様々な実態調査にも多大な影響を与えた。

さて、本調査は、「精神的暴力」は二人に一人、「身体的暴力」は三人に一人、「性的暴力」は五人に一人が暴力の被害を経験しており、夫・パートナーからの暴力被害が広く社会に存在すること、「立ち上がれなくなるまでひどい暴力を振るう」などの深刻な身体的暴力を受けた経験のある女性の実数も相当な数にのぼっていること、被害者はどれか一種類の暴力を受けているのではなく、「精神的暴力」「身体的暴力」「性的暴力」を重複して受けていること、一方で、暴力を振るわれても公的機関に相談する人はごく少数にとどまっており、被害が表面化しにくいことを統計によって明らかにしており、ドメスティック・バイオレンスに対する国・自治体による取り組みが緊急の課題であることを示す内容となっている。

また、本調査は、夫の妻に対する行為（夫・パートナーからの暴力）について、意識調査を実施しており、男女間でこの点に関する意識の差が大きいことを明らかにした。これは一般社会における意識とりわけ男性側の意識を変革する取り組みが必要であることを示している。

さらに、本調査では、無作為抽出のアンケート調査のみならず被害体験者に対する面接調査も行なっており、夫・パートナーからの暴力被害の実態がより明らかにされている。これによれば、暴力は多くは結婚後五年目までの間に始まり長期間に亘って継続していること、暴力に至るきっかけは特に取り立てるべき原因がないこと、暴力により多くの被害女性が身体的外傷・精神的影響などの深刻な被害を受けていること、暴力は同時に子どもに対しても行なわれていること、被害女性は夫と別れたいと思っている人が多いが、別れることによる経済的影響や子どもへの影響について不安を抱いていること、被害女性は、社会的価値観の改善を希望しており、さらに避難場所の確保、相談の充実、経済的援助などの具体的支援等を要望していることなどを明らかにしている。公的支援等を検討するに当って、個々の被害者の被害状況及び支援への要望を調査することはきわめて重要であり、本調査が個別面接を行なって被害者の声を聞いていることは高く評価できる。

四　仙台市における「女性に対する暴力」実態調査

本調査は、仙台女性への暴力調査研究会が仙台市からの委託を受けて平成一〇年一〇月〜一一月にかけて実施したものであり、①電話による聞き取り調査、及び②他都市の先進事例調査から成るもので、調査結果は平成一一年に発表された。筆者自身が①の調査に係わり報告書の執筆の一部を担当した。本調査は、ドメスティック・バイオレンス（ＤＶ）被害の実態調査及び他都市での先進的取り組み事例の調査を行ない、仙台市におけるＤＶ被害女性の支援策を検討すること等を目的として実施されたものである。①の調査は、夫や恋人から暴力をうけて悩んでいる女性からの電話を受け、これまで受けてきた（受けている）暴力の内容や今までどのように解決（対処）してきたかなどの実態について、平成一〇年一一月二七、二八日の二日間にわたり電話による聴き取り調査を行なった。また、聞き取り調査を行う中で、相談・援助が必要とみなされる場合は、後日別途に面接相談を実施する体制をとった。ここでは、①の調査の結果からＤＶの具体像に迫ってみたい（4）。

(1)　回答者のプロフィール

有効回答者数は六三人であり、年代別では四〇代、五〇代が多く、両世代で約六割を占めた。回答者のうち暴力を振るう者が夫である人が大半であり、元夫三人、現在の恋人四人、元恋人一人である。回答者は、専業主婦三一人（四九・二％）、パート一二人（一九・〇％）、フルタイム五人（七・九％）、自営業者六人（九・五％）などであり、回答者のうち「年収なし」は三六人（五七・一％）であり、「一五〇万円まで」が一六人（二五・四％）を占めた。子どものいる人が五四人（八五・七％）であった。暴力を振るう相手の職業は、会社員、自営業者（医師なども）、公務員、教員、会社役員などであり、夫の年収は「四〇〇万〜七〇〇万未満」が一七人（二七・〇％）、「七〇〇万〜一〇〇〇万未満」が一一人（一七・五％）であった。暴力は夫の職業・年収にかかわりなく広く一般家庭に広がっていることが明らかとなった。

(2)　暴力の実態

あらかじめ想定される暴力の具体例を項目別にあげ、経験があるかどうか回答者に聞いた。暴力の具体例としてあげたものは、「殴る」「蹴る」「物を投げつける」「物を壊す」「髪をつかんでひきずりまわす」などの「身体的暴力」、「言葉の暴力」即ち「精神的暴力」、「セックスを強要する」などの「性的暴力」、「生活費を渡さない」などの「経済的暴力」である。その結果は別表5のとおりである。さらに、「あなたが受けた暴力の具体的内容を教えて下さい」という問いかけをして自由に話してもらった。

ア　身体的暴力

「言葉の暴力」（八一・〇％）についで、「殴る」（六六・七％）、「蹴る」（四四・四％）、「物を投げつける」（四一・

＜表５＞　暴力の実態（複数回答）

暴力の内容	（人）	（％）
殴る	42	66.7
蹴る	28	44.4
物を投げつける	26	41.3
物を壊す	20	31.7
髪をつかんで引きずりまわす	19	30.2
衣服を破る	10	15.9
刃物を使って脅す	5	7.9
言葉の暴力	51	81.0
セックスを強要する	16	25.4
生活費を渡さない	19	30.2
生活費を細かくチェック	10	15.9
その他	23	36.5

n＝63

三％）、「物を壊す」（三一・七％）、「髪をつかんで引きずり回す」（三〇・二％）などの「身体的暴力」が多かった。これまで「医者にかかったことがある」は三五人（五五・六％）であり、受診したときの症状は、打撲による内出血（頭、顔、腰、大腿部、目など）、頭蓋骨陥没、肋骨骨折、歯が折れる、裂傷、鼓膜が破れた、難聴、網膜剥離、視力低下などであり、ケガは全身の至るところに及んでいた。

暴力のきっかけは、「食事が気に入らない」、「子供のことを相談する」、「自分の意見を言う」、「ちょっと起きるのが遅れる」、などささいなことであり、さらには「上司にしかられた」「ギャンブルに負けた」など妻には何の関係もないことも暴力のきっかけになっていた。また、夫に女性関係、浪費などの問題があり、妻がこれを問い詰めた場合なども暴力が振るわれていた。被害者の中には生命の危険を感じる程の恐怖を抱いているものもいた。たとえば、殴る蹴るの暴力を振るうという例、夫と別居したところ、夫が別居先に押しかけてきて玄関のドアを叩いて「開けろ」と大声で騒ぎ、「殺すぞ」「刺すぞ」などと脅すという例があった。

また、加害者は身体的暴力の序盤として「物を壊す」「物を投げる」「食卓をひっくりかえす」などの「物に当たる」ことが多かった。「物に当たる」行為は、被害者に生命・身体への恐怖を起こさせる行為であり、単なる財産的損失にとどまらず被害者に多大な精神的ダメージを与えていた。

イ　言葉の暴力

暴力の種類では、通常「精神的暴力」あるいは「社会的暴力」に分類される「言葉の暴力」を挙げた人が五一人と多かった。具体的には、①バカにする、ののしる、「誰に飯を食わしてもらっている」などといって侮辱する二六人（五一％）、②刃物や酒のボトルなどをもって脅す又は「殺す」と言うなど、身体的暴力を加えると脅す（二三・五％）、③実家との交際を嫌がる、友人との交際を制限するなど、他者とのコミュニケーションを遮断し孤立化させる（二一・六％）、④「出て行け」、「離婚する」と言って脅す（一九・六％）、⑤生活全般について細々と文句を言う、生活のすみずみまで支配しようとする（一三・七％）などであった（複数回答）。

侮辱は人間としての尊厳に対する攻撃である。あらゆる罵詈雑言が浴びせられていた。（妊婦に対し）「俺の子かどうかわからない」「お前が俺の部下ならすぐクビだ」「役立たず、生きている意味がない、出て行け」「だらしない」「やりくりが下手だ」等々である。

また、加害者が身体的暴力を用いない場合でも、「脅し」が被害者に「恐怖」を植えつけ被害者を心理的に支配するのに有効である場合がある、と言われている。ジュディス・ハーマンは、その著書「心的外傷」において、人間を心理的に支配する方法の基本線は、心的外傷をシステマティックに反復して加えていためつけることである、という。「暴力というものは恐怖を生み出す世界共通の方法であるけれども、犯人は暴力をめったなことで使わない場合もけっこうある。暴力は最後の手段なのである。被害者をたえざる恐怖に置いておくために暴力を使わなくてもよい場合が少なくない。殺すぞとか徹底的に痛めつけるぞという脅しの方が実際に暴力に訴えるよりもはるかに多く用いられている」と指摘している。(5) 本調査でも、「殺すぞ」「お前の頭をかちわりたい」などと脅されたり、「離婚すればタダでおかない」と脅迫されていたケースがあった。なかには脅迫的言動で体が堅くなり身動きができなくなると訴える人もいた。

ところで、ハーマンは、加害者は被害者に対する圧倒的支配を完成するために、「加害者は被害者を他の一切の情報源、物質的援助、感情的支持から遮断して孤立させようとする」と指摘し、「家庭内暴力の記録をみれば嫉妬に基づく監視の話でいっぱいである」という(6)。

またレノア・ウォーカーは、男性が虐待関係で女性を威圧するために使った代表的な手法の一つとして「社会的虐待」をあげ、夫の許可がなくてはどんな活動にも参加できないような束縛を与えることを例にあげている。社会的虐待は、「結果的には身体的暴力を与えたと同じような社会的孤立や依存、人格の喪失を生み出す」と指摘している(7)。

本調査においても実家や友人との交際を制限する、電話の発信、着信、手帳、日記をチェックする、職場にきて「こいつは上司とできている」と言って仕事を辞めさせる、などの被害があった。

さて、日常的に暴力を振るわれていても、離婚後の生活、子どもへの影響を考えて離婚を思い止どまっている被害者が多いと思われるが、このような状況の下で「出て行け」と追い出しをかけられることは、妻にとって生活が破壊されるという恐れを抱かせるものであり「脅し」以外のなにものでもない。これに「別れるなら子どもをおいていけ」と脅される場合には、子どもを奪われるという恐怖が更に付け加わり、被害者は身動きがとれない状態になるのである。本調査においても、「俺の意見に従わないやつは出て行け」「離婚するなら子どもはおいていけ」などど脅されているケースがあった。

ウ　経済的暴力

「言葉の暴力」や「殴る・蹴る」などの「身体的暴力」に次いで「生活費を渡さない」などの「経済的暴力」をあげる人が多かった。

レノア・ウォーカーは、虐待関係において男性が女性を威圧する手法の一つとして「経済的剝奪」を挙げ、①生活必需品を買うお金や家賃、薬代を渡さない場合、②男性が女性に自由になるお金を全く渡さない場合、③男性が働いておらず女性の収入が生活費になっている場合、があるという。「金銭的な剥奪で威圧できなくなるのは、女性が自分たちに経済的自由の権利があると理解した時だ」と述べ、「金銭面での男女関係は、優越や管理ではなく対等で同等でなければならない。双方が一緒に金銭面のことを決定したり、その運用を考える必要がある」と指摘する。(8)

今回の調査でも、夫が生活費を渡さないので妻のパート収入でやりくりしているが生活が苦しい、お金を夫が管理しており自由になるお金が全くない、夫が遊び・ギャンブルで浪費する、妻の実家の財産をあてにする、働かないで妻からお金をせびるなどの訴えがあった。

エ　性的暴力

「セックスを強要する」と答えた人が一六人（二五・四％）いた。具体的には、セックスを拒否すると、「俺の稼ぎで食べているんだから言うことを聞け」と言われる、セックスを強要され断ると力づくで自分の欲求を満たそうとする、子宮ガンの手術後セックスがイヤで別の部屋で寝ていても夫は絶えずに求めてくる、など女性の心身の状態を無視して性的関係を強要している状況が窺える。また、「暴力を振るった翌日はセックスを強要し、拒否するとまた暴力を振るう」「拒否したら殴る蹴るの暴行を受けた」など、「身体的暴力」と「性的暴力」が混然一体となって振るわれている様子が窺える。

さらに、避妊に協力しないため一〇人以上の子どもを中絶した例、中絶ができないで子どもを多数出産した例もあった。このように「性的暴力」は、被害者の心身や健康をむしばみ、人間の尊厳を奪う行為であるにもかかわらず、広範に行なわれていることがわかった。

オ　暴力の全体像

本調査では、暴力の経験の中でも「精神的暴力」に分類される「言葉の暴力」を挙げた人が最も多かった（五一人）。しかしながら、「言葉の暴力」を経験した者が同時に受けている暴力を見ると、「身体的暴力」を受けてい

＜表６＞　暴力の頻度

頻　　度	（人）	（%）
１度だけ	3	4.8
今までに２、３回	2	3.2
年に数回程度	12	19.0
月に１回程度	5	7.9
週に１回程度	8	12.7
週に数回	13	20.6
毎日	14	22.2
その他	6	9.5

n ＝63

る人が四四人（八六％）であり、同様に「性的暴力」（三人）、「経済的暴力」（一人）を受けている者もおり、「言葉の暴力」だけの人はわずかに三人（五・八％）のみであった。

また、いずれの暴力であるかを問わず、何らかの暴力を受けている頻度と受けてきた期間をみると、「週に数回」が一三人（二〇・六％）「毎日」が一四人（二二・二％）、これに「週に一回程度」八人（一二・七％）を加えると三五人（五五・五％）となり、実に半数を越える人が週に一回以上の被害に遭っていた（表6参照）。

さらに、暴力を受けてきた期間も、一〇年以上が三一人（四九・二％）、五年以上一〇年未満が一三人（二〇・六％）あり、長期間にわたって暴力が継続していることがわかる。これを婚姻期間との比較でみると、暴力を受けてきた期間は婚姻期間が長くなれば長くなるほど長期化する傾向がみられた。このことは、ひとたび夫・パートナーとの間に暴力が振るわれるような関係ができあがってしまうと、力関係が固定化してしまい、そのような関係から抜け出すことが難しくなることを示しているといえよう。

このように、今回の調査では夫・パートナーからの暴力は「身体的暴力」「精神的暴力」「経済的暴力」「性的暴力」などの様々な暴力が重複して、長期間に亘って反復継続して振るわれていることが明らかになった。

(3)　暴力の影響

ア　本人への影響

暴力が被害者本人の生活や心に与えた影響が、「ある」と答えた者が六〇人（九五・二％）である。具体例を例示してその内容を聞くと「おどおどして彼の顔色をうかがうようになった」三四人（五六・七％）、「毎日が恐怖で安心して生活できなくなった」二八人（四六・七％）など相手に対する恐怖心を抱く一方で、「恥しくて隠そうと思った」一七人（二八・三％）と自分を責めるものもあり、「無気力になった」一四人（二三・三％）などの影響もあった（複数回答）。また、自律神経失調症になったり、頭痛、胃痛、不眠、イライラなどに悩まされたり、十二指腸潰瘍にかかるなど、暴力が被害者の心身に重大なダメージを与えている様子が伺える。中には「死にたくなった」「子ども達を道づれに死のうと思った」など、死さえも考えるほど追い詰められたことがあると答えた者もいた。

イ　子どもへの影響

子どもがいると答えた者（五四人）のうち、三五人（六四・八％）が子どもへの暴力も「ある」と答えている。暴力の具体的内容は、「小さい子どもなのにあざが残るくらい平手で叩いた」、「暖炉の火箸で殴った」、「子どもを殴り、（子どもが）血だらけになって体をくの字にして道路に倒れても止めない。子どもに対しても徹底的にののしり、ばかにする」、「殴る・蹴る」、「刃物を持って追いかけられ二階の窓から逃げた」、「雪の中に投げる」、「頭や顔を叩く」」、「物を投げつける」などの身体的暴力や、「子どもに八つ当たりして泣かせる」、「強い口調で叱る」、「『俺の言うことだけ聞け』と怒る」、「無視する」、などの精神的暴力もみられた。子どもが夫の妻への暴力を止めようとして殴られたり、言うことを聞かないときや、勉強の覚えが悪いと怒ったときに、物を投げたり叩いたりするケースもあった。

暴力が子どもに与えた影響を、①子ども自身が父親から暴力をうけたことがある場合と、②子ども自身は暴力をうけたことはないが母親への暴力を知っている場合とに分けてみてみると、①子ども自身が暴力をうけたことがある場合には、チック症、自家中毒、嘔吐、下痢、過食症、自律神経失調症、などの身体症状がでたり、不登校、万引などを行なったり、父親に会いたくない、父とは話をしなくなる、暗い子になるなど様々な影響がみられた。また②母親への暴力を子どもが知っている場合にも、発熱、喘息、チック症などの身体症状、不登校、父親を怖がる、父親と話をしなくなるなどの影響がみられた。

今回の調査は、子どもに焦点をあてたものではないが、夫・パートナーによる暴力が行なわれている家庭の中で子どもたちもまた、重大な被害を被っている事実が明らかとなった。母親が父親あるいは母親のパートナーから暴力を振るわれている場合、子ども自身がどのような暴力を振るわれているのか、またその影響はどのように現れるのか、子ども自身が暴力を受けていなくても、暴力を日常的に目の当たりにすることによって子どもたちはどのような影響を受けるのかについて、さらに詳細な調査が必要であろう。児童虐待などを考える際は、その背後に、子どもたちの母親が夫やパートナーから様々な形で暴力を受けている可能性があることを念頭において問題解決に当る必要があるのではないだろうか。

(4)　公的機関への相談

公的機関に相談したり援助を求めたことがあるかと尋ねたところ、「ある」と答えた者は三三人（五二・四%）、「ない」と答えた者が三〇人（四七・六%）と、ほぼ同数だった。相談先は、警察、エルパーク仙台、区役所、弁護士、家庭裁判所などが多く、この外にも保健所、福祉事務所、法務局、人権擁護委員、民生委員、婦人相談所などにも相談をしていた。被害者は様々な機関が別々の目的で設けている相談窓口に援助を求めていることがわかった。

これらの機関について「役に立った」と肯定的な評価をしている者は一二人（三六・四%）、「役に立たなかった」と否定的評価をしている者が一四人（四二・四%）で、その評価は相半ばした。肯定的評価をしている人は「離婚に関する裁判上の知識が得られた」「生活保護をうけることができた」など具体的な情報や支援が得られることや、「離婚の決意ができた」「人に話すことにより自分の気持ちを整理できた」など精神的な援助が得られたことを評価している。一方で否定的な評価をしている人には、「『あなた（妻）に原因がある』と言われた」、「『離婚しなさい』と言われたが具体的な話は一切なかった」、「『アパートを借りて別居しなさい』と言うだけでそれ以上の具体的援助がなかった」、「『別れた後に来なさい』と言われた」など、暴力に対する無理解や具体的支援策のないことへの不満がみられた。

公的機関に相談したり援助を求めたことがない者は約半数に及んでおり、その理由は「相談したことが夫にわかると何をされるかわからない」という恐れや、「自分が悪いと思った」など回答者が自分を責めている事例がみられる一方で、「どこに相談すればよいのかわからなかった」など相談機関に関する情報が周知されないことに起因するものもあった。

(5)　警察への通報

警察へ通報したことがあるかと尋ねたところ、「ある」と答えた者は九人（一四・三％）にとどまり、四九人（七七・八％）は通報していなかった。警察へ通報したことが「ない」と答えた者で身体的暴力をうけていた者は四二人（八九・四％）であった。中には鼓膜が破れる、肋骨が折れる程の暴力を振るわれても警察に通報していないケースがあった。警察へ通報しなかった理由として「通報したらもっとひどくなるとの恐れからできなかった」「子どもたちの父親が犯罪者になっては困るからできなかった」などをあげる者がいた。警察に通報した場合の警察の対応を尋ねると、「仲裁に入ってもらった」、「そんなことをしてはダメだと諭された」などと警察の対応について肯定的な評価がある一方で、「『夫婦喧嘩には立ち入れない』と言われた」、「『今暴力が治まっているなら行ってもしょうがない』と言われた」、「家庭内のことだからと言われ刑事事件にしてもらえなかった」など警察の対応への不満を訴える者もあった。

(6)　医療機関の対応

医療機関を受診したことがあるかと尋ねたところ「ある」と答えた者が三五人（五五・六％）、「ない」と答えた者は二八人（四四・四％）である。受診の際医者に本当のこと（暴力）が言えたかと尋ねたところ「言った」と答えた者が一七人（四八・六％）、「言えなかった」と答えた者が一六人（四五・七％）であった。本当のこと（暴

<表7>　援助に対する要請（複数回答）

要　請　内　容	（人）	（%）
相談機関の充実、情報の提供	40	63.5
ＤＶは悪いという社会的認識が広まる事	30	47.6
被害を受けた人達が利用できるシェルターなどの緊急避難所の設置と充実	28	44.4
被害女性のためのカウンセリング	27	42.9
被害者に対する経済的援助	21	33.3
法的整備	18	28.6
医療機関の適切な対応	16	25.4
警察の適切な対応	14	22.2
その他	11	17.5

n＝63

力）が言えない理由としては「恥ずかしくて隠そうと思った」「夫が受診している病院なので、夫が恥をかく」「地元で働いている息子が恥をかく」をあげる者がいた。ここには、夫の暴力は自分にとっての「恥」、子どもにとっての「恥」、なによりも夫にとっての「恥」と考え、家族の「恥」を隠蔽しようとする被害者の姿が垣間見える。医者に本当のことを言った場合の医者の対応は、入院を勧める、別居を勧める、警察に被害届を出すようにいう、などの積極的なアドバイスをする医師がいる一方で、夫の暴力が原因では健康保険がきかなくなる、などという医師もいた。

医療機関は多くの被害者にとって警察などの公的機関よりも先に援助を求める機関でありＤＶ被害の早期発見にとって重要な役割を果すべき機関である。すべての医療機関は身体的傷害・疾病の背後に夫・パートナーによる暴力がある可能性を念頭において治療に当る必要があろう。ＤＶ被害を発見した場合には、被害者に対する情報提供など適切な対応をのぞみたい。(9)

(7)　援助に対する要望

「今後どんな援助が必要だと思うか」について尋ねたところ、「相談機関の充実、情報の提供」と答えた者が四〇人（六三・五%）ともっとも多かった（表7参照）。ついで「ＤＶは悪いという社会的認識が広まること」のように社会的価値観の転換を求める者が三〇人（四七・六％）、シェルターなど緊急避難所の設置と充実を求める者二八人（四四・四％）、被害女性のためのカウンセリングを求める者二七人（四二・九％）であった。また被害者に対する経済的援助、法的整備、医療機関の適切な対応、警察の適切な対応を求める声があった（複数回答）。

ところで、被害者は様々な問題を抱えていることが多い。自分自身の心身の病気を抱えていたり、子どもの学校問題があったり、子どもへの影響を心配していたり、別居後の住宅の確保、収入の確保に悩んでいたり、離婚の手続きがわからないといった法的問題を抱えていたりする。被害者は問題解決のために、それぞれ別々の目的で設けられた様々な相談機関を歩き回らねばならない。これは被害者にとって大変な負担になっている。そこで、DV被害者の抱える様々な相談にすべて対応できる総合的な公的相談機関の設立が望まれる[10]。

(8)　今後どうしたいと思っているか

「今後どうしたいか」について尋ねたところ、「離婚したい」三二人（五〇・八％）が過半数を越える一方で、「どうしたらいいかわからない」が一〇人（一五・九％）、「別れずに暴力をやめさせたい」が六人（九・五％）であった。「離婚したい」の中身を具体的にみると、「早く離婚したい」から、離婚したいが「子どもに影響するのが心配だ」、離婚したいが「お金がないのでどうしていいかわからない」までが含まれている。離婚の障害になっていることを具体的に述べている内容をみてみると、離婚後の生活の不安（主に経済問題）と子どもへの影響をあげている人が多かった。

とりわけ、離婚後の生活についていえば、本調査において回答者全体の約半数（三一人、四九・二％）が専業主婦であり、年収があっても多くが一〇三万円以下の収入であり、回答者の多くは経済的に厳しい状況にある。DVの被害者は離婚後の経済的不安から離婚したいが離婚に踏み切れない状況にあることが窺える。

同様の傾向は他の調査にもみられ、「フェミニスト・カウンセリンググルーム堺」が実施した「夫・恋人（パートナー）からの暴力について」と題する調査（一九九七年）においても、「あなたが別居や離婚等でパートナーとの

＜表8＞　1998年の給与階級別給与所得者数・構成比

（単位：1000人、％）

	100万円以下	100万円超 200万円以下	200万円超 300万円以下	300万円超 400万円以下	400万円超 500万円以下	500万円超 600万円以下	600万円超 700万円以下
男	669（ 2.3）	1,095（ 3.8）	2,497（ 8.7）	4,885（17.0）	5,161（17.9）	4,116（14.3）	3,111（10.8）
女	2,625（15.7）	3,545（21.2）	4,285（25.7）	3,233（19.4）	1,426（ 8.5）	680（ 4.1）	373（ 2.2）
計	3,294（ 7.2）	4,639（10.2）	6,783（14.9）	8,118（17.9）	6,587（14.5）	4,796（10.6）	3,485（ 7.7）

	700万円超 800万円以下	800万円超 900万円以下	900万円超 1,000万円以下	1,000万円超 1,500万円以下	1,500万円超 2,000万円以下	2,000万円超	合　計
男	2,227（ 7,7）	1,531（ 5.3）	1,034（ 3.6）	1,889（ 6.6）	373（ 1.3）	164（ 0.6）	28,751（100）
女	202（ 1.2）	116（ 0.7）	69（ 0.4）	106（ 0.6）	20（ 0.1）	13（ 0.1）	16,694（100）
計	2,428（ 5.3）	1,647（ 2.6）	1,103（ 2.4）	1,995（ 4.4）	394（ 0.9）	177（ 0.4）	45,446（100）

資料　国税庁「税務統計から見た民間給与の実態」1998年分。

関係を断つことを考えた時、障害になるものは何ですか」との問に対し、「経済的に自立できないから」と答えた者が五八・三％と過半数を超えていた（但し、現在の暴力の体験者）。

ところで、総務庁統計局「労働力調査」（平成一一年）によれば一五歳以上の有配偶女性のうち四九・九％が非労働人口であり、労働力人口は五〇・〇％であるところ、一五歳以上の有配偶女性の三六・五％が雇用者であった。雇用形態でみると三五〜六一歳までの年代では女性の四十数％がパート・アルバイトであり、一方男性のパート・アルバイトは数％にすぎない。このような労働状況を反映して男女間の所得には著しい格差があり、国税庁「税務統計から見た民間給与の実態」（一九九八年分）によれば、女性雇用者は三〇〇万円以下の給与所得者が六二・六％を占めている一方で、男性雇用者の八五・二％が三〇〇万円を超える給与所得を得ている（表8）。このような、雇用における男女間の極端な格差がＤＶ被害者に離婚後の生活の不安を抱かせ、別居・離婚の障害になっているといえよう。

また、本調査では離婚が子どもに与える影響を心配する回答もあった。そこには、離婚が経済面においても、精神面においても子どもに悪い影響を与えるのではないかと心配しているＤＶ被害女性の状況が窺える。

(9)　まとめ

本調査は、マスコミなどに協力を依頼し、夫・恋人からの暴力を受けている本人で調査に協力してくれる人に直接電話をかけてくれるよう呼びかけ、調査員が電話でこれを聞き取るという方法により行なわれたものである。被調査者は、本人の希望があれば後日（一週間後）弁護士・ボランティアスタッフによる無料の面談相談が受けられることになっており、調査に協力しない人でも面談相談の受付をするという体制を組んだ。これは、被調査者が単に調査の「対象者」にとどまるのではなく、被調査者が抱えている問題を直接解決することができるような調査を実施したいという調査者側の基本的な考え方に基づくものである。

本調査により、夫・パートナーからの暴力は、「身体的暴力」「精神的暴力」「経済的暴力」「性的暴力」などの様々な暴力が重複して長時間に亘って振るわれていること、暴力が被害者本人の心身に重大なダメージを与えていること、加害者は子どもにも暴力を振るっていることなど暴力の実態が明らかとなった。また、被害者には、離婚したいと思っているが離婚後の生活（経済的問題）や子どもへの影響が心配で離婚できないでいる人が多く、DVは離婚問題に直結する場合が多いこと、離婚の際の生活の不安の解消や子どもへの影響を最小限にとどめる手立て、被害女性の心のケアなど女性の自己決定を支える方策が求められていることがわかった。

さらに、本調査では公的機関に相談したことがある人が半数を超えていたが被害者の相談先は多岐にわたっていた。被害者は様々な問題（──自分の心身の健康問題、子どもへの影響、別居後の収入の確保、住居の確保、法律問題──）を抱えており、問題解決のためにそれぞれ別々の目的で設けられた相談機関を歩き回っていた。DV被害者については、これら様々な問題について一カ所で対応できる総合的な公的機関が必要であることがわかった。

また、身体的暴力を受けても警察へは通報しないという人が多く、通報しない人の中には警察の対応に不満を持っている人がおり、警察の果たす役割とその限界についてさらに検討する必要があること、医療機関を受診してもケガ、病気の本当の理由（暴力）が言えない人がおり、医療機関は身体的傷害、疾病の背後に夫・パートナーによる暴力がある可能性を念頭において治療に当る必要があることがわかった。

次に、DVの被害者は、「相談機関の充実、情報の提供」を最も望んでおり、ついで「DVは悪いことという社会的意識が高まること」のように社会的価値感の転換を求める人や、シェルターなどの緊急避難所の設置と充実などの具体的支援策を求める人が多かった。ＤＶに対する公的機関による支援策を考えるに当っては何よりも被害実態の把握と被害者がどんな支援を望んでいるのかを把握することが大切である。今後は医療機関をはじめとする様々な関係機関及び研究者によるＤＶ調査がなされることを期待したい。

（1）総理府内閣総理大臣官房男女共同参画室『男女間における暴力に関する調査』（平成一二年）。
なお、内閣府は、平成一二年度に委託調査研究として、夫・パートナーからの暴力被害について、暴力を受けた女性からの聞き取り調査を行ない、平成一三年一一月調査報告書を出版している。詳しくは、内閣府男女共同参画局『配偶者等からの暴力に関する事例調査』（平成一三年）。
（2）東京都生活文化局女性青少年部女性計画課『「女性に対する暴力」調査報告書』（平成一〇年）。
（3）「夫（恋人）からの暴力」調査研究会著『ドメスティック・バイオレンス』有斐閣（一九九八年）。日本弁護士連合会編「ドメスティック・バイオレンス防止法律ハンドブック」明石書店（二〇〇〇年）。フェミニストカウンセリング堺ＤＶ研究プロジェクトチーム『「夫・恋人（パートナー）等からの暴力について」調査報告書』（一九九八年）。
なお、各自治体が実施した実態調査の結果については、丸田隆「家庭の中のいじめ（1）」法セミ五五七号七六頁以下参照。
（4）仙台女性への暴力調査研究会（鈴木道子代表）編『仙台市における「女性に対する暴力」実態調査報告書』（平成一一年）。
この調査は、仙台市市民局生活文化部女性企画課（当時の課長木須八重子氏）の委託にもとづいて、仙台女性への暴力調査研究会が実施したものである。右調査のうち「電話による聞き取り調査」及び相談は、右研究会のメンバーが担当したが、この部分に関する調査報告書の執筆は「仙台女性のための離婚ホットライン」（代表佐川房子弁護士）のメンバー、とりわけ渡辺美保氏（宮城県婦人相談員）、八幡悦子氏（仙台女性への暴力防止センター代表）が中心になって行なった。また、調査に当たって、東京都女性相談センター婦人相談員原田恵理子氏による研修会を実施した。右プロジェクトに参加した方々への感謝とともに、本報告をさせて頂く。
（5）ジュディス・Ｌ・ハーマン〔中井久夫訳〕『心的外傷と回復』みすず書房（一九九六年）一一五頁。
（6）前注、一二〇頁。

（7）レノア・E・ウォーカー〔穂積由利子訳〕『バタードウーマン』金剛出版（一九九七年）一五二頁。
（8）前注、一三二頁。
（9）「配偶者からの暴力の防止及び被害者の保護に関する法律」第六条四項は、医師その他の医療関係者が配偶者暴力相談支援センター等の利用について、情報を提供するように努めなければならない旨定めている。
（10）「配偶者からの暴力の防止及び被害者の保護に関する法律」第三条は、都道府県は婦人相談所その他の適切な施設において、当該施設が「配偶者暴力相談支援センター」としての機能を果すようにするものとすると定める。同センターが被害者の抱える様々な問題について対応できる総合的な機関となることを期待したい。

第四章　ドメスティック・バイオレンスの法的救済Ⅰ（伝統的手法）

一　法的救済の諸相

《問題の所在》

ドメスティック・バイオレンス（夫・パートナーからの身体的、性的、心理的暴力）に対する法的規制は、伝統的には、刑法、不法行為法、婚姻法により行なわれてきたが、これら伝統的な法的規制は、加害者の法的責任を明確にし、被害者の法的救済を図るという観点からみて十分な機能を果してきたといえるのだろうか。伝統的手法による法的規制は、どのようになされてきたのだろうか。そこにはいかなる問題があったのだろうか。ドメスティック・バイオレンスを規制する新たな手法として登場した「配偶者からの暴力の防止及び被害者の保護に関する法律」（以下ＤＶ防止法という）の制定は、従来の法的規制にいかなる影響を与えるのだろうか。

本章では、右の点について、主として夫婦間（事実婚を含む）における身体的、性的、心理的暴力に対する法的規制について、検討する。

《刑　法》

「殴る・蹴る」「刃物を突きつけて脅す」「平手打ちにする」「相手に物を投げつける」「相手を脅すために殴りか

かる」「つきとばす」などの身体的暴力は、暴行罪にいう暴行（不法な有形力の行使）に当たる。暴行により人の生理的機能に障害を与えれば、傷害罪にいう傷害に当たる。また、暴行という方法によらなくても、人の生理的機能に障害を与えれば、傷害罪にいう傷害に当たるので、無言電話を架け続けて相手に神経症を発生させる行為も傷害罪にいう傷害に当たる。このようにドメスティック・バイオレンス中で「身体的暴力」は、そのほとんどが、暴行罪・傷害罪に該当する行為である。

ところで、犯罪が成立するためには、いうまでもなく、その行為が刑罰を科するに値する程の実質的違法性を備えていることが必要とされる。違法性は単に法益侵害の結果だけではなく、行為の目的、行為態様など、行為当時の状況を考慮し、当該行為が社会生活上一般に許容されるものであるか否かによって決せられるが、この際、被害者との関係（身分関係）も考慮される。

これまで、法の執行にあたる警察は、おおむね夫婦間の暴行、傷害行為は、それが軽微なものであって、夫婦関係が破綻していない場合には、刑罰を科す程の実質的違法性を有しない行為であると解してきたといってよいだろう。ドメスティック・バイオレンスは、それが、生命・身体に対する重大な法益侵害の結果を伴わない限り、警察がこれを「犯罪」として検挙することはほとんどなかった。刑法は、加害者の刑事責任を明確にし、被害者の法益を保護するという機能を果してこなかったといえる。

たとえば、平成一一年の殺人罪の検挙件数は一、〇四九件であり、うち被害者が配偶者（内縁含む）である件数は一五九件（一五・一％）である一方、同じく傷害罪の検挙件数は一五、五八九件であり、うち被害者が配偶者（内縁含む）である件数は四〇三件（二・六％）であった。また、同じく暴行罪の検挙件数は四、七三〇件であり、うち被害者が配偶者（内縁含む）である件数は、わずかに三六件（〇・八％）にすぎなかった。

一方で平成一一年九月～一〇月に実施した総理府「男女間における暴力に関する調査」では、「命の危険を感じるくらいの暴行をうける」について、男性〇・六％、女性四・六％が「あった」と答えており、夫婦間における暴行罪・傷害罪は検挙に至らないことが多かったと言えよう。

ところで、今日まで、ドメスティック・バイオレンスの典型ともいえる暴行罪・傷害罪が、夫婦間においてほとんど検挙されてこなかった背景には、婚姻が破綻していないかぎり、人身に重大な被害を生じさせない程度の夫婦間の暴行・傷害は、刑罰を科すほど違法な行為ではないと考えられてきた事情があると思われる。人々の間に夫婦間の暴行・傷害行為が社会的にみて許されない行為であるとの社会規範は形成されていなかったといえる。

しかしながら、今日国際社会の要請あるいは女性の人権尊重の要求の高まりの中で、わが国においてもドメスティック・バイオレンス（ＤＶ）に対する社会的非難が高まっており、ＤＶは人権侵害であり、犯罪にも該当するような違法行為であるとの認識が人々の間に共有されつつあり、社会規範に変化が生じている。

警察庁は平成一一年一二月各都道府県警察に対し、次長通達「女性・子どもを守る施策実施要綱の制定について」を発出し、夫から妻への暴力事案に対し、刑罰法令に抵触する事案については検挙その他の適切な処置を講ずるよう指示した。その結果、平成一二年において被害者が配偶者である傷害罪の検挙件数は八八八件と前年の約二倍に達した。また、同じく暴行罪の検挙件数は一二七件となり前年の約三・五倍になった（表1参照）。

また平成一三年四月には、「配偶者からの暴力の防止及び被害者の保護に関する法律」（ＤＶ防止法）が成立した。同法は「配偶者からの暴力」を「配偶者（婚姻の届出をしていないが、事実上婚姻関係と同様の事情にある者を含む）からの身体に対する不法な攻撃であって生命又は身体に危害を及ぼすもの」（＝暴行罪、傷害罪にあたるような行為と解されている）と定義し（同法第一条第一項）、その前文において「配偶者からの暴力」が「犯罪となる行為」であると明言している。

その意義は、「配偶者からの暴力」が、最低限のモラルに違反する高度の反社会性を帯びる行為であって、社会的に許容されない違法行為であることを宣言し、現代社会において右のようなモラル・社会規範の形成を促す点にある。

＜表１＞　配偶者が被害者となった犯罪の検挙件数（平成６年～平成12年）

＜殺人罪＞

（単位：件）

	総検挙件数	配偶者が被害者（内縁を含む）		
		総　数	夫	妻
H６	991	155	54	101
H７	972	165	67	98
H８	1,044	147	／	／
H９	1,078	143	53	90
H10	1,156	176	58	118
H11	1,049	159	63	96
H12	1,152	188	60	128

＜傷害罪＞

（単位：件）

	総検挙件数	配偶者が被害者（内縁を含む）		
		総　数	夫	妻
H６	15,670	294	39	255
H７	15,154	272	33	239
H８	15,020	325	／	／
H９	16,060	365	25	340
H10	15,840	295	22	273
H11	15,589	403	28	375
H12	21,616	888	50	838

＜暴行罪＞

（単位：件）

	総検挙件数	配偶者が被害者（内縁を含む）		
		総　数	夫	妻
H６	4,906	35	2	33
H７	5,010	28	3	25
H８	4,965	44	／	／
H９	5,262	32	1	31
H10	5,016	35	2	33
H11	4,730	36	0	36
H12	7,151	127	3	124

資料出所：警察庁「平成12年の犯罪」（被疑者と被害者との関係別検挙件数）より。

ＤＶ防止法の制定は、警察の対応の変化ともあいまって、今後暴行罪、傷害罪の犯罪化を促進し、ＤＶの処罰範囲を拡大させるものと思われる。

そこで本章では、これまで、いかなる行為が他人間においては暴行罪、傷害罪として処罰されてきたのかについて裁判例を中心に検討しておく。ここでＤＶ防止法が法的規制の対象とする「配偶者からの暴力」とは、具体的には暴行罪・傷害罪にあたるような行為と解されているので、右検討は同法が規制の対象とする「配偶者からの暴力」の意味内容を理解する一助となると思われる。ここでは、刑法上の暴行罪、傷害罪に当る行為が実は相当広いことを指摘しておこう。

次に、ドメスティック・バイオレンスの中で「性的暴力」といわれる行為のうち、「見たくもないのにポルノビデオやポルノ雑誌を見せる」「避妊に協力しない」は、いうまでもなく犯罪となる行為ではない。一方「相手が嫌がっているのに性的な行為を強要する」は、その行為が「脅しや暴力によって意に反する性関係を強要する」にみられるように、強姦罪の構成要件である「暴行又は脅迫を用いて」「女子を姦淫した」に当たる場合であっても、強姦罪が成立するのかどうか――妻は強姦罪の客体になるのか、あるいは、客体が妻であることが違法性阻却事由となりうるか――が法的問題とされてきた。

強姦罪は、女性の性的自由・性的自己決定権をその保護法益とする。わが国においては刑法における強姦罪の規定は、強姦の客体から妻を除外していないにもかかわらず、従来の通説・判例は、夫婦間には原則として強姦罪が成立しないが、婚姻が実質的に破綻しているなどの例外的事情があれば、強姦罪が成立すると解釈してきたといえる。その根拠は、「夫婦とはお互いに性交渉を求めかつこれに応ずべき関係にある」（広島高裁松江支部昭和六二年六月一八日判決）とか、「婚姻とはお互いに相手に性交を行う権利を与えることを包括的に同意する契約である」といわれ、性交の拒否を当然とするに足る事情（たとえば、別居中であるとか、病気であるとか）がない限り、これを拒めないからであると主張され、この点、婚姻の締結とは直接の関係をもたない身体への侵害行為（暴行罪、傷害罪に当たる行為）とは、法的評価が異なるとされてきた。

人々の意識も、妻に対する性交渉はたとえそれが暴行又は脅迫によって行なわれたとしても、社会的に許容されない違法行為であるという認識には至っていなかったといえよう。このような状況を反映して、強姦罪について妻から告訴が行なわれることは、皆無に等しかった。刑法は妻の性的自由、性的自己決定権を法的に保護し、これを暴行・脅迫をもって侵害する加害者の責任を明らかにするという機能を果すことができなかった。

右のような法的・社会的状況が、妻である女性の性的自由、性的自己決定権を脅やかし、個人の尊厳を害するものであることは明らかである。

わが国において、強姦行為が被害者に深刻な身体的・心理的損害を与える行為であることが、人々の間で認識されるようになり、強姦及びドメスティック・バイオレンスなど、女性に対する暴力に対する国・自治体の取り組みが進展する中で、人々の意識にも変化の兆しがみられるようになった。

一方、法解釈の分野でも、そもそも夫婦間には性交要求権があるのか、仮に性交要求権があるにしても、暴行・脅迫を用いてこのような権利を実行することは、婚姻が破綻しているか否かにかかわりなく、常に権利の濫用であって強姦罪が成立するのではないかなど、妻を暴行・脅迫を用いて姦淫した場合強姦罪が成立すると解する見解が有力となっている。

ＤＶ防止法は、「配偶者からの暴力」を「身体に対する不法な攻撃であって生命又は身体に危害を及ぼすもの」と定義しており、具体的には、刑法上の暴行罪又は傷害罪に当るような行為を指すといわれているが、強姦行為もこれに含まれると解される。

ＤＶ防止法は「配偶者からの暴力」を「犯罪となる行為である」と強く非難しており、ＤＶ防止法の制定が、夫婦間には原則として強姦罪が成立しないと解する判例・通説の法解釈に影響を与える可能性があると思われる。

本章では、夫婦間の強姦罪の成否をめぐるこれまでの判例・学説を概観し、夫婦間強姦罪の夫の免責を撤廃したアメリカの法状況とも比較しながらその問題点を指摘したい。

また、殺人罪は、暴行罪、傷害罪とは異なり、被害者の死亡という重大な結果が発生することから、夫婦間の殺人罪が検挙されないということはほとんどない。殺人のように法益侵害の程度が重大である場合には「法は家庭に入らず」という法理は当てはまらない。殺人罪における刑事法上の問題は、暴行罪、傷害罪、強姦罪等において、これが「犯罪」として扱われないという点にあるのとは異なり、究極のドメスティック・バイオレンスとも言える殺人罪について量刑が適正に行なわれているか否かという点にある。

夫が妻を殺害した場合に、妻が挑発したとか、妻が不貞を働いていた等として、不当に刑が軽くなっていることはないか。妻が夫の暴力に耐えかねて夫を殺害した場合、夫の暴力は量刑に当って考慮されているのだろうか。

本章では、判例集に登載された裁判例及び新聞に掲載された裁判例から、量刑相場をさぐり、右の点につき検討を加えた。

《不法行為法──個別的不法行為》

「何を言っても長時間無視しつづける」「交友関係や電話を細かく監視する」「『誰に食わしてもらっているんだ』という」「『出て行け』と脅かす」「大声でどなる」などの心理的暴力、「見たくないのにポルノビデオやポルノ雑誌を見せる」「暴行・脅迫という手段を用いない性関係の強要」などの性的暴力は犯罪となる行為ではないが、性的自由・身体的自由・精神的自由・名誉・プライバシーなどの人格的利益の侵害として、違法とされ、たとえそれが夫婦間において行われた場合であっても不法行為が成立する場合がある。

他人の権利・利益を違法に侵害し、他人に損害を及ぼした者はその損害賠償の責任を負う。これを不法行為責任という。いかに社会的に非難される行為であり他人に損害を及ぼす行為であっても、それが他人の権利・利益を「違法に」侵害するものでない限り、不法行為責任は生じない。いかなる行為が違法性を帯びるのかが不法行為責任の中心問題である。

夫婦間において権利・利益の侵害がなされた場合、不法行為が成立するのか否かについては、従来交通事故の事例（――過失行為の場合）について、主として自動車保険の保険会社の側から、家族共同体としての通常の生活関係から惹起された加害行為、とくに過失行為には、違法性がないか違法性が阻却されるとか、夫婦・親子間の加害行為では協力扶助義務が優先履行される結果、実質上の損害がなく、したがって損害賠償請求権は発生しないとか、家族間不法行為が成立し損害賠償請求権が発生したとしても、それは自然債務であり、請求権の行使は権利の濫用であるとか、円満な家庭内で生じた諸問題は、家族員間の愛情と情誼によって自治的に処理・解決すべきであって訴訟という法的手段に訴えるべきでない、などの消極説が唱えられていた。最高裁判所は、「夫婦の一方が、不法行為によって他の配偶者に損害を加えたときは、原則として加害者たる配偶者は、被害者たる配偶者に対し、その損害を賠償する責任を負うと解すべきであり、損害賠償請求権の行使が生活共同体を破壊する場合等には権利の濫用としてその行使が許されないことがあるに過ぎない」（最判昭和四七年五月三〇日）と判示し、この問題に決着をつけた。

一方学説をみると、夫婦間に原則として不法行為の成立を認めるが、「婚姻の締結とは関係のない一般人としての権利（利益）の侵害が家政の領域内で行なわれた場合には、そのことが行為の違法性判断に影響することがあろう」「不法行為が家政の領域内でなされたものであるかぎり、請求権の行使に一定の制約があるのではないか（ただし、その場合には人格的利益の侵害と、財産的利益の侵害を区別する必要がある）」と主張されていた。

さて、ドメスティック・バイオレンスの中で犯罪にあたる行為は、今日、高度の違法性を有する行為であると考えられるので、民法上も当然に違法となり、不法行為が成立すると考えてよいだろう。

一方、犯罪にあたらない行為についても、長期間に亘って反復継続され、故意に行われる人格的利益の侵害行為である場合、即ち、弱い立場にある者をわざと苛めて苦痛を与える行為（＝「いじめ」）は、相手が配偶者（おおおむね妻）であっても「違法」といえるのであり、婚姻関係にあることが違法性の判断に影響することはないのではなかろうか。なぜなら、このような行為は、性的自由、身体的自由、精神的自由、名誉、プライバシーなどの人格的利益の侵害であり、人格的利益は、人間たるの資格にかかわる利益であって、民法の解釈指針として明記されている「個人の尊厳」にかかわる利益であること、また夫婦とは相手の意思及び人格的利益を尊重し、良好な関係を維持していくべき法的義務を負っていると思われ、このような関係にある者が、とりわけ経済的に弱い立場にある相手に対し、「いじめ」とも評しうるような人格的利益の侵害を行うことは、そのような関係にない他人に対するものと同等に、あるいはそれ以上の違法性を有する行為であり、夫婦であるがゆえに、違法性が低くなると考えるべきではないからである。

ＤＶ防止法は、「配偶者からの暴力の被害者は、多くの場合女性であり、経済的自立が困難である女性に対して、配偶者が暴力その他の心身に有害な影響を及ぼす言動を行うことは、個人の尊厳を害し、男女平等の実現の妨げとなっている」と指摘する。ここで、「心身に有害な影響を及ぼす言動」とは、身体に対する不法な攻撃とはいえないような性的暴力や心理的暴力をいうが、ＤＶ防止法は、このような暴力も、配偶者からの暴力と同様に許されないものであるという（同法第一四条）。ＤＶ防止法の制定は、夫婦間における人格的利益の侵害行為の違法性判断に影響を与える可能性があると思われる。

また、ＤＶ防止法は、「国及び地方公共団体は、配偶者からの暴力を防止し、被害者を保護する責務を有する」（第二条）と規定し、保護命令制度及び配偶者暴力相談支援センターに関する規定を設けて、配偶者からの暴力の被害者及び被害者に準ずる心身に有害な影響を及ぼす言動を受けた者に対し、法的保護を付与することとしている。このようなＤＶ防止法が制定されている今日において、人格的利益を侵害された者（おおむね妻）が、損害賠償の実現を国（裁判所）に求めた場合に、これを拒む理由はないと思われる。

以上は、ドメスティック・バイオレンスについて不法行為責任を考える際、理論的に問題とされていた点であるが、今日までの裁判実務はどうなっていたかといえば、夫婦が婚姻中に損害賠償請求を行使するということはほとんどなく、裁判例は離婚の際に請求される離婚慰藉料に限定されていた。

いうまでもなく、離婚慰藉料には、①離婚の原因となった個別の行為（暴行、虐待、侮辱等）が、身体、自由、名誉に対する侵害となる場合に、これを不法行為として慰藉料を請求する場合と、②個々の行為を問題とするのではなく相手の有責行為によって離婚のやむなきに至ったこと自体を理由として、離婚という結果そのものに対する慰藉料を請求する場合とがあるが、裁判所は②の慰藉料を算定するに当たり、①の不法行為も斟酌してこれを算定しているといわれており、慰藉料を請求する側も、個別的不法行為による慰藉料を離婚慰藉料とは独立の慰藉料として請求する例はこれまでほとんど無かった。

ところで、離婚慰藉料は、一方の有責行為により離婚に至ったことが要件とされ、有責行為としては不貞や暴力（→身体的暴力を念頭においている）が多いと指摘されているが、実際の裁判例をみると、暴行罪、傷害罪、強姦罪などの犯罪にあたる行為が行われていても、それが重大な傷害の結果を伴うものでないかぎり離婚の破綻に至る過程における妻側の落度（—夫の体面を傷つけた、夫に対する思いやりが欠けたなど）が問責され、婚姻の破綻に至る責任は夫婦双方にあるとか、破綻の責任は同等（五分五分）であるとされ、慰藉料が認められない場合があった。

このように、加害者の責任を明確にさせるという点からみると離婚慰藉料には「限界」があることは明らかである。今後は、個別的不法行為による損害賠償を請求する動きが強まっていくことが予想される。

近時、妻が離婚訴訟において、離婚慰藉料とは別個に夫の暴行によって被った損害について個別的不法行為による損害賠償を請求した事案で、神戸地裁が、夫婦間の損害賠償であること、交通事故の場合と異なり保険制度が完備していないことを理由に一般の交通事故の損害算定に比して低額の損害を算定したところ、大阪高裁は、「単に夫婦関係にあることのみから損害額を低く算定すべきであるとはいえない」、「保険制度が完備しているか否かで損害額の算定を変えるのは（中略）明らかに不合理である」と判示し、交通事故の損害賠償額にほぼ匹敵する損害額を算定した（大阪高判平成一二年三月八日）。右判決は夫婦間の不法行為による損害賠償について損害額の算定に関するルールを形成していくものと言えよう。

また、刑事責任の追及は国家が刑罰権を発動しなければ被害者がこれを追求することはできないが、民事責任の追及は被害者がイニシアティブをとることができる。近時、遺族が起こした民事訴訟で、加害者（被害者の交際相手であり事件当時被害者と同居していた者）による「殺人」が認定された結果、一たん不起訴処分となった事件が再捜査され、加害者が殺人で起訴されるに至った事件が登場した（二〇〇一年三月一九日付朝日新聞）。このように、民事裁判が国家による刑罰権の発動を促す場合もある。

そこで、本章では、夫婦間における人格的利益の侵害について、いかなる場合にこれが違法とされ、個別的不法行為が成立するのかについて検討してみたい。

なお、夫婦間における不法行為に関する裁判例は、皮肉なことに、財産的利益の侵害の場合が多い。その多くは、離婚に際して家を出る妻が夫名義の財産を持ち出す事例である。別居の原因が夫の暴力である例もある。そこで本章では、夫婦間における財産的利益の侵害についてどのような場合不法行為が成立するのかについても検討しておく。

《婚姻法》

民法七五二条は、夫婦間の法的義務として同居・協力・扶助の義務を規定している。同居・協力義務は夫婦が同居して精神的ないし具体的な生活面で相互援助すべき義務を意味し、扶助義務は夫婦間で経済的に相互援助すべき義務を意味する。

このうち、同居・協力義務は、一方がこれらの義務に違反している場合も、他方が義務履行を直接に強制することは不可能である等の理由から、法的義務としてはほとんど意味をもたないと言われてきた。

しかしながら私は、夫婦はお互いに相手の意思及び人格的利益を尊重し、良好な婚姻関係を維持していくべき信義則上の法的義務（婚姻に基づく義務）を負っていると解すべきであり、ドメスティック・バイオレンス（夫・パートナーからの身体的・性的・心理的暴力）とは、右義務に違反する違法な行為であると考える。

民法七五二条が定める同居・協力義務とは、右信義則上の義務から導かれる法的義務として再構成すべきではないだろうか。

さて、婚姻義務に違反する行為は、離婚原因の有無を判断する際の一事情とされ（民法七七〇条一項五号）、また、離婚慰藉料（相手の有責行為によって離婚のやむなきに至ったこと自体を理由として、離婚という結果そのものに対する慰藉料）を発生させる有責行為となる場合がある。

婚姻義務に違反する行為のすべてが、ただちに離婚原因となるものではないが、婚姻義務に違反する行為のなかでも重大な人格的利益の侵害といいうるような暴行罪、傷害罪、強姦罪などの犯罪にあたる行為、あるいは、刑罰法規に触れるとまでは言えないが、婚姻期間中の長期間に亘って故意をもって反復継続して行なわれる人格的利益の侵害であって「いじめ」とも評しうるような心理的・性的虐待行為は、婚姻義務に著しく違反する行為であるといえる。

このような重大な人格的利益の侵害が行なわれた場合、被害者からの離婚請求は原則として認められるべきであり、一方で加害者からの離婚請求（追出し離婚）は、原則として許されないと考えるべきであろう。

また、このような重大な人格的利益の侵害が行なわれた結果、離婚に至った場合には、被害者からの慰藉料請求が原則として認められるべきであると考える。

なぜなら、ＤＶ防止法が成立し、「配偶者からの暴力」が「犯罪となる行為」として厳しく非難され、また、経済的自立が困難である女性に対して配偶者が暴力その他の心身に有害な影響を及ぼす言動を行うことは、個人の尊厳を害し、男女平等の実現の妨げとなっていると指摘されている今日において、離婚裁判においても、加害者の責任を明確にし、被害者の法的救済をはかることが社会的に要請されているといえるからである。

以下では、従来、裁判所が、離婚裁判において夫婦間における「重大な人格的利益の侵害」をどのように評価してきたのか、そこには、いかなる問題があったのかについて検討してみる。

《差止請求と仮処分》

夫婦間において人格的利益の侵害行為が行われた場合の救済方法として、不法行為法による損害賠償請求権は婚姻継続中は実際上ほとんど行使されない現状の中で、近時、婚姻継続中において、被害者（多くは妻）が加害者に対し人格的利益の侵害行為の差止を請求し、民事保全法上の仮処分決定を得るという法実践が注目を集めている。

仮処分決定を求める事例は、おおむね、別居中であり、加害者（おおむね夫）が被害者（おおむね妻）の別居先や勤務先に押しかけて復縁を迫ったり、加害者が被害者の自宅、勤務先に佇んだり、はいかいしたり、待ち伏せしたり、尾行したり、つきまとったり、被害者及びその家族に無言電話を架け続けたり、被害者を誹謗・中傷する文書を勤務先の上司、同僚などの第三者に送付したりする場合などに、被害者が人格権にもとづく妨害予防・排除請求権（差止請求権）を被保全権利として、侵害行為の差止命令を仮処分手続で求めるのである。仮処分命令の内容は、面談強要禁止、住居・勤務先への立入禁止、架電禁止、つきまとい行為の禁止などのいわば「接近禁止」と、殴打等の暴力を振るうことの禁止、脅迫行為の禁止など暴力行為自体の禁止である。

このような取組みは、夫婦間における生命・身体・自由・名誉・住居の平穏などの人格的利益の侵害行為は、いかなる理由があれ許されない行為であり、かかる人格的利益の侵害行為に対しては、加害者に対する刑事処罰、不法行為法による損害賠償、離婚などのいわば「事後的救済」よりもむしろ「事前の救済」が必要であり、「事前の救済」なくしては被害者の身の安全が確保できず、被害者の生活の再建をはかることも離婚手続を進めることもできないという切実な要求から生じたものである。

ところで、平成一三年四月に成立したＤＶ防止法は、配偶者からの暴力の被害者が、更なる配偶者からの暴力によりその生命又は身体に重大な危害を受けるおそれが大きいとき、裁判所は被害者の申立てにより①接近禁止命令、及び②住居からの退去命令を発することができるとする保護命令制度を新設した。保護命令制度は、法的には司法行政作用の性格を有するものであり、保護命令の実効性は命令違反者に対し罰則を科すことで図るとする点で、仮処分決定とは法的性格を全く異にするものである。しかしながら、保護命令制度の基本にある考え方は、配偶者からの暴力はいかなる理由があれ許されない行為であり、このような行為に対しては、たとえ婚姻継続中であろうとも、被害者の生命・身体の安全を確保するために、国家による法的介入＝「事前の救済」が必要であるとするものであり、このような考え方はこれまでの仮処分による被害者救済の法的実践と共通するところがある。

保護命令制度では、仮処分決定においては実例がなかった「住居からの退去命令」が発令できること、保護命令では法の執行機関が警察とされ、保護命令違反者には罰則を科することとしており、実効性が期待できることなどから、今後は、被害者への「事前の救済」は、主として保護命令制度により図られていくものと思われる。

しかしながら、保護命令制度は、命令違反者に罰則を科するという制度であるがゆえに、保護の対象となる行為を「配偶者からの暴力」即ち「配偶者に対する不法な攻撃であって生命又は身体に危害を及ぼすもの」（同法第一条第一項）に限定しており、保護命令の内容も①六ヶ月の接近禁止と②二週間の退去命令に限定されている（同法第一〇条）。保護命令制度の対象とならない事案については、今後も民事保全法による仮処分手続、ストーカー規制法による法的救済を求めることになる。

そこで、本章では、夫婦間における人格的利益の侵害行為に対する差止請求権の法的根拠、差止請求を認めるか否かに当たって受忍限度準則を用いることの当否、従来行われてきた仮処分手続の実情とその問題点について検討しておくこととする。

二　刑　法

1　問題の所在

二〇〇〇年ニューヨークで開催された国連特別会議「女性二〇〇〇年会議」において、二一世紀に向けた行動指針ともいえる「成果文書」が採択されたが、同文書は各国政府によってとられるべき措置として、女性や少女に対するあらゆる形態の暴力を法律による処罰対象となる刑事犯罪として扱うこと、夫婦間レイプ、女性や少女の性的虐待を含むあらゆる形態のドメスティック・バイオレンス（ＤＶ）に関する犯罪に対処するため、法律を制定すること、及び適切な制度を強化すること、あるいはそのいずれかの措置をとり、こうした犯罪をすみやかに訴追できるようにすることを求めている。

わが国において、ドメスティック・バイオレンスは犯罪として扱われているのだろうか。

刑法は犯罪と刑罰の関係を規定している。刑法はドメスティック・バイオレンスといわれる行為のうち、殴る、蹴る、平手打ちする、刃物をつきつけて脅す、骨折させる、こまくを破る、自動車を疾走させて危険を感じさせる、妻を強姦する、別居先に押しかけるなどの行為について、刑法各則において暴行罪、傷害罪、脅迫罪、逮捕・監禁罪、強姦罪、住居侵入罪などの犯罪類型を規定し、これを処罰に値する違法、有責な行為としている。しかしながら、夫・パートナーから右刑罰法規に触れる行為がなされた場合には、生命、身体に対する重大な結果が発生しないかぎり（殺人罪、傷害致死罪が成立しないかぎり）、犯罪として取扱われていないという批判がなされてきた。その理由としてはもっぱら、犯罪の捜査機関である警察が「夫婦のことには立入れない」「法は家庭に入らず」という理由から、ドメスティック・バイオレンスへの介入に消極的であったからであると言われている。

刑罰権の発動がさし控えられＤＶが犯罪として扱われなかったのは、もっぱら、警察の不介入によるものなのだろうか。

刑法は、裁判官を名宛人とする裁判規範であると同時に、一般国民を名宛人として、「人を殺すな」「他人の者を盗むな」と命ずる行為規範である。このような刑法規範は人の行為を規律するモラルと密接な関係に立つといわれている[1]。「法は道徳の最低限」といわれるように、刑法上犯罪とされるものの多くはモラル上も許されない。ここに言うモラルとは社会において一般に承認されている人間の良心にもとづく規範の総体を言う。社会倫理といってもよいであろう。もちろん、モラルは法規範、ことに刑法とは異なるものである。モラルに違反すれば、世間の非難にあい社会的制裁をうけるが、それが同時に刑罰法規に触れる行為でない限り、国家権力によって刑罰を強制されることはない。刑法とモラルは峻別することを要する。

しかしながら、このことはモラル・社会倫理のみを根拠として、法益保護の必要性が認められないのにこれを犯罪とすべきではないという意味であり、刑法とモラルが全く無関係であることを意味するものではない。刑法は刑罰を手段として、個人の生活利益を直接間接に保護することによって社会の秩序を維持することを目的とするものであり、そのため犯罪として処罰されるためには、その行為が法益侵害またはその危険を有することを要するが、社会秩序維持の目的を達成するためにはそれと同時に、犯罪と刑罰が国民の健全なモラル・社会倫理に立脚していることを要する。犯罪となるべき行為は、単に法益侵害またはその危険を伴うだけでなく、社会一般に妥当している倫理すなわち社会倫理規範に違反する行為であることを要する、と指摘されている。

このことは、刑法がある行為を犯罪として規定していても、そのような行為がその社会その時代の中で、モラルに反する行為あるいは社会的に許されない行為である、と人々に認識されなければ、刑法は機能しないことを意味するのである。刑法は人々のモラルや人々の規範意識に支えられて、はじめて法益保護等の諸機能を果たすことができる。

ここで、人々がある行為をモラルに反する行為であり許されない行為であると考える際に、考慮事情として重要な点は、行為態様、行為の目的、法益侵害の結果（被害の程度）とその危険性などであるが、これらと並んで行為の相手（被害者）が誰か、行為者とはいかなる関係を有する者なのかが重要な要素となろう。

今日まで、わが国において、他人間であれば刑法各則の定める犯罪行為に該当する行為として処罰される行為であるにもかかわらず、被害者が配偶者（多くは妻）である場合には同じ行為が犯罪とされずに放置されてきた背景には、人々のモラル・社会倫理がドメスティック・バイオレンスを許されるもの、非難に値しないものとしてきたという事情があり、そのため刑法が有効に機能しなかった社会状況があるものと思われる。

たとえば、夫が夕食時に些細なことで怒り出して夕食のお膳をひっくり返し、妻に殴る蹴るの暴行を加えたとしても、被害者である妻がこれを犯罪行為であると認識し、処罰を求めて警察に訴えなければ刑法が働く余地はない。総理府の調査では、夫や妻から暴行をうけて警察に連絡・相談した人は、「命の危険を感じるくらいの暴行」を受けた人でも四・〇％、「医師の治療が必要となるほどの暴行」を受けた人でも同じく四・一％足らずであり、「医師の治療が必要とならないほどの暴行」を受けた人では、わずかに一・二％である。(2) どこにも相談しなかった人にその理由を尋ねると、「自分にも悪いところがあると思ったから」「相談する程のことではないと思ったから」という回答が多かった。このことから、わが国において一般の人々の意識の中に、妻に対する暴行が許されない行為である、社会的に非難されるべき行為であるとのモラル、社会倫理がいまだ十分に形成されておらず、刑法が有効に働いていない状況が窺える。

一九九〇年代以降、国際社会は、「女性に対するあらゆる形態の暴力」が、個人の尊厳を傷つけるものであり、女性の地位向上の阻害要因であるとして、国家・社会は女性に対する暴力防止のためあらゆる措置をとるべきである旨要請しており、わが国においても男女共同参画審議会が、「女性に対する暴力」とりわけドメスティック・バイオレンス（ＤＶ）について、国による早急な対応を求めている状況にある。これをうけて、平成一三年四月には「配偶者からの暴力の防止及び被害者の保護に関する法律」（以下ＤＶ防止法という）が成立している。このような動きは、女性に対する暴力に対する社会一般のモラル・社会倫理とりわけドメスティック・バイオレンスに対するそれを変化させ、ＤＶを最低限のモラルに反する高度の反社会性を帯びる行為であって、社会的に許容されない行為へと変化させる契機となっている。

ＤＶ防止法の制定は、今後ＤＶの犯罪化を促し、ＤＶの処罰範囲を拡大させるものと思われる。

そこで、本節では、今日に至るまで法益侵害が重大である場合を除いては夫婦間で行なわれた犯罪行為にあまり適用されてこなかった刑罰法規とりわけ刑法各則の規定（具体的には暴行罪、傷害罪、脅迫罪）をとりあげ、他人を被害者とする場合には、いかなる行為態様による行為が犯罪とされてきたのかについて検討してみたい。なぜなら、夫婦間における法益侵害行為もこれが死の結果を招来する、あるいは身体に重大な危害を加える行為は社会的非難に値する行為として、刑法はこれまでも「家庭に入っていた」のであり、刑法が今日まで有効に機能しなかった領域は、生命・身体に重大な危害を加えるに至らない行為であった。しかしながら、今後はＤＶに対する一般社会のモラル・社会倫理の変化に伴い、このような行為も犯罪として扱われることが期待されるであろう。その際、他人間であればどの程度のいかなる行為が「犯罪」として処罰されてきたかを刑罰法規にそって検討しておくことは、夫婦間の行為について処罰を求める際に実践的に役立つと考えるからである。

また、強姦罪は、女性の性的自由・性的自己決定権を保護法益とする犯罪である。わが国における判例・通説は、これまで、夫婦間には原則として強姦罪が成立しないが、婚姻が実質的に破綻しているなどの例外的事情があれば、強姦罪が成立すると解釈してきた。

その理由は、「夫婦とはお互いに性交渉を求めかつこれに応ずべき関係にある」とか、「婚姻とはお互い相手に性交を行う権利を与えることを包括的に同意する契約である」といわれ、性交の拒否を当然とするに足る事情（別居中であるとか、病気であるなど）がない限り、これを拒めないからであると主張され、この点で、婚姻の締結とは直接の関係を持たない身体への侵害行為（暴行罪、傷害罪に当たる行為）とは、法的評価が異なるとされてきた。

このような通説・判例に対しては、そもそも夫婦間には性交要求権があるのか、仮に性交要求権があるにしても、暴行、脅迫を用いてこのような権利を実行することは、婚姻が破綻しているか否かにかかわりなく、常に権利の濫用であって強姦罪が成立するのではないかなど、妻に対する強姦罪が成立すると解する見解が有力に主張されている。

さて、DV防止法は、「配偶者からの暴力」を「身体に対する不法な攻撃であって生命又は身体に危害を及ぼすもの」と定義しており、具体的には、刑法上の暴行罪、傷害罪に当たるような行為を指すといわれているが、強姦行為もこれに含まれると解される。

DV防止法は、「配偶者からの暴力」を「犯罪となる行為である」と強く非難しており、DV防止法の制定が、夫婦間には原則として強姦罪が成立しないと解する判例・通説の法解釈に影響する可能性があると思われる。

そこで本節では、夫婦間における強姦罪の成否をめぐるこれまでの判例・通説を概観し、夫婦間強姦罪の夫の免責を撤廃したアメリカの法状況とも比較しながらその問題点を指摘する。

ところで、暴行罪・傷害罪等とは異なり、殺人罪は被害者の死という重大な結果が発生するのであり、このような重大な結果が発生した場合は「犯罪」として処罰されないという事態はおこりえない。殺人罪における問題は究極のドメスティック・バイオレンスとも言える殺人について量刑が適正に行なわれているか否かである。「妻殺し」において、妻が挑発したとか、妻が不貞を働いたとして不当に刑罰が軽くなっていないのか。妻が夫の暴力に耐えかねて夫を殺害した場合、夫の暴力は量刑に当って考慮されているのだろうか。
このように犯罪の類型に応じて問題点は異なる。そこで、以下では、DVにおいて問題となりうる主要な犯罪をとりあげ、各犯罪ごとにその問題点を分析してみたい。

《親族相盗》

ところで、刑法二四四条一項は、配偶者、直系血族又は同居の親族との間において窃盗罪、不動産侵奪罪又はこれらの罪の未遂を犯した者は、その刑を免除する旨定めており、親族相盗例とよばれる。この特例の趣旨は、親族間の財産秩序は、親子や夫婦間などの親族内部において維持させるのが適当であるとの政策的配慮から、国の刑罰権による干渉を差し控えるのが相当であるとの考えによるもので、「法律は家庭に立ち入らない」という趣旨であるといわれる(3)。

従ってこの特例は、この趣旨に添わない生命・身体・自由・私生活における平穏に関する罪には適用されず、財産罪でも窃盗、詐欺、恐喝、背任、横領以外には適用されない。刑免除の法的性格については一身的処罰阻却事由と解されている。配偶者には民法上の内縁は含まれない(名古屋高判昭二六・三・一二)。

親族相盗例については、その法的性格についてこれを可罰的違法性阻却事由、あるいは責任阻却事由と解する立場があり、論争がある。また、個人の尊重を基本原理とする今日の家族制度の下で、近親者間の相盗行為について一律に刑を免除するという処理が妥当なものといえるのか、などの議論があるところであるが、私は、ドメスティック・バイオレンスをめぐる刑事法上の問題においては、個人の生命・身体・自由など人格的利益の侵害に眼目があると考えるので、親族相盗例についての検討は本稿では行なわない。ここでは、刑法が財産罪の一部について夫婦間に行なわれた犯罪行為についてはこれを不可罰(刑の免除)とする規定を設けているが、人格的利益を保護法益とする犯罪についてはこのような特例がないことを指摘するにとどめる。

2　暴行罪の成否

《構成要件》

刑法二〇八条は、「暴行を加えた者が人を傷害するに至らなかったときは、二年以下の懲役若しくは三十万円以下の罰金又は拘留若しくは科料に処する」と定める。本罪は、昭和二二年法一二四号による改正前は親告罪であったが、基本的人権尊重を基調とし暴行を否定する日本国憲法の趣旨に則り、刑を加重すると共に、これを軽微な犯罪とせず、非親告罪として被害者の私的処分に任せないとしたものである。

本罪の行為は暴行である。刑法上暴行とは、広く不法な有形力（物理力）の行為をいう。暴行罪の保護法益は、傷害罪におけるのと同様に人身の不可侵性すなわち人の身体の安全であり、従って人の身体に対する不法な有形力（物理力）の行使が暴行罪における暴行である。[4]「不法な」とは、日常生活において「適法に」身体に対して物理的力が行使されることがあり、これと区別するためである。

暴行とは人の身体に対する直接・間接の有形力の行使である。そこで、殴る、蹴る、手で他人の肩を押して土間に転落させる（大判大一一・一・二四）、人の毛髪、鬚髯を裁断し、もしくは剃去する（大判明四五・六・二〇）、逮捕に至らない身体の自由の拘束（大判昭七・二・二九）、電車に乗ろうとする人の被服をつかんで引張る行為（大判昭八・四・一五）、通りがかりの婦女に抱きつき帽子でその口をふさぐ行為（名古屋高金沢支判昭三〇・三・八）、スクラムを組んで気勢を上げながら押し、体当たりする行為（東京高判昭三一・五・九）は、暴行に当る。[5]

暴行とは、およそ人の身体に対する不法な有形力の行使なので、傷害の結果を生じさせる危険を有する行為だけでなく、相手につばを吐きかける、食塩をふりかける（福岡高判昭四六・一〇・一一）も暴行に当る。

福岡高判昭和四六年一〇月一一日（刑裁月報三巻一〇号一三一一頁）の事案は、会社の経理主任（被告人）が対立組合に所属する女性（被害者）に対し、極めて執拗な嫌がらせを繰り返していたもので、事件当日も他の社員とともに「出て行け」「お前のようなものはおらんでもいい」などと怒号して圧迫を加えていたところ、いたたまれずしてやむなく退去しようとした被害者に対し、社員食堂から塩壺を持ち出し、これを携えて同女を追いかけ、従業員通用口付近において皮肉の意味で「お疲れさん」と声をかけて塩をまきはじめ、自分が呼ばれたものと思い、後ろを振り返りながら、一、二歩引き返した同女に対し、腹立ちまぎれに、かまわず、故意に、塩壺内の食塩を右手に摑んで数回ふりかけたもので、これが被害者の頭、顔、胸、腕および大腿部にふりかかったという事案である（なお、数日後、被害者は会社から解雇された！）。被告人は、本件行為は「暴行」に該当しない、零細な行為で違法性が軽微であるので可罰的違法性がなく、暴行罪の構成要件に該当しないなどと争ったが、福岡高裁は右行為を刑法二〇八条の暴行に当るとした。

このように暴行罪の趣旨は、たとえ傷害の結果を発生させる具体的危険がなくても、およそ不法に人の身体に対して直接有形力を行使してはならないという禁止・命令をその本質とする。

一方、人の身体に直接加えられる有形力の行使でなくても、傷害の結果発生の具体的危険を生じさせる行為であればその行為は暴行である。刑法二〇八条が「人を傷害するに至らなかったとき」としているのは、暴行罪が傷害未遂を含む趣旨である。そこで、人に向かって石を投げそれが相手に命中する現実の危険を生じさせた以上は現に命中しなくても暴行である（東京高判昭二五・六・一〇）。また、狭い四畳半の室内で日本刀の抜き身を振り回す行為も暴行である（最決昭三九・一・二八）。

最決昭和三九年一月二八日（刑集一八巻一号三一頁）の事案は、今日からみればまさにドメスティック・バイオレンスの事案である。即ち、酒を飲んで酩酊していた被告人が内縁の妻と口論になり、同女を脅かそうと考え狭い四畳半の室内で日本刀の抜き身を何回か振り回しているうちに、内妻の腹に刀が突き刺さり失血死させたものである。弁護人は被告人の行為は暴行ではないと争ったが、最高裁は、これを傷害致死の原因たる暴行に当るとして被告人に懲役三年の実刑判決を言い渡した原判決を、支持した。本件で日本刀を振りまわした行為が単に脅迫にすぎないとなれば、被告人は過失致死罪に問われるにすぎなかった。

また、**東京高判昭和二五年六月一〇日**（高刑集三巻二号二二二頁）は、夜間人を驚かす目的で、被害者の五、六歩手前を狙って投石し頭部に命中させ傷害を負わせた事案であり、「暴行とは人に向かって不法な物理的勢力を発揮することで、その物理的力が人の身体に接触することは必要でない。例えば人に向かって石を投じ又は棒を打ち下せば仮令石や棒が相手方の身体に触れないでも暴行は成立する」とし、暴行により傷害の結果が発生しているとして傷害罪の成立をみとめた。同様に被害者に対し「金を出せ」「騒ぐと突き刺すぞ」等と申し向けて刃渡四五センチの日本刀を突きつける行為は、強盗傷人罪における暴行に当り（最決昭二八・二・一九）、並進走行中の自動車に対しいやがらせのため故意に自車を著しく接近させる行為は、傷害罪及び傷害致死罪の原因たる暴行に当る（東京高判昭五〇・四・一五）。

このように、傷害の結果発生の具体的危険を生じさせる行為が暴行と認定された事例は、おおむね傷害致死、傷害などの具体的結果が発生している事案において、当該行為が傷害の原因たる暴行に当ると認定された事案であるが、東京高裁が述べているとおり、たとえ傷害という結果が発生しなくても、傷害の結果発生の具体的危険を生じさせる行為は暴行に当るのである。

従って、ドメスティック・バイオレンスにおいて加害者が振るう暴力のうち、包丁を振り回す行為、刺すぞと言いながら包丁をつきつける行為、乗用車で追いかけて相手の車に自分の車を著しく接近させる行為、相手を脅すために殴りかかるが身体への接触はしない行為、物を投げ付ける行為などは、いずれも暴行罪にいう暴行に当る。

また、**最判昭和二九年八月二〇日**（刑集八巻八号一二七七頁）は、騒音による暴行を認めている。本件は、労働争議に関して生じた事件であるが、労働組合の組合員である被告人が会社の部課長と職場交渉をしている際に、部課長（被害者）の身辺近くにおいて大太鼓・鉦等を連打し、被害者をして頭脳の感覚が鈍り、意識もうろうたる気分を与え、または脳貧血を起こさせたりするなどの程度に達せしめた事案である。判決は右行為を暴行罪における暴行に当るとしている。

このように、暴行罪における暴行の概念は判例上相当広く解されており、ドメスティック・バイオレンスにおいて加害者が振るう身体的暴力の多く――殴る、蹴る、殴りかかる、平手で打つ、突きとばす、胸ぐらをつかむ、腕をねじり上げる、物を投げつける、髪の毛をひっぱる、髪の毛を切る、首をしめる、刃物をつきつける――は、すべて暴行に当る。さらに、塩をかける、たん・つばを吐きかけるなども暴行に当る場合がある。

《違　法　性》

暴行とは「不法」な有形力の行使を言う。社会生活においては「適法」に人の身体に対して有形力を行使することがあり、このような場合は犯罪とならない。たとえばスポーツ（柔道など）や子どもに対する懲戒行為である。これら有形力の行使は外形上暴行罪の構成要件に該当しても刑法三五条の正当行為、正当業務行為として違法性が阻却される。しかしながら、夫婦間においては、どちらか一方が他方を懲戒する権利はないのであり、一方に対する暴行が正当行為などとして適法とされることはない。

また、構成要件に該当する行為であっても、犯罪が成立するためには、それが刑罰を科するに値する程度の違法性を備えている必要がある。ここで、刑罰に値する程度の違法性を備えているか否かを判断するに当っては、刑法上の違法と刑法以外の法領域における違法（たとえば民法上の違法、労働法上の違法）を区別しなければならないといわれている。(6) 全逓中郵事件最高裁判決において松田二郎裁判官補足意見はこう述べている。「刑罰がこれを科せられる者に対し強烈な苦痛すら伴う最も不利益な法的効果をもたらす性質上、刑罰法規の要求する違法性は他の領域におけるよりも一般に高度の反社会性を帯びたものであるべきである」と（最判昭四一・一〇・二六松田裁判官補足意見）。そこで、軽微な暴行は刑罰を科するに値する程度の実質的違法性があるかどうかが問題となろう。

違法性は、単に法益侵害の結果即ち被害者に与えた苦痛の有無、程度だけではなく、行為の動機・意図（目的）・行為態様（手段・方法）など行為当時の状況を考慮し、当該暴行（行為）が社会生活上一般に許容されるものであるか否かによって決せられる。この際、当然加害者と被害者の関係も考慮される。たとえば、見ず知らずの相手に対し、前額部付近を平手で一回押すようにたたき、右手の拳を軽く振り手の甲を上にして頭部をこつこつ数回たたいた行為を暴行に当るとした判例（東京高判昭五六・四・一高検速報二五〇一号）は、被害者が全くの他人であった点も考慮されたのではないだろうか。右行為が「不法」な有形力の行使と認定された背景には、全くの他人による暴行はたとえ軽微なものであっても許容されないとするモラル・社会倫理が存在すると思われる。

ドメスティック・バイオレンスとして問題となっている暴行は、実際にはその多くが殴る、蹴る、平手で打つ、つきとばす、髪の毛をひっぱる、首をしめる、刃物をつきつける、などの有形力（物理的力）の行使であり、決して軽微なものとはいえないが、つばを吐きかける、塩をかけるなどのような軽微な暴行であっても、刑法はこのような行為を一般人に対し「暴行」に当るとして「するな」と命じている（行為規範）。このような行為であっても刑罰を科すに値するだけの実質的違法性が認められれば犯罪が成立するのである。

実質的違法性の判断にあたっては、そのような有形力の行使が社会生活において一般に許される行為であるか否かが行為の目的、態様、結果に則って検討されるが、その際当該行為が許されない行為であるとのモラル・社会倫理が社会において人々の間に形成されているかどうかが大きく影響するであろう。近時、ドメスティック・バイオレンスに対し、これを社会的に許容されない高度の反社会性を帯びる行為であり、許されない行為であるとする規範意識が高まっているので、今後は軽微な暴行についても実質的違法性が認められる余地があろう。ドメスティック・バイオレンスに対するモラル・社会倫理の変化がＤＶにおける暴行罪成立の最前線を切り開いていくと思われる。

なお、暴力行為等処罰に関する法律は、常習として刑法二〇四条（傷害罪）、同二〇八条（暴行罪）、同二二二条（脅迫罪）、同二六一条（器物破損罪）の罪を犯した者が人を傷害したときは一年以上一〇年以下の懲役に処し、その他の場合には三月以上五年以下の懲役に処すると定め、常習者に対し刑を加重している。大阪地判平成一一年六月一六日は、妻に殴る蹴るの暴行を繰り返し同法違反の罪に問われていた夫に対し実刑判決を言い渡し、注目を集めたが（毎日新聞平成一一・六・一六夕大阪）、右判決もドメスティック・バイオレンスへの社会的非難の高まりが大きな影響を与えていると思われる。

3 傷害罪の成否

《構成要件》

刑法二〇四条は「人の身体を傷害した者は、十年以下の懲役又は三十万円以下の罰金若しくは科料に処する」と定める。

本罪の行為は人を傷害することである。保護法益は人の身体の安全である。人の身体の安全は、人間の生活上最も基本となるものであり、違法な攻撃から保護されなければならない。人の身体の安全は人の生命とならんで特に保護すべき法益である。

傷害の意義については、①人の生理的機能に障害を加えることと解する生理的機能障害説、②人の身体の完全性を害することと解する身体完全性侵害説、③人の生理的機能を害すること並びに身体の外形に重要な変更を加えることと解する折衷説がある。夫が妻の意思に反してその髪を切って丸坊主にする行為は①説によると単なる暴行にとどまり傷害にならないが、②説及び③説によると傷害になる。

判例は、人の毛髪の切断、ひげの剃去は傷害でなく暴行であるとするなど（大判明治四五年六月二〇日刑録一八輯八九六頁）、基本的には生理的機能障害説に立っているといわれているが、近時の下級審判決には「女性を虐待してその自由意思によらないで頭髪の全部を根本からしかも不整形に切除、裁断するような行為は、刑法二〇八条の単純暴行の罪にとどまるものではなく、進んで同法二〇四条の傷害の罪にあたるものと解すべきである」とする判決もある（東京地判昭三八年三月二三日判タ一四七号九二頁）。

一方、学説上は、傷害罪とは人の身体の安全を保護法益とするものであるから、人の身体の生理的機能に対する障害に限ることなく、本人の意思に反して身体の外形に変更を加える行為も傷害に含まれると解すべきであると主張されている（通説）[7]。但し、髪の毛一本の切断のような軽微な外形の変更は、社会通念上一般に看過しうるものとして、暴行罪はともかく傷害罪にはあたらないといわれている。

ところで、傷害罪と未だそれに至らない暴行罪の区別は判例上いかにしてなされているのだろうか。この点については日常生活上看過されるものかどうかをメルクマールとする下級審判例が多い[8]。

たとえば、**名古屋高金沢支判昭和四〇年一〇月一四日**（高集一八巻六号六九一頁）は、生理的機能障害説に立ち、「①日常生活に支障を来たさないこと、②傷害として意識されないか、日常生活上看過される程度であること、③医療行為を特別に必要としないこと等を一応の標準として、生理的機能障害が、この程度に軽微なものは刑法上の傷害ではなくて暴行である」と判示する。判決は、右三要件を満たす擦過創、打撲、針頭大および〇・五糎の裂傷、眼瞼、頭部の中程度の浮腫は傷害に当らず暴行に止まるとし、強盗致傷罪の成立を否定した。同様に、福岡地判昭四七年一月三一日（判タ二七七号三七二頁）は、右三要件を掲げ、巡査に対する公務執行妨害・傷害の訴因につき、全治三日を要する左耳部挫傷の診断書があるが、右挫傷は極めて軽微でありいまだ刑法二〇四条の傷害とは言えず暴行に止まるとして、公務執行妨害罪のみを認めた。

また、広島高判昭五三年一月二四日（判時八九五号一二六頁）は、全治まで一週間を要する見込みと診断された顔面・胸部・右肘挫傷について、「被害者に傷を受けたことの自覚は十分あり、客観的にも医師の治療を必要とする程度のもので、人の健康状態を不良に変更し、その生活機能をある程度損傷したものであることは明らかであって、吾人の日常生活において一般に看過される程極めて軽微なものであるとは到底言うことができず、これが刑法上の傷害に該ることは明らかである」として、これを刑法上の傷害に該るとして、強盗致傷罪の成立を認めている。

ちなみに、暴行と傷害の限界が問題となる裁判例は主として、強盗致傷罪、強姦致傷罪のように、軽微な傷が傷害に当ると解されると、単なる強盗罪、強姦罪より刑の下限が大幅にひきあげられ重罪となる犯罪についてである。最高裁決定は、傷害罪における傷害と強盗致傷罪・強姦致傷罪における傷害の意義が同じであると解しているので（最決昭三七・八・二一、最決昭三八・六・二五）、軽微な傷を負わせた場合でも右重罪に問われることとなり、被告人が傷害に当らないと争うことが多い。

暴行と傷害の限界は判例上必ずしも明確ではないが、傷害に当るとした事例として、鼻側に約一センチメートル半の掻傷を負わせた事案（大判大正一一年一二月一六日――強姦の際に負わせた傷）、頭部に五〇円銀貨大のこぶができ、触れると指につく程度の出血があったが、赤チンキの塗布により三日位で治った事案（大阪高判昭三五年六月七日――強盗傷人罪）、消滅に一〇日間かかったキスマーク（東京高判昭四六年二月二日――強姦致傷罪）がある。一方で傷害にあたらないとしたものとして、全治一週間の鼻部打撲傷（大坂地判昭和三六年一一月二五日――強盗傷人罪）がある。

次に、傷害の方法は、暴行による場合が一般であるが、刑法は「人の身体を傷害し」と定め傷害の方法を定めていない。そこで傷害の結果を生じさせることができる方法であれば有形的方法によると無形的方法によると問わない。例えば、意思表示により人を畏怖させて精神障害を生じさせ、あるいは詐欺誘導により落とし穴に陥れて負傷させるなど、脅迫・欺罔による場合も傷害行為となる。また、毒物の使用、身体の接触による病気の感染も傷害に当る。

東京地判昭和五四年八月一〇日（判時九四三号一二二頁）は、勤務先の社長・上司に叱責されたことを恨んだ被告人が、約半年間ほぼ連日にわたり深夜から早朝にかけて社長宅に架電して呼出音を鳴らし、電話器をとりあげて応対した場合には無言で電話を切り、応対しない場合には電話の呼出音を鳴らし続けた結果、社長の妻に加療三週間を要する精神衰弱症を発症させた事案について傷害罪の成立をみとめている。

なお、**福岡高判平成一二年五月九日**（判時一七二八号一五九頁）は、一般論としてではあるが、「直接的、積極的に被害者を心理的なストレス状態やノイローゼ状態に陥らせることを意図し、脅迫や恐怖体験を与える行為を繰り返すなどして、殊更に被害者にそのような症状を生じさせた場合は、それが比較的軽度のものでも、それが身体の生理的機能の障害に該当し、傷害罪を構成する場合があることは明らかである」と述べている（但し、傷害罪の成立は否定した）。

また、**最判昭和二七年六月六日**（刑集六巻六号七九五頁）は、被告人が、急性淋菌性尿道炎にかかっていることを自覚していながら女性の性器外陰部に同人の陰茎を押しあて、同女に右疾病を感染させた事案につき、傷害罪の成立を認め「傷害罪は他人の身体の生理的機能を毀損するものである以上、その手段が何であるかを問わないのであり、本件のごとく暴行によらずに病毒を他人に感染させる場合にも成立するのである」と判示した。

さて、傷害罪における傷害とは、判例によれば人の生理的機能に障害を加えることであり、非常に軽微な傷害は除かれるものの実務上は相当広く解されている。ドメスティック・バイオレンスとして問題となる内出血、切り傷、裂傷、骨折を負わせる、歯を折る、鼓膜を破る、いやがらせ電話により神経症を発症させる、性病をうつす、などはその多くが傷害罪にいう「傷害」にあたると言えるであろう。

《違　法　性》

犯罪が成立するためには、構成要件に該当するだけでなく、当該行為が刑罰を科する程度の違法性を備えている必要がある。この点に関連して、夫婦喧嘩にもとづく軽微な傷害行為について、**大阪地判昭和三七年一二月二**

四日（判時三三六号一四頁）は、「夫婦喧嘩に基づく軽微な傷害行為の可罰性には一定の限界があり、それが特に強暴な暴行に基くものでなく、正常な夫婦関係が維持されている限り国家の刑罰権より放任された行為として可罰的違法性を欠く」と判示し、同居中の内縁の妻に対し被告人に口答えするのに立腹し、腰掛や竹箒で殴打し或は剃刀で同女の頭髪を切り取る等の暴行を加え、よって同女に加療三日間を要する左頭頂部挫傷、左頬部打撲傷の傷害を負わせた事案について、刑法上の違法性を阻却し、被告人を無罪とした。

右判決はその理由について、現行刑法は多くの個人的法益に対する侵害を犯罪として規定しているけれども、「それはあくまで公共の立場から制裁を科さずに放置し得ない法益の侵害即ち公共の立場から処罰の必要と価値のある法益の侵害のみを犯罪として処罰するに止まるべきものとすべきところ、他人のみだりに窺うことを許さない純粋に私的な生活関係である夫婦間に往々みられる夫婦喧嘩に基く軽微な傷害には、それが特に強暴な暴力に基くものでなく、夫婦関係の破壊を伴わない限り、明らかに刑法によってこれを処罰するだけの必要も価値も認められず、かえってその処罰により他の弊害をもたらす恐れがあるからである」と述べている。

このように、右判決は、本件被告人の行為はおよそ刑罰を科すに値する程度の違法性を備えていないという意味で、可罰的違法性を欠くとしており、違法性の判断において、加害者と被害者が内縁関係にある場合の傷害事件について、行為の態様（強暴な暴行に基づくものでない）、被害の程度（軽微な傷害）、夫婦関係の破壊を伴うか否かを考慮して違法性を阻却する場合を認めている。

しかしながら、右判決は、夫婦関係（内縁関係）にある者に対する傷害行為についてそのような関係にない者に対する傷害行為と区別して違法性を考える根拠はなにか、違法性判断において行為者の動機・意図（行為の目的）が全く考慮されないのはなぜか（本件で被告人の行為は正当な目的をもつ行為ではない）について、その根拠を明らかにしていない。

さて、加害者と被害者が夫婦関係にある場合について傷害行為が可罰的違法性を欠くとする判決は、今日に至るまであまり例をみないものであり、右判決はきわめて特異な判決である。右判決は判例法として確立したものでもなければ、理論的にみるべきものがある判決でもないが、右判決における裁判官のドメスティック・バイオレンスに対する法意識――いかなる場合にドメスティック・バイオレンスは処罰に値するほど違法な行為とみなされるのか――は、おそらく、今日に至るまでの一般の人々の法意識や警察当局者をはじめとする司法当局者の法意識を反映しているものと思われ、興味深い。即ち、これまで、夫婦関係（内縁も含む）にある者に対する傷害行為は、それが軽微な傷害であり、強暴でない暴行に基づくものであれば、夫婦関係が破綻していない限り、国家の刑罰権のらち外の「私事」と考えられてきたのである。

しかしながら、今日夫婦間において女性が圧倒的に多くの暴力の被害に遭っていることが明らかにされており、これを当事者間の自律に委ねることは、国家・社会が女性に対する暴力の被害発生に加担するに等しいといわれている。ドメスティック・バイオレンスは女性の人権を侵害し、女性を男性に比べて従属的な状況に追い込むものであって、このような暴力に対しては、国家・社会はこれを放任すべきではなく、その根絶のためにあらゆる措置をとるべきである、との認識が人々の間に共有されつつある。

ここで問題となっているのは、女性の身体の安全に対する侵害行為であり、これまで右判決が言うように、それは処罰の必要も価値もない行為と考えられてきたが、今日ようやく、それは、処罰の必要と価値のある行為であり、犯罪として取扱うべき行為であると認識されるように至った。今日において本判決の論理は到底是認できるものではないのである。

4　脅迫罪の成否

《構成要件》

刑法二二二条一項は、「生命、身体、自由、名誉又は財産に対し害を加える旨を告知して人を脅迫した者は、二年以下の懲役又は三十万円以下の罰金に処する」と定め、同二項は、「親族の生命、身体、自由、名誉又は財産に対し害を加える旨を告知して人を脅迫した者も、前項と同様とする」と定める。

脅迫罪は人の意思に影響を与えることによって、人の意思ないし行動の自由を侵害するものである。(9) 脅迫罪も暴行罪と同様に労働争議の関係でしばしば問題になる。

本罪の行為は、「脅迫」である。ここにいう脅迫とは、人を畏怖させることができる程度の害悪の告知をいう。人を畏怖させるに足りる程度の害悪の告知であるかどうかは、表示の内容を四囲の事情に照らして判断する。

(1) 告知の内容となる害悪 —— 加害の対象

告知される加害の対象は、相手方またはその親族の生命、身体、名誉又は財産である。加害の対象となる親族の範囲は民法により、内縁関係にある者や法律上の手続を完了していない養子は含まれないとするのが通説であるが、保護法益の性質上これらの者に対する脅迫も含まれると解すべきである。(10)

親族に対する加害を内容とする脅迫は態様が卑劣であり、状況によっては被害者本人に対する加害よりも強度の畏怖心を生じさせる行為といえ（老親、子への加害を告知された場合などを考えよ）、違法性が高い行為類型である。夫に身体的暴力を振るわれている妻が、夫の下を逃げ出そうとすると、夫が、子どもや妻の親兄弟に対して危害を加えると脅すことがあるが、このような行為も脅迫に当る。

ところで、貞操は法文上明示されていないが、加害の対象とされる法益に含まれると解される。そこで「レイプしてやる」というなど、性的自由を侵害すると告知することも、当然脅迫に当る。

さて、生命、身体に対する加害は、脅迫の典型例である。裁判例によると、放火または殺害をすべき旨を通告した事例、爆発物で一家を皆殺しにする旨の書面を送付した例、暴行の際「川に投げ込む」と告知した例などがある。また、「どてっ腹に風穴を空けてやる、命はないぞ」と申し向けた例、畳の上で死ねたらいいほうだなどと申し向けた事例、「お前を刺してやる、俺は言ったことを実行するんだ」と申し向けた事例などがある。(11)

身体の自由、意思の自由など自由に対する加害の例は、一般人が「豚箱に入れる」（留置する）と申し向けた事例、寺院の住職に「罷免させる」と告知した事例などがある。

名誉に対する加害を脅迫の手段として用いる例としては、姦通の事実を公表する旨告知した事例がある。「村八分」（共同して特定の者との交際を断つ私的制裁――共同絶交――）の決議は名誉に対する害悪の告知として脅迫罪を構成すると解されている（判例、通説）。

夫が妻に対し「ぶっ殺してやる」「お前の親の所へも押しかけてやる」「逃げたらただではおかない」など申し向けることがあるが、これはすべて脅迫行為にあたるにもかかわらず、今日までこのような行為は刑事事件として取り上げられることは少なく、裁判例もあまりない領域となっている。

(2)　害悪の告知

告知される害悪の内容は、相手方の性質及び四囲の状況から判断して、一般に人を畏怖させるに足りる程度のものでなければならない。加害の告知によって本罪は成立するから、現実に被告知者が恐怖心を抱いたかどうかは問わない。そこで、第一に加害の内容が一般に人を畏怖させるに足りるものである以上は、加害の具体的内容・方法の告知がなくても脅迫となる。第二に、相手を畏怖させるためには害悪の発生を告知者において現実に左右できると一般に人が感ずるものでなければならないから、「天罰が下る」と告知するような吉凶禍福を説き天変地異を予告する警告は本罪を構成しない。脅迫罪の規定は、加害の有無を左右しうる立場に立つ告知者による害悪の告知という、「自己の力の濫用による意思の抑圧」を処罰するものであるといわれている[12]。

裁判例をみると人を畏怖させるに足りる害悪の告知かどうかは、具体的状況下において周囲の状況を顧み、これを判断している。

たとえば、町村合併をめぐる対立抗争中、被告人が、対立する派の中心人物Aと昵懇同志のB名義をかたって、現実に出火もないのに「出火見舞い申し上げます。火の元に御用心」と記載した郵便葉書をA宛に投函し、Aがこれを受領したという事案について、被告人は一般人がこの葉書をうけとった場合には、児戯に類するものとして一笑に付するか、意味不明のものとして没却し去ってしまうであろうから葉書の文面を放火と結びつけるのは常識を逸脱したものであるとして脅迫罪は成立しない旨主張したのに対し、**最判昭和三五年三月一八日**（刑集一四巻四号四一六頁）は、四囲の状況から判断して右文面の葉書が舞い込めば、「火をつけられるのではないかと畏怖するのが通常であるから、右は一般に人を畏怖させるに足る性質のものである」と判示している。

本件当時の客観的状況は、両派の対立が熾烈であり、被害者宅に反対派が夜間棺桶を担ぎこんできたり、ドスでバラしてやると脅したりする程であった。このような状況下で本件のような葉書が送達されれば、放火するぞと予告したのではないかと思っても当然であり、このような客観的状勢を本件文面と切り離して、これを単なる児戯と解することはできないのである。

ところで、一般に人を畏怖させるに足りない程度の害悪の内容であっても、相手方が特殊な心理状態にあり一般人を畏怖させるに足りない程度の害悪の告知でも相手方が恐怖心を抱くとみられる場合に、行為者がこれを知りつつ害悪を告知することは脅迫となりうる(13)。なぜなら、客観的にみて脅迫の性質を有しない行為であっても、相手方の性質を知って脅迫の意思で行為した以上、その相手方にとっては害悪の告知となるので脅迫と解すべきだからである。害悪の告知が畏怖するに足りる程度のものであるかどうかの判断では「一般に」人を畏怖させる程度のものであるか否かが基準になるが、それは事案ごとの個別事情を考慮に入れないということではなく、当該ケースにおける加害者と被害者の関係、それまでの経緯、被害者の肉体的心理的状況なども考慮に入れるのであって、被害者の特殊な心理状況もこれらと同種の事情と考えられる。

夫が妻に対し、身体的暴力・心理的暴力・性的暴力などの暴力を長期に亘って加えていたため、被害者（妻）が加害者（夫）に対し強い恐怖心を抱いている場合、これをよく知った加害者（夫）が害悪を告知する場合には、それが一般人にとっては些細なことであって一笑に付すようなことを告知する場合であっても脅迫行為に当る場合があるというべきである。

ところで、害悪を告知する方法は言葉による方法と態度、動作による方法がある。相手方に暴行を加える態度を示せば、動作による加害の告知として脅迫に当る。態度、動作による害悪の告知の具体例としては、被害者の寝室付近で枯杉葉に点火燃焼させて焚火をした行為を、放火の告知とみるべき客観的状況があったとした裁判例がある（仙台高秋田支判昭二七・七・一、高等裁判所刑事判決特報二二巻二三七頁）。本件は害悪の内容を具体的に明示しているわけではなく、言外にほのめかしたり暗示的な方法をとっているが、このような暗示的方法による場合も脅迫に当る。たとえば、たび重なる暴行に耐えられず家を出て夫と別居中である妻の家のポストに、葬儀屋のパンフレットを投げ込む行為などは、脅迫行為に当たる場合があろう。

(3)　故　意

本罪の故意は、加害の告知の認識である。相手方に恐怖心を抱かせる目的は必要ない(14)。また右の認識があれば、害悪を実現する意思がない場合や警告のつもりであっても故意となる。従って、たとえ冗談・戯謔・いやがらせ・警告のつもりであっても、相手を畏怖させることができる程度の害悪の告知を行なえば脅迫に当る。

《違　法　性》

今日まで、脅迫罪の成否は他の犯罪の手段方法として問題とされることが多く（強盗、強姦、公務執行妨害）、脅迫罪が単独で取り上げられるのは、労働争議あるいは関係当事者多数を巻き込む対立抗争などに関係する場合などであり、夫婦間はもとより、私人間（個人対個人）における脅迫行為に関する裁判例はあまり見当たらない。その背景には暴行罪・傷害罪などにみられるように、私人間における脅迫行為は、刑事罰に値する程度の違法性がないという法意識が一般的に存在し、特段の事情がないかぎり、警察へ被害届がなされなかったという事情があると思われる。また、文書による告知あるいは、多数関係者の面前で行なわれた告知等を除き、証拠収集が困難であり、被害者本人の供述だけに頼らざるをえないことから、捜査当局が刑事事件として立件してこなかったと言えよう。

ちなみに平成一一年における脅迫罪の総検挙件数は八六七件であり、配偶者（内縁を含む）を被害者とする事件は、わずかに九件（一％）であったが、平成一一年一二月警察庁が「女性・子どもを守る施策実施要綱の制定について」を発出したのに伴い、平成一二年には、脅迫罪の総検挙件数一五二三件のうち配偶者を被害者とする事件は三二件（二・一％）と増加している。

なお、夫（被告人）が深夜別居中の妻の下を訪れ、妻が男性Aと茶の間でこたつに入り横になっており電灯を暗くしているのを見て激昂し、Aに対し、「何してやがるんだこの野郎。よくも人の前で恥をかかせたな」等と云ったうえ、Aの襟首を摑んで隣室に連れて行き、戸外に駐車してあった自動車内から布袋入りの軍刀を持ち出してAの前に投げ出し、「俺はいつでもこういうものを持っているんだ。下手なことを云うと叩き切っちゃうぞ」と怒鳴りつけた事案について、**東京高判昭和四五年四月二七日**（東京高裁判例時報（刑事）二一巻五号一六五頁）は、「妻とAが不義を行っていたのではないかと想像するのはもっともなことと認められる」「たとえ、当時被告人自ら不貞を働いていたにせよ、不義の相手方であるAに対し現場において判示程度の言動に出るということは、通常人の行動として是認される範囲をあながち逸脱したものということはできない」「被告人の判示所為はいわば行為の通常性から可罰的違法性を欠き脅迫罪に該たらない」と判示した。

原審もまた、動機に同情すべきものがあり、被害も軽微であることから考えると、被告人の行為はその違法性が極めて微弱であって可罰的違法性を欠き脅迫罪の構成要件に該当しないという。

しかしながら、数年間別居中である妻の家を深夜訪問し、妻と一緒にいる男性に軍刀を示して「叩き切る」と脅迫する行為は、その行為態様からみると違法性の高い行為である。違法性を欠くという判断の背景には、夫の不貞には甘く、妻の不貞の疑いには厳しいという性のダブル・スタンダードがあり、また、夫婦間の個人的なトラブルに、国家が刑罰をもって介入することは望ましくないとの判断があるように思われる。

しかしながら、今日なお、判示の行為が通常人の行動として社会的に是認される行為といえるかどうかは大いに疑問がある。今後は、ドメスティック・バイオレンスについて脅迫罪が適用される場面が増えていくことが期待される。

5　性犯罪の成否

(1)　はじめに

総理府が実施した「男女間における暴力に関する調査」によれば、「異性から、脅されたり、押さえつけられたり、凶器を用いたりして、いやがっているのに性的な行為（わいせつな行為や性交）を強要されたことがありますか」という問に対し、「あった」と回答した者（女性）は六・八％であった。さらに、その相手とどのような関係であったかについて聞くと、夫（事実婚や別居中も含む）と答えた者が一四・〇％であった。また東京都が実施した「女性に対する暴力」調査報告書によれば、夫・パートナーから、おどしや暴力によって、意に反して性的な行為を強要されたことがあると回答した人は五・一％であった。このように、夫による強姦・強制わいせつの被害に遭っている妻は相当の数にのぼっていることが窺える。一方で、これが強姦罪・強制わいせつ罪として告訴されることは、ほとんどなかった。ちなみに、平成七年から平成一〇年までの間に強姦罪・強制わいせつ罪で検挙された者のうち被害者が配偶者（内縁含む）である者は、皆無であった。

ところで、欧米諸国においては、刑罰規定が強姦罪等の性犯罪の対象から明文の規定をもって妻を除外していたため、ドメスティック・バイオレンスに対する社会的非難が高まるに従い、このような規定は妻の性的自由・性的自己決定権を侵害するものであると批判され、法規の改正が課題となったのとは対照的に、わが国においては明治時代に制定された刑法における強姦罪・強制わいせつ罪等の性犯罪の規定は、とくに明文で妻を除外していない。しかし、刑事実務上は、継続的な性関係を前提とする夫婦間には強姦罪などの性犯罪は原則として成立しないと考えられてきたのであり、一般の人々の意識も同様であったといってよいだろう。それゆえ、夫婦間の性犯罪について告訴が行なわれることはほとんどなく、犯罪の成否が争われることもほとんどなかったのである。

わが国において、夫婦間における強姦罪の成否が裁判上争われ注目を集めたのは、昭和五九年鳥取県内で発生した事件について強姦罪の成立を認めた**鳥取地判昭和六一年一二月一七日**（判タ六二四号二五〇頁）、及びこれを維持した**広島高判松江支判昭和六二年六月一八日**（判時一二三四号一五四頁）である。右判決をめぐって学会での議論が一時活発化したが、その後今日に至るまでみるべき裁判例が登場するには至っていない。

ところで、近時わが国においても、ドメスティック・バイオレンス（DV）が社会的に非難すべき行為として認識されるとともに、それが女性の人格的利益の侵害であるとして違法判断が加えられるようになり、国家・社会がDVを防止し根絶するために積極的役割を果すべきであるという認識が共有されつつある。二〇〇〇年にニューヨークで開催された国連特別会議「女性二〇〇〇年会議」において採択された「成果文書」においては、夫婦間レイプをドメスティック・バイオレンスに関連する犯罪と位置付け、政府が適切な対応をすることを求めている。

また、平成一三年四月に成立したDV防止法は、「配偶者からの暴力」を「犯罪となる行為である」として、厳しく非難しているところ、「配偶者からの暴力」とは、配偶者からの「身体に対する不法な攻撃であって生命又は身体に危害を及ぼすものをいう」と定義されており、具体的には暴行罪、傷害罪にあたるような行為をいうと解されているが、強姦行為も含まれると解される。

DV防止法の制定は、夫婦間における強姦罪の成立に関する法的判断に影響を与えるものと思われる。

そこで、以下では、従来、夫婦間における強姦罪の成否について、判例・学説がいかなる法解釈を行なってきたのかを概観し、その問題点を明らかにしたい。

(2) 強姦罪の成否

刑法一七七条は、「暴行又は脅迫を用いて一三歳以上の女子を姦淫した者は、強姦の罪とし、二年以上の有期懲役に処する。一三歳未満の女子を姦淫した者も同様とする」と定める。本罪の保護法益は女性の性的自由である。本罪の客体は「女子」である。

夫婦間において強姦罪が成立するのか否かについては、学説上争いがある。即ち、①夫婦間では強姦罪の成立する余地がないとする否定説、②夫婦間であっても強姦罪の成立を認める肯定説、③夫婦間においては原則として強姦罪が成立する余地がないが、例外的事情がある場合――婚姻が実質的に破綻している場合、あるいは病気中である、産前産後である、異常な性行為を強要されるなどの諸事情がある場合――に限って、強姦罪の成立する余地を認める限定的肯定説であり、限定肯定説が通説・判例であるといわれている。(15)

先にあげた広島高裁松江支部判決は、「婚姻中夫婦が互いに性交渉を求めかつこれに応ずべき所論の関係にあることはいうまでもない。しかしながら右『婚姻中』とは実質的にも婚姻が継続していることを指し、法律上は夫婦であっても、婚姻が破綻して夫婦たるの実質を失い名ばかりの夫婦にすぎない場合には、もとより夫婦間に所論の関係はなく、夫が暴行・脅迫をもって妻を姦淫したときは、強姦罪が成立」すると判示しており、限定的肯定説を採用している。

右判例の事案は、夫が妻に殴る蹴るの暴行を加えて常にこれを虐待していた事案であり、典型的なドメスティック・バイオレンスの事案である。被告人（夫）は妻に度々暴力を振るい、これに堪えかねた妻が再々実家へ戻ったり他所に身を隠したりしていたところ、その都度被告人に発見され連れ戻されていた。被告人は、暴力に怯えて再び実家に逃げ出した妻を連れ戻すため、友人と共に実家付近で待ち伏せなどして妻に自宅に戻るよう説得したが、妻がこれに応じないので、妻を強引に自動車に乗せて自宅に連れ帰る途中、白昼、人里離れた山中に停車した自動車の車内において友人と共謀のうえ妻を輪姦したというものである。

右判決は、本件事案については、被告人と妻の婚姻関係は完全に破綻し両名は夫婦たる実質を失っていたと認定して強姦罪の成立を認めたが、判決の論理に従えば、夫婦間には性交渉を求めこれに応ずべき義務があるのだから、強姦行為が行なわれた時点において婚姻が実質的に破綻している場合でなければ暴行・脅迫を用いて妻を姦淫しても強姦罪は成立しないことになる。このように夫婦間では強姦罪が原則として成立しないと解する理由は何であろうか。それは合理的なものだろうか。

《構成要件が狭い》

この点の検討に入る前に、強姦罪における行為について述べておく。強姦罪にあたる行為とは、「暴行又は脅迫を用いて」女子を「姦淫」することである。姦淫とは、男性性器を女性性器へ挿入することを言い、これ以外の形態の性交、たとえば、口淫・肛門性交が、暴行・脅迫を手段として行なわれた場合には本罪より法定刑の軽い強制わいせつ罪に当る。

ところで、アメリカにおいては今日、レイプという犯罪は幅広く定義されており、「強制力を用いて女性の意に反して行なわれる性交」には限定されない。一九八〇年代以降アメリカの各州は反レイプ運動の高まりの中でレイプ法を次々に改正し、多くの州がレイプを性的暴行罪として新しく定義し直している。

その特色は、第一に、被害者を女性に限定しないこと、第二に、性交を男性性器の女性性器への挿入に限定せず、フェラチオ、クンニリングス、肛門性交などのように他人の性器・肛門への侵入があればそれがわずかであっても性交に含まれるとしたこと、第三に、レイプを被害者が何をしたのか——同意したのか、抵抗したのか——に焦点をおいて定義するのではなく、加害者がいかなる状況のもとで何をしたのかに焦点をおいて定義し直し、レイプの概念を拡大している点にある（本書一七二頁参照）。

たとえば、ニュージャージー州法は、レイプ（同法では性的暴行罪という）を以下のように定義する。即ち①行為者が身体的な暴力を用いるか強制を用いて、他人に対し性的挿入を行なった場合、②保護観察中若しくは仮釈放中又は病院若しくは刑務所に収容中の者に対し、自らの法的地位、専門職としての地位、又は職業上の地位にもとづきこれを監督する権限又は懲戒する権限がある者が、性的挿入を行なった場合、③一六歳以上一八歳未満の者に対し、三親等内の血族・姻族、養親、保護者、または被害者に監督権若しくは懲戒権のある者が、性的挿入を行なった場合には、いずれもレイプ（性的暴行罪）に当たると定めている（本書一八〇頁）。ここで、性的挿入とは、女性性器への挿入、クンニリングス、フェラチオ、肛門性交、または、肛門・女性性器への手・指・物の挿入をいい、挿入の程度は問わない、と定義されている。

アメリカでは、このような州法改正によって、レイプの告発を容易にし、行為者の責任を追及することを可能にしている。他の欧米諸国においても画期的な法改正がなされている[16]。

一方、わが国において、強姦罪とは「暴行又は脅迫を行いて」女子を「姦淫」することに限定されており、右のような立法例と比較すると強姦罪の構成要件がきわめて狭い。

さらに問題なのは、強姦罪における「暴行・脅迫」の程度とは、「相手方の反抗を著しく困難ならしめる程度」であることを要すると解されている（最判昭和二四年五月一〇日）点である。従って、たとえ女性の意に反する姦淫行為であっても、その際に用いられた暴行・脅迫の程度が右程度に至らなければ、強姦罪が成立しないと解されている。

たとえば、**広島高判昭和五三年一一月二〇日**（判時九二二号一一一頁）は、知人の女性（三九歳）に嘘を言って近隣の人気のない海辺の広場に誘い出して口説いたが同女が応じないので、泣きながら「やめてくれ。帰らせてくれ」と言っている同女を車内で姦淫したという事案について、子どものためにもひたすら身の安全をねがう気持ちが強かったことが推察されること、逃げ出したり救助を求めることは容易でなかったと思われること、泣きながら「やめてくれ。帰らせてくれ」と哀願していること、翌日告訴していることを考慮して、姦淫行為が「和姦であるとは到底いえず」と認定したが、被告人が通常の性交の場合において用いられる程度の有形力の行使以上の力を用いたことを認定できないとして、強姦罪を認めた原判決を破棄し、無罪の判決を言い渡している。

このように、わが国においては、強姦罪の成立には、厳しい制限があり、他人間における強姦罪とりわけ知人・顔見知りの当事者間における強姦罪については被害者がこれを告発するのはきわめて困難な状況にある(17)。

男女共同参画審議会が平成一二年七月に内閣総理大臣に対して行なった答申「女性に対する暴力に関する基本的方策について」は、裁判所における強姦罪の事実認定について、「女性に対する暴力は女性の人権に深くかかわる社会的・構造的な問題であることを十分に理解した上で『暴行・脅迫』についての事実認定がされることが望まれる」と指摘している。

さて、強姦行為が、女性の性的自由を侵害し、被害者に重大な身体的・精神的被害を与える行為であることを考えるなら、わが国の強姦罪の構成要件は狭すぎるものであり、法改正を要すると思われる。また、現行法における「暴行・脅迫」の厳格な解釈も改められるべきものと考える。

《夫婦間における強姦罪の成立を否定する根拠》

このように、強姦罪に関する現行法の規定及び現行法の解釈には問題があるが、この点の議論については別稿に譲り、ここでは、夫婦間には、原則として強姦罪が成立する余地がないとする根拠について検討しよう。

前述したとおり、広島高裁松江支部判決は、「被告人と被害者A子は犯時夫婦であり、夫婦は互い性交を求める権利を有しかつこれに応ずる義務があるから、夫が妻に対し暴行、脅迫を用いて性交に及んだとしても、暴行罪、脅迫罪が成立するのは格別、性交自体は処罰の対象とならない」とする弁護人の主張をうけて、「婚姻中夫婦が互いに性交渉を求めかつこれに応ずべき所論の関係にあることはいうまでもない」と断定し、それを根拠にして夫婦間には強姦罪は原則として成立しないと解している。

さて、夫婦間には性交を求める法的権利及び性交に応ずる法的義務があるのだろうか。夫婦間の権利・義務関係については、民法が規定しているので民法の解釈が参考になろう。民法は夫婦には同居・協力・扶助義務があると定めるが（民法七五二条）、この点についての規定はない。「性関係をもつことは婚姻の性質から導かれる当然の義務であると解するのが普通である」との指摘もある。(18) しかし、仮に右のような義務があるとしても事の性質上強制履行は不可能である。

性交拒否は一般に離婚理由になるといわれているが、裁判例も性交の拒否だけで離婚を認めるものは少なく、むしろ、性交渉に応じないという点に典型的に表われているような夫婦関係の不和が、婚姻を継続し難い重大な事由（民法七七〇条一項五号）になると判断しているにすぎない。さらには、一回の性交拒否が問題になるわけではなく継続的拒否が離婚原因になりうるというだけであり、「今日は体調が悪いので」と言って性交を拒否したことがただちに離婚原因になるわけではない。したがって、性交拒否が離婚原因になりうることを根拠に、夫婦の間に性交に応じる法的義務を認めることはできない。(19)

ところで、カントは、婚姻を「性を異にする二個の人格が自分たちのもろもろの性的固有性の生涯にわたる相互的占有のためにする結合である」としており、婚姻により相手方の肉体に対し、互いに排他的・独占的な支配権を有するというが、このように考えれば、配偶者との間の性交は権利行使であり、配偶者に対しては性交要求権があることになろう。

しかしながら、婚姻によっても、女性が自らの身体をどのように用いるかという決定に対する女性自身の支配権は失われないと考えるべきである。アメリカの法哲学者・憲法学者であるドゥオーキンは、中絶禁止法を違憲とした合衆国最高裁判所の有名な判決――ロウ対ウェイド判決――について、生殖のために女性が自らの身体をどのように用いるかという決定に対する女性自身の支配権を是認した判決であり、女性がレイプや性的暴行を受けない権利は、女性が自らの身体をどのように用いるかという決定に対する女性自身の支配権のもう一つの例であるという[20]。

また、女性の人権には、強制、差別、及び暴力のない性に関する健康及びリプロダクティブ・ヘルスを含む、自らのセクシュアリティに関する事柄を管理し、それについて自由かつ責任ある決定を行う権利が含まれており（北京女性会議「行動綱領」パラグラフ九六）、夫婦間レイプは右セクシュアル・ライツを侵害するものであるといえる。

私は、性的自由及び性と生殖に関する自己決定権は、婚姻によっても失われることなく、女性の生涯に亘って保障されるべき権利であると考える。したがって、夫婦間において性交を要求する法的権利・性交に応ずる法的義務はないと解する。

仮に、夫婦間に性交要求権があるとしても、ここでの問題はそのような権利を暴行・脅迫を用いて実行することの是非である。仮に、右のような権利があるとしても、ことの性質上強制執行することのできない性質の権利なのであるから、暴行・脅迫という手段・方法を用いてこれを実現することは、常に権利の濫用であって強姦罪が成立すると解する[21]。したがって、暴行・脅迫をもって妻を姦淫する行為は、婚姻が実質的に破綻しているか否か、同居中か別居中か、性交拒否の理由がやむをえないと思われるものか否か（病気中・産前産後・異常な性行為の要求など）を問わず、強姦罪が成立すると解すべきである。

なお、夫婦間における強姦罪の成立を原則として否定する根拠として主張される考え方には、婚姻制度が継続的な性的交渉を前提とする以上、夫による性行為の強制は、妻の行動に関する自己決定の侵害であっても、そこには性的な側面での違法はありえないとする主張がある[22]。また、「婚姻関係に入るということは、男女が性的にも結合するという合意を含んでいるから…（中略）…夫が暴行を振るって性交に及んだ場合、強姦罪の成立を認めるべきではない」とする主張もある[23]。

ことは、婚姻の本質をどう考えるかによる。たとえ、婚姻が一般的に継続的な性的交渉を前提とするものであるとしても、暴行・脅迫を手段とする性的交渉を前提とするものであることを是認することはできないであろう。また、婚姻関係に入ることが、性的に結合するという「合意」を当然に含んでいるといえるのかどうかについては疑問の余地があるが、仮にそうだとしても、暴行・脅迫による性的結合への合意まで含んでいると解することは、およそ合理的でない。

同様に、「結婚はお互いに相手に対し性交を行なう権利を与えることを包括的に同意する契約である」と主張する説があるが[24]、仮に婚姻が性交に対する包括的同意を与える契約であるとしても、暴行・脅迫による性交にまで同意していると解することはできないであろう。

《プライバシーの侵害》

ところで、夫婦間における強姦罪の成立を原則として認めないとする立場には、「夫婦間に無制限に強姦罪・強制わいせつ罪が成立するとすることは、刑法がフリー・パスで夫婦の寝室に入ることであり、政策的にも妥当でない」と主張するものがある[25]。これは、夫婦の性生活というプライベートな事柄に国家が過度に干渉すべきではないとする意見であると思われる。

しかしながら、今日ドメスティック・バイオレンスは個人の尊厳を害する行為であり、男女平等の実現の妨げとなっていると理解されており、国家・社会はこれを放置すべきではなく、ドメスティック・バイオレンスの防止、根絶のために積極的な役割を果すべきことが期待されるに至っている。とりわけ、強姦行為は女性に従属を強いる政治的手段であるといわれており、また被害者は長期に及ぶ心身のダメージを受けることが明らかになっている。DV防止法は、「配偶者からの暴力」（＝強姦行為も含まれると解される）を「犯罪となる行為」として厳しく非難しており、国は配偶者からの暴力を防止し、被害者を保護する責務を有するとしている。このような女性の人権をとりまく状況、及びわが国において強姦罪が親告罪であり（刑法一八〇条一項）、プライバシーに対する一定の配慮がなされていることを前提にすれば、国家が夫婦の性生活というプライベートな事柄に過度に干渉すべきではないので、強姦罪の成立を認めるべきではない、という政策的判断には賛成できない。夫婦間に強姦罪の成立を認めても、国家が夫婦のプライバシーに過度に干渉することにはならないと考える。

《諸外国の法制》

なお、アメリカにおいては、一九七〇年代以降レイプ及びドメスティック・バイオレンスに対する社会的非難が高まるにつれ、一九九三年七月までの間に夫婦間レイプについて夫の免責を無条件で認める州は姿を消した。アメリカ法の現状は、夫の免責の制限——どのような場合に免責が認められないか——に関心が向けられているが、それでも全米のすべての州及びコロンビア特別区において、加害者が武器を使用した場合、著しい法益侵害を伴う場合、ただちに身体的損害を与えると脅迫した場合には、夫婦が別居中であろうと同居中であろうとも犯罪が成立し、夫の免責は認められない（本書一八〇頁参照）。

レイプにおいて配偶者の免責を残している州は三三州に及ぶが、最も典型的な免責規定は、一時的意識障害（アルコール、薬物などによる意識障害、あるいは無意識であった場合）のゆえに、または精神障害もしくは身体障害のゆえに同意能力がない者と性的関係を結んだ場合について、相手が非配偶者であればこれを犯罪とするが、配偶者であれば犯罪としない＝免責する規定である。

一九八五年ごろ主流であった立法例——配偶者に対するレイプについては、たとえそれがいかなる手段・方法によるものであっても夫の免責を認める一方で、婚姻が実質的に破綻している場合（たとえば別居中であるかあるいは離婚手続中である場合）には免責を認めないとする立法例——は姿を消しつつあり、近時一〇州あまりにすぎなくなっている。婚姻による「性交に対する取消しえない同意」の存在を前提として、夫婦関係が実質的に破綻している場合はこれを取消しうるとする考え方は、大方の州の賛同をえられなくなっている。

また、欧州議会は、一九九七年九月一六日女性に対する暴力に関する決議を採択したが、同決議は過去一〇年間における女性に対する暴力に関する立法において行なわれた最も重要な前進は、ほとんどの加盟国が婚姻における性的暴力を違法とする条項を採用したことであると指摘している[26]。たとえば、ドイツ連邦議会は一九九六年五月、夫婦間の強姦を通常の強姦罪で処罰する刑法改正案を三一八対三〇六で可決した。従来ドイツでは、強姦罪等の性暴力犯罪の構成要件を婚姻外のものに限定しており、夫婦間の強姦罪は処罰の対象とされていなかった。しかし、女性の性的自由の侵害を婚姻の領域と婚姻外の領域で区別して扱うことは正当化されないと考えられるようになり改正案が可決されるに至っている（NJW 1996, Heft 25 XXXIII）[27]。

(3)　強制わいせつ罪・準強姦罪・準強制わいせつ罪の成否

刑法は性犯罪として、強姦罪の外に強制わいせつ罪、準強姦罪、準強制わいせつ罪を規定しているのでこれらの犯罪が夫婦間において成立するかどうかについても付言する。

夫婦間の犯罪の成否を論ずる前に、それぞれの性犯罪がいかなる場合に成立するのかを概観しておこう。

《強制わいせつ罪》

刑法一七六条は、「一三歳以上の男女に対し、暴行又は脅迫を用いてわいせつな行為をした者は、六月以上七年以下の懲役に処する。一三歳未満の男女に対し、わいせつな行為をした者も、同様とする」と定める。

強制わいせつ罪は、人にわいせつ行為を行なって性的自由を侵害する犯罪である。客体は強姦罪と異なり男性も含む。わいせつな行為とは、いたずらに性欲を興奮かつ刺激させ、かつ普通人の正常な性的羞恥心を害し、善良な性的道義観念に反する行為を言う。ここで暴行・脅迫の程度については、強姦罪におけるのと異なり、当該行為を行なうにつき必要とされる程度の暴行・脅迫で足りると解されている[28]。判例にあらわれた暴行の例としては、殴打、肩や着衣をおさえる、不意に股間に手を入れる等がある。暴行が同時にわいせつ行為であってもよい。たとえば、指を陰部に挿入する、女性の意に反して強いて接吻する等である。

裁判例に登場したわいせつ行為の具体例としては、①陰部への接触――陰部に指を挿入する、指で陰部を弄ぶ、自己の陰部を他人の陰部に押しあてる行為。単に陰部の上の着衣に触れる程度では足りず、着衣の上から陰部を弄んだといえる程度の行為であることを要するといわれている。②乳房への接触――女子の乳房を弄ぶ。着衣の上から弄ぶ行為も含む。③接吻する。④性交はもちろんわいせつ行為の一種である。姦淫が強姦罪になる場合は特別法一般法の関係によって本罪が成立しないに留まる。少年の肛門に異物を入れる、裸にして写真をとる行為もわいせつ行為である。単に抱きすくめる行為、着衣の上から臀部をなでる行為等はそれだけではわいせつ行為とは言えない場合もあると指摘されている[29]。

《準強姦罪・準強制わいせつ罪》

刑法一七八条は、「人の心神喪失若しくは抗拒不能に乗じ、又は心神を喪失させ、若しくは抗拒不能にさせて、わいせつな行為をし、又は姦淫した者は、前二条（筆者注――強制わいせつ罪、強姦罪）の例による」と定める。準強制わいせつ罪、準強姦罪の本質は強制わいせつ罪、強姦罪と同様に被害者の意に反してその性的自由を侵害することである。本罪で「心神喪失」とは、精神または意識の障害によって性的行為につき正常な判断ができない状態にあることを言う。例えば、泥酔状態、重篤な精神障害の状態がこれに当る。「抗拒不能」とは、心神喪失以外の理由で物理的・心理的に抵抗できないか、または抵抗するのが著しく困難な状態にあることを言う。原因の如何を問わないので、手足を縛られているために身体の自由が奪われている場合とか熟睡している場合、錯覚や無知から行為の意味を理解できないために心理的に抵抗できない状態にある場合を言う。

裁判例によく見られる事案は、医師ないし医師と称する行為者が、正当な医療行為を行なうものと誤信している被害者に対し姦淫ないしわいせつ行為をする場合である。ここで心神喪失・抗拒不能に「乗じ」とは、この様な状態を利用すること、「心神を喪失させ」「抗拒不能にさせ」るとは、暴行・脅迫以外の手段を用いて心神喪失・抗拒不能の状態を作り出すことを言い、第三者の暴行・脅迫によって抗拒不能の状態に陥っているのを利用する場合、被害者が使用する薬缶の中にひそかに睡眠剤を投入し、あるいは甘言を弄して麻酔剤や覚醒剤を注射する等して、心神喪失・抗拒不能に陥れる場合等も本罪に当る。

《夫婦間における犯罪の成否》

刑法は、強制わいせつ罪、準強姦罪等を規定し、人は暴行・脅迫を用いてわいせつ行為をしてはならない、相手の心神喪失・抗拒不能に乗じ、あるいはこのような状態を作出して、姦淫行為、わいせつ行為を行なってはならない旨定め、これを処罰に値する違法な行為としている。右行為規範は夫婦間においても妥当するのだろうか。すでに強姦罪で論じたとおり、女性も男性も、たとえ婚姻しても、性的自由、及び性と生殖に関する自己決定権を失なわないと考えるべきである。また、暴行・脅迫を用い、あるいは相手の心神喪失・抗拒不能に乗じ、あるいはこのような状態を作出して相手の性的自由を侵害することは許されないのではないだろうか。

したがって、夫が妻の意に反して暴行・脅迫を用いて、陰部に指を挿入する、乳房を弄ぶ、無理矢理接吻する、肛門に異物を挿入する、口淫する等の行為に及べば強制わいせつ罪が成立する。また、夫が妻を欺いて睡眠薬を飲ませ、麻酔薬や覚醒剤を注射して抗拒不能に陥らせてこれを姦淫したり、夫との性交に応じない態度を明示して、別室で熟睡している無意識の妻を姦淫すれば、準強姦罪が成立すると解する。

6　殺人罪の量刑

《はじめに》

刑法一九九条は「人を殺した者は、死刑又は無期若しくは三年以上の懲役に処する」と定める。殺人罪は故意に他人の生命を侵害する犯罪でありその保護法益は個人の生命である。

ところで、平成一二年（二〇〇〇年）の殺人罪の検挙件数は一、一五二件であり、被害者が配偶者（内縁含む）である件数は一八八件であり、うち女性が被害者である件数は一二八件（六八・一％）である。平成元年（一九八九年）からの推移は表2のとおりであり、女性がより多く被害に遭っていることがわかる。

ちなみに、同じく平成一二年の暴行罪の検挙件数は七、一五一件であり、被害者が配偶者（内縁含む）である件数はわずかに一二七件（一・八％）である（うち女性被害者一二四件）。また同じく傷害罪の検挙件数は二一、六一六件であるが、被害者が配偶者（内縁含む）である件数はわずかに八八八件（四・一％）である。うち女性被害者は八三八件である。暴行罪、傷害罪の検挙件数と、たとえば総理府「男女間における暴力に関する調査」（平成一一年）を比較すると、同調査では「命の危険を感じるくらいの暴行をうける」について女性四・六％が「あった」（「何度もあった」「一、二度あった」の合計）と回答しており、暴行罪、傷害罪については犯罪が発生しても検挙に至らないことが多いことがわかる。

しかしながら、暴行罪、傷害罪とは異なり、殺人罪は被害者の死亡という重大な結果が発生することから、配偶者間の殺人罪が検挙されないことはほとんどないであろう。このように法益侵害の程度が重大である場合には「法は家庭に入らず」という法理はあてはまらない。そこで、殺人罪における刑事法上の問題は、暴行罪、傷害罪等におけるそれが犯罪として取り扱われていないという点にあるのとは異なる。ここでの問題は「夫殺し」、「妻殺し」の量刑が適正に行われているか否かである。

＜表２＞　配偶者間（内縁を含む）殺人罪検挙件数

被害者	1989	1990	1991	1992	1993	1994	1995	1996	1997	1998	1999	2000
女性（妻）	106 (67.9%)	87 (62.1%)	83 (49.7%)	71 (50.7%)	69 (53.1%)	101 (65.2%)	98 (59.4%)	／	90 (62.9%)	118 (67.0%)	96 (60.4%)	128 (68.1%)
男性（夫）	50 (32.1%)	53 (37.9%)	84 (50.3%)	69 (49.3%)	61 (46.9%)	54 (34.8%)	67 (40.6%)	／	53 (37.1%)	58 (33.0%)	63 (39.6%)	60 (31.9%)
合計	156	140	167	140	130	155	165	147	143	176	159	188

資料出所：警察庁「平成12年の犯罪」（被疑者と被害者との関係別検挙件数）より。

即ち、長年に亘り暴力を振るってきた夫を妻が殺害した場合に、夫が暴力を振るってきた事情は量刑に当たって考慮されているのだろうか。夫が妻を殺害した場合に妻が挑発したとか、妻は不貞を働いていたとか、妻に落度があったなどとして不当に刑罰が軽くなってはいないのだろうか。

ところで、刑法は殺人罪の法定刑を「死刑又は無期若しくは三年以上の懲役」と定めている。このように法定刑の幅が広いにもかかわらず、刑法典には殺人罪の量刑について基準とすべき規定はどこにも見当たらない。平成一〇年の司法統計年報をみると第一審事件において殺人罪（未遂も含む）で有罪となった者は六五二名おり、うち無期懲役一三名（一・九％）、懲役一〇年を超え二〇年以下の実刑となった者一一三名（一七・三％）、懲役五年を超え懲役一〇年以下の実刑となった者二三八名（三六・五％）、懲役三年以上五年以下の実刑となった者一八五名（二八・三％）、懲役三年で執行猶予となった者九五名（一四・五％）懲役一年以上三年未満で執行猶予となった者八名（一・二％）であり、無期から執行猶予まで極めて幅広い刑が言い渡されている。

そもそも、刑事裁判において量刑とはどのような基準で行われているのだろうか。「夫殺し」「妻殺し」の量刑の検討に入る前にまずこの点を検証してみよう。

《量刑基準と量刑相場》

量刑基準については、量刑を行う場合にどのような量刑基準に従うべきか（当為としての量刑基準）と、実際にはどのような量刑基準に従っているのか（存在としてての量刑基準）とがあるといわれている。以下量刑基準とは前者を指し、後者は量刑相場と呼ぶことにして論をすすめる。

裁判官はどのような基準によって具体的な刑を導き出すべきであろうか。量刑の基準としてこれまで考えられてきたのは、刑罰の目的である。刑罰の目的をどう考えるか――犯罪という害悪に対し等量の害悪を返すことが目的か（応報刑論）、個人の再犯を防止するのが目的か（特別予防論）、犯人の処罰によって一般人に影響を与え、もって犯罪を未然に防止するのが目的か（一般予防論）――によって量刑の基準が異なってくる。さらに、近時、責任主義の考え方が強調され（――責任なければ処罰なし――）、量刑についても、刑罰の程度・分量は、責任の程度・分量に従うという原則が導き出されている。責任主義を厳格に適用すれば、量刑は責任の程度・分量によって決まり、他の考慮を入れる余地がない。責任主義と刑罰目的（特別予防と一般予防）とのアンチノミーをいかに調整すべきか――これが現在における量刑基準に関する問題であるといわれている。[30]

ところで、改正刑法草案は、量刑の一般的な基準として次の規定を設けている。[31]

「第四八条　①刑は犯人の責任に応じて量定しなければならない。②刑の適用にあたっては、犯人の年齢、性格、経歴、環境、犯罪の動機・方法・結果および社会的影響、犯罪後における犯人の態度その他の事情を考慮し、犯罪の抑制および犯人の改善更生に役立つことを目的としなければならない。③死刑の適用はとくに慎重でなければならない。」

この規定は、犯人の責任の程度が量刑における最も基本的な要素であり、犯罪の抑制及び犯人の改善更生、すなわち一般予防及び特別予防に役立たせるという刑事政策的な目的は、責任に応じた量刑という枠の中で考慮されるという趣旨であるといわれている。

判例は、永山事件最高裁判決（**最判昭和五八年七月八日**、刑集三七巻六号六〇九頁）において、死刑選択の基準として、「犯行の罪質、動機、態様ことに殺害の手段方法の執拗性・残虐性、結果の重大性ことに殺害された被害者の数、遺族の被害感情、社会的影響、犯人の年齢、前科、犯行後の情状等各般の情状を併せ考察したとき、その罪責が誠に重大であって、罪刑の均衡の見地からも一般予防の見地からも極刑が止むを得ないと認められる場合」には、死刑の選択も許される、としている。右判決は、犯人の責任を中心に一般予防の見地をも考慮に入れて量刑を導く態度を示している。

ところで、改正刑法草案及び右最高裁判例は、量刑に当たって考慮されるべき事項を挙げてはいるが、これらの事項をどの様に評価するのか、消極に評価するのか、積極に評価するのか、その範囲・程度はどうするのかという点については何ら具体的指針を与えてはいない。

そこで、裁判官が右基準にもとづいて個々の事件について殺人罪の幅広い法定刑から具体的量刑を導き出すことは困難であるとされ、実際の刑事裁判では、長年の慣行によって犯罪類型ごとにでき上がった「量刑相場」による量刑が行なわれていると指摘されている。ある裁判官は、犯罪事実が確定されれば、経験的に想定される極めて限定された幅（刑の相場）の中で具体的な刑が決定されていると指摘している。[32] また、ある裁判官は、司法研修所創立五〇周年記念論集の中で、「実際の量刑は、量刑相場を第一の手掛かりとして行なうべきものである。量刑相場における標準科刑を探求し、具体的な量刑の指針とするのが実際的である」と結論づけている。[33]

さらに、ある検察官は、「普通殺人においても様々な犯罪類型ごとに量刑基準が出来上がっていて、それが裁判官の個人的な量刑裁量に越え難い枠をはめており、情状要素の評価といっても、この狭い枠組の中でのみ行なわれるのを通常とする」と述べ、「成人男子による刃物を使った激情を背景とする殺人に対しては、懲役一〇年を中心にその前後で刑の量定がなされるのが通常であろう」「このほか、被害者が一名の事件と複数の事件、偶発的な事件と計画的な事件、被害者が抵抗力のない子女や老人の場合と、被告人と対等あるいはそれ以上力強い者の事件、被害者に落ち度のある事件と全くない事件など様々な類型とその多様な組み合せごとに、実務上、これらに適格に対応する量刑基準が出来上がっており、それが量刑実務を支配しているのである」と述べる。[34]

量刑相場の形成は、同種・同性質・同程度の行為を内容とする事件に対しては、同刑量の刑罰を適用するのが妥当であるという考え方に根拠をもつものであり、検察官の求刑が検察官一体の原則にもとづき統一化されていること、また量刑不当が控訴理由となっており控訴審の審査が行なわれることによって、量刑相場が適正に形成されていると指摘されている。

このような実務のあり方に対しては、「判例においては、当該犯罪に関する事情はもとより、被告人の『情状』を推知する資料となる事情はすべて考慮し『裁判所が法定刑の範囲内において適当に決定すべきもの』であるという、極めて包括的な量刑基準が示されているに過ぎない」と指摘した上で、「少なくともそこでは、刑法理論との関連で『当為としての量刑基準』を確立し、量刑事情の範囲を確定していこうとの態度は見られない」「換言すれば、量刑実務に刑法理論的基礎づけを与え、客観的合理性を備えさせようとする姿勢を看取することはできない」とする批判がある。(35)「量刑相場」が量刑実務を支配している現状に対し、刑法理論と関連づけて「当為としての量刑基準」を確立すべきである、という批判は傾聴に値すると思われる。

しかしながら右の点に関する検討は別稿に譲り、ここでは現在の実務のあり方――「量刑相場」による量刑――を前提とした上で、夫殺し・妻殺しなどの量刑が適正に行なわれているのかについて検討を加えてみたい。ここで、量刑に当たっての裁判官の裁量権の行使が適正なものであるのかどうかについて、これを検証することのできる情報が、十分に開示されていない点を指摘したい。(36)被告人はもちろん、刑事裁判の行方をみつめる人々にとって、量刑がどの程度のものになるのかは最大の関心事であるといってよい。そもそも、法定刑が死刑から懲役三年（執行猶予を付すことのできる刑）までの幅がある殺人罪について、裁判官の裁量で刑が決まるというのは、罪刑法定主義の原則から言っても問題があると思われる。殺人罪の犯罪類型ごとに、もっと細かく法定刑を定めるべく刑法を改正することも視野に入れなければならないが、せめて現状において、裁判所は、「量刑相場」の内容を市民に公表し、いかなる量刑事情をどの程度の比重で考慮しているのかを明らかにして、市民の批判に答えなければならないであろう。

なお、アメリカ各州の立法では、殺人罪などについて類型ごとに法定刑の幅をせまく定めており、さらに公平な量刑を目指すべく、いわゆる量刑基準表の導入が図られていることを付言しておく(37)。

次に、我々に入手可能な資料から、「夫殺し」「妻殺し」の実際の量刑がどうなっているのか、それが適正になされているのかを検証してみたい。

《妻　殺　し》

妻殺し（既遂に限る）の裁判例を、新聞記事（以下特にことわりのないかぎり、共同通信記事情報による）から拾ってみる。

妻が浮気していると思い込んで夫は激しい暴力を振るうようになったので、妻は離婚を決意して子どもを連れて実家へ戻っていたところ、夫が実家に押しかけ、用意していた果物ナイフで妻の首などを刺して殺害した事件で、仙台地裁は「自己中心的で短絡的な残虐極まりない犯行」として懲役一〇年を言い渡した（仙台地判平成一二年二月二四日）。また、妻と一緒に塗装店を経営していたところ、妻が経理を独占していたことに不満をもち、妻と口論の末激情し自宅の居間で妻の首に電気コードとネクタイを巻き付けて絞殺した夫に、懲役八年の言渡しをした判決（岐阜地判平成一二年九月二六日）、同居中の妻と口論になり、収入の少ないことや「長男はあなたの子ではない」と言われたことでかっとなり、妻の頭部を鉄製の工具で殴って殺害した外国籍の夫に「異国での慣れない生活が背景にあったとはいえ、子供二人を残して一家は離散した。無防備な被害者を殺害した残忍な犯行」として、懲役七年の言渡しをした判決（岐阜地判平成一二年一月二〇日）、自宅で酒によって妻と口論になり、散弾銃で妻の首を撃って殺害した元町議の夫に「犯行は危険、かつ悪質だ。長年連れ添った夫に殺害された妻の無念さは察するにあまりある。元町議の犯行で地域住民に与えた衝撃は大きい」として懲役一〇年の言渡しをした判決

(鹿児島地判平成一一年一一月一七日)、自宅前の路上で夫婦げんかの仲裁に入った警察官の制止を振り切り、娘の目前で妻の背中や胸などを牛刀(刃渡り一八センチ)で突き刺して殺し、「酔っていたため記憶がない」と主張した夫に対し、「鋭利な刃物を持って体当たりするように突き刺しており確定的殺意があったのは明らか」と認定し、「警察官が止めるのを聞き入れず、数回にわたって執拗に妻の体を刺しており、犯行を目の当たりにした娘のショックも大きい」と述べて、懲役九年を言渡した判決(福岡地判平成九年三月二八日)がある。

妻を殺害するだけではなく、死体遺棄罪・死体損壊罪(刑法一九〇条)が加わるとさらに刑が重くなる。自宅で妻の首を絞めて殺害し遺体を山中に捨てたとして殺人罪と死体遺棄罪に問われた夫には、懲役一三年の言渡しがなされ(和歌山地判平成一二年一月一九日)、自宅で妻を絞殺し遺体をコンテナボックスに詰めて約二年七ヵ月間押し入れに隠し、河川敷でガソリンをかけて燃やしたとして殺人罪と死体遺棄罪に問われた夫には「夫婦関係が破綻していたにせよ、短絡的な犯行で、夫の手で命を絶たれた妻の無念さは計り知れない。遺体が邪魔になり焼いたのは極めて悪質」として懲役一〇年の言渡しがなされている(大阪地判平成一〇年一一月一一日)。別居中の妻の頭を丸太で殴って殺害し、交際相手の女性に手伝わせて遺体を河川敷に捨てたとして殺人、死体遺棄罪に問われた夫には懲役一二年の刑が言渡された(青森地判平成一二年四月二七日)。本件において被害者である妻は、夫とその交際相手の女性を相手に離婚訴訟を起こしていた。

なお、被害者が妻でなく、妻の親族の場合に刑が重くなっている事例がある。離婚後に元妻の実家に押しかけ執拗に元妻との面会を強要し、これを拒んでいた元妻の母親と口論の末、母親の背中を出刃包丁で刺して殺害した元夫には、「自分の非を省みず相手に要求ばかりする身勝手な考え方が犯行を招いた。被害者に落ち度はない」として懲役一六年が言渡されている(静岡地浜松支判平成一二年九月一九日)。

一方で、がんで入院することになり、目が悪くリウマチなどのため一人で外出できない妻(七三歳)の将来を悲観して、自宅で寝ている妻の首をタオルで絞めて殺害したとして殺人罪に問われた夫(八二歳)には、「思慮に欠ける犯行であるが、妻に対する深い愛情に根ざしたものとも受け取ることができる」として、懲役三年執行猶予五年の判決が言渡された（千葉地判平成一二年七月五日）。また、痴呆症がひどく寝たきりの妻（八〇歳）を介護していた夫（七九歳）が、妻の介護が十分できない状態になり、妻が長男夫婦に引きとられると冷たい仕打ちを受けると思い、自宅で妻の首をベルトで絞めて殺害したという事件では、「冷静な判断を欠いた犯行で責任は重いが、同情の余地がある」として、懲役三年執行猶予五年の判決が言渡されている（大阪地判平成一〇年七月一五日）。

このように、被害者が妻一人である場合の殺人既遂罪の量刑相場はおおよそ懲役一〇年前後、死体損壊・死体遺棄罪が加わると懲役一〇年～一五年程度、一方で、高齢の夫が寝たきりの妻を自宅で介護していていたが妻の将来を悲観して殺害するような場合には、おおむね執行猶予付判決が言渡されている。

右量刑相場は、「成人男子による刃物を使った激情を背景とする殺人に対しては、懲役一〇年を中心にその前後で量刑がなされるのが通常である」(38)という指摘が正しいとすれば、「妻殺し」であるがゆえに、他人を殺害した場合と比べて量刑が特段に軽くなっているとは言えないようである。

むしろ、近時は、ドメスティック・バイオレンスへ社会的非難が高まっているなかで、「妻殺し」の量刑が従来よりも厳しくなる傾向が窺える。たとえば、夫が自宅マンションの浴室で妻の首をタオルで絞めた上、頭を浴槽の湯に沈めて窒息死させ、浴室内で遺体を包丁でバラバラに切断して公衆トイレなどに捨てた事件では、裁判所は「自分の浮気が原因で夫婦関係が冷え切ったのに、妻がいなくなればほかの女性と交際するなど自由気ままに過ごせると考え、犯行に及んだ自己中心的な動機に酌量できる点はない」として、求刑どおり懲役一八年の実刑判決を言渡した（仙台地判平成一三年二月二二日）。

一方、執行猶予が付せられている事案については、高齢の妻が介護疲れから夫を殺害した事例においても執行猶予が付せられており、「夫殺し」「妻殺し」で差別的取扱いがなされているとはいえない。

なお、ここで傷害致死罪の量刑についても述べておきたい。傷害致死罪とは、暴行又は傷害の故意で人に傷害を加え、その結果として被害者を死に至らせることを内容とする犯罪である。殺人罪と同様「人の死」という重大な結果を引き起こす犯罪であるが、殺意がない点で殺人罪より犯情が軽いとされ、法定刑も「二年以上の有期懲役」と定められている（刑法二〇五条）。妻に暴行を加え死亡させたとして傷害致死罪に問われながら、被告人に執行猶予が言い渡され、ドメスティック・バイオレンスの被害者救済に携る人々の注目をあつめた判決があるので紹介する。(39)

横浜地裁川崎支部は平成九年七月二八日、自宅で数日間に亘り妻の両手足などを断続的に数十回殴るなどして妻に全身打撲のケガを負わせ外傷性ショックによって死亡させた、として傷害致死罪に問われた全盲の夫（鍼灸師）に対し、「無抵抗な被害者に数日間暴行を繰り返した結果の重大性は明らか」としながら、「被告人は手掌による殴打や膝蹴り、足蹴りなどの方法で下肢部や両腕部に攻撃を加えたものにすぎず」「被害者から苦痛や中止を求める強い訴えがほとんどなかったため、全盲の被告は負傷の程度を把握できなかったと思われる。また被害者は逃げることができる状況だったが、そう行動した形跡はなかった」「本件を、健常な男女間における暴力を振るう夫と暴力から逃れられない妻という関係と同一視することも相当とは思われない」などとして、懲役三年、執行猶予五年を言渡した。右事件では弁護人が「夫婦が暴力によってつながりをもつ『共依存』の関係にあった」として、暴力から逃げなかった妻にも責任の一端があるといわんばかりの主張をしたが、これに対し被害女性の相談を受けていた民間シェルター側が裁判所に抗議の意見書を提出していた。

右判決は、夫が全盲の障害者であっても夫の暴行から逃げ出すことができなかった被害女性の追いつめられた心理状態に対する理解を欠いており、逃げることができる状況だったのにそう行動しなかったことを被害者の落度として指摘している点はきわめて問題がある。被害者は事件の二ヵ月前民間シェルターへの入所を求めたが、満員で入所できなかった。また、被害者は事件の三ヵ月前にも頭部に重傷を負って二週間の入院をしており、夫の暴行は長期間に及ぶ執拗なものであった。このような事情を考慮すると本件の量刑には疑問が残る。

近時、夫が暴行の果てに妻を死亡させた傷害致死事件については厳しい判決が言渡されている傾向が窺える。たとえば潔癖症から妻の掃除などに不満を募らせ約一ヵ月間に亘り自宅で新婚七ヵ月の妻の顔や腹に殴る蹴るの暴行を加えろっ骨を折るなどのケガを負わせ、呼吸不全で死亡させたとして傷害致死罪に問われた夫には、「暴行は長期間に亘り執拗で悪質」「妻への不満を暴行で表すことは身勝手。妻に落ち度はなかった」として懲役四年六月の実刑判決が言い渡されている（東京地判平成一一年一一月一五日、女性情報一九九九年一二月号二三四頁）。

また、約三週間にわたって妻の頭や胸を殴る蹴るなどして暴行を加え、妻を全身打撲で死亡させたとして傷害致死罪に問われていた夫（六五歳）に対し、熊本地裁は、「妻が衰弱していると知りながら暴行するなど犯行は悪質。数年前から暴行を繰り返しており、動機に酌量の余地はなく、家庭内暴力の社会的な影響は大きい」として、懲役七年の判決を言渡した（熊本地判平成一二年九月一八日）。

さらに、妻に熱湯を掛け、やけどを負わせたとして、傷害の罪に問われた夫に対し、裁判所は、妻が六時間後に肺炎で死亡したことを取りあげ、「被告が加えた暴力が死因を成したのは明らか」「病気の妻を思いやるどころか、家事ができないことに腹を立て死亡直前までしつこく暴力を加えており、残酷で悪質」として、懲役一年六月の求刑を上回る懲役二年の実刑判決を言渡した（静岡地裁沼津支部判決平成一三年五月九日）。

このように、近時、ドメスティック・バイオレンスに対する社会的非難が高まるにつれ、殺人罪・傷害致死罪さらには傷害罪についても、量刑が重くなる傾向がみられる。ＤＶ防止法の制定は、このような傾向をさらに助長するものと思われる。

《妻子殺し》

夫が妻のみならず同時に子も殺害する事例（妻子殺し）では、殺害された被害者の数が三名以上となる場合があり、死刑を選択すべきか否かを巡って争われることが多い。公刊された判例集に掲載される裁判例はおおむね右のような事例である。「妻子殺し」の量刑（刑の選択を含めて）は、どのように行われているのだろうか。

たとえば、「つくば医師妻子殺害事件」は、医師であった被告人が勤務先の看護婦等と浮気を繰り返したことなどから家庭不和が生じ妻と子二人を絞殺した上、死体を海中に投棄した事件であるが、東京高裁は「本件には計画性は認められず、A子（妻）の殺害は衝動的、偶発的犯行であり、被告人らの夫婦生活が破綻するに至った経緯には、被告人の責にのみ帰することができない面がある」と述べて、無期懲役を言渡した一審の判決を維持している（**東京高判平成九年一月三一日**、判時一六〇四号五三頁。一審は**横浜地判平成八年二月二二日**、判時一五八一号一四三頁）。

金属バットで妻子三人を殴打して気絶させた上、住居に火を放って焼死させた被告人には、無期懲役が言渡されている（**福岡地裁小倉支判平成八年七月一二日**、判時一五八一号一四三頁、**福岡高判平成九年一二月四日**、判時一六三三号一四七頁）。福岡高裁は、本件は「C（被告人の子で被害者）の障害、B子（同じく被告人の子で被害者）の非行化を憂慮し、愛人との関係や夫婦仲が悪化する中で鬱々とした気分となり、妻子を殺害するとの考えに固着し」、衝動的犯行に及んだものであるとして、「Cの障害、B子の非行化には同情の余地がないわけではないこと」「その行為には被告人の身体的負因（脳器質障害）が作用していた可能性を否定できないこと」等を指摘して一審判決を維持した。

一方、仙台高裁は、マキリという鋭利な刃物で就寝中の妻子五人の頸部を切り裂いてこれを殺害した事案につき、被告人を無期懲役に処した一審判決を破棄し、死刑に処している。判決は、本件の動機は、妻と離婚させられ妻や子らを実家にとられる位なら妻子を皆殺しにして自分も死んだ方がよいという思いに駆られたためと認定し、このような動機は、余りにも自己中心的なものであること、被害者である妻、子に何の落度もないこと、結果が五人までも惨殺したという重大かつ深刻であること、一方被告人は重大な犯罪を犯しながら反省悔悟しているとは認められないこと、遺族の被害感情にはきわめて厳しいものがあることを指摘し、一審判決が本件犯行を無理心中事件としているのは事実認定を誤っているとした上で、死刑の言渡しをしている。なお、本件で被告人（夫）は妻に殴る、蹴るの暴行を加えており、妻は夫に離婚を求めていたが、判決は、「このような事態に立ち至った責任は挙げて被告人の怠慢かつ暴力的な性格や家族に対する無責任な生活態度にあったと非難されてもやむをえないというべきである」と述べ、妻に落ち度とよべるほどのものはないとしている（**仙台高判平成四年六月四日**、判時一四七四号一四七頁）。

また、妻と幼い長女、実父とその内妻の四名を順次殺害し、その証跡を滅失させる目的で自宅に放火し、四名の死体を損壊した事案について、東京高裁は、被告人を無期懲役とした一審判決を維持している（**東京高判平成二年一二月一九日**、高検速報二九五二号一八七頁）。同判決は量刑の事情として「本件は、家庭内で発生した近親間の殺人等を中心とする犯行であり、縁もゆかりもない者を殺害したなどという事実とは趣きを異にし、被告人にとって有利な情状も存在する」と指摘し、最も重要な事情として、一連の発行の出発点となった妻と長女の殺害について、犯行に至った経緯を挙げ「同情すべき事情がある」という。即ち、長女が被告人以外の男性の子ではないかという被告人の疑念は、「妻は婚約前から性的にふしだらであったが、その後も長女を出産する約二ヵ月前まで妻子ある会社社長と実家に帰った折に逢うなどして不倫な関係を続けていた」等の事情からみて道理に合わないものではなく、妻から夫婦喧嘩の挙句とはいえ、長女について「この子はあなたの血なんか入っていない。私の子なんだから、連れて実家に帰る」などと言われたため、「同女を深く愛していただけに激しい怒りと憎悪の念にかられてこれを殺害し、長女に対しても、騙されて今まで可愛がって来たと思うと憎しみの気持ちが生じ、遂にこれを殺害するに至ったもので、その結果を招いたことについて妻にも非難すべき点が多々あるは明らかである」と述べている（なお、本件においては、被告人は脳障害の影響による特異な性格のゆえに、犯行当時是非善悪の弁識に従って行動する能力がかなりの程度低下していた、とする鑑定書があり、判決は「鑑定結果は証拠上否定できない」としている。むろん、心身耗弱が認められた事例ではない）。

《妻の不貞 VS 夫の不貞》

さて、右東京高裁判決（平成二年判決）は、家庭内で発生した殺人について他人間の殺人とは「趣きを異にする」と述べている点、妻の不貞、妻の挑発を指摘し妻を非難している点に問題があると思われる。とりわけ、妻の不貞を「ふしだら」と非難する態度については、夫が勤務先の看護婦等と次々に不貞を重ねたあげく、妻にこれを追及されて夫婦の不和が生じ、ついには妻と子二人を絞殺して海中に投棄した「つくば医師妻子殺害事件」の判決とあわせ検討すると、裁判所の不貞に対する考え方を知ることができて興味深い。

「つくば医師妻子殺害事件」で、横浜地裁は、犯行の背景及び誘因となった夫婦の不和・喧嘩の原因は被告人の度重なる浮気にあるが、結婚生活が破綻していったことについては、二人の間においては、「互いの考え方・価値観・結婚観等を理解し、協力し合おうとの態度がほとんどなく」「このように夫婦不和と夫婦喧嘩のくり返しについては、二人の互いの行動が原因となり影響し合っており」、犯行の背景及び誘因には被告人の責めにのみ帰することができない面があり「斟酌すべき事情がある」と述べる（前掲横浜地判平成八年二月二二日）。ちなみに、控訴理由の中で検察側は、本件において被告人には妻に対し貞操を保持するとの「価値観・結婚観」が全く認められないと指摘している（前掲東京高裁平成九年一月三一日判決摘示の「検察官の論旨について」参照）。

右二つの事件に関する判決を読むかぎり、裁判所はこう言っていることになる。妻は夫の価値観・結婚観がたとえ妻に対し貞操を保持するとの考えが全くない考え方であっても、これを理解し協力し合っていかなければならず、夫の浮気が契機になって夫婦の不和が生じ、ついに妻子を殺害するに至っても、ひとり夫の責にのみ帰することはできない。一方で、「ふしだら」で妻子ある会社社長と不倫な関係を続けている妻には、「非難されるべき点が多々ある」と。ここには、夫婦の性に関するダブル・スタンダード――夫の不貞には甘く、妻の不貞には厳しい非難を加えるという考え方――が如実に表現されているのではなかろうか。

なお、「妻殺し」の事例で、被告人（夫）が注意しても年下の男性との不倫の関係を絶とうとしない妻を、幼児の面前でその頭部を手斧で滅多打ちにして殺害した事件について、東京高裁は、懲役三年執行猶予五年を言渡した一審判決を維持した（東京高判昭四〇年六月三〇日、判タ一八一号一八五頁）。同判決は、被告人は平素温厚・無口な性格で「不倫の楽しみに耽溺して憚らぬ自己の妻をさえろくろくたしなめることもできない」と認定し、犯行時の被告人の気持ちについて述べる段では、「『これほど云っても俺の気持ちがわからないのか』という悲痛などうこくにも似た心情であったと推認するほかない」と述べる。ここにも妻の不貞を厳しく非難し、その連れ合いである夫（男性）にきわめて同情的な裁判所の態度がみてとれるのである。この判決は「妻殺し」の量刑としてはいささか特異なケースに該当すると考えられるが、妻の不貞に厳しい裁判所の態度が究極の形をもって表現された例として紹介したい。

また、保険金殺人は利得目的で行なわれる殺人として通常刑が重くなっているところ、被告人（夫）の放らつな女性関係が原因で家庭が崩壊寸前の状態にあり、妻殺害の動機は交際相手との結婚のために妻の存在が邪魔であったこと、及び妻にかけた生命保険金を騙取することにあったという悪質な事案で、妻の身体を自動車で轢過して殺害した被告人に対し、東京高裁は一審の死刑判決を破棄して無期懲役に処している（**東京高判昭和五〇年一〇月一三日**、東高刑報二六巻一〇号一七三頁）。判決は「被告人が事業の危機に際して妻の協力を求めたのに、その協力が結果的に得られなかったことが被告人の殺意を誘発した一つの原因であって」と指摘し、「本件の場合には、円満な家庭生活の中で行なわれた犯行に比べると反対動機が若干弱い」として、無期懲役を選択している。ここでも、妻は夫が不貞行為を働いていても夫に協力すべきであり、家庭円満でない場合は、たとえその原因が夫の不貞であっても殺人に対する反対動機が弱いので、妻を殺害しても強く非難できないという考え方が表明されており、夫の不貞には甘い裁判所の態度が窺える。

《死刑か無期懲役か》

　ところで、殺人罪における死刑選択の基準については、前掲の永山事件最高裁判決（最判昭和五八年七月八日）の判示が参考になるが、裁判例をみると近年は殺害された被害者の数が、死刑と無期懲役を分ける重要な要素として重視されているようである。三人以上を殺害した裁判例の量刑動向をみると、死刑が言い渡された事例が多い。たとえば、近所の住人と口論となり、中学生の男子を含む一家三人を包丁で刺殺した事件（最二判平成七年四月二一日裁集刑二六五号五六七頁）、取引上のトラブルがもとで取引相手の一家四人をライフル銃で射殺した事件（最判平成五年一二月一〇日、裁集刑二六二号一四〇九頁）、交際相手の女性とその両親をハンマーで殴打して殺害した事件（東京高判平成七年一〇月六日、共同通信記事情報）などがある。これらの裁判例と被害者三名以上を殺害した「妻子殺し」を比較すると、「妻子殺し」はその多くが無期懲役に処せられている。この点について「被害者である家族に対し日ごろから葛藤を抱いていたなどの背景事情が、量刑上被告人に有利に斟酌されていることに留意すべきであろう」との指摘もある。しかしながら殺人事件では、前掲東京高判平成二年一二月一九日判決が言うように「縁もゆかりもないもの」を殺害する者はむしろ少数である。

　ちなみに、平成一二年の犯罪統計をみると、殺人罪で検挙された被疑者一一五二件のうち被害者と面識のない者はわずかに一六七件（一四・五％）にすぎない。被害者は被疑者の親族（夫婦・親子など）であったり、友人・知人であったり、職場関係者なのである（表3）。また、殺人事件においては被害者と何らかの「葛藤」があってこれを殺害するに至るのが通常であると思われる。してみると、「葛藤」があったことが重視されたというよりは、むしろ被告人と被害者が「夫婦であること」「親子であること」が結果的に刑を軽くしている可能性が否定できない。前掲の**東京高判平成二年一二月一九日**は、この点を端的に表現しているともいえよう。仮にそうだとすると、なぜ被害者が妻であり子である場合、通常の事件より刑が軽くなるのかが、問われなければならないであろう。

　ところで、現行法は刑罰として死刑を規定しており、わが国においても死刑制度の是非が問題となっている。筆者は死刑廃止論に賛成であり、死刑に代わって本来の意味での終身刑を設けるべきであると考えているが（現

＜表３＞　殺人罪における被疑者と被害者との関係別検挙件数

（平成12年）

被害者	件数（%）
親（実父母・養父母・継父母）	125（ 10.9%）
配偶者	188（ 16.3%）
子（実子・養子・継子）	91（ 7.9%）
兄弟姉妹	33（ 2.9%）
その他の親族	30（ 2.6%）
知人・友人	299（ 26.0%）
職場関係者	82（ 7.1%）
その他	137（ 11.9%）
面識なし	167（ 14.5%）
合　計	1152（100.0%）

資料出所：警察庁「平成12年の犯罪」（被疑者と被害者との関係別検挙件数）より。

行の無期懲役は、一〇年を経過すると仮出獄の制度により釈放される可能性がある──刑法第二八条）、死刑廃止の是非についてここでは論じる紙幅がない。その意味で判決が無期懲役を選択したことの是非はここでは論じないが、わが国の裁判所が「妻子殺し」について、他人間の殺人より刑を軽くしている現状については問題があることを指摘しておく。

《夫殺し》

夫殺し（既遂に限る）の裁判例を新聞記事から拾ってみると（以下特に断りのないものは共同通信記事情報及び女性情報二〇〇〇年六月号八一頁を参照した）、夫が浮気をしていると思い込んで口論となり、自宅の居間において包丁で夫を刺し殺害した妻には懲役六年（求刑懲役七年）が言渡されている（岐阜地裁平成一二年一月一八日）。また、トラック運転手の夫から長年に亘って暴力を受けていたことから夫に殺意を抱くようになり、交際相手と共謀して大型トラック内で夫の胸を折り畳み式ナイフで刺して殺害した妻には、「計画的に行なわれた凶悪で残忍な犯行」として懲役一二年が言渡されている（福島地判平成一一年一一月二五日）。右事案では、交際相手と共謀して計画的に犯行に及んだ点が不利な情状として働いたと思われる。

なお、女性殺人犯の量刑実態を調査した中谷瑾子教授の調査でも、「夫殺し」において、「情夫共犯事例」では単独犯より刑が重くなっており、その理由として中谷教授は犯行態様が残虐であるばかりでなく、「情状におい

て許し難いものがあるからであろう」と指摘する。(40)

暴力団組長だった夫の暴力に耐えかね、組長が経営していた会社の従業員夫婦に報酬を出すことを約束して犯行に引き込み、自宅で夫に睡眠薬入りの酒を飲ませた上ロープで首を絞めて殺害し、原野に死体を埋めたとして、殺人罪及び死体遺棄罪に問われた妻に対しては「被害者の暴力が誘発したとはいえ」妻から従業員夫婦に報酬一〇〇〇万円が支払われるなど「犯行は計画的で冷酷」として、懲役一〇年の言渡しがなされている(東京地八王子支判平成五年五月二八日)。また、酒癖の悪い夫に度々殴られていたところ、犯行当夜も夫に殴られ自宅を追い出されたことから夫の殺害を決意し、窓ガラスを割って自宅に入り家中に灯油をまいて放火し自宅を全焼させ就寝中の夫を焼死させ、殺人罪などに問われた妻には、「被害者にも責められるべき点があるが、冷酷な犯行で、住宅密集地での放火は付近住民に恐怖を与えた」として懲役一三年を言渡した(岡山地判平成四年三月一八日)。

このように、交際相手と共謀して計画的に夫を殺害したり、第三者に報酬を払う約束をして第三者を殺人に引き入れたり、殺人だけでなく放火という重罪を犯したりする事例では、たとえ夫の暴力に耐えかねた犯行であっても刑が重くなっている。

右のような事情がないケースでは、長年に亘る夫の暴行・虐待に耐えかねて夫を殺害した場合、夫に落ち度があり妻に同情すべき点があるとして量刑上考慮されることが多い。

たとえば、妻が暴力を振るう夫の首を紐で絞めて殺害し、遺体を夫の会社事務所の壁にコンクリートで埋めて隠したとして殺人罪と死体遺棄罪に問われていた事件では、東京高裁は懲役一一年の言渡しをした一審判決を破棄し、「夫の行動は思いやりに欠け、同情すべき点が多々ある。日ごろの心ない仕打ちが被告の不満を蓄積させたことは否めず、一審の量刑は重すぎる」として、懲役八年の刑を言渡している(東京高判平成一一年一〇月五日、女性情報九九年一一月号二三四頁)。死体遺棄罪の態様(壁にコンクリートで埋めて隠した)、犯行後の情状(離婚届を偽造して提出した上失踪した)は被告人に不利であるが、被告人がドメスティック・バイオレンスの被害者であった点を考慮して刑が減軽されている。

また、別れた夫の首を絞めて殺し千葉市内の実家の庭に埋めたとして、殺人罪と死体遺棄罪に問われた妻には懲役六年、共犯の女性にはそれぞれ懲役四年六月、懲役二年執行猶予三年が言渡されているが、同判決は、「動機は自己中心的」としながらも、「被害者が被告に対して、長年に亘って暴力を振るっていたという大きな落ち度もみられる」と指摘している（千葉地判平成一一年七月二二日）。

右二件の事例の量刑と、「妻殺し」において殺人罪と死体遺棄罪に問われている事件の量刑とを比較すると、「夫殺し」の方が刑が軽くなっているが、暴行・虐待が夫の落ち度として考慮されているからであろうと思われる。

「夫殺し」でも、夫の死亡保険金を報酬に暴力団組長らに殺害を依頼し、組長の指示をうけた組員が夫を自宅路上で射殺した事件では、「ほかの男性との交際を繰り返した上、落ち度のない夫に一方的に嫌悪感を募らせた。殺し屋を雇い完全犯罪をもくろんだ悪質な犯行」と指摘し、妻に懲役一五年を言渡している（鳥取地判平成一二年一〇月六日）。また、夫を殺害して生命保険金を手に入れようと計画し、依頼をうけた知人（二人）が夫の首を絞めるなどして夫を殺害し死体を土手に捨てた事件では、知人に「多額の報酬を提示して殺害を依頼、早期の実行を促すなど冷酷で身勝手極まりない。殺害そのものには加わっていないが、本件計画の首謀であり、責任は最も重い」として、懲役一六年を言渡している（福岡地判平成一二年七月二五日）。

一方で、入院中の夫（八七歳）が痴呆症になったと思いこみ、将来を悲観して絞殺したとして殺人罪に問われた妻（七八歳）に対し、「同情の余地がある」として懲役三年執行猶予五年の判決を言渡し（神戸地判平成一二年三月一〇日）、脳こうそくで手足が不自由な夫（八四歳）を介護疲れから自宅で絞殺した妻（七五歳）には、妻が夫の介護を八年間続けていたことを有利な情状として指摘し、懲役三年執行猶予四年の判決を言渡している（横浜地判平成一一年一二月一三日）。

このように「介護疲れ」あるいは「病苦により将来を悲観して」殺害した場合には、「妻殺し」と同様「夫殺し」についても執行猶予が付せられている事案が多い。

飲んだくれては失禁を繰り返す夫（七六歳）に大量の睡眠薬を飲ませるなどして殺害したとして、殺人罪に問われた妻（七八歳）に対し、仙台地裁は「短絡的な犯行で老人問題を抱える家庭にも大きな影響を与えたが、八〇歳に近い高齢で反省している」として懲役三年、執行猶予四年（求刑懲役四年）を言渡した（仙台地判平成一二年八月二九日）。被告人（妻）は夫の酒癖の悪さに加えて自分の体調も悪かったため自殺を考えていたが、夫を残して自分だけ自殺すると、将来子供らに夫の介護で迷惑をかけるという理由で夫を道連れに無理心中を計画し、自宅で酒を飲んで寝込んでいた夫に睡眠薬約五〇錠を飲ませた上、鼻や口を両手で押えて殺害し、自らも睡眠薬を飲んだが死にきれなかったという事案であった。本判決では、被告人が自ら病気を抱え夫の世話がことのほか大変だったこと、無理心中を図ったこと、被告人が高齢であることが考慮されたと思われる。

また、痴呆症で寝たきり状態だった夫を介護疲れから殺害したとして殺人罪に問われた妻（六九歳）に対し、名古屋高裁は、一審の実刑判決を破棄し、懲役三年執行猶予四年の判決を言渡した。夫は数年前から寝たきりの状態であり、被告人は自宅寝室で夫の首を絞め窒息死させたが、その後自殺を図り、一時意識不明の重体となった。裁判長は「被告の刑事責任は決して軽くないが、家族も更生に協力するといっており、（一審判決の）量刑は重すぎる」と述べた（名古屋高判平成一三年四月一七日）。

ところで、妻が夫の暴行・虐待に耐えかねて夫を殺害する（既遂に限る）場合、死体遺棄・損壊罪などの併合罪を伴なわず、交際相手と共謀して計画的に夫を殺害したり、保険金目的（利得目的）で夫を殺害したりというような特段の事情がない場合の量刑相場（但し、過剰防衛・心神耗弱により刑が減軽される事例を除く）は、どうなっているのだろうか。

近時の裁判例を新聞記事から拾ってみると、たとえば暴力を振るう夫を妻が夫の母親とともにネクタイで首を締めて殺害したという事案で、横浜地裁平成一一年四月二七日判決は、弁護側の正当防衛・過剰防衛の主張を退けた上で、「日ごろの夫の暴力があったとしても犯行は短絡的。確定的な殺意の下、現場で二人が共謀したことも認められる」などとして妻と夫の母親両名に懲役四年（求刑懲役七年）を言渡している（女性情報九九年五月号二三六頁）。同じ裁判官による判決であるが、暴力や酒癖の悪さに耐えかねて、夫の首にベルトを巻き付けて締め殺害し、殺人罪に問われた妻には、弁護側による「犯行当時は抑うつ状態で心神耗弱だった」とする主張を退けた上で、「確定的な殺意による残忍な犯行だが、夫の粗暴な振る舞いに耐えてきたという酌むべき事情もある」として、懲役四年（求刑懲役七年）を言渡している（横浜地判平成一二年三月二八日、女性情報二〇〇〇年四月号二三四頁）。覚せい剤を使用していた元夫の暴力などに耐えかねて夫を絞殺したとして殺人罪に問われた元妻には「夫の機嫌を損なわせないよう萎縮した生活を送るなど、覚せい剤によって変わった被害者に疲れていた点は酌むべき事情」としながら、「覚せい剤をやめさせるために警察などの公的機関に相談するなどの手立てをとらず、人の命を奪ったのは短絡的」と指摘し、懲役四年（求刑懲役七年）の言渡しをしている（横浜地判平成一二年三月二九日、女性情報二〇〇〇年四月号二三五頁）。

また、自宅で夫の左胸を包丁で刺し、殺害したとして殺人罪に問われていた事件で、被告人（妻）は「投げた包丁が夫に刺さってしまった」と殺意を否認し傷害致死罪を主張したが、判決は「相当の強い力で左胸を刺しており、確定的な殺意があった」とこれを退け、一方で「犯行は偶発的で、暴力を振るうなど被害者にも落ち度があった。本人も深く反省している」として懲役六年の実刑判決を言渡している（水戸地判平成一二年九月一一日、女性情報二〇〇〇年一〇月号五六頁）。

さて、わが国では、検察官の求刑、上訴審の審査などによって量刑相場が形成され、刑の標準化がはかられているといわれているが、特に求刑は刑の量定に関する裁判所の目安を提供する意義を有するとされている。また検察官一体の原則に基づき求刑はある程度統一化されており、検察官の求刑が量刑相場の形成に役立っているといわれる(41)。ある裁判官は司法研修所論集の中で、「実際の実刑の刑期は、求刑の二割ないし三割程度低いのが普通であり、執行猶予の場合には、求刑どおりとするのが多い」と指摘している(42)。そこで、このような量刑の実情からすると横浜地裁の三事件はいずれも求刑が懲役七年であり、いずれの事件も懲役四年が言渡されていること、水戸地裁の事件では懲役六年が言い渡されていることをみれば、夫の暴力に耐えかねての犯行である場合「夫殺し」は、特段の事情がない場合にはおおむね懲役五年前後の実刑が言渡されているとみてよいのではないかと思われる。

《実刑が言渡された裁判例》

「夫殺し」の事案（既遂）で、保険金目的とか交際相手と共謀したとかの特段の事情を伴わない事例（但し、過剰防衛、心神耗弱により刑が減軽された事例は除く）について、公刊されている判例集に登載されているものはあまりない。古い判例であるが、実母と共謀上、乱行の夫を殺害し、犯跡隠蔽のため首吊自殺を偽装した事例で、妻に懲役五年、妻の母に懲役四年の実刑判決が言い渡された事件があるので取り上げてみる（**山口地岩国支判昭和三五年一一月二一日**、下刑二巻一一・一二号一四四七頁）。

被害者（夫）は昭和二四年入夫として被告人方（妻方）に迎えられたが、暴力・浪費・怠慢が原因でいったん離婚した。しばらくして再婚し、その後も酒を飲んでは家族に当たり散らし、殴る・蹴るの暴力を加え、老齢の母（妻の母）を負傷させたこともあり、警察官等の助けを求めることも屢々であったので、ついに二度目の離婚をした。しかし、その後まもなく被害者（夫）は被告人方（妻方）らの家に復帰し、三度目の婚姻をした。ところで、復縁に当って夫は将来の改心を誓ったが、依然として粗暴・怠惰・飲酒等の悪癖は一向に改まらず、浪費をかさねたため家計は窮迫し、妻らの生活は陰惨の度を増した。被害者は働きにでることもやめ、酒や昼寝で徒食しながら家族に当たり散らし、「殺してやる」「出て行け」と怒鳴り、妻や、その母が収穫した米を売り払おうとして母の制止にあうと、「正月迄には家族を皆殺しにするから米はいらん」とか「家に火をつけてやる」等と不穏の放言を繰り返していた。そこで妻とその母は、「A（夫）の暴状から遁れる方法につき思いあぐみ、離婚は復縁を逼られてその効なく、結局機を見てAを抹殺してその暴力と浪費から一挙に解放せられるより外に方策ないものと思料し」、謀議を重ね、遂に早朝熟睡している夫の頭部に母が玄能で一撃を加え、妻が斧を打ちおろす等して瀕死の重傷を負わせた後、妻とその母及び妻の前夫の子の三人で細引きで首を絞めて殺害したという事案である。

判決は、殺人罪の量刑について、本件凶行の動機原因は、「被告人等の低い教養と無知に由来する切迫感に基くものであるから少なからず同情に値する」とする一方で、犯行の手段方法が残虐であることもさることながら、「被告人両名は相当長期に亘り殺害の意思を固くし謀議を重ねており、しかも犯跡隠蔽の手段としてA（夫）の死体を納屋に運んで首吊自殺を装わんとした」と指摘し、被告人両名に殆ど罪障感がないと述べた上で次のように言う。「判示Aの乱行に対しては親族知己の協力援助を求めるの外家事調停その他各般の手段に訴えて危難を緩和又は遁れる余裕があったにも拘わらず寸毫もその努力を払わず」被害者（A）を一挙に惨殺したものであり、このような諸事情を考慮すると、「被告等の高度の悪性はこれを否定すべくもなく犯情必ずしも軽くない」、と。

さて、右判決の基本的考え方は要約すればこうなる。被害者の乱行については、親族知己の協力援助を求める外家事調停その他各般の手段に訴えて危難を緩和又は遁れる余裕があった。にもかかわらず、被害者を殺すしかないと思い詰めるに至ったのは被告人らの低い教養と無知に由来するものだ。その点は同情に値する。しかし、他に、遁れる方法があったのに被害者を惨殺した被告人両名の犯情は必ずしも軽くない。よって妻には懲役五年の実刑が、その母には懲役四年の実刑が相当である。

しかしながら、二度の離婚を繰り返した上三度目の婚姻をしている妻に対し、家事調停などの手段で夫（被害者）と離婚し夫の暴力から逃げる手段があったはずだと言えるのだろうか。親族知己に援助を求めよと言っても、暴行・脅迫を繰り返し、警察官等の助けを求めること屢々であった被害者の乱行を改めさせることのできる者が果していたのだろうか。「危難を緩和又は遁れる余裕があった」と言うのは、後から冷静に客観的に考えれば言えることであり、判決は常軌を逸する暴行・脅迫に日々晒されている被告人両名の心理状態に対する理解を全く欠いていると言わざるをえない。

ところで、夫を殺す前に他に有効な解決策があったはずであるという論法は、ドメスティック・バイオレンスが社会的問題として認知されつつある今日においても、「夫殺し」の判決における量刑事情として述べられている。たとえば、覚せい剤を使用していた元夫の暴力に耐えかねて夫を殺害した事案では懲役四年の実刑判決が言渡されているが、判決は「覚せい剤をやめさせるために警察などの公的機関に相談するなどの手立てをとらず、人の命を奪ったのは短絡的」と指摘している（前掲横浜地判平成一二年三月二九日）。

《執行猶予が言渡された裁判例》

このように、妻が夫の暴行・虐待に耐えかねて、夫を殺害した（既遂）場合であっても、おおむね懲役五年前後の実刑に処せられているが、昭和五七年の高裁レベルの判決で一審の実刑判決を破棄し、妻に懲役二年執行猶予五年の判決を言渡した事例がある（**福岡高判昭和五七年三月四日**、判タ四六八号一五五頁）ので紹介する。執行猶予という結論を導いた判決の論理をみてみよう。事案はこうである。

アルコール中毒症の夫が、妻（被告人）や子に殴る蹴るの暴力を加え、隣人や酒店あるいは妻の親族にもこと毎に因縁をつけていた。妻は夫と入院治療を話し合ったこともあったが夫が承諾せず、強制入院させることも後難を考え断念せざるをなかった。犯行当日も夫は飲酒の上被告人（妻）の勤務先に架電して金を無心したり、被告人の実兄の店に押しかけ酒の掛け売りを要求して因縁をつけ同人に乱暴を加えかねない言動をするなどしており、被告人は兄から「明日会って話をしよう」と電話をうけ、離婚を勧められるものと予測したが、それは夫の日頃の言動から到底不可能と思っていた。被告人は酒に酔った夫から兄の件で怒号され、夫が兄に対してまで危害を加えかねない口振りであり、食事もしないで酔いつぶれていたので、「自分や子供らは勿論兄や周囲に対する将来の禍根を絶つためには同人の死を求める以外に途はない」と考えるに至り、自宅居間で酒に酔って熟睡中の夫の首にコート用の布製ベルトを回して絞殺した。

福岡高裁は一審の実刑判決を破棄し刑の執行を猶予した。いまだドメスティック・バイオレンスという言葉がわが国において登場していない時代において、裁判所は、「本件犯行の原因は専ら夫Aの常軌を逸した酒乱と怠慢な生活態度にあり、その動機は二児を抱えて長年に亘り忍従の生活を余儀なくされた被告人が、右Aから逃れるためには同人を殺害するほかないと考えるに至ったことにあって、かかる事態にまで追い込まれた被告人の心情は十分同情に値するものである」と指摘している。

さらに、「A（夫）のアルコール中毒症に対して治療を加えるか、又は親族らの協力によって解決の途を求めるということも、客観的には一応考慮の余地がないわけではない。しかしながら、Aの前示症状や同人の性格あるいは生活関係に徴すると、果して実効ある解決策を見出しうるかは極めて疑問であり、とりわけ、被告人としては長年に亘る苦しみから逃れるために、右の如き解決を模索しながら、いずれもこれを期待できないとしてあきらめていたのであるが、夫婦としての事情の機微を知り尽くした者の判断であって、仮に第三者の冷静な考察からみれば、なお努力の余地があったとして、これを被告人にとって不利な情状とみるのは相当でない」と指摘している。

ここには「夫の暴行・虐待、酒乱から逃れる方法は他にあったはずだ。他の解決策を求めるべきである」として、妻を非難する態度はみられない。第三者の冷静な考察からみれば、なお他の解決策を探るべく努力の余地があったとしても、それはいわば「後知恵」であると言っているのだろう。本判決は夫から逃れるためには夫を殺害するしかないと考えるに至ったことが本件動機であると述べ、そこまで追い込まれた被告人（妻）の心情に同情を寄せている。なお、本件で被告人が自首していること、被害者である夫の親族が寛大な判決を求めていることもあわせ考慮されている。

残念なことに、福岡高裁判決は、現在の「夫殺し」（既遂）の量刑相場からみると少数派に属する判決である。たとえ、「夫殺し」の動機が、夫の暴行・虐待等に耐えかねて夫から逃れるには殺害するしか方法がないと思い詰めたことにあるとしても、現在の量刑相場は、おおむね「夫殺し」（既遂）の妻には、懲役五年前後の実刑を科している（但し、過剰防衛、心身耗弱による刑の減軽が認められない場合）。このような量刑相場は、ここ数十年来変化がなく、ドメスティック・バイオレンスがこれほど社会問題となっている今日においても、あまり変動がないといえる。その主な理由は、夫の暴力から逃れるには他に方法・解決策があったはずだとする点にあると思われる。

ところで、夫の介護に疲れ果てたような場合には、裁判所は妻の立場に同情的であり、「夫殺し」の妻に執行猶予付の判決が下されることが多い。その理由は、寝たきりの夫や痴呆症の夫の介護をすることの苛酷さについては、社会一般の理解が深まっており、そのような状況におかれた者が他に方法・解決策がないと思い詰めて夫を殺害するに至っても、これを強く非難できないという意識が社会一般に共有されているからではないだろうか。これを受けて裁判所も寛刑に処していると思われる。一方で、妻が夫の暴行・虐待に耐えながら、子どものため、あるいは生活のため、又は夫に脅迫されていて、どうしても別れることができず、やむをえず夫と生活を共にする苛酷さについては、社会一般の理解はいまだ深まっていないがゆえに、夫の暴行・虐待から逃れるために夫を殺害する場合には、「他に解決方法があったはずである」「何らかの方法で夫の暴力から逃げ出せたはずだ」として妻を非難する意識が働き、このため、裁判所も刑の執行を猶予することにためらいがあると思われる。同じく「夫殺し」と言っても、その動機が「介護疲れ」と「夫の暴力」では社会的非難の度合いが異なっているように思われる。

今後は、夫から恒常的に身体的・性的・心理的暴力を受けている妻の苛酷な状況について、社会一般及び裁判所の理解を深めることが必要であろう。これによってドメスティック・バイオレンスの被害者による「夫殺し」

に対する社会的非難を軽減させ、「介護疲れ」による「夫殺し」と同様に、特段の事情がない限り、執行猶予付の判決が下されるよう運動を進めていく必要があろう。

なによりも、今般成立したＤＶ防止法は、配偶者からの暴力は犯罪となる行為であるにもかかわらず、被害者の救済が必ずしも十分に行なわれてこなかったことを指摘し、経済的自立が困難である女性に対して配偶者が暴力その他心身に有害な影響を及ぼす言動を行なうことは、個人の尊厳を害するものであると述べている（前文）。さらに、ＤＶ防止法は国及び地方公共団体は、配偶者からの暴力を防止し、被害者を保護する責務を有すると定めている（第二条）。

ＤＶ防止法の趣旨に照らせば、夫の暴行・虐待に耐えかねて、夫から逃れるために他に方法がないと思いつめて、夫を殺した場合に、「他に解決の方法があったはずである」として、ＤＶの解決をあげて妻の個人的責任とし、妻だけを非難することはできないであろう。妻に暴行・虐待を加え続けてきた夫はもちろんのこと、夫の暴行・虐待を放置し、被害者である妻に救済の手立てを講ずることができなかった国家・社会にもその責任の一端があるといわなければならないからである。

ＤＶ防止法の制定は、ドメスティック・バイオレンスの被害者による「夫殺し」の量刑相場に影響を与える可能性があると思われる。

なお、中谷教授は、昭和四一年中に全国五カ所の女子刑事施設に収容されている全収容者を対象者として量刑調査を行ない、これに昭和三六年から昭和四〇年までの五年間に東京地裁で殺人、放火等について有罪判決をうけた女性被告人の判決謄本による量刑調査を加え、女性殺人犯に対する量刑の実態を解明している[43]。いささか古い調査であるが、その後この調査に匹敵する調査があまりないので、この種の事案に関する量刑相場を知る貴重な資料となっているので紹介しておく。

右調査によれば、「嬰児殺」については対象例二一一件のうち二一〇件には執行猶予付の判決が言い渡されているが、「夫殺し」（本夫殺し・情夫殺）では、九四例のうち、殺人未遂（予備一件を含む）一四件のうち一一件に執行猶予が付されている一方で、殺人既遂八〇件のうち執行猶予が付されるものは六件にすぎなかった（但し、九四例中過剰防衛二件、心神耗弱五件が含まれていることに注意）。また実刑に処せられた者は、「本夫殺し」（五〇件）では、懲役三年（九件）、懲役四年（一二件）、懲役六年（五件）の言渡しが多く、「情夫殺し」（四四件）では懲役四年（一〇件）、懲役六年（五件）が多かったと述べている。また「本夫殺し」の動機の第一は、「夫の酒乱・粗暴・怠惰・浪費などの乱行にもとづくもの」であった。

右調査によっても「夫殺し」（内縁の夫を含む）について、未遂であれば格別、既遂の場合にはそのほとんどが実刑に処せられ、刑の言渡しは懲役三年～六年が多いことが窺える。また、「夫殺し」の量刑相場は、ここ数十年来ほとんど変化していないことも推測できよう。

《法律上の刑の減軽事由がある場合》

刑法は、過剰防衛行為について「情状によりその刑を減軽し、又は免除することができる」（刑法三六条二項）と定め、「心神耗弱者の行為は、その刑を減軽する」（刑法三九条二項）と定めている。ここまでの分析は、法律上の刑の減軽事由がない場合の量刑相場について述べてきたが、裁判例をみると「夫殺し」の事案において過剰防衛を認めて刑を免除した事例、心神耗弱により刑を減軽し執行猶予を付した事例がある。

ところで、過剰防衛行為とは、「急迫不正の侵害」に対し、防衛の意思で反撃行為を行なったが、その反撃行為が防衛の程度を超えた場合をいう。そこで、過剰防衛が成立するためには、妻が夫を殺害する時点で「急迫不正の侵害」が存在していなければならない。よって、長期間に亘って夫から暴行を加えられていた妻が、夫が酔って寝込んでいる際中にその首を絞めて殺害したという事案では、過剰防衛が成立する余地はない。

また、心神喪失とは、精神の障害により、是非善悪を弁識する能力がなく、あるいは、その弁識に従って行動する能力がない状態をいい、心神耗弱とは、その能力が著しく減弱している状態をいうが、わが国の刑事裁判で実際に心神耗弱が認められる例をみると、精神分裂病又はそううつ病（いずれも心神喪失とされることが多い）、老人性痴呆症などのような精神病、精神薄弱、病的酩酊（心神喪失とされることが多い）、重度の酩酊、覚醒剤中毒などの場合であり、神経症についてはごく例外的な場合に心神耗弱が認められるにすぎない。そこで、夫の暴力に耐えかねた妻が神経症にかかり、心理的に追いつめられ夫を殺害するような場合であっても、心神耗弱の主張はほとんど認められない。

したがって、「夫殺し」の事案について過剰防衛・心神耗弱による刑の減軽は、ほとんど認められない現状にある。このような状況については、ドメスティック・バイオレンスの被害女性にはあまりに酷であるとする批判がある。

《過剰防衛を認めて刑を免除した裁判例》

酒に酔った内縁の夫（被害者）が、妻（被告人）に執拗な暴行を加え、長袖シャツで首を絞めて気を失なわせる等したが、さらにゴルフクラブで後頭部等を殴打し加療約一ヵ月を要する頭蓋骨線状骨折・助骨骨折等の傷害を負わせ、その後約三分間積極的攻撃を加えていなかったところ、被告人（妻）は、布団の上に仰向けに横たわって目を閉じている被害者の頸部をペテナイフ（刃体の長さ一二・八センチ）で一回突き刺してその場で失血死させたという事案について、過剰防衛の成立をみとめ刑の免除を言渡した裁判例がある（**名古屋地判平成七年七月一一日**、判時一五三九号一四三頁）。本件では、加害行為が一旦終了しているので正当防衛の成立要件である「急迫不正の侵害」が存在しないのではないかという点が争点となった。裁判所は「A（被害者）の一連の暴行を一体として全体的に考察すると、暴行そのものが一旦収まっていても、引き続きこれを反復する危険はなお現存していたものと言うべきである」として、急迫不正の侵害は継続していたと認定した。

① 正当防衛の成否

正当防衛は「急迫不正の侵害」に対する防衛行為につき成立するのであり、「急迫」とは法益の侵害が現に存在しているか、又は間近に迫っていることを意味するから、侵害が終了してしまえばその直後であっても急迫性の要件は欠ける。つまり過去の侵害に対する正当防衛は成立しないと解されている(44)。侵害がすでに過去のものとなっているのかそれともなお継続しているのか、その判断は必ずしも容易ではない(45)(下級審が侵害が終了しているとして正当防衛を認めなかったのに対し、侵害行為は終了していないとして過剰防衛を認めた判例として最判平成九年六月一六日、判時一六〇七号一四〇頁)。本判決は、右事実関係について侵害が継続していると認定している。

一方で、本判決は、人体枢要部たる頸動脈に対するペテナイフによる刺突・殺害という手段は、防衛行為の程度を超える行為であると評価し、正当防衛を認めず過剰防衛であると判断した。

本判決が正当防衛を認めなかった点については、「力の対等な者同士を前提とした理論を、家庭という密室で夫や恋人の暴力の被害を受け続けてきた女性に当てはめたら、いったいどうなるか。…（中略）…実際には熟睡している夜中や泥酔中など、夫が無力になった時しか、妻は反撃できないのである。だが、このような場合には正当防衛は認められないから、妻はほとんど有罪になっていると考えられる。これでは、暴力を振るわれ続けている妻に向かって、『殺されるまで、我慢しなさい』と言っているようなものだ」という批判がある(46)。しかしながら、「急迫不正の侵害」は正当防衛の成立要件であり、これが存在しない場合、たとえば過去の侵害に対する反撃行為は正当防衛に当らず、単なる自救行為にとどまると解されている。「夫が無力になった時」夫を殺害するようなケースに正当防衛の成立を認めるためには、正当防衛の基本的枠組を変更し、「急迫不正の侵害」の存在を成立要件としている正当防衛の現行法規（刑法三六条一項）を改正する必要があろう。どのような行為を正当防衛＝違法性が阻却される行為＝であるとして無罪とするのかについては、従来の法実践が、人々の社会倫理・モラルとかけ離れたものであったのかどうか、これを変更する必要があるのかどうかにつき慎重な検討が必要であろう。

ところで、本判決は、被害者（夫）の頚部をペテナイフで突き刺し失血死させた行為について、防衛行為の程度を超えたと判断しているが、被害者の犯行直前の暴行の程度（生命侵害のおそれがあったこと）、暴行の執拗さ、被害者が高校時代に空手をしていたことなどから、女性である被告人とは体力面で圧倒的に優位に立っていたこと等を考慮すると、判決が「Ａ（被害者）の侵害行為を一時的にでもやめさせれば足り」「ペテナイフやゴルフクラブを手にして被害者を脅かすなどして逃走し、あとは警察の手に委ねることも十分期待できた」と指摘して、人体の枢要部たる頚動脈に対するペテナイフによる刺突・殺害という手段は防衛の程度を超えている、と判断した点については、疑問が残る。

② 刑の免除

さて、本判決は本件犯行を過剰防衛と判断して刑を免除した。過剰防衛は「情状により、その刑を減軽し、又は免除することができる」（刑法三六条二項）とされる。被告事件について犯罪の証明があっても、法律上定められている刑の免除事由があれば、裁判官は刑を言渡さないで刑の免除を言渡すことができる（刑訴三三四条）。この場合、有罪であることを判決で示すだけで刑事上の制裁として足りると解されるのである。

刑の免除が言渡されるケースは極めて稀であり、最近の司法統計年報をみても平成七年から平成一一年までの過去五年間でわずかに六件が存在するだけである。なお、その内訳は傷害罪（二件）、過失傷害罪（一件）、入管法違反（一件）であり殺人罪で刑が免除された事件が、本件ともう一件あるが、これは控訴審で破棄されている（大阪高判平成九年八月二九日、判時一六二七号一五五頁）。

これまでの裁判例で、殺人事件について過剰防衛により刑が免除された例としては、たとえば、実子である被告人を一四歳で無理矢理姦淫して以後約一〇年に亘って夫婦同然の生活を強要して数人の子まで出産させた被害者（実父）を絞殺した事案（宇都宮地判昭四四年五月二九日、判タ二三七号二六二頁）がある。右判決は、尊属殺人罪の規定が憲法一四条一項の法の下の平等に違反すると判示したが、控訴審がこれを破棄したため、上告され、尊属殺重罰規定違憲判決が下された事件である（**最判昭和四八年四月四日**、判時六九七号三頁）。また、大学生である被告人が、高校を中退した弟に、以前にも金槌で顔を殴られたり、木刀で顔面をつかれるなどして医師の治療を要する程度の傷害を負わせられていたところ、犯行直前に「表に出ろ。勝負したる」などと挑発された上、仰向けに押し倒されて、上から乗りかかられ両手で首を絞められたため、ペテナイフで弟の背中等を多数回突き刺して失血死させた事例（大阪地判平成二年六月二五日、判タ七五八号二八一頁）がある。

さらに、本件と同様に、妻が夫を殺害した事案で、夫から長年に亘り暴行、虐待を受けて左目の失明をきたし、しかも夫の飲酒・競馬で生活苦にあえぎながら、子ども二人の養育につとめてきた妻が、事件当夜、人気のない堤防上で狂気のような暴行を加えられて全身打撲などの傷害を負ったところから、反撃のため、とっさにタオルで夫の首を絞めてこれを殺害したという事件（**京都地判昭和五三年一二月二一日**、判タ四〇二号一五三頁。本判決に対して検察官より量刑不当を理由に控訴がなされたが棄却された。**大阪高判昭五四年九月二〇日**、判時九五三号一三六頁）がある。

いずれも、被害者が、同居の親族である被告人に暴行・虐待を行なっていたという家庭内暴力・虐待の事案であり、思い余った被告人が家族を殺害したという類型の事件である。

本判決もまた、これまでの裁判例に則って刑の免除を言渡しているが、刑の免除の言渡しがほとんど行なわれていない状況を考慮すると、注目すべき判決である。

本判決は、刑を免除した理由として、本件犯行は被害者が飲酒の上断続的に執拗で強度な暴行を加えたことが原因となっており、ゴルフクラブで後頭部を殴打し加療一ヵ月間を要する傷害を負わせた暴行は生命侵害のおそれが非常に高いものであったこと、これまでも被告人は数年間に亘り相当ひどい暴行を受けていたこと、被害者と相当な体力差があること、被告人は被害者から逃れようとして一回失敗していること、本件防衛行為が失敗した場合には被害者からより一層生命侵害の危険性が高い暴行を加えられるおそれがあったことなどからすると、「数々の暴力にも耐えてきた被告人が、今回堰が切れたように被害者を殺害してでも生命侵害の危機から脱しようと思い詰めるに至ったことはよくよくのことと理解され、同情に値するものである」と述べる。加えて被告人が自首していること、被害者の親族も寛大な判決を望んでいること等被告人に有利な情状を指摘している。

本判決は、昭和五三年の京都地裁判決と異なり、検察側は量刑不当を理由とする控訴をしないで判決は確定した。ドメスティック・バイオレンスをめぐる社会の認識の深まりを感じさせる結末となっている。

③　夫権の侵害に対する防衛行為

ところで、「妻殺し」の事例で過剰防衛の成否が争われた裁判例はみあたらない。但し、被告人の妻が被害者と親密な間柄となり、被害者と一緒に出て行くと言い出したので、妻を引きとめるためその行手に立ちふさがったところ、被害者が妻を逃げ出させるために抱きついてきたのでこれを投げ倒し、さらに出刃包丁で胸部を突き刺して死亡させたという事案について、裁判所は「夫権」に対する急迫不正の侵害があるとして、過剰防衛を認め、懲役五年の実刑判決を言渡した（福岡高判昭和五五年七月二四日、判時九九九号一二九頁）。右判決は、被告人の妻が自らの意志で家を出ていこうとしたにせよ、夫たる被告人がこれを制止しようとするのを、抱きついて実力で妨害する行為は、「被告人がその妻との間、住居を共にして性的生活を共同にする等の利益、換言すれば夫権に対する急迫不正の侵害」であり、「かような利益も亦法によって保護せられていることは言うまでもないから、これについて防衛行為を為し得ることは明らかである」と言う。

さて、民法七五二条は「夫婦は同居し、互いに協力し扶助しなければならない」と定める。このように夫婦には同居義務があるとされるが、かりに同居審判がなされても、夫婦の同居は性質上、自発的意思に基づくものでなければ目的を達することができないとされ、直接強制も間接強制もできないとされる。また、性的生活を共同する利益もまた、ことの性質上強制できない権利である。

したがって、判決の言う「夫権」なるものが仮に存在するにしても、妻が自らの意志で家を出ていこうとするのに対し、夫が「夫権」を振りかざして、実力をもってこれを妨害しようとすることは、権利の濫用であり、出ていこうとする妻を助ける第三者の行為は「夫権」に対する「不正の侵害」とはなりえない。本件はおよそ過剰防衛の成立する余地のない事件についてこれを認めたものであり、その判示には疑問がある。

《心神耗弱を認めて執行猶予を言い渡した裁判例》

被告人（妻）は被害者（夫）から長年に亘って殴る蹴るの暴行を受けているが、犯行の約二ヵ月前には頭部や胸部等を殴打され六週間の加療を要する助骨骨折の怪我をさせられ、また散弾装填済の銃口を向けられ「ぶち殺す」などと脅迫されていたので、猟銃を自宅内に隠していたところ、犯行当夜夫から猟銃を出せと責められ腰部を足蹴りされる等の暴行をうけ、猟銃を戸外に投げ棄てて逃げようと考えて銃を手にとったが、夫が血相を変えその形相も物凄く今にも被告人につかみかかるような態勢で追い迫ってきたので、猟銃で夫を射殺したという事件があった。

本件において弁護人から、正当防衛、心神喪失、心神耗弱等多数の主張がなされたが、判決は心神耗弱のみを認め、懲役三年執行猶予五年の判決を言渡した（但し、過剰防衛も認めている。**東京地判昭和三八年一二月二〇日、**判時三六六号一九頁）。

本判決は、被告人が数カ月前から睡眠も充分とれない状態に陥り、かつ当夜は月経の直前で、猟銃をめぐりあれこれ思い悩み自殺することまで考え、猟銃を手にしてからも戸外をしばしさ迷っていたこと等から窺われるとおり、被告人が精神的にかなり不安定な状態におかれていたこと等を指摘し、「外傷性神経症に加重する恐怖症にかかっていた被告人の本件犯行当時の精神状態は、強度の恐怖、緊迫状態に追い込まれたことにより一時的に社会的是非善悪の判断に従って行動する能力に著しく減弱をきたしていたものと認めるのが相当である」とした。なお、本件では、「社会的是非善悪の弁識判断の機能を喪失した状態に該当するものではないが、その弁識判断に従って自己の社会的行動を抑制する機能はいわゆる普通の状態を喪失している状態の範疇に属する」と述べる鑑定書が採用されていた。

ところで、刑法三九条は、「①心神喪失者の行為は、罰しない。②心神耗弱者の行為は、その刑を減軽する」と定めている。心神喪失とは、精神の障害により、是非善悪を弁識する能力がなく、あるいは、その弁識に従って行動する能力がない状態をいい、心神耗弱とは、その能力が著しく減弱している状態をいう（大判昭和六年一二月三日）。これによれば、心神喪失・心神耗弱の概念は「精神の障害」という生物的要素と「是非を弁識しこれに従って行動する能力の欠如」という心理的要素の二つから成り立っているが、わが国の刑事裁判実務（判例）は、この二つの要素を複合的なものと解釈してきたと指摘されている。

従来の裁判例における心神喪失・心神耗弱に関するおよその基準については、一般に、精神分裂病、そううつ病、てんかんの例外状態、進行性麻痺等のいわゆる大精神病の場合には心神喪失者とされることが圧倒的に多く、老人性痴呆、脳動脈硬化症、頭部外傷などによる精神障害では、精神障害の程度によって心神喪失、心神耗弱のいずれかに当るものとされ、他方、精神薄弱者については、よほど程度の重い場合を除きせいぜい心神耗弱が認められることがあるにすぎない、といわれている(47)。

神経症の場合は、精神分裂症の場合とは異なり、心神喪失にも心神耗弱にも当らないとされることがほとんどである。しかしながら、神経症にもとづく極めて強い脅迫観念や不安のため、衝動性に対する抑止力が低下していることや、逆に抑圧が強すぎるため何らかの刺激でいったん抑圧が破壊されると過大な反応攻撃が起こることがあり、このような場合には事理弁識能力があっても、行為制御能力に欠陥があるとして責任能力の減免を認める余地があると指摘されている。本件判決もこのような観点から心神耗弱と判断したものである。

ドメスティック・バイオレンスでは、長期間に及ぶ夫の暴行・虐待により、妻が心身に大きなダメージをうけ、心身症、神経症、ノイローゼ等の状態に陥っていることが多いが、それだけでは刑事責任能力が減免されることはなく、弁護人の主張にもかかわらず、多くの場合完全責任能力があるとされている。心神耗弱が認められた本判決はきわめて特殊な事例である。

一方、老人性痴呆症に罹っている場合には心神耗弱が認められることがある。被告人（妻）が夫をバットで殴打して殺害したという事案で、脳動脈硬化性精神障害を基盤とする、妄想様体験及び寝覚め時の意識低下の重複的影響による被告人（妻）の抑制力低下が著しくないと断定するには合理的疑問が残るとして、心神耗弱を認め刑の執行を猶予した判決がある（**大阪高判平成五年二月二四日**、判時一五〇五号一五六頁）。本件では被告人が老人性痴呆症のため犯行当時心神耗弱の状況にあったか否かが争われた。原判決は、被告人に痴呆等の病的所見が明確には認められないこと等を理由として、被告人に是非善悪の弁識能力及びこれに従って行動する能力に欠けるところはないとしていたが、本判決は原判決を破棄し、心神耗弱を認めている。本件で被告人（妻）は、犯行当時七七歳、夫は七九歳であった。判決は、量刑の事情として本件犯行が夢に触発された突発的なものであり、いわゆる計画的犯行とまではいえないこと、被告人には高齢（現在八一歳）による精神障害が認められ、現在さらにこれが進行している状態であること、「夫の遊興に悩まされ続けた長い生活歴には同情すべき余地があり、利欲的動機は窺えないこと」等被告人に有利な情状を指摘している。同様に、飲酒中の夫をハンマーで殴り殺したとして殺人罪に問われた六六歳の妻に対し、神戸地裁は、「犯行当時、被告人は中程度の痴呆症で、物事の善悪を判断する能力が著しく欠け、心神耗弱状態だった」などとして、懲役三年執行猶予四年（求刑懲役三年）を言い渡した。右判決は量刑の事情として「生活費を渡さず、日ごろから酒を飲んで暴力を振るうなど、被害者にも落ち度があった」と指摘している（神戸地判平成一〇年一一月一〇日、女性情報九八年一二月号二三一頁）。

なお、「妻殺し」の事例で、夫の責任能力が問題となった事案として、アルコール依存症に罹患していた被告人が酩酊中妻を刺殺した事案があり、原審判決が心神喪失を認めて無罪とした事件について、控訴審が、心神耗弱状態であったと判断して一審判決を破棄し、被告人に懲役五年の実刑判決を言渡した例がある（**札幌高判平成四年一〇月二九日**、判時一五〇八号一六三頁）。裁判所は量刑の事情として、被害者は被告人がアルコール依存症から立ち直るのを心底から願って断酒会に入るなど被告人の精神的支えとなって励まし、治療に専念させながら、自らはパートで働き（不足分は生活保護で補い）、被告人及び幼い二人の子を養ってきたと指摘し、その被害者に対し子らの面前で身体枢要部（胸部、腰部、背部）を突き刺して殺害したものであり、このような仕打ちは厳しい非難を免れない、としている。本件はアルコール依存症の夫が加害者であり、ドメスティック・バイオレンスにしばしばみうけられる事案であるところ、心神耗弱を認めながらも、夫の刑事責任を厳しく問う判決を下している。

《まとめ》

殺人罪は、暴行罪、傷害罪とは異なり、被害者の死亡という重大な結果が発生することから、配偶者間の殺人罪が検挙されないということはほとんどない。殺人のように法益侵害の程度が重大である場合には「法は家庭に入らず」という法理はあてはまらない。殺人罪における刑事法上の問題は、暴行罪、傷害罪等において、これが「犯罪」として扱われないという点にあるのとは異なり、量刑が適正に行なわれているか否かという点にある。

夫が妻を殺害した場合に、妻が挑発したとか、妻が不貞を働いていた等として、不当に刑が軽くなっていることはないか。妻が夫の暴行・虐待に耐えかねて夫を殺害した場合、夫の暴力は量刑に当って考慮されているのだろうか。判例集に登載された裁判例及び新聞に掲載された裁判例から、量刑相場をさぐり、検討してみた。

「妻殺し」については、被害者が妻一人である場合の殺人既遂罪の量刑相場は、おおよそ懲役一〇年前後であり、死体遺棄罪、死体損壊罪の併合罪が加わると懲役一〇年〜一五年程度である。これは、成人男子による他の殺人事件と比べ、「妻殺し」であるがゆえに、量刑が特段に軽くなっているとはいえない。むしろ、近時は、ドメスティック・バイオレンス（ＤＶ）に対する社会的非難の高まりのなかで、ＤＶのなかでも被害者の死という重大な結果を発生させる殺人罪あるいは傷害致死罪において、量刑が従来よりも重くなっている事例がみられた。ＤＶ防止法の制定はこのような傾向をさらに助長するものと思われる。

次に、夫が妻のみならず、同時に子も殺害する事例（妻子殺し）では、殺害される被害者の数が三名以上となる場合があり、死刑を選択すべきか否かを巡って争われることが多い。殺人罪における死刑選択の基準については、永山事件最高裁判決（最判昭和五八年七月八日）の判示が参考になるが、裁判例をみると近年は殺害された被害者の数が死刑と無期を分ける要素として重視されているように思える。

被害者三名以上を殺害した「妻子殺し」と、被害者との間に右のような関係がない殺人事件とを比較すると、「妻子殺し」においては、その多くが無期懲役に処せられており、被害者との間に、妻子である、又は家族であるという身分関係がない事件では死刑が選択されていることが多く、死刑か無期かの刑の選択に当って、被害者との身分関係が相当程度考慮されている可能性が否定できない。また妻子殺しの判決において、無期刑を選択する理由として、妻の不貞あるいは妻の挑発等を被害者の落ち度として非難する裁判例がみられ、問題があると思われる。

一方で、夫殺しの量刑相場については、妻が夫から長期に亘って暴行を加えられ、虐待されていた事例であっても、過剰防衛若しくは心神耗弱などの法律上の刑の減軽事由がない場合には、おおむね懲役五年前後の実刑に処せられている。このような場合の夫殺しの量刑相場は、ここ数十年来変化がなく、ドメスティック・バイオレンスが、これほど社会的に問題になっている今日においても、あまり変動がないと言ってよい。

その主な理由は、夫の暴力から逃れるには公的機関に相談するなど他に解決方法があったはずである、という点にあると思われる。

ところで、高齢の妻が夫の介護に疲れ果てて夫を殺害する場合には、裁判所は妻の立場に同情的であり、執行猶予付の判決が下されることが多い。寝たきりの夫や痴呆症の夫の介護をすることの苛酷さについては、社会一般の理解が深まっており、そのような状態におかれた者が他に方法がないと思い詰めて夫を殺害するに至っても、これを強く非難できないという意識が人々の間に共有されており、これを受けて裁判所も寛刑に処しているのではないか、と思われる。他方、妻が夫の暴行・虐待から逃れるため他に方法がないと追い詰められて夫を殺害する事例については、夫から長年に亘り殴る蹴るの暴行及び虐待を受けながら、夫と共に生活せざるをえない妻の状況やその苛酷さについて、いまだ社会一般の理解が深まっておらず、それゆえ、他に解決方法があったはずであるとして、妻を厳しく非難する意識が働き、これが量刑に影響を与えているのではないかと思われる。

今後は、夫から恒常的に身体的・性的・心理的暴力を受けている妻がおかれている苛酷な状況について、社会一般及び裁判所の理解を深めていくことが必要であろう。これによってドメスティック・バイオレンスの被害者による「夫殺し」に対する社会的非難を軽減させ、「介護疲れ」による「夫殺し」と同様に、特段の事情がない限り、執行猶予付の判決が下されるよう運動を進めてゆく必要があろう。

また、今般成立したＤＶ防止法は、配偶者からの暴力を犯罪であると強く非難し、国及び地方公共団体は、配偶者からの暴力を防止し、被害者を保護する責務を有する旨明言している。ＤＶ防止法の趣旨に照らせば、夫の暴行・虐待に耐えかねて夫を殺害した女性に対し、「他に解決方法があったはずである」として、ＤＶの解決をあげて妻の個人的責任に帰し、妻を非難することはできないであろう。妻に長期間に亘って暴行・虐待を加え続けてきた夫はもちろんのこと、夫の暴行・虐待を放置し、被害者である妻に救済の手立てを講ずることができなかった国家・社会にもその責任の一端があるといわざるをえないからである。

ＤＶ防止法の制定はドメスティック・バイオレンスの被害者による「夫殺し」の量刑相場にも影響を与える可能性があると思われる。

ところで、刑法三六条は「急迫不正の侵害に対して、自己又は他人の権利を防衛するため、やむを得ずにした行為は、罰しない」と定めている。いうまでもなく正当防衛が成立するためには、「急迫不正の侵害」がなければならない。そこで、夫が熟睡中や泥酔中に夫を殺害する場合には、正当防衛は成立しない。この点について、夫が無力になった時しか妻は反撃できないので、このような場合についても正当防衛の成立を認めるべきであるとする意見があるが、「急迫不正の侵害」がない場合に正当防衛の成立を認めるためには、正当防衛の基本的枠組みを変更する必要があり、慎重な検討が必要であろう。

侵害行為が過去のものではなく、継続していることが認められれば正当防衛の成立が認められる余地がある。問題は、防衛行為に必要性・相当性があるかどうかである。

この点について、被害者（夫）の頸部をペテナイフで突き刺し失血死させた行為について、防衛行為の程度を超えたとした裁判例があるが、被害者が犯行直前に被告人（妻）に対し生命侵害のおそれのある暴行を加えていたこと、それまでに加えた暴行の執拗さ、被害者が女性である被告人とは体力面で圧倒的に優位に立っていたこと等を考慮すると、防衛行為の必要性・相当性を認めることができる事案であったのではないかと思われる（名古屋地判平成七年七月一一日）。

防衛行為が防衛の程度を超えれば、過剰防衛が成立する。過剰防衛は、「情状により、その刑を減軽し、又は免除することができる」（刑法三六条二項）とされる。刑が免除されるケースは極めて稀であるが、これまで主に、被害者が同居の親族である被告人に暴行・虐待を行なっていた家庭内暴力の事案で、思い余った被告人が家族を殺害したという場合に刑の免除が認められている。前述の名古屋地裁判決は、過剰防衛の成立を認め、被告人に対し刑の免除を言渡している。

次に、刑法三九条は、「①心神喪失者の行為は、罰しない。②心神耗弱者の行為は、その刑を減軽する」と定めている。従来の裁判例によれば、一般に精神分裂病、そううつ病、てんかんの例外状態、進行性麻痺等のいわゆる大精神病の場合には、心神喪失者とされることが多く、老人性痴呆、脳動脈硬化症、頭部外傷などによる精神障害では、その程度によって心神喪失・心神耗弱のいずれかに当るものとされ、他方、精神薄弱者については、せいぜい心神耗弱が認められるにすぎない。神経症の場合には、心神喪失・心神耗弱には当らないとされることがほとんどである。ドメスティック・バイオレンスでは、長期間に及ぶ夫の暴行・虐待により、妻が心身に多大なダメージを受け、心身症、神経症等の状態に陥っていることが多いが、それだけでは刑事責任能力が減免されることはなく、弁護人の主張にもかかわらず、多くの場合、完全責任能力があるとされている。

妻が夫から長年に亘って殴る蹴るの暴行を受け、犯行の約二ヵ月前にも六週間の加療を要する肋骨骨折の怪我をさせられていたところ、妻が夫を猟銃で射殺したという事案において、「外傷性神経症に加重する恐怖症にかかっていた被告人の本件犯行当時の精神状態は、強度の恐怖、緊迫状態に追い込まれたことにより、一時的に社会的是非善悪の判断に従って行動する能力に著しく減弱をきたしていたものと認めるのが相当である」として、心神耗弱を認めた裁判例があるが、このような事例はきわめて稀である（東京地判昭和三八年一二月二〇日）。

夫から長年に亘って暴行・虐待を受け、神経症・心身症等に陥り、追い詰められて夫を殺害する事例については、心神耗弱による減軽が認められるべき場合があろうかと思われる。今後の課題である。

三　不法行為法（個別的不法行為）

1　問題の所在

他人の権利・利益を違法に侵害し、他人に損害を及ぼした者はその損害賠償の責任を負う。これを不法行為責任と呼ぶ。刑事責任が社会（国家）対個人（行為者）の関係で生ずる法的制裁であるのに対し、民事責任は個人（被害者）対個人（加害者）の関係で生ずる法的制裁である。行為がいかに社会的に非難される行為であり他人に損害を及ぼす行為であっても、それが他人の権利・利益を「違法に」侵害するものでない限り、不法行為責任は生じない。いかなる行為が違法性を帯びるのかが不法行為責任の中心問題である。

ところで、夫婦間において権利・利益の侵害行為がなされた場合、不法行為が成立するのか否かについては、原則としてこれを肯定するのが通説・判例である。最高裁は、夫が自動車の助手席に妻を同乗させて運転中に過失により妻に傷害を負わせたケースで、妻が自賠法三条の他人にあたり、保険金を受領できることを認めた判決において、「夫婦の一方が不法行為によって他の配偶者に損害を加えたときは、原則として、加害者たる配偶者は、被害者たる配偶者に対し、その損害を賠償する責任を負うと解すべきであり、損害賠償請求権の行使が夫婦の生活共同体を破壊する場合等には権利の濫用としてその行使が許されないことがあるにすぎない」と判示した（**最判昭和四七年五月三〇日**、民集二六巻四号八九八頁）。

ところで夫婦間において原則として不法行為が成立するといっても、夫婦が婚姻中に損害賠償請求権を行使することは通常の事態では起こり得ず、夫婦間の損害賠償に関するわが国の判例は、ほとんど離婚に際し、あるいは離婚後に請求される慰藉料とりわけ離婚慰藉料に限定されてきた[48]。

ちなみに離婚に際し、あるいは離婚後に請求される慰藉料には、理論上、①離婚の原因となった個別の行為（暴行、虐待、侮辱等）が、身体、自由、名誉に対する侵害になる場合に、これを不法行為として慰藉料を請求する場合と、②個々の行為を問題にするのではなく、相手方の有責行為によって離婚のやむなきに至ったこと自体を理由として、離婚という結果そのものに対する慰藉料を請求する場合とがある。

しかしながら、裁判所は、②の離婚慰藉料の算定に当り、①の不法行為も斟酌してこれを算定しているといわれており、慰藉料を請求する者も個別的不法行為による慰藉料を離婚慰藉料とは独立の慰藉料として請求する例はほとんどなかった。

このような離婚慰藉料の実態について、大津千明裁判官は、「実際上も婚姻中の個別的有責行為は、通常の場合、『法は家庭に入らず』の法格言に示されるとおり、原則として各独立の不法行為として構成する必要はなく、離婚を契機として、離婚慰藉料の中でその斟酌事由として評価すれば足りると思われる」と指摘する[49]。

しかしながら、今日、ドメスティック・バイオレンス（ＤＶ）は個人の尊厳を害する行為であり、男女平等の実現の妨げとなっており、国はＤＶの防止と被害者保護の責務を負うと理解されている。ドメスティック・バイオレンスに対する新たな法的救済として「配偶者からの暴力の防止及び被害者の保護に関する法律」（ＤＶ防止法）が制定されるに至っているところ、加害者の民事上の責任を明確にし、被害者に法的救済を与えるという観点から、夫婦間の個別的不法行為について、不法行為責任を検討しておく必要は大きいと思われる。

ところで、近時、離婚訴訟において、妻が離婚慰藉料とは別個に、夫の暴行によって被った損害（入通院慰藉料、後遺障害慰藉料、後遺障害逸失利益）について、個別的不法行為による損害賠償を請求した事案において、大阪高裁は、原審が夫婦間の損害賠償であること、交通事故の場合と異なり保険制度が完備していないことを理由に、損害額を交通事故の場合に比して大幅に減額したのに対し、単に夫婦関係があることのみから損害額を低く算定することはできないこと、保険が完備しているかどうかで損害額の算定を変えるのは不合理であることを理由に、損害額を大幅に増額する判決を言渡した（**大阪高判平成一二年三月八日**、判時一七四四号九一頁）。

右事件で認容された離婚慰藉料は三五〇万円であり、これに対し個別的不法行為による損害賠償額は、一七一三万円余りであり、後遺障害の等級が同程度（七級）の場合の交通事故による損害賠償額にほぼ匹敵する金額であった（但し、後遺障害慰藉料の算定にあたって離婚慰藉料として三五〇万円が認められている点を考慮している点には問題があると思う）。

右判決の結論には、ドメスティック・バイオレンスに対する社会的非難の高まりが影響を与えていると思われるが、今後は、離婚の際における個別的不法行為について離婚慰藉料とは別個に損害賠償を請求していく動きが加速されると思われる。

また、近時、被害者の女性の遺族が提起した不法行為にもとづく損害賠償請求訴訟において、裁判所が加害者（被害者の交際相手であり事件当時被害者と同居していた者）による「殺人」を認定して加害者に対し損害賠償の支払を命じたことが契機となり、捜査当局が一旦は不起訴処分とした事件について再捜査に着手し、加害者を殺人と放火の罪で起訴するに至ったという事件があった（二〇〇一年三月一九日付朝日新聞）。殺人事件の捜査で、検察審査会の議決なしに、検察が不起訴を取消して起訴するのはきわめて異例のことであるが、このように民事訴訟における判決が国家による刑罰権の発動を促す場合もある。

そこで、本項では、個々の権利・利益（生命・身体・自由・財産など）ごとに、夫婦間でどのような場合に個別的不法行為が成立するのか、検討することにしたい。なお、夫婦間の婚姻上の義務（貞操義務など）違反が不法行為の要件をみたす場合に不法行為責任が生じる場合があるが、この点の検討は別稿に譲ることとしたい。ここでは、婚姻の締結とは直接に関連をもたない一般人としての権利・利益が侵害される場合の不法行為責任について検討したい。

さて、ドメスティック・バイオレンスについて、個別的不法行為の成否を検討するに当って問題となる点は、婚姻の継続とは直接に関連を持たない一般人としての権利・自由が侵害される場合であっても、行為の違法性を判断する際に、それが全くの他人同士の間でなされた侵害行為とは異なる判断がなされるべきなのか否かという点、及び夫婦であることから請求権の行使に一定の制約があるのではないかという点である。

たとえば、藤岡教授は、「一般人としての権利（利益）の侵害が家政の領域内で行なわれた場合には、そのことが、行為の違法性判断に影響することがあろう」と指摘し、さらに「不法行為が家政の領域内でなされたものであるかぎり、請求権の行使に一定の制約があるのではないかということである（ただし、その場合には、人格的利益の侵害と財産的利益の侵害とを区別する必要がある）」と論じられる(50)。

また、鈴木禄弥教授は、「夫婦間では、一方が他方の所有の器物をあやまって毀損したとか、他方所有の食物を無断で食べてしまったというような、厳密にいえば不法行為とはいえないではない行為が無数に発生し、少なくともそれにもとづく損害賠償自体はなされないままで、忘却されていく。これらについては婚姻継続中はもちろん婚姻破綻後も、当事者間で、（…中略…）損害賠償が独立に訴求されうるとすることは妥当ではなく、せいぜい、財産分与（…中略…）計算の際に、それらの事情が総合判断の中に組み入れられるにすぎない、と解すべきである。その意味においてのみ、夫婦間での不法行為にもとづく損害賠償請求権の行使は、認められない」と述べる。(51)

以下の論述で、私は、不法行為責任の成否を検討するに当り、被侵害利益を、人格的利益と財産的利益に分けて論じた。その理由は、夫婦間における権利・利益の侵害行為の違法性を判断するに当って、被侵害利益が右二つの利益のいずれであるかという点がきわめて重要であると考えるからである。

なぜなら、第一に、そもそも人格的利益は、人間たるの資格にかかわる利益であり、民法の解釈指針として明記されている「個人の尊厳」にかかわる利益であること（民法一条ノ二）、第二に、夫婦間における財産的利益の侵害の違法性を検討するに当っては、夫婦別産制を貫徹することの問題性及び夫婦間に扶助義務があること等、他人間とは異なる特殊な要素があること、第三に、刑法において、窃盗・詐欺などの財産犯については夫婦を含む親族間において行なわれる犯罪行為についてこれを不可罰とする規定を設けている一方で（親族相盗例）、生命、身体、自由等の人格的利益を保護法益とする犯罪行為についてはこのような特則を設けていないことを考慮すべきであるからである。

ここで、私は、夫婦間に違法な侵害行為がなされ、これが不法行為と認められ損害賠償請求権が発生するにもかかわらず、夫婦であることから請求権の行使自体が制約される場合は、人格的利益の侵害に関する限り「ありえない」と考える。夫婦の一方が、人格的利益を侵害されたとして損害賠償請求権を裁判所に訴求しており、それが不法行為の成立要件を満たす場合に、国家がそのような権利行使を夫婦であるがゆえに拒絶する理由は見当らないからである。「法は家庭に入らず」「夫婦間の紛争は夫婦間の自律に任せる」という理由から、夫婦間における損害賠償請求権の行使を制約することは、ドメスティック・バイオレンスの被害実態――夫・パートナーから主として妻が様々な人格的利益を侵害されている実態――が明らかとなり、「配偶者からの暴力の防止及び被害者の保護に関する法律」が成立し、国及び自治体が配偶者からの暴力の防止と被害者を保護する責務を有するとされるに至った今日、支持されるものではない。

そこで本項での検討は、いかなる場合に夫婦間に個別的不法行為が成立しうるかどうかという点に絞ってみた。なお、夫婦間における権利・利益の侵害行為への救済方法として、不法行為法が婚姻中は実際上ほとんど機能しない現状の中で、近時は、婚姻継続中における被害者から加害者に対する不法行為の差止請求権（妨害予防・排除請求権）が仮処分を求めるという形態で行使され、被害者の救済方法として注目を集めている。

たとえば、暴力を振るう夫と別居したが、夫が妻の別居先（実家・アパート）や勤務先へ押しかけて復縁を迫ったり、夫が妻の自宅、勤務先付近に佇んだり、徘徊したり、待ち伏せしたり、尾行したりするなど妻につきまとう場合、妻の名誉を毀損し又は侮辱する内容の郵便物を勤務先の上司、同僚などの第三者に差し出したり、そのような内容のビラを配布したり、電話及びファックスを送信する場合などに、妻が人格権にもとづく差止請求権を被保全権利として、侵害行為の差止命令を仮処分手続で求めるのである。ちなみに、法務省によると東京地裁、大阪地裁で二年間に七〇件の仮処分申請があり、接近禁止命令が二〇件発令されているとのことである（日経新聞二〇〇〇年八月九日付）。仮処分命令の内容は、面談強要禁止、住居・勤務先への立入禁止、誹謗・中傷する文書の領布の禁止、架電禁止、つきまとい行為禁止、物を投げつけたり、殴打する等暴力を振るうことの禁止等である(52)。

さて、単に過去に不法行為があっただけでなく、将来も不法行為が継続される可能性が高い場合には、既に生じた損害の賠償だけでは被害者の救済には十分ではなく、侵害行為の将来に向かっての停止が必要である。差止請求は理論的には不法行為の存在を必要としないが、実際上は不法行為の被害者によって行使されるのが普通であるところ、右に述べたように、夫婦間の不法行為においては、損害賠償よりもむしろ差止請求が被害者救済の方法として期待を集めている点は留意しておく必要があろう。

差止請求権の法的性格、仮処分の問題点等については、本章第五節「差止請求と仮処分」において述べることとしたい。

また、「配偶者からの暴力の防止及び被害者の保護に関する法律」（DV防止法）は、「配偶者からの暴力」（配偶者からの身体に対する不法な攻撃であって生命又は身体に危害を及ぼすもの）の被害者が、「更なる配偶者からの暴力によりその生命又は身体に重大な危害を受けるおそれが大きいとき」、裁判所は被害者の申立により、①接近禁止命令、②住居からの退去命令を発令することができる旨定めており、右保護命令に違反した者には、罰則を科すこととしている。DV防止法によって新設された保護命令制度は、従前の仮処分決定手続とは法的性格を全く異にするものではあるが、その趣旨は、配偶者からの暴力はいかなる理由があれ許されない行為であり、被害者の生命又は身体の安全を確保するため、国家が夫婦の共同生活関係に介入し、事前の救済措置を講ずる必要があるとするものであり、仮処分手続による被害者救済の法的実践と共通するところがある。

保護命令制度については、第五章「ドメスティック・バイオレンスの法的救済（新たな手法）」において検討したい。

2　人格的利益の侵害

不法行為の成否が問題とされる場合における被侵害利益には、人格的利益と財産的利益がある。ここではまず、人格的利益の侵害行為について、侵害行為の違法性判断にあたって、夫婦であることが考慮される場合があるのかどうかについて検討してみる。

検討に当っては、今日社会的に問題とされているドメスティック・バイオレンスとは、①故意行為であること（交通事故のような過失行為は問題とならない）、②いかなる意味でも正当な目的を有する行為ではないこと（とりわけ妻に対する懲戒権は認められない）、③おおむね反復継続性があることを指摘したい。

さて、違法性判断に当っては、当該行為が刑罰法規に触れる行為であるか否かが重要な指標となるであろう。刑罰法規に触れる行為は、高度の反社会性を帯びる行為として、民法上も当然に違法となると考えてよい。なぜなら、刑罰はこれを科せられるものに対し、最も不利益な法的効果をもたらす性質上、刑罰法規の要求する違法性は民法におけるそれよりも一般に高度の反社会性を帯びるものと言えるからである。

一方、刑罰法規に触れない行為についても、長期間に亘って反復継続され、故意に行われる人格的利益の侵害行為である場合、即ち、弱い立場にある者をわざと苛めて苦痛を与える行為（＝「いじめ」）は、相手が配偶者（おおむね妻）であっても「違法」といえるのであり、婚姻関係にあることが違法性の判断に影響することはないのではなかろうか。なぜなら、このような行為は、その多くが性的自由、身体的自由、精神的自由、名誉、プライバシーなどの人格的利益の侵害となる行為であるところ、人格的利益は、人間たるの資格にかかわる利益であって、民法の解釈指針として明記されている「個人の尊厳」にかかわる利益であること、また夫婦とは相手の意思及び人格的利益を尊重し、良好な関係を維持していくべき法的義務を負っていると考えられ、このような関係にある者が、とりわけ経済的に弱い立場にある相手（おおむね妻）に対し、「いじめ」とも評しうるような人格的利益の侵害を行うことは、そのような関係にない他人に対するものと同様に、あるいはそれ以上の違法性を帯びる行為であり、夫婦であるがゆえに、違法性が低いと考えるべきではないからである。

ＤＶ防止法は、「配偶者からの暴力の被害者は、多くの場合女性であり、経済的自立が困難である女性に対して、配偶者が暴力その他の心身に有害な影響を及ぼす言動を行うことは、個人の尊厳を害し、男女平等の実現の妨げとなっている」と指摘する。ここで、「心身に有害な影響を及ぼす言動」とは、身体に対する不法な攻撃とはいえないような性的暴力や心理的暴力をいうが、ＤＶ防止法は、このような暴力も、配偶者からの暴力と同様に許されないものであるという（同法二四条）。ＤＶ防止法の制定は、夫婦間における人格的利益の侵害行為の違法性判断に影響を与える可能性があると思われる。

そこで、以下では、夫婦間においていかなる場合に不法行為が成立しうるのか検討してみる。

《生命・身体》

生命侵害が違法であることは当然である。刑法は殺人罪、傷害致死罪の規定をおき、かかる行為を重罪としている。

いかなる方法であれ他人に傷害を負わせる行為（たとえば、打撲傷・裂傷・骨折・やけどを負わせる、鼓膜を破る、神経症にかからせる、病気を感染させる等の行為）は、人の身体の不可侵性に対する侵害であり、違法である。このような行為は傷害罪に当る。

また、殴る・蹴る、平手打ちをする、突き飛ばす、物を投げ付ける、首を絞める、刃物を突き付ける、等の暴行も違法である。このような行為は暴行罪に当る。刑法上暴行罪の概念は比較的広く解されており、他人に塩を投げ付ける行為なども人に対する有形力の行使として暴行となる。

生命侵害の場合、夫婦間におけるそれが違法であることは論ずるまでもないが、身体侵害については、夫婦であることが違法性判断に影響を及ぼすことがあるのだろうか。ここで夫婦間における暴行罪、傷害罪の違法性判断がどのようになされているのかが参考になると思われる。従来は、夫婦間の暴行罪・傷害罪はそれが重大な結果を伴う場合でない限り処罰に値するほどの違法性がないと考えられ、警察による犯罪の摘発も見送られてきた。

しかしながら、今日、一般社会においてドメスティック・バイオレンスとりわけ暴行罪・傷害罪等に関する違法性の意識について顕著な変化がみられ、警察庁もまた、夫から妻への暴力事案に対し刑罰法令に抵触する事案については検挙その他の適切な処置を講ずるとしており、その結果、配偶者間における傷害罪・暴行罪の検挙件数が激増するに至っている。また、ＤＶ防止法は、国は「配偶者からの暴力」を防止し、被害者を保護する責任があると明言し、被害者保護のため罰則付保護命令の制度を創設した。

このような国レベルの取組みの影響もあり、今日、夫婦間の身体傷害については、いかなる理由があれ許されない行為であるとの社会規範・モラルが人々の間に形成されつつあると思われる。

したがって、今日、夫婦間における身体侵害の違法性を判断する際に、夫婦であることが違法性判断に影響を及ぼすと解することは相当ではない。

なお、夫の暴行による損害について、個別的不法行為による損害賠償を請求した事案において、単に夫婦であることのみから損害額を低く算定することはできないとした裁判例がある（前掲大阪高判平成一二年三月八日）。

《身体的自由・精神的自由》

自由の侵害は逮捕・監禁・通行妨害のような身体的自由の侵害であれ、詐欺・脅迫のような人の精神的自由の侵害であれ、他人の自由を拘束してこれに不当な干渉を加える行為であり違法である。「殺すぞ」「離婚すればタダでおかない」などの言動は脅迫行為であり違法である。

また、実家・親兄弟・友人との付き合いを極端に制限する（たとえば親の葬儀にも行かせない、電話も禁止するなど）、外出を厳しく制限する、などは行動の自由の著しい制限である。人は社会の中において他者と自由に交流し、自由に人間関係を形成して自己の人格の円満な発現を図る自由を有しており、これを不当に制約する行為は不法行為が成立する場合がある。

また、「誰にメシを食わしてもらっているんだ」「バカだ」「能なし」「のろま」「ブス」「死ね」「この売女」などと言う行為は、極めて侮辱的な行為であり、精神的自由の侵害としてたとえ夫婦間であっても不法行為が成立しうる。

《性的自由》

夫婦間における性的自由の侵害が不法行為となるかという点については、夫婦間に強姦罪が成立するかどうかをめぐる論議が参考になる。少なくとも、犯罪にあたるような行為は、民法上も当然に違法といえるからである。

従来の通説・判例は、夫婦間には原則として強姦罪は成立しないが、婚姻が実質的に破綻しているなどの例外的事情があれば、強姦罪が成立すると解してきた。その主な根拠は、夫婦間には性交要求権があるので、夫が妻を暴行・脅迫を用いて姦淫しても、原則として強姦罪は成立しないとするものであった。

しかしながら、そもそも夫婦の間には性交要求権があるのか、仮に性交要求権があるとしても、暴行・脅迫を用いてこのような権利を実現することは、婚姻が破綻しているかどうかにかかわりなくつねに権利の濫用であって強姦罪が成立するのではないか、等夫婦間における強姦罪の成立を認める見解が有力となっている。

夫婦間に性交要求権が認められるのか否かについて考えてみると、夫婦間の権利・義務を規定する民法は、夫婦の義務として同居・協力・扶助義務があると定めるが（民法七五二条）、この点については規定がない。また、性交拒否は離婚理由になると言われているが、裁判例も性交拒否だけで離婚を認めるものは少なく、むしろ性交に応じないという点に典型的に表われている夫婦関係の不和が婚姻を継続し難い重大な事由になると判断している。さらには一回の性交拒否が問題になるわけでなく継続的拒否が離婚原因になるというだけであり、「今日は体調が悪いので」と言って性交を拒否したことがただちに離婚原因になるわけではない。従って性交拒否が離婚原因になりうることを根拠に夫婦間に性交要求権を認めることはできない(53)。

ところで、カントは婚姻を「性を異にする二個の人格が自分たちの性的固有性の生涯にわたる相互的占有のためにする結合である」としており、婚姻により相手方の肉体に対し、互いに排他的・独占的な支配権を有すると述べているが、性的自由・性と生殖に関する自己決定権が女性の人権として尊重されるべきであるとされる現代社会において、このような考え方は受け入れられない。

ちなみに、アメリカの法哲学者であり、憲法学者であるドゥオーキンによれば、中絶禁止法を違憲とした合衆国最高裁判所の有名な判決（ロウ対ウェイド判決）は、生殖のために女性が自らの身体をどのように用いるかという決定に対する女性自身の支配権を是認した判決であり、女性がレイプや性的暴行を受けない権利は、女性が自らの身体をどのように用いるかという決定に対する女性自身の支配権のもう一つの例であるという[54]。

また、女性の人権には、強制、差別、及び暴力のない性に関する健康及びリプロダクティブ・ヘルスを含む、自らのセクシュアリティに関する事柄を管理し、それについて自由かつ責任ある決定を行う権利が含まれており（北京女性会議「行動綱領」パラグラフ九六）、夫婦間レイプは右セクシュアル・ライツを侵害するものであるといえる。

私は、性的自由及び性と生殖に関する自己決定権は、婚姻によっても失われることなく、女性の生涯に亘って保障されるべき権利であると考える。従って、夫婦間において性交要求権は認められないと解する。

仮に、性交要求権なる権利があるとしても、ことの性質上強制執行などできない権利であり、これを暴行・脅迫をもって実現することはつねに権利の濫用として違法である。

したがって、妻の性的自由を、婚姻に藉口して、暴行・脅迫を用いて侵害することは、刑法上強姦罪が成立し、民法上も当然違法であって不法行為が成立する。

また、性的関係を強要する手段が強姦罪における暴行・脅迫にあたらず、強姦罪が成立しない場合であっても、相手（妻）の意に反する性交渉を反復継続して行ない著しい精神的苦痛を与える行為は、性的自由の侵害として不法行為が成立すると考える。

《名　誉》

名誉の侵害は、特定人に対する社会的評価を低下させる行為として不法行為責任を生じさせる。たとえば、労働組合機関紙において一会社内にあって対立する労働組合の女性組合員を誹謗・中傷する記事を掲載することにつき名誉毀損の成立が肯定された事例では（東京地判昭和六〇年一一月二七日判時一一七四号三四頁）、女性組合員に対する「チビ・ブス」という表現、「性格ブス・人格ブス」「性格悪いこと」「人間として成長していない」「人格チビ」「いい年をしてまともな社会生活ができない輩」「根暗の偏執狂」という表現が人格的評価に向けられており、かつ侮辱的意味をもって使用されているとして、不法行為の成立をみとめた。そこで妻の親族・勤務先の上司等に「妻は男にだらしない」「妻は勤務先の上司と肉体関係がある」「妻は子どもを捨てていった」などと真実に反する誹謗・中傷を行なう場合には不法行為が成立する場合がある。

《プライバシー》

プライバシーとは「私生活をみだりに公開されない権利」である。今日ではその侵害が不法行為となることについて異論がない。プライバシーが法の保護に値する法益であることは明らかである。電話の盗聴、封をした手紙を故意に開披する行為はプライバシーの侵害であり違法である。このような行為は、たとえ夫婦間であっても不法行為が成立する場合がある。

また、撮影自体については同意を得た上であろうと、無修正の全裸写真を了解を得ずに他人に公表する行為はプライバシーの侵害となる。たとえば、無修正の全裸写真を写真報道誌に掲載されたことが人格的利益の侵害として、雑誌発行元・編集人・発行人に損害賠償義務が認められた事例では、裁判所は「人は、一般にその裸体を撮影した写真、特に性器部分に修正を施していない写真をみだりに公表されることによって、当該写真が無断撮影されたものであるか否かにかかわらず、不快、羞恥等の精神的苦痛を受けることはいうまでもないから、法的に保護される人格的利益の中には、承諾なしに性器部分を露出した自己の全裸写真をみだりに公表されないという利益も含まれる」と判示した（東京地判平成二年三月一四日、判時一三五七号八五頁）。

そこで、夫が妻の全裸を撮影した写真・ビデオを妻の友人・知人・勤務先などに配布する行為は、プライバシーの侵害として不法行為が成立する場合がある。

《私生活の平穏》

住居等一定の場所における平穏・快適で良好な環境、内心の静ひつな感情、などが被侵害利益として考えられる。

刑事の裁判例ではあるが、住居侵入罪の違法性については、夫が自己所有の家屋（――別居後は妻が居住していた）に立入ることが住居侵入罪に当るとした判決がある（東京高判昭和五八年一月二〇日、判時一〇八八号一四七頁）。判決は、夜間合鍵を利用し妻の意思に反してその住居に立入る行為について、すでに離婚訴訟が提起され婚姻関係が破綻し、将来再び同居する可能性のない状態に立ち至っていること、別居を始めてから約二年六ヵ月、同居の可能性が潰えてから一年五ヵ月も経過していること、離婚訴訟中に夫婦が二人だけで話し合いをもったのは双方に和解の希望、意図があったからではないこと、両名の性交渉も別居直後の時期におけるものであること等、別居後の当事者の交渉の状況も考慮した上で、本件立入りを違法としている。民事上もこのような場合は不法行為が成立する。

《近親者固有の慰藉料請求権》

夫婦間の生命侵害又は身体侵害の場合、被害者本人に対する不法行為となることについては既に述べたが、ここで、近親者に対する不法行為責任が生じるかどうかについて検討しておく。まず身体侵害の場合について述べる。

ア　身体侵害の場合

傷害などの人身を侵害する不法行為がなされた場合、その侵害行為の一種反射的な効果として、被害者の近親者にもある種の損害をもたらすことが珍しくないが、こうした場合の近親者も加害者に対して、独自に不法行為による損害賠償請求権を取得するのか否かが問題になる。

たとえば、甲（妻）が乙（夫）に殴られて重傷を負った場合、甲の子（丙）及び甲の母（丁）は、乙にいかなる損害賠償請求権をなしうるのか。

この場合、甲自身が負傷による財産上の損害賠償をなしうることは明らかであるが、ここでの問題は、丙あるいは丁等の近親者の損害賠償請求である。傷害の場合に丙、丁が固有の財産的損害を蒙るという事態は存在しない。そこで、ここでの問題は、甲が身体的傷害をうけたことにより丙、丁が蒙った精神的損害について、慰藉料を請求できるかどうかである。

判例はかつて、生命侵害の場合にのみ慰藉料請求権を規定する民法七一一条の反対解釈をその理由として、近親者の慰藉料請求権を認めなかった。しかし、最高裁が、女児が容貌を著しく傷つけられた場合の母からの慰藉料請求権を民法七〇九条、同七一〇条によって認容して以来（**最判昭和三三年八月五日**）、同種の判例がみられるようになり、かくて現在においては、「直接被害者が生命を害された場合に比肩すべき、またはこれに比して著しく劣らない程度の精神的苦痛を受けた近親者は、固有の慰藉料請求権を取得する」との判例理論が確立しているといわれている。

学説上も、「近親関係に根ざす人間感情に対する侵害」として近親者に対する不法行為責任が生ずることを承認すべきであるといわれている(55)。

次に、不法行為が認められる場合の傷害の程度がどの位重大な場合であることを要するのか、こうした不法行為の被害者として独自に慰藉料請求権を認められうる近親者とはいかなる範囲の者を言うのか、が問題になる。

判例は不法行為責任が認められるのは、直接被害者の死亡の場合にも比肩すべき、またはこれに比して著しく劣らない程度の精神上の苦痛を受けたときに限るとしており、これに該当するとされたのは、一般に、直接被害者に肉体的欠陥や機能障害が生涯にわたって残る場合が多く、後遺疾患ないし機能障害が残らないか、残ってもあまり顕著・重大でない場合には、近親者からの慰藉料請求は否定される傾向がみられるといわれている。また、近親者の範囲は、直接被害者の立場や他の近親者の有無などによって規定されるといわれ、「直接被害者が弱年の独身者なかんづく幼少者である場合には、父母に固有の慰藉料請求権が認められる可能性がある」、「これに反して、直接被害者の子からの慰藉料請求権についてはそれが認められるのは、かなり厳しい要件のもとにおいてである」とされ、「直接被害者が有配偶者である場合には、（…中略…）配偶者の慰藉料請求権は一般に認められるが、配偶者と並んで親や子からの慰藉料請求権が認められる場合は、ごくまれである」と指摘されている。(56)

さて、夫婦間の暴行・傷害行為により一方配偶者が身体的傷害を負った場合はどう考えるべきであろうか。私は、直接被害者に重大な傷害を負わせた場合については、近親者に広く慰藉料請求権を認めるべきであると考える。直接被害者の父母はもちろん、子については、暴力を目の当たりにすることによってその後長年にわたり心身に障害が生じる可能性が指摘されている。また、元来子は親から身上保護を受ける権利があり、平穏、幸福な家庭生活を営む利益があるが、このような利益が加害者である一方の親によって著しく侵害されるのであって、子に対する関係では、「近親関係に根ざす人間感情に対する侵害」のみならず、右のような利益も侵害されるといってよく、不法行為が成立すると解する。

一般に近親者の慰藉料請求について念頭におかれる事例とは、加害者が第三者であり、侵害行為も交通事故のような過失によるものが想定されている。しかし、ここで問題とされている夫婦間の暴行・傷害とは「故意」の行為である。このような行為には加害者に対する厳しい制裁を科すべきであり、近親者に対する不法行為を広く認めるべきであろう。

イ　生命侵害の場合

不法行為によって被害者が死亡した場合、財産的損害も精神的損害も損害賠償請求権は被害者本人が取得し、これを相続人が継承すると解するのが、判例・通説の立場である。この外に、近親者間での生命侵害について、民法七一一条は、「他人ノ生命ヲ害シタル者ハ被害者ノ父母、配偶者及ヒ子ニ対シテハ其財産権ヲ害セラレサリシ場合ニ於テモ損害ノ賠償ヲ為スコトヲ要ス」と定めている。同条は、父母・配偶者・子は、生命侵害により精神的苦痛を蒙った等格別の立証を要することなく、遺族固有の慰藉料請求権を取得することを定めた趣旨であると解されており、これ以外の遺族も親族の死亡により精神的苦痛を蒙ったことの立証をすれば、固有の慰藉料請求権を取得すると解されている（**最判昭和四九年一二月一七日**。被害者の夫の妹につき類推適用）。

3　財産的利益の侵害

夫の暴行・虐待に耐えられず、妻が家を出る場合、夫名義の財産のもち出しが不法行為として問題とされることがある。夫婦間で個別的不法行為の成否をめぐって争われる裁判例は、皮肉なことにそのほとんどが財産的利益の侵害の場合である。

夫婦間における財産的利益の侵害は、いかなる場合に違法とされ不法行為が成立するのだろうか。不法行為の成否を検討するに当っては、当該財産の帰属がまず問題となる。

夫婦財産の帰属について、民法七六二条一項は、「夫婦の一方が婚姻前から有する財産及び婚姻中自己の名で得た財産は、その特有財産とする」と定める。この規定は、夫婦別産制の原則を表明したものであるところ、夫婦財産の帰属は婚姻によって何ら影響をうけることはなく、「夫の物は夫の物、妻の物は妻の物」という財産法上の自明の原則を再確認したものにすぎないといわれている。夫婦別産制の原則によると、夫婦それぞれが婚姻前から有していた財産は、婚姻後も引き続きその者が単独で有することになり、また、婚姻中に取得した財産も、財産取得に当っての寄与・協力は考慮されず、一方の名で得た財産は名義人の特有財産となり、財産取得に当っての寄与・協力は離婚の際の財産分与額の算定に当たり考慮されるにすぎないことになる。

こうした「夫婦別産制」の原則の理解に対し、諸外国の立法例が第二次大戦後、夫婦の寄与・協力を夫婦財産関係に反映させ、財産上実質的な夫婦平等を実現しようとする傾向にあることに影響をうけ、近時わが国においても、様々な角度から「夫婦別産制」の原則に修正を加える考え方が登場しており、これらの考え方は、おおむね、夫婦（とりわけ妻）の寄与・協力を夫婦財産の帰属に結び付け、実質的平等を図るため共有財産の範囲を拡大しようとするものであり、近時の学説の有力な流れとなっている。下級審の裁判例もこれに従うものが登場している。

さて、「夫婦別産制」の原則を貫徹すれば、婚姻中に形成された財産はそのほとんどが「夫の物」とされ、妻がこれを持ち出したり、費消したりする行為は、「他人の」財産の侵害となり原則として不法行為となる。このような結論は妥当なのだろうか。

夫婦間の財産的利益の侵害行為について、不法行為の成否が問題となった裁判例をみると、夫婦が婚姻中に形成した財産は、たとえ、夫名義で取得した財産であれ、夫婦間においては共有財産であるとして妻の分割請求を認め、不法行為が成立しないと判断したり、あるいは「実質的に」は夫婦の共有財産であるので、財産の持ち出しは特段の事情がない限り、違法性はないと判断して不法行為の成立を否定している例がある。また、夫が妻への扶助義務を果さない場合、夫の特有財産の侵害が違法とならない場合があるとする裁判例もある。このように、夫婦間の財産的利益の侵害については、他人間の場合とは違法性の判断が明らかに異なるといえよう。

そこで、以下では、夫婦間の財産についての権利関係を仕分けして、どのような場合、夫婦間の財産的利益の侵害が不法行為となるのか検討してみよう(57)。

ア　夫婦ＡＢの一方Ａが婚姻前から所有していた財産及び婚姻中無償で（相続や贈与で）取得した財産は、その後相手Ｂに贈与しない限り、Ａの財産（特有財産）である。

たとえば、Ａが婚姻前に取得した預金、婚姻中親から贈与あるいは相続によって取得した預金は、Ａの特有財産である。よって、このような財産に対する侵害は、「他人の」財産に対する侵害であり、原則として違法とされる。

しかしながら、夫婦間には、同居・協力・扶助義務（民法七五二条）がある。そこで、夫が生活費を全く渡さないため、妻が生活に困窮し、やむなく、生活費の支弁に必要な限度で、夫が親から相続した財産を費消した場合には、特段の事情があるとして違法性がないとされ不法行為とならない場合がありうる。

たとえば、夫が妻のため必要な扶助を尽さないため、生活に困窮した妻が、夫所有の立木を夫と別居中に夫に無断で売却して生活費と療養費等にあてた行為は、違法性を欠くとした裁判例がある（**広島家裁三次支判昭和三四年七月二〇日**、家月一一巻九号一〇一頁）。判決は、妻が長期間の病気と他に生活資源なき困窮の状態にあり、夫は妻のために必要な扶助をなすべき義務があるのにこれを尽さなかったこと、夫は妻が申立てた別居並びに扶養料請求の調停で定められた生活費すら完全に履行しなかったこと、そのため妻は自己の生命保持上多額の医療費、療養費の債務を負担しその支払いのめどが立たなかったこと、立木の売却価格が相当価格であること、またその金額が生活費、療養費等の費用の支弁に必要な限度であり、立木代金がすべてこれら費用の支払いにあてられたこと等の諸事情を考慮して、夫所有の立木を売却して生活費等にあてた妻の行為を違法ではないとした（本判決は、立木の取得経緯を認定していないが、夫の「特有財産」の侵害に関する違法性判断として参考になる）。

イ　婚姻中に夫婦ＡＢが共同名義で取得した財産及び家財道具は、出資の如何をとわず、夫婦の共有財産となる（民法七六二条二項）。

家財道具につき、夫の債権者がなした差押えに対する妻からの第三者異議の訴えを、共有持分権の保存行為として認めた裁判例がある（東京地判昭和五〇年四月一六日、判タ三二六号二四九頁）。そこで、妻が別居に当り家財道具を持ち出しても共有持分権があるので、「他人の物」の侵害としてただちに違法となるわけではない。

ウ　婚姻中に夫婦ＡＢの一方Ａが自己名義で財産を有償取得する場合（預貯金・居住用家屋など）には、一般に他方Bの寄与・協力（妻の「共働き」による寄与・貢献や「家事・育児」による協力）が不可欠であり、この点を財産の帰属を決する際にどう評価するか——夫婦別産制を形式的に貫徹するのか——が問題となる。

① 財産を得るための資金を夫婦が共同出資している場合（「共働き」など）、裁判例は出資の比率を問うことなく夫婦の共有を認め、婚姻中に民法七六二条二項による共有持分（二分の一）の確認・登記・分割請求を認める傾向にある（夫名義の不動産につき妻からの共有持分確認を認めた例として、札幌高判昭和六一年六月一九日、判タ六一四号七〇頁）。

そこで、たとえ夫名義の預金であっても、その資金を夫婦が共同で出資している場合には、妻は夫に共有持分を主張できるのであり、これを分割した上で、自らの持分を費消しても、ただちに不法行為となるものではない。たとえば、妻が、夫名義の預金二〇〇〇万円について無断で実印を使用しこれを解約して払戻しを受け行方不明となったので、夫が、預金債権を侵害されたとして妻に対し、のちに返還された五〇〇万円を控除して金一五〇〇万円の損害賠償を請求した事案において、横浜地方裁判所は、預金債権を取得するための資金が夫婦共働きによる収入から出損されたと認定し、このような場合、夫名義であっても預金債権は夫婦の準共有に帰属するとした。さらに共有持分の割合は民法二五〇条により各二分の一であると推定されるとした。裁判所は、問題となった二〇〇〇万円の預金債権の外に同様の預金として一〇〇〇万円の預金が存在したと認定し、夫婦の準共有となる預金債権（合計三〇〇〇万円）の二分の一を現実に支配している夫には、損害が発生していないとして、夫の請求を棄却した（**横浜地判昭和五二年三月二四日**、判時八六七号八七頁）。

② 財産を得るための資金を夫婦の一方が単独で出資している場合（「主婦婚」で妻の寄与協力があるにすぎない場合）には、裁判例は、夫婦の共有に属することは認めず離婚に伴う財産分与手続によるとしている（夫の特有財産として、妻からの持分確認を認めなかった裁判例として、大阪高判昭和四八年四月一〇日、判時七一〇号六一頁）。

このような財産の侵害に関する不法行為の成否について、**東京地判平成四年八月二六日**（判タ八一三号二七〇頁）は、専業主婦であった妻が別居に際し、夫名義の国債等の債券類を持ち出し処分するなどした行為が不法行為になるとして、夫が妻に対し損害賠償を請求した事案で、夫名義の財産を「実質的」には共有財産であるとして、別居の際にこのような財産の一部を持ち出しても、特段の事情がない限り違法性がなく不法行為とならないと判示した。判決の理由はこうである。

「夫婦の一方が婚姻中に他方の協力の下に稼働して得た収入で取得した財産は、実質的には夫婦の共有財産であって…（中略）…婚姻関係が破綻して離婚に至った場合には、その実質的共有関係を清算するためには、財産分与が予定されているなどの事実を考慮すると、婚姻関係が悪化して、夫婦の一方が別居《ママ》決意して家を出る際、夫婦の実質的共有に属する財産の一部を持ち出したとしても、その持ち出した財産が将来の財産分与として考えられる対象、範囲を著しく逸脱するとか、他方を困惑させる等不当な目的をもって持ち出したなどの特段の事情がない限り違法性はなく、不法行為とならない。」

このように夫婦間の財産的利益の侵害について、裁判例は、夫の特有財産＝他人の財産の侵害といえる場合であっても、「実質的」には共有財産であり財産分与の対象となること等を考慮して違法性がなく不法行為が成立しない場合があることを認めている。

四　婚　姻　法

1　婚姻法上の義務

《夫婦間の身上的（パーソナルな）義務》

殴る、蹴る等の暴行、性的関係の強要、「誰に食わせてもらってるんだ」「能なし」「出て行け！」と言う等の、身体的・性的・心理的暴力は夫婦間における法的権利・義務関係からみて、いかなる評価を加えられる行為なのだろうか。

民法七五二条は夫婦間の法的義務として同居・協力・扶助義務を規定している。同居・協力義務は、夫婦が同居して精神的ないし具体的な生活面で相互援助すべき義務を意味し、扶助義務は、夫婦間において経済的に相互援助すべき義務をいう。この外に、明文の規定はないが、夫婦間には貞操義務があるとされ、この義務は、不貞行為が離婚原因とされていることによって間接的に示されているといわれる（民法七七〇条一項一号）。

このように、夫婦間における身上的（パーソナルな）義務としては、同居・協力の義務と貞操の義務があるとされている。

しかしながら、このような身上的義務は、婚姻継続中は法的義務としては大きな意味をもたない、と指摘されてきた。なぜなら、これらの義務は直接強制することは不可能であり、損害賠償請求も婚姻継続中は実質的にみてほとんど無意味だからであるといわれている。(58)

なるほど、同居・協力義務は、通常は夫婦が同一の住居で共同生活をして、家事の運営、病気の看護、子どもの養育等を行なうことを意味しているとされ、夫婦は双方の協議により同居の場所を決定し、協議が整わないときや同居義務の不履行があったときは、同居審判を求めることができる（家事審判法九条一項乙類一号）。しかし同居義務はその性質上、法的強制になじまないとされ、また同居審判も強制履行ができないとされている（ちなみに、一九九〇年以降、同居・協力・扶助審判の申立件数は、年間約三〇件前後にとどまっており、ほとんど機能していない現状にある）。正当な理由がない別居は、原則として悪意の遺棄として離婚原因とされるにとどまる（民法七七〇条一項二号）。

また、貞操義務は夫婦以外の第三者に対する不作為義務（第三者と性的関係をもたない義務）として構成されているが、貞操義務も同居義務と同様、性質上、強制履行は不可能であり、貞操義務に違反する行為は、不貞行為として離婚原因となるにとどまる（民法七七〇条一項一号）。

このように、夫婦間の同居・協力義務及び貞操義務は、婚姻継続中は法的義務としては大きな意味をもたないと解されてきた。

しかしながら、私は、夫婦は、相手の意思及び人格的利益を尊重し、良好な婚姻関係を維持していくべき信義則上の義務を負っており、同居・協力義務及び貞操義務とは、いずれもこのような義務から導びかれる義務と解すべきであると考える。夫婦の権利・義務関係を定めた民法七五二条は夫婦間には相手の意思及び人格的利益を尊重し、お互いに安全で平穏な生活を維持していくべき身上的（パーソナルな）義務があることを定めた規定として再構成する必要があると思う。ここで、右信義則上の義務は、事実婚（内縁）など婚姻に準ずる関係にある者同士も負っていると考えられる。

ドメスティック・バイオレンス（夫・パートナーからの身体的・性的・心理的暴力）とは、このような婚姻にもとづく法的義務＝婚姻義務に反する行為として違法であると解されるものである。

ちなみに、林信雄教授は民法七五二条は「身分法における信義誠実の原則を明らかにするもの」であり、「同条は婚姻的共同生活義務として、『同居』『協力』『扶助』ということを制限列挙したものではなく、ただその内容を例示したものに過ぎない」と述べる[59]。林教授は、「民法七五二条は、『法律は家庭に入らず』という諺もあるように、夫婦間の平等原理と共同原理を端的に示すことによって、夫婦関係の身分的効果の限界を明らかにし、夫婦関係をば、法律的というよりは、むしろ、道徳的・宗教的・愛情的なものに委ねることによって、法と倫理の融合を所期」するものであると指摘する。

私見は、夫婦関係を当事者の愛情・道徳に委ねず、法的に規律していこうとする主張であり、林教授の主張とは基本的思想が異なっているので念のため付言する。

《新しい解釈をする法的意味》

夫婦間の婚姻上の義務をこのように解して、はじめて、ＤＶ防止法の意義を理解することができるのである。即ち、ＤＶ防止法は、経済的自立が困難である女性に対して配偶者が暴力その他心身に有害な影響を及ぼす言動を行なうことは、個人の尊厳を害し、男女平等の妨げとなっていると指摘する。ＤＶ防止法は、配偶者暴力相談支援センターにおいて、「配偶者からの暴力」（＝配偶者からの身体に対する不法な攻撃であって生命又は身体に危害を及ぼすもの）の被害者のみならず、被害者に準ずる心身に有害な影響を及ぼす言動を受けた者（身体に対する不法な攻撃に当たらない性的暴力又は精神的暴力の被害者）の保護のために、一時保護・相談業務等を行なうこととしているが、この制度は、右に述べるところの婚姻義務に違反する違法な行為の被害者に対し、国家が用意した社会保障の施策として位置づけることができるのである。

また、従来、夫婦間の暴行・虐待は、婚姻の締結とは直接に関連をもたない一般人としての権利（利益）の侵害として不法行為法による規律が考えられており、この場合、一般人としての人格的利益の侵害が夫婦間で行なわれた場合には、夫婦であるということが行為の違法性判断に影響を及ぼすことがあり、また、損害賠償の請求は夫婦関係の円満な進行を妨げるがゆえにその権利行使には一定の制約があると考えられてきた[60]。

しかしながら、夫婦は相手の意思及び人格的利益を尊重し良好な関係を維持していくべき法的義務を負うのであり、このような関係にある者が、とりわけ経済的に弱い立場にある相手に対し、「いじめ」とも評しうるような人格的利益の侵害を行うことは、そのような関係にない他人に対するものと同等に、あるいはそれ以上の違法性を有する行為であり、夫婦であるがゆえに違法性が低くなると考えるべきではないと思われる。

夫婦間の身体的・性的・心理的暴力をドメスティック・バイオレンス（ＤＶ）として社会的問題としていく運動とは、夫婦はお互いの意思及び人格的利益を尊重し良好な婚姻関係を維持継続していくべきであるというモラルを構築していくことをめざすものであり、その法的意義は夫婦間に右のような信義則上の法的義務を構築していくことにあると考える。

さらに、夫婦間における性的自由については、性関係をもつことは婚姻の本質から導びかれる当然の義務であると解され、その根拠として夫婦間の同居義務を指摘する学説があり、「『同居』が『共住』だけではなく『共床』『共食』を含むものであるとすると、同居義務からこの義務（＝性関係をもつ義務）を導びくこともできないではない」と主張されている(61)。

しかしながら、夫婦とは、相手の意思及び相手の人格的利益を尊重し、良好な婚姻関係を維持・継続させていく法的義務を負っており、同居義務もこのような義務を基本とするものであると考えれば、同居義務から性交に応じる義務を導びきだすことは困難であろう。

夫婦間には相手の意思及び人格的利益を尊重し、良好な婚姻関係を維持していく法的義務があると考えれば、相手の意思を無視し、相手に自分の言うことを聞かせるために様々な暴力を振るうこと、殴る、蹴るの暴行や脅迫行為、相手の意思に反して性関係を強要すること、相手を侮辱し名誉を傷つけること、相手の行動の自由・精神的自由を制約することはすべて、婚姻義務に違反する違法な行為と評価される。

さて、右のような意味における婚姻義務に違反する行為のすべてが、ただちに離婚原因となるものではないが、婚姻義務に違反する行為のなかでも「重大な人格的利益の侵害」、具体的には、身体、性的自由、精神的自由、行動の自由などの侵害行為で刑罰法規に触れるような行為（暴行罪、傷害罪、脅迫罪、強姦罪などの犯罪にあたるような行為）、あるいは、刑罰法規に触れるとまでは言えないが、婚姻期間中の長期間に亘って故意をもって反復継続して行なわれる人格的利益の侵害であって「いじめ」とも評しうるような心理的・性的虐待行為は、右にいう婚姻義務に著しく違反する行為であるといえる。

このような重大な人格的利益の侵害が行なわれた場合、被害者からの離婚請求は原則として認められるべきであり、一方で加害者からの離婚請求（追出し離婚）は、原則として許されないと考えるべきであろう。

なぜなら、ＤＶ防止法が成立し、「配偶者からの暴力」が「犯罪となる行為」として厳しく非難され、また、経済的自立が困難である女性に対して配偶者が暴力その他の心身に有害な影響を及ぼす言動を行うことは、個人の尊厳を害し、男女平等の実現の妨げとなっていると指摘されている今日において、離婚裁判においても、加害者の責任を明確にし、被害者の法的救済をはかることが社会的に要請されているといえるからである。

そこで以下では、従来、裁判所が、離婚判決において夫婦間における「重大な人格的利益の侵害」をどのように評価してきたのか、そこには、いかなる問題があったのかについて検討してみる。

2　離婚の成否

(1)　被害者からの離婚請求

わが国には、協議離婚、調停離婚、審判離婚、裁判離婚の制度がある。平成一〇年の離婚件数は二四三、一八三件であったが、そのうち九一・二％が協議離婚であり、七・九％が調停離婚、〇・九％が裁判離婚であり、審判離婚は〇・〇％（七六件）であった。協議離婚、調停離婚は、夫婦双方の離婚の意思にもとづき離婚が成立するのに対し、裁判離婚とは、夫婦の一方が離婚に応じない場合に、他方が離婚訴訟を起こし、離婚判決を得ることで婚姻を解消することができる制度であるが、離婚が認められるためには法定の離婚原因が必要とされる。

裁判所は離婚判決を通じて、「いかなる場合に一方的に離婚を請求されてもやむをえないのか。いかなる行為が離婚を認めるに足る理由とされるのか」を示すことにより、夫婦間において許容されない行為とは何かを明らかにし、夫婦間における行為規範の形成に寄与しているといえよう。

たとえば、夫婦間において暴行罪、傷害罪にあたるような行為がなされ、被害者がこれを理由に離婚を請求した場合に、暴力を振るうにはそれなりの理由があり、その程度の暴力では婚姻はいまだ「破綻」していないとされて離婚請求が認められないなら、人々は夫婦間における多少の暴力行為は許されると思うであろう。

裁判所が、離婚判決において、「重大な人格的利益の侵害」――具体的には、身体・性的自由・精神的自由・行動の自由などの侵害行為で刑罰法規に触れるような行為（暴行罪、傷害罪、脅迫罪、強姦罪などの犯罪にあたるような行為）、あるいは、刑罰法規に触れるとまでは言えないが、婚姻期間中の長期間に亘って故意をもって反復継続して行われる人格的利益の侵害であって「いじめ」とも評しうるような心理的・性的虐待行為――について、いかなる判断・評価を下すのかということは、かかる行為に対する社会規範の形成に多大な影響を与えるものと思われる。そこで、以下では裁判離婚において、このような夫婦間における「重大な人格的利益の侵害」――即ち婚姻義務に著しく違反する行為――が、どのように判断・評価されてきたのかについて検討してみる。

さて、夫婦〈AB〉の一方〈B〉が離婚に応じない場合でも、民法所定（民法七七〇条一項各号）の離婚原因が存在すれば、AはBに対し離婚訴訟を提起し、離婚判決を得ることによって婚姻を解消することができる。配偶者に対する「重大な人格的利益の侵害」は直ちに離婚原因となるのだろうか。

民法七七〇条一項は、離婚原因として「不貞行為」（一号）、「悪意の遺棄」（二号）、「三年以上の生死不明」（三号）、「強度の精神病」（四号）という具体的な事由をあげ、さらに「その他婚姻を継続し難い重大な事由」（五号）を離婚原因と定めている。

通説は、一号から四号までの離婚原因は五号（婚姻を継続し難い重大な事由）の例示にすぎないと解しており、裁判離婚の成否は結局、「婚姻が破綻しているかどうか」に帰着する、と考えている。そこで、七七〇条一項一号、二号の存在（＝有責的離婚原因の存在）にもかかわらず、現行法は破綻主義を採用したという見方（一元論的な見方）が一般的である。[62]一九九六年二月に法制審議会で決定された「民法の一部を改正する法律案要綱」（一九九六年二月法制審議会決定）も「不貞行為」「悪意の遺棄」を離婚原因として挙げるが、いずれの事由も、「婚姻関係が回復の見込みのない破綻に至っていないときは、この限りでないものとする」と定めており（第七、裁判上の離婚）、これもまた一元論的立場をとっているといえよう。

しかしながら、我妻教授はこのような考え方に反対しており、不貞行為・悪意の遺棄などの有責行為は、その事実があれば、原則として離婚を認めるべきであるという(絶対的離婚原因)。たとえば、夫に不貞行為があった場合に、妻は原則として離婚請求をなしうるのであり、不貞の有無は「婚姻を継続し難い重大な事由」の判断要素の一つにすぎないと解すべきではないと説く。我妻教授は、これによって「離婚請求の最低線を維持することが妥当と考えられる」と言う。(63) 我妻教授の見解については、民法七七〇条を徹底した破綻主義を採用したものとみる見方とは異質なものを含み、離婚原因にはさまざまなものがあるという多元的な見方が示されている、と指摘されている。私は「重大な人格的利益の侵害」の事実があれば、原則として離婚請求を認めるべきだと考えており、我妻教授の見解は示唆に富むものである。

さて、民法七七〇条一項五号に定める「婚姻を継続し難い重大な事由」とは、「婚姻が破綻していて回復の見込みがないこと」と解されている。その認定は、裁判官の裁量に大きく委ねられているといえよう。婚姻破綻の認定に当たっては、婚姻中における当事者双方の行為や態度、夫婦生活の実情、婚姻期間、別居期間、別居に至る事情、婚姻継続の意思の有無、子の有無・状況、さらに双方の年令・健康状態・性格・職業・資産・収入など、婚姻にあらわれた一切の事情が考慮されるといわれている。(64)

そこで、「重大な人格的利益の侵害」の事実があっても――たとえば暴行・虐待が認められても――その事実は「婚姻を継続し難い重大な事由」を認定する際の一事情となるにすぎない。

暴行・虐待は「婚姻を継続し難い重大な事由」に該当する一類型とされている。たとえば、広島高裁は、夫が妻に対して暴力沙汰に及ぶことが度々であり時として常軌を逸して凶暴な振舞に及ぶことも珍しくなかったという事案について、「今日の夫婦の日常生活においては時に或る程度の暴力の伴う行為にでることがあるもやむを得ないものとして一般に許容されるところであるとしても、前記認定のような控訴人(夫)の被控訴人(妻)及びその実父に対する暴行、傷害、脅迫等の行為の如きは右許容の限界を著しく超えるものであって被控訴人(妻)

としても到底忍従し得ないものである」と判示し、妻の離婚請求を認めたが、最高裁は、これを維持し、夫側の上告を棄却している（**最判昭和三三年二月二五日**、家月一〇巻二号三九頁）。

本件で夫の暴力とは、妻の頭部を茶器で殴打し六針の縫合手術を要する全治二週間の切創を負わせる、殴る蹴るの乱暴をする、食膳を足蹴にしてひっくり返し手当たり次第にその場にあった器物を投げ付ける等の乱暴狼籍をしたあげく、刃物をもって妻を追いこれで死ねと脅す等の激しいものであった。夫は妻が実家に戻ると実家に押しかけ、「A子（妻）を返せ」と要求したが応じなかったので立腹し手拳で同家の硝子戸を破壊し、なおその他違法行為をしたため、脅迫、住居侵入、器物毀損等の罪により懲役刑（但し執行猶予付き）及び罰金に処せられたというものである。

広島高裁は、酒場の女給として働く妻にも「浮華軽佻の点があってとかく疑の目で見られ易い言動がないでもなく」「被控訴人（妻）に多少の落度があった」と指摘しながら、夫により多くの落度がみられるとして、妻の離婚請求を認容している。

最高裁判決は、原審の認定した事実によれば、「婚姻を継続し難い重大な事由」にあたると解すると判示し、かかる事態を招いたことにつき、被上告人（妻）にも多少の「落度」があるが、離婚請求の認容を妨げるものではない、と言う。判決は多少の「落度」がある妻に対し、許容限度を著しく越える暴行・傷害・脅迫等を行った場合について婚姻の破綻を認めたものにすぎない。いうまでもなく、暴行・傷害・脅迫等の暴力が常に婚姻関係を破綻させるものと考えているわけではない。本件の第一審判決（広島地裁）も「凡そ夫婦間の日常生活において多少の暴力の伴うことは好ましいことではないにしても決して稀有のことではないのであって、斯様なことが常に婚姻関係を破壊するものと考えることの失当なことは言う迄もない」と述べている。

裁判例をみると、たとえ暴行・傷害・脅迫等の事実が認定されても、その程度や暴行・傷害・脅迫等に至った理由からみて、「婚姻は破綻していない」とされ、離婚請求が認められない場合もある。

例えば、**東京高判昭和五三年三月二九日**（判時八九三号三八頁）は、夫の暴行・傷害・脅迫等が直接の原因となって妻が家を出て別居して以来三年の夫婦につき、「婚姻がすでに破綻し、その継続は著しく困難であるとは断じられない」と認定し、妻からの離婚請求が棄却された事例である。東京高裁は、夫が銭湯から帰宅した妻をいきなり転倒させ妻の首を締め、「今日という今日は殺してやる」と怒鳴り、妻に対し両上腕打撲、左前胸部打撲の傷害を被らせた事実を認定する一方で、夫の暴行は、娘の結婚問題に関する意見の対立、及び、妻と妻の母が自宅土地・建物の登記済証を持ち去ったことによる不満から、夫がその挙に及んだものであったと推認されると認定する。さらに判決は、夫が妻を相手として本件土地・建物につき妻のためなされた所有権移転登記（夫は債権者からの追及を免れるため自宅土地・建物につき妻へ贈与による所有権移転登記を行っていた）の抹消登記手続を求める訴を提起していることについては、「夫が妻を相手として訴を提起することは異常なことに相違ない」が、「訴の提起も無理からぬところ」と夫の提訴に理解を示し、夫が婚姻の継続を望んでいるので妻の態度如何によっては婚姻の継続は必ずしも困難ではないと認定し、妻の離婚請求を認容した一審判決を取消して、妻の離婚請求を棄却した。

本件における夫の暴行は、妻の首を締めるという態様であり、生命侵害の危険性がある暴行であった。また、夫は妻に暴行を加えたあげく、「殺してやる」と脅迫している。妻は夫の暴行・脅迫・傷害行為の翌日夫に行先を告げることなく住居から立ち去り、夫の下を逃げ出しており、夫の右一連の行為が妻に与えた恐怖は相当のものであったことが窺える。

ちなみに判決は、妻の慰藉料請求（暴行を原因とする個別的不法行為にもとづく請求）を退ける中で「控訴人（夫）の前記暴行が不法なことはもちろんであるが、前記のとおり被控訴人（妻）の母と被控訴人（妻）が控訴人（夫）の保管する本件宅地及び建物の登記済証を持ち去ったことが一原因となって右暴行が生ずるに至ったのであり、かつ右暴行によって被控訴人が被った傷害は結局前記のとおり打撲傷程度の軽微なものであったことを考えれば、右暴行について控訴人（夫）に慰藉料支払の義務を認めるのは相当でない」と述べるが、右判示からも窺えるように、本判決は夫による暴行・傷害・脅迫の各行為が犯罪にもあたる違法な行為であることを軽視しており、夫による暴行・傷害・脅迫は理由があれば許されるという価値感に立っているといえる。本件で妻からの離婚請求が認められないというのは不当な結論である。

また、**東京高判平成八年七月三〇日**（判時一五七七号九二頁）は、夫が妻や第三者に対し、粗暴な行為や暴力を振るったことがあり、このため妻は夫が何か問題が生ずると妻を威圧してこれを解決しようとする傾向があると して不満を抱いていたところ、夫が仕事上の不満から物に当たって家の中を散乱させ、翌朝妻がこれを片付けた際夫に対して不満そうな顔を見せたことから、夫がテーブルを傾け、妻に対しスリッパを投げ付ける等の暴力を振るい、これを原因として、妻が家出をし、以後別居に至っており、妻の離婚意思は非常に固いという事実を認定した上で、一審判決が夫に自省の機会を与えて妻の離婚請求を棄却したにもかかわらず、夫には控訴審に至っても「自省の跡がほとんど見られない」として、婚姻の破綻を認め、その原因の過半は夫にあるとして妻の離婚請求を認容した。

本件で、夫は離婚調停手続中において妻と偶然会った際も口論の挙句、妻を殴打・足蹴し、腰・手・腕打撲、口辱挫傷、頸椎捻挫の傷害（加療約一〇日の見込み）を負わせている（判タ九四五号一七八頁〈事案の概要〉参照）。

一審判決は、夫は妻の手助けがないと日常生活が困難であること、別居後三年に満たないこと、夫が婚姻の継続を強く希望していることから、夫のとってきた態度が女性である妻にいかに恐怖心を与えるかに留意し、自己を抑制し、威圧的・抑圧的な態度を改め、控訴人の心情を思いやりながら意思の疎通を図ることにより、妻のこれまでの不満・不信感を解消するという機会を与えた上で、結論を出すのが相当である、として妻の離婚請求を棄却している（千葉地佐倉支判平成七年九月七日）。

妻は控訴審において、ようやく、夫の暴行が婚姻生活を破綻させたという事情ではなく、夫の「自己中心的で、時として他罰的な」態度が、一審判決後も変わりなく、「自省の跡がほとんど見られない」という事情から、婚姻が破綻していると認定され、離婚が認められている。一審判決にも控訴審判決にも、夫の行為は犯罪にもあたるような違法な行為であり、社会的に許容されない行為であるとの認識が薄いと言わざるをえない。夫による「重大な人格的利益の侵害」は、他の諸般の事情とともに考慮される一事情にとどまっており、被害者からの離婚請求は認められる場合もあるが、認められない場合もあるといえる。

このように、離婚裁判において「重大な人格的利益の侵害」は、それが直ちに離婚原因となるものではなく、婚姻にあらわれた諸般の事情とともに考慮される一つの事情にすぎないといえる。しかも、裁判例の中には人格的利益の侵害が犯罪となる行為——典型的には暴行、傷害、脅迫など——であっても、「夫婦の日常生活においては時に或る程度の暴力の伴う行為にでることがあるもやむをえないものとして一般に許容されるところである」と述べて暴力を容認する姿勢すら窺えるものもあった。

しかしながら、このような解釈は、ＤＶ防止法が成立し、配偶者からの暴力が「犯罪となる行為」として厳しく非難され、また、経済的自立が困難である女性に対して配偶者が暴力その他の心身に有害な言動を行うことは個人の尊厳を害し、男女平等の実現の妨げとなると理解されており、国がこのような暴力を女性に対する暴力と位置づけて、その防止と被害者保護のため、積極的役割を果すべきであると認識されるに至った今日において、変更を迫られているといえよう。

「重大な人格的利益の侵害」が認められる場合には、そのような行為は、婚姻義務の著しい違反行為として、原則として離婚原因になると解すべきであり、民法七七〇条一項五号の解釈にあたっても「重大な人格的利益の侵害」が認定される場合には、原則として、七七〇条一項五号に当たるとして、被害者からの離婚請求を認めるべきであろう。

このように解することは、民法一条ノ二が定める民法の解釈指針「本法ハ個人ノ尊厳ト両性ノ本質的平等ヲ旨トシテ解スベシ」に則るものであると考える。

さらに立法論としては、民法七七〇条一項を多元的に捉えた上で、絶対的離婚原因として、「重大な人格的利益の侵害」を追加することも検討に値しよう。今後の課題である。

(2)　加害者からの離婚請求――有責配偶者の離婚請求

日本の離婚法が破綻主義を採用していると考えると、そこから、破綻主義を採用する以上は、「婚姻を継続し難い重大な事由」さえあれば離婚が認められることとなって、破綻に至る責任の所在は問題にすべきでないという考え方が導かれる。具体的には、婚姻の破綻につき責任のある者（有責配偶者）からの離婚請求も妨げないということが主張される。従来、有責者とされたのは不貞行為を行った者（多くは夫）であった。「重大な人格的利益の侵害」――具体的には、身体・性的自由・精神的自由・行動の自由などの侵害行為で刑罰法規に触れるような行為（暴行罪、傷害罪・脅迫罪、強姦罪などの犯罪にあたるような行為）、あるいは、刑罰法規に触れるとまでは言えないが、婚姻期間中の長期間に亘って故意をもって反復継続して行われる人格的利益の侵害であって「いじめ」とも評しうるような心理的・性的虐待行為――により、婚姻を破綻させた加害者からの離婚請求は、許されるのだろうか。

最高裁は、早くから有責配偶者の離婚請求は許さない（「消極的破綻主義」という。婚姻破綻という事情は、それが離婚訴訟の原告によって作出されたものでない場合に限って、離婚原因となりうると解する立場）という態度をとって、婚姻破綻につき無責な妻を「追い出し離婚」から保護してきた。有名な、**最判昭和二七年二月一九日**（民集六巻二号一一〇頁）は、このような離婚請求が認められては妻は「踏んだり蹴ったりである。法はかくの如き不徳義勝手を許すものではない」として、夫からの離婚請求を認めなかった。

しかしながら、これに対しては、婚姻が破綻している以上、その原因を作ったのが誰であれ、婚姻の継続を強いることは不当である、という理由から、たとえ離婚請求の原告が有責配偶者であろうとも、そのゆえにこの請求が棄却されるべきではない（＝「積極的破綻主義」）、と主張するものがあらわれた。また、有責配偶者の離婚請求は認められないという命題を機械的に適用して原告の請求を一切認めないとする結論が、具体的にきわめて不当となる場合もあった。

このような状況の下で、最高裁は右リーディングケース後三〇年余りを経て判例を変更し、有責配偶者の離婚請求は信義誠実の原則に照らして判断すべきであるとした。即ち、夫の不貞が原因で婚姻が破綻し別居期間が約三六年に及んだ事案について、「有責配偶者からされた離婚請求であっても、夫婦の別居が両当事者の年齢及び同居期間との対比において相当の長期間に及び、その間に未成熟の子が存在しない場合には、相手方配偶者が離婚により精神的・社会的・経済的に極めて苛酷な状態におかれる等離婚請求を認容することが著しく社会正義に反するといえるような特段の事情の認められない限り、当該請求は有責配偶者からの離婚請求であるとの一事をもって許されないとすることはできないものと解するのが相当である」と判示するに至った（**最判昭和六二年九月二日**、判時一二四三号三頁）。

鈴木禄弥教授は、右判決は「積極的破綻主義」と「消極的破綻主義」をいわば折衷した立場をとっていると指摘し、もし純粋の積極的破綻主義により、離婚請求が可能となれば、「結局は、追出し離婚が許されるのと同じ結果となり、婚姻制度をほぼ無意味にする」と論じる(65)。

一方、右判決に対しては、破綻主義を徹底すべきであるとする立場から批判があり、米倉明教授は、「憲法は個人本位の、愛情本位の婚姻観・離婚観を要請する」として、積極的破綻主義を推奨する(66)。

ちなみに、破綻主義を明確化するという観点から「夫婦が五年以上継続して共同生活をしていないとき」（いわゆる「五年別居条項」）を離婚原因に追加することを提案する「婚姻制度等に関する民法改正要綱試案」（一九九四年七月）も、その理由として「婚姻関係が破綻して回復の見込みがない以上、当事者をその拘束から解放して新しい生き方を選択することを認めるのが望ましい」、「離婚訴訟において有責性を問題にすると、当事者間の過去の非行の暴き合いを招くことは避けられず、その紛争を激化させ、子の福祉にも悪影響を及ぼすことになるから、破綻した婚姻については、原則としてこれを離婚によって解消させ、当事者間の衡平の確保は、財産分与等離婚の効果の問題として扱うのが望ましい」と指摘する。(67)

さて、夫が妻に暴行を加え傷害を負わせたあげく、「出て行け」と言ったので、妻はやむをえず家を出て別居に至ったが、夫の一方的な離婚請求には応じたくないという場合、積極的破綻主義の立場をとるなら、「婚姻が破綻している」とみられるかぎり、夫の離婚請求は認められることになる。このような結論は、鈴木教授のいうとおり「追出し離婚」をみとめることになって、きわめて不当である。

今日まで、積極的破綻主義への批判は、有責者からの離婚請求を認めると、無責な妻及び子の生活が困窮するという主張であり、これに対する反論は、婚姻の解消自体はみとめて、妻と子の生活保障の方策は別途考えるべきであるとするものであった。そこでは両者とも婚姻を破綻させた有責者の責任はやや軽視されていたように思える。その理由としては、有責者とは、今日までおおむね貞操義務に違反した者が想定されていたところ、近時人々の間において婚姻外の性関係に対する意識が変化して、その反倫理性が希薄化しているために、「責任」の強調がなされなかったことのように思える。有責配偶者の離婚請求を論じる際に、有責行為の内容として、配偶者による暴行・虐待などのような「重大な人格的利益の侵害」は、これまでほとんど念頭におかれていなかったように思う。

しかしながら、「重大な人格的利益の侵害」が破綻の原因である場合、加害者（多くは夫）からの離婚請求を認めることは、婚姻における正義に反する。たとえ、未成熟の子がおらず、妻に経済力がある場合であっても、夫の有責性を軽視して、妻の意思を一方的に無視し夫の離婚請求を認めることは妥当でない。裁判所がこのような離婚を認めれば、人々は配偶者に対する「重大な人格的利益の侵害」は許されると考えるであろう。

相手の意に反する一方的婚姻の解消（裁判離婚）に当たっては、破綻に至る責任の所在を問題にすべきである。

有責配偶者の離婚請求は信義誠実の原則に照らして判断すべきであり、その判断の際のファクターとしては、有責配偶者の責任の態様・程度が重視されるべきである。有責行為の態様が、相手方に対する「重大な人格的利益の侵害」である場合は、そのような者からの離婚請求は原則として許されないと解すべきであろう。DV防止法が成立し、「配偶者からの暴力」が犯罪となる違法で許されない行為とされ、さらに配偶者が暴力その他心身に有害な影響を及ぼす言動を行うことは、個人の尊厳を害し、男女平等の妨げとなっていると指摘され、このような行為の被害者に対する法的救済が要請されている今日において、「追い出し離婚」を許すような法解釈は到底受け入れられるものではないからである。

さて、従来の裁判例をみると、「重大な人格的利益の侵害」の加害者からの離婚請求が、有責配偶者の離婚請求として棄却された事例はほとんどみあたらず、重大な人格的利益の侵害が認められる場合に、他の諸般の事情とあわせてこれを考慮し、「婚姻が破綻していない」として、加害者からの離婚請求を棄却する例が散見されるにすぎない。

たとえば、夫が妻に対し、生命・身体に危害を生じさせるような暴行を加え、「出て行け」と怒鳴り、妻は身の危険を避けるために、子を連れて実家へ戻ったところ、夫が妻に離婚訴訟を起こした事案について、婚姻が破綻していないとして、夫からの離婚請求を棄却した裁判例がある（**東京地判平成一〇年一月三〇日**、判タ一〇一五号二三二頁）。事案は以下のとおりである(68)。

原告（夫）と被告（妻）は婚姻し、夫の仕事の都合でニューヨーク市のアパートで夫婦生活を始めたが、夫は気に入らないことがあると前後の見境なく突然激高するところがあった。たとえば、妻が転勤の件で出張でカバーできないかと言うと、「何だと。分かりもしないくせにっ」と怒鳴り、リビングルームの食卓のいすに座っていた妻を床に引きずり倒し、妻の顔面を数回にわたって手の跡が残るほどの力で殴るなどの暴行を加えた。また、妻が義父の手術の前に一時帰国して見舞いに行ったほうがよいのではと言ったところ、突然怒鳴りだし、妻にビールの入ったコップを投げ付けた上、妻の顔面を殴りつけ、「出て行けっ」「東京へ帰れっ」と何度も大声で怒鳴った。帰国後、夫は新居を完成させたが、妻が夫と新築祝いのお礼の件で相談していたところ、夫が突然「出て行けっ」と怒鳴り出し、長女を抱いていた妻は危うく二階から突き落とされそうになった。さらに夫は「包丁を持って来るからここで自分で刺して死んでくれ。俺が刺せば人殺しになるからなっ」と叫んでキッチンに入ったので、妻はあわてて戸外へ飛び出し、義妹宅に避難した。その夜妻が自宅に戻ると、夫は妻に「さっさと実家へ帰れ」と怒鳴って一万円札を投げつけ、次いで、長女を抱えたままの妻の髪の毛と右腕を掴んでひきづり、妻を二〇〇メートル離れた環状八号線の道路沿いまで無理矢理連れて行き、ガードレール付近で「車に飛び込んで死んでしまえっ」と叫びながら、妻の背後から妻を車道に向かって押し出そうとしたり、妻の顔面を殴りつけるなどの暴行を加えた。さらに、数日後、外出の件で夫は突然怒り出し、妻に対し「早く荷物を持って出て行けっ」と怒鳴り、自宅を出て行った。妻は夫の態度に恐れをなし長女を抱いて自宅を飛び出し、実家に身を寄せる以外夫の暴行によって自己及び長女が被ることあるべき危難を避けることはできないと考えて別居を決意し、長女を連れて実家に行き夫と別居している。なお、妻は、夫の性交渉を避けるようになっていたが、それは、夫から言葉では言えないような性行為を要求されたこともあって性交渉に消極的な態度になったことに起因していた。

夫婦の同居期間は約三年、別居期間は約三年半であり、夫婦の間には子供（幼児）がいる。夫は月一五万円の婚姻費用（家事審判で命じられたもの）を送金している。妻は離婚に応ずる確定的意思をもつに至っていない。

裁判所は、右のような事実を認定した上で、原被告間の婚姻が不安定な状態に陥ったことの主たる原因は、「それまでの原告（夫）の、配偶者の気持ちを何ら顧慮せず、自己の感情を抑えることをしない独善的な態度にあることが明らかである」と指摘し、「原告がこのような態度を真しに反省し、被告との融和を図る積極的な努力をするようになれば、被告との婚姻関係はなお修復の可能性がある」と判断し、夫の離婚請求を棄却している。

さて、本判決の結論はきわめて妥当である。昭和五〇年代の裁判例の中には、夫が妻に激しい暴力を頻繁に振るっていたことを認定しながら、「双方の妥協し難い性格の相違から生ずる婚姻生活の継続的不和による破綻」であるとして、「婚姻を継続し難い重大な事由」に該当するとし（同居期間は三年、別居期間は五年であった）、破綻の一因は原告（夫）の暴力等であるとする一方で、「被告（妻）の家事等の事務処理の不適切、融通のきかない言動」にも破綻の原因があるとして、破綻の原因は双方にあり、破綻の責任が主として夫にあるとはいえないと認定し、妻からの「夫は有責配偶者である」との主張を退けて、原告（夫）の離婚請求を認容した例もあった（**東京地判昭和五九年一〇月一七日**、判時一一五四号一〇七頁）。

このような裁判例と比較すると、妻に暴行・脅迫を加え、たびたび「出て行け」と怒鳴り、妻を追い出そうとした夫からの離婚請求を認めなかった本判決の結論は、妥当であり、ここ数年間におけるドメスティック・バイオレンスに対する社会的非難の高まりが判決に影響を及ぼしていることが窺われる。

しかしながら、本件において、婚姻は破綻しているというべきであろう。また、本判決には、生命・身体に対する危害を生じさせるような激しい暴行、脅迫行為について、これを許されない行為として強く非難する姿勢がみられない。判決は原告（夫）の行為をただ単に「配偶者の気持ちを何ら顧慮せず、自己の感情を抑えることをしない独善的な態度」と評するにすぎない。

裁判所は、本件婚姻が夫による数々の暴行・脅迫により破綻していることを認定し、その上で本件における夫の暴行等が、生命・身体に対する危害を生じさせるような「重大な人格的利益の侵害」であり、婚姻義務に著しく反する行為であると認め、かかる夫からの離婚請求は有責配偶者からの離婚請求であり、信義誠実の原則に照らせば到底許されないことを明言すべきであったと考える（もちろん、かかる結論を導くためには被告側に対する釈明が必要である）。

暴力を振るう夫がしばしば口にするセリフは、「出て行け」である。裁判所は、暴力を振るう夫からの「追出し離婚」が、婚姻における正義という観点から決して許されないことを明言していくべきだと思う。

ところで、従来の裁判例のなかには、宗教活動、精神病以外の疾病、親族との不和（多くは夫の母との不和）などを理由とする、夫から妻への離婚請求を「婚姻が破綻していない」として認めなかった裁判例がある。

たとえば、妻がエホバの証人の伝道師から、週に一回聖書の話を聞いていたところ、夫はエホバの証人の教義・戒律に対する嫌悪・反発から、妻に対し信仰の放棄をひたすら迫り、返事に窮するような二者択一的な選択を迫ったり――「子どもを取るのか、神様をとるか」と詰問する――、離婚以外に方法がないと離婚用紙に署名を求めたりするなど、一方的で配慮を欠いた対応を続けてきたという事案で、名古屋高裁は、婚姻生活を回復する余地があるとして夫の離婚請求を認めなかった（**名古屋高判平成三年一一月二七日**、判タ七八九号二一九頁）。

また、妻が難病に罹患し日常生活に支障をきたすようになり、家事労働ができなくなったところ、夫は、入院後、一回面会に行った切りであり、将来妻のために支出しうるのは一ヵ月二万円であると言い放ち、子どもに対しては妻との面会を禁止しているという事案で、名古屋高裁は、婚姻は破綻していないとして夫の離婚請求を認めなかった（**名古屋高判平成三年五月三〇日**、判時一三九八号七五頁）。

さらに、母に絶対服従する夫の態度に対する妻の不満と、母に反抗する妻の態度に対する夫の不満とが衝突し、夫が喧嘩のたびに妻を殴打し足蹴りにするなどの暴力を振るい、妻に外出をはばからせる程度の傷害を与えたことも五、六回に及んでいたという事案で、東京高裁は、夫婦関係の葛藤を一方的に離婚の形において清算しようとするのは余りに身勝手であると指摘し、夫婦関係は未だ破綻の状況になく、夫の有責度も高いとして、夫からの離婚請求を認めなかった（**東京高判昭和五六年一二月一七日**、判時一〇三六号七八頁）。

このような裁判例に対しては、破綻主義を徹底させるという立場から、その結論に疑問が呈されていた。

しかしながら、右判決は、いずれも、妻の宗教活動や病気あるいは親族との不和に藉口して、夫が妻に一方的に離婚を迫り、「いじめ」とも評しうるような人格的利益の侵害を行っているとみられる余地があり（心理的虐待）、それゆえ裁判所は、夫からの離婚請求を認めなかったのではないかと思われる。

有責配偶者からの離婚請求については、近時、主として、破綻主義の徹底という観点から問題提起がなされてきたが、ドメスティック・バイオレンス（夫・パートナーからの身体的・性的・心理的暴力）に対する社会的非難が高まり、ＤＶ防止法においても、経済的自立が困難である女性に対し、配偶者が暴力その他の心身に有害な影響を及ぼす言動を行うことは、個人の尊厳を害し、男女平等の実現の妨げとなっていると指摘されている今日において、ドメスティック・バイオレンスの加害者の責任を明確にし、被害者の保護を図るという観点から再検討する必要があると思われる。

3　離婚慰藉料

離婚に際して請求される慰藉料には、①離婚の原因となった個別の行為（暴行、虐待、侮辱等）が身体、自由、名誉に対する侵害になる場合に、これを不法行為として損害賠償を請求する場合と、②個々の行為を問題にするのではなく、相手方の有責行為によって離婚のやむなきに至ったこと自体を理由として、離婚という結果そのものに対する慰藉料を請求する場合がある。

①が不法行為となることは学説上異論がないが、②については、離婚に至らしめたこと自体を不法行為として慰藉料を認めることは不適当であるとして反対する意見がある。即ち、「離婚の直接の或は最近の原因は一方当事者の暴行や不貞である場合にも、その暴行や不貞はさらに他方当事者の或る種類の行為や性格に帰因する場合が少なくない」のであり、「婚姻は売買や賃貸借のような契約関係とはことなり、二人の人間のあいだの作用・反作用の無数の連鎖反応の過程である」から、「離婚においては通常の不法行為におけるような意味において過失を問題とすることは不適当なのである」として、従来不法行為責任として構成されていた問題は財産分与に包摂される、とする批判である(69)。

しかし、最高裁は、戦前から判例法が認めていた離婚慰藉料について、財産分与とはその性格を異にするとして、これを認めている。即ち「離婚の場合における慰藉料請求権は、相手方の有責不法な行為によって離婚するのやむなきに至ったことにつき、相手方に対して損害賠償を請求することを目的とするものであるから、財産分与請求権とはその本質を異にする」と判示している（**最判昭和三一年二月二一日**、民集一〇巻二号一二四頁）。

ところで、近時、離婚慰藉料は破綻主義の趣旨に反するとして、これを制限すべきであるとする意見が有力になっている。

たとえば、島津教授は婚姻破綻の責任は、両当事者五分五分の場合が大多数であること、及び、家族の再編成をできるだけ円滑に行わせようとする離婚法の目的を損なうことを理由として、離婚慰藉料は原則として許されない、と説く(70)。

また、鈴木眞次助教授は、「慰藉料は破綻主義の趣旨に合致しないので、利用を制限すべきである」として次のように主張する(71)。

「①裁判所が婚姻破綻の根本原因を確定することは困難である。婚姻は夫婦間の複雑な相互作用の上に成り立っている。婚姻は配偶者に非行がなくとも破綻するし、表面上は非行が原因となって破綻したように見えても、実は気質や生育歴や婚姻観の差異が破綻の根本的な原因であり、非行は破綻のしるしにしか過ぎないことが少なくない。」

「②裁判において破綻の原因を追究することは、夫婦の人格や関係に破壊的な影響を及ぼす。…（中略）…離婚原因の確定のためであろうと離婚給付の決定のためであろうと、裁判所による破綻の原因の徹底的な探索は、私事を暴き夫婦を傷つけ、離婚後の再出発を妨げる。」

鈴木助教授は、「夫婦の一方の重大な非行により婚姻が破綻して夫婦が離婚し、その事情が明白であるときに、その配偶者は他方の配偶者に、それにより被った精神的損害を賠償する」という慰藉料の決定基準を提案する。ここで、重大な非行とは、たとえば故意に他方の配偶者に重傷を負わせた場合であるという(72)。

しかしながら、私は、夫婦間における「重大な人格的利益の侵害」、具体的には、身体、性的自由、精神的自由、行動の自由などの侵害行為で刑罰法規に触れるような行為（暴行罪、傷害罪、脅迫罪、強姦罪などの犯罪にあたるような行為）、あるいは、刑罰法規に触れるとまでは言えないが、婚姻期間中の長期間に亘って故意をもって反復継続して行われる人格的利益の侵害であって「いじめ」とも評しうるような心理的・性的虐待行為は、婚姻義務に著しく違反する行為であるといえるのであって、このような重大な人格的利益の侵害が行われた結果、離婚に至った場合には、被害者からの慰藉料請求が認められるべきであると考える。

なぜなら、ＤＶ防止法が成立し、「配偶者からの暴力」が「犯罪となる行為」として厳しく非難され、また経済的自立が困難である女性に対して配偶者が暴力その他の心身に有害な影響を及ぼす言動を行うことは、個人の尊厳を害し、男女平等の実現の妨げとなっていると指摘されている今日において、離婚裁判においても、加害者の責任を明確にし、被害者の法的救済をはかることが社会的に要請されているといえるからであり、離婚慰藉料の解釈にも、これが反映されるべきであると考えるからである。

「重大な人格的利益の侵害」行為を「破綻のしるし」に過ぎないと考えたり、「重大な人格的利益の侵害」がなされているのに、婚姻破綻の責任を双方五分五分であると考えることは、夫婦間の暴力行為を容認する結果となり妥当でないと考える。

また、加害者の責任を明確にすることは、とりわけ被害者の離婚後の再出発にとって重要なことであるといえるのではないだろうか。

裁判例を検討すると、「重大な人格的利益の侵害」の典型例ともいえる「暴行・傷害」の事実は、婚姻を破綻させる有責行為の典型として、不貞行為と並び称せられてはいるが、「暴行・傷害」が婚姻を破綻させた有責行為として離婚慰藉料が認められるのは、暴行による傷害の程度が重大な場合、あるいは暴行が頻繁に繰り返され暴行の果てに相手を追い出した場合など、「暴行・傷害」の加害者に一方的に非がある場合である。

たとえば、夫が婚姻当初からささいな事で妻に対し再三再四殴る蹴るの暴行を繰り返し、妻を家から追い出した事案では、裁判所は「婚姻関係は、主として原告（夫）の被告（妻）に対する人格無視の言動によって破綻したもの」と認定し、夫に三〇〇万円の慰藉料を支払うよう命じた（**浦和地判昭和五九年九月一九日**、判時一一四〇号一一七頁）。

また、夫が妻に対し、毎日のように殴る蹴るの暴行を加えその程度もいわゆる夫婦喧嘩の域を超える強暴なものであり、下駄で頭を殴って裂傷を負わせたり、出刃包丁で手指などを切りつけたり、薪割りやスコップで追いかけまわすこともしばしばで、妻は自殺をはかったことも何度かあったという事案では、裁判所は、暴行・虐待が強暴であること、頻度が甚だしく大であること、その期間が婚姻継続期間のすべてにおよぶこと、そのいずれをとっても常軌を甚だしく逸するものであると指摘し、慰謝料は五〇〇万円が相当であるとした（**大阪家審昭和五〇年一月三一日**、家月二八巻三号八八頁）。

一方、暴行を受けた被害者側にも、婚姻の破綻について責任があるとされると、離婚慰藉料はみとめられないことになる。破綻については双方に責任があるとか、「暴行・傷害」の加害者に、破綻について慰藉料を払わせる程の違法性がないとされれば慰藉料は認められない。たとえば「暴行・傷害」の被害者に相手の体面を傷つける言動があった、思いやりが欠けた、宗教活動に熱心だった、家事能力・整理能力に欠け家の中が乱雑であった等々の事情は、被害者側の婚姻を破綻させた責任＝「落ち度」としてしばしば指摘されるところである。

しかしながら「重大な人格的利益の侵害」がなされているのに、婚姻破綻の責任が五分五分であると考えることは、夫婦間の暴力行為を容認する結果となり妥当でないと考える。

裁判所は、「重大な人格的利益の侵害」により婚姻が破綻した場合には、原則として離婚慰藉料を認めていくべきであると考える。

4　その他

ア　離婚調停のあり方

家庭裁判所で行なわれる離婚調停手続について、問題点を指摘する声がある。たとえば、①当事者の安全確保に対する配慮がない、②調停委員に夫の暴力を訴えても信用してもらえず、暴力を振るわれる妻にも責任があるように扱われてしまう等の批判である[73]。

当事者の安全確保については、ＤＶ防止法の制定前後から裁判所の対応に顕著な変化がみられ、調停期日に当事者を対席させない等の工夫がみられている。

しかしながら、夫の暴力事案についての調停の進め方については、いまだ問題が残っているようである。たとえば、高等裁判所管内の調停運営協議会の席上で、ある現職裁判官は、暴力を振るう夫自身も「疲れ果て傷ついている」ので、まず、家裁に出頭してきたことに対し、夫に「ねぎらいの言葉」をかけ、その心情や立場に配慮し、「できるだけ行動の善悪を評価したりせず」に調停を円満に進めるよう説いている[74]。

たしかに、調停とは、双方が合意に達することを目的として進められる手続ではあるが、調停者には、事案に対する原則的見地が必要であると思う。とりわけ、夫の暴力が、暴行・傷害などのような「重大な人格的利益侵害」である場合には、責任の所在を明確にした上で、調停が進められることが望ましいと思われる。この種の事案に対する調停手続の進め方については改善が必要であろう。

また、調停前置手続の運用も検討すべきであろう（家審一八条）。たとえば、ＤＶ防止法により新設された「保護命令」が裁判所から発せられている事案については、調停申立を不要とする取扱いが検討されるべきである。なぜなら、保護命令が発せられている状況とは、およそ夫婦間で話し合いができるような状況ではないからである。

イ　親権者の指定・面接交渉

ドメスティック・バイオレンス事案では、離婚に際し、子の親権をめぐって紛争が生じることが多い。親権者指定の判断基準について、わが国の裁判所では、「当事者双方のいずれが親権者として適格か比較考量のうえ決せられることが多い」といわれており、この比較考量の対象となる要因として、⑴経済力、⑵居住条件、居住環境、⑶心身の健康、性格、⑷子に対する愛情、熱意、⑸養育能力、⑹監護補助者その他のサポートシステムの有無、⑺監護の継続性が挙げられている。なかでも、子の監護者や生活環境を変えることは、子に過度の精神的負担と動揺を与えることになるので望ましくないと考えられ、従前の監護状況を尊重して（継続性の原則）親権者を決定する裁判例も多いといわれている。[75]一方で、婚姻中の有責行為（たとえば不貞・暴力など）はあまり重視されていないようである。

ところで、アメリカにおいては、一九九〇年代に入り、ドメスティック・バイオレンス（ＤＶ）に関与した親には親権を認めないとする州法を定める州が登場し、このような動きは他州にも広がり、今日、ほとんどの州で少なくとも子の監護権の決定に当ってＤＶを考慮事情とする旨の州法を制定している。また、面接交渉についても、ＤＶが認定された場合は監督権付の訪問権のみを認めることとするなど、これを制限する立法がある。

配偶者（おおむね妻）への暴力は、実際上、子どもへの暴力を伴うことが多いといわれている。また、暴行・傷害等犯罪にも該当するような「重大な人格的利益の侵害」を行い、婚姻義務に著しく違反した者は、親権者としての適格性を欠くといえるのではなかろうか。

私は、わが国においても、アメリカの立法例を参考に、子の親権者の決定及び面接交渉の決定の際には、ドメスティック・バイオレンスの存在を考慮すべきであると考えるが、この点については、なお今後の研究課題としたい。

五　差止請求と仮処分

1　はじめに

夫婦間において人格的利益の侵害行為が行われた場合の救済として、不法行為法による損害賠償請求権は婚姻継続中は実際上ほとんど行使されない現状の中で、婚姻継続中において被害者が加害者に対し人格的利益の侵害行為の差止を請求し、仮処分決定を得るという法実践が注目を集めている。

仮処分決定を求める事例は、おおむね、別居中であり、加害者（おおむね夫）が被害者（おおむね妻）の別居先や勤務先に押しかけて復縁を迫ったり、加害者が被害者の自宅、勤務先に佇んだり、はいかいしたり、待ち伏せしたり、尾行したり、つきまとったり、被害者及びその家族に無言電話を架け続けたり、被害者を誹謗・中傷する文書を勤務先の上司、同僚などの第三者に送付したりする場合などに、被害者が人格権にもとづく差止請求権を被保全権利として、侵害行為の差止命令を仮処分手続で求めるのである。[76] 仮処分命令の内容は、面談強要禁止、住居・勤務先への立入禁止、架電禁止、つきまとい行為の禁止などのいわば「接近禁止」と、殴打等の暴力を振るうことの禁止、脅迫行為の禁止など暴力行為自体の禁止である。[77]

ちなみに、法務省によると東京地裁、大阪地裁で二年間に七〇件の仮処分申請があり、接近禁止命令が二〇件発令されているとのことである（日経新聞二〇〇〇年八月九日付）。

このような取組みは、夫婦間における生命・身体・自由・名誉・住居の平穏などの人格的利益の侵害行為は、いかなる理由があれ許されない行為であり、かかる人格的利益の侵害行為に対しては、加害者に対する刑事処罰、不法行為法による損害賠償、離婚などのいわば「事後的救済」よりもむしろ「事前の救済」が必要であり、「事前の救済」なくしては被害者の身の安全が確保できず、被害者の生活の再建をはかることも離婚手続を進めることもできないという切実な要求から生じたものである。

仮処分手続の効果については、加害者（おおむね夫）には、それが相手方の人格的利益を侵害する行為であり、暴行罪、傷害罪等の「犯罪」に当たる行為であって、社会的にみて許容されない行為であるとの認識がないことが多く、被害者から裁判所に対し仮処分の申立がなされ、裁判所から債務者審尋期日の呼出状が送達されると、大したことではないと考えていた妻への暴力につき、裁判所から呼出しをうけること自体に一種のショックを覚えて、侵害行為がやむ場合が多く、また、仮処分手続中に和解が成立して、侵害行為をやめる旨約束する事例が多い、と指摘されている(78)。また、「DV男性の八割は社会的にはまっとうな職業に就き、普通の社会生活をしている人が多く、男性はこの命令に続く離婚裁判への影響などを考慮するためか、相当の効果が上がることが多い」という(79)。

ところで、平成一三年四月に成立した「配偶者からの暴力の防止及び被害者の保護に関する法律」は、配偶者からの暴力の被害者が、更なる配偶者からの暴力によりその生命又は身体に重大な危害を受けるおそれが大きいときに、裁判所は被害者の申立てにより、①接近禁止命令、②住居からの退去命令を発令することができるとする保護命令制度を新設した。保護命令制度は、法的には司法行政作用の性格を有するものであり、保護命令の実効性は命令違反者に対し罰則を科すことで図るとする点で、仮処分決定とは法的性格を全く異にするものである。しかしながら保護命令制度の基本にある考え方は、配偶者からの暴力はいかなる理由があれ許されない行為であり、このような行為に対しては、たとえ婚姻継続中であろうとも、国家による「事前の救済」が必要であるとするものであり、このような考え方はこれまでの仮処分による被害者救済の法的実践と共通するところがある。

保護命令制度では、仮処分決定においては実例がなかった「生活の本拠としている住居からの退去命令」が発令できること、保護命令違反者には罰則を科することとしており、実効性が期待できることなどから、今後は、被害者への「事前の救済」は、主として保護命令制度により図られていくものと思われる。

しかしながら、保護命令制度は、命令違反者に罰則を科するという制度であるがゆえに、保護の対象となる行為を「配偶者からの暴力」即ち「配偶者に対する不法な攻撃であって生命又は身体に危害を及ぼすもの」（同法第一条第一項）に限定しており、保護命令の内容も①六ヵ月の接近禁止命令と②二週間の退去命令に限定されている（同法第一〇条）。保護命令制度の対象とならない事案については、今後も民事保全法による仮処分手続、ストーカー規制法などによる法的救済を求めることになる。

そこで、本項では、そもそも、差止請求とはいかなる権利なのか、差止請求を認めるか否かに当たって受忍限度準則を用いることの当否、仮処分手続の実情とその問題点について述べてみたい。

2　差止請求

財産的利益が侵害された場合のみならず、生命、身体、自由、名誉、プライバシーなどの人格的利益が侵害された場合においても、侵害行為が将来に亘って継続される可能性が高い場合には、既に生じた損害の賠償だけでは被害者の救済にとって十分ではなく、侵害行為の予防・停止・排除（＝差止）が必要である。差止請求は、理論的には不法行為の存在を必要としないが（たとえば、著作者人格権の侵害行為に対する差止請求権を認める著作権法一一二条は侵害者の故意・過失を要件としない）、実際上は不法行為の被害者によって行使されるのが普通である。

人格的利益の侵害行為に対する差止請求の法的構成は、これを不法行為の効果として認める説もあるが、判例・通説は、これを人格権にもとづく差止請求として認める。たとえば、最高裁は北方ジャーナル事件において、名誉を違法に侵害された者は人格権としての名誉権にもとづき加害者に対し、現に行われている行為の侵害行為を排除し、又は将来生ずべき侵害を予防するため、侵害行為の差止めを求めることができると述べ、その根拠として、「名誉は生命、身体とともに極めて重大な保護法益であり、人格権としての名誉権は、物権の場合と同様に排他性を有する権利というべきだからである」と判示した（**最判昭和六一年六月一一日**、判時一一九四号三頁）。

今日まで、人格権にもとづく差止請求が法的救済として社会的に大きな役割を果してきたものとしては、通風妨害・日照妨害、騒音・振動、臭気・煤煙・粉塵・排気などによる空気汚染、水汚染などの生活利益の侵害（＝生活妨害）がある。裁判所は、これまで「受忍限度」を超える違法な侵害について人格権を根拠に差止請求を認容してきた。

さて、配偶者、元配偶者が、別居中の被害者（おおむね妻）の住居や勤務先に押しかけて復縁を迫ったり、加害者が被害者の自宅、勤務先に佇んだり、はいかいしたり、待ち伏せしたり、尾行したり、つきまとう場合、あるいは、被害者及びその家族に脅迫電話、嫌がらせ電話をかけたり、被害者を誹謗・中傷する文書を上司、同僚などの第三者に送付する場合に、被害者が人格権にもとづいて侵害行為の差止を求めた際に、差止請求を認めるか否かの基準として受忍限度準則を用いることの当否について考えてみたい。この点を検討するために、民事介入暴力の事案及びストーカーの事案について論じる。

民事介入暴力の事案は、周辺住民が暴力団組長に対し所有建物の組事務所としての使用を禁止する仮処分を求めた事件である。

右事案は、暴力団（一力一家）の組長である債務者が、本件建物を建築して組事務所として使用するに至ったため、債権者である周辺住民らは、同組の構成員らによる犯罪行為や他の暴力団員との対立抗争に伴う種々の危害の発生等、日常生活・身体・財産等に対する危険に晒されることになり、深刻な不安と危険に怯えながら生活しなければならなくなったので、組長が本件建物を一力一家の組事務所として使用することに反対して住民運動を展開したところ、一力一家の構成員は反対派住民宅を襲撃したり、住民側代理人の弁護士を刺傷したり、債権者に脅迫的な言動をとるなどの暴力行為を繰り返したというものである。

静岡地裁浜松支部決定昭和六二年一〇月九日（判時一二五四号四五頁）は、「何人にも生命・身体・財産等を侵

されることなく平穏な日常生活を営む自由ないし権利があり、この権利等は、人間の尊厳を守るための基本的、かつ重要不可欠な保護法益であって、物権の場合と同様に排他性を有する固有の権利であるというべきであるから、これらの人間としての固有の権利である人格権が受忍限度を超えて違法に侵害されたり、又は侵害される恐れがある場合には、その被害者は、(中略)加害者に対し、人格権にもとづいて、現に行われている侵害を排除し、又は将来の侵害を予防するため、その行為の差止、又はその原因の除去を請求することができる」と判示した。

本件の結論はきわめて妥当である。しかしながら、本件では、債務者らは、現実に組員から襲撃されており、債権者が組事務所としての使用を許せば住民の生命・身体が侵害されるおそれがある事案であった。本件について受忍限度準則を用いることは妥当ではないと思われる(80)。

また、ストーカーの事案は、歌舞伎役者市川猿之助が女性客に対し、歌舞伎を演じる権利を侵害されたとして、人格権にもとづき、劇場への立入禁止、身辺へのつきまといの禁止、名誉毀損等の言動の禁止を求めた事件であり、大阪地方裁判所は被告の言動は「原告が人気商売の歌舞伎役者であることを考慮しても、原告の受忍すべき限度を著しく超えているもの」と判示し、原告の請求を認めた(**大阪地判平成一〇年六月二九日**、判時一六五一号一二〇頁)。

右事案では、被告は、原告の歌舞伎公演を連日観劇し、他の客が笑ったり手を叩いたりする場面でも能面のような表情で原告を見たり、原告のファンに「私は猿之助の婚約者で、近々発表して結婚する」などと虚偽の事実を言いふらしたりしたので、原告のマネージャーが被告に対し原告につきまとわないよう話をしたが被告はこれを聞き入れず、原告と同じホテルに宿泊したり、同じ電車に乗るなどして原告につきまとい、さらに、被告は無理矢理楽屋を訪れて、居合わせた共演者に傘を振り上げたり、その際、通りかかった原告に対しても傘を振り上げたりしてマネージャーに制止されることがあった。原告は被告に恐怖心を抱き、被告による危害の発生を未然に防止する等の目的から、平成七年大阪地方裁判所に対し観劇禁止等の仮処分を申請し、劇場への立入禁止、つきまといの禁止、名誉毀損、業務妨害禁止の仮処分決定をえたが、被告はこれを無視し、観劇に来て警察官に劇場から退去させられたり、後援会事務所におしかけて退去要求に応じることなく大声で呼び続けて仕事を妨害したり、海外公演の際も同じ航空機に乗りこみ同じホテルに宿泊したりしたという事案である。

本件の結論はきわめて妥当である。しかしながら、本件において、被害者の被侵害利益は、身体の安全、行動の自由、名誉等の人格的利益であり、私生活の平穏を害するというような生活利益の侵害（生活妨害）にとどまるものではない。原告が歌舞伎役者であるか否かに関係なく、かかる執拗なストーカー行為に対しては差止が認められるべきである。本件について受忍限度準則を用いることは妥当でない。

ところで、ストーカー規制法（平成一二年五月成立）は、つきまとい等に関する被害実態が、交際要求又は性的関心を理由とするもの、あるいは、離婚後に復縁を迫るために行われる例が多く、これらの場合には、その相手に対する暴行、脅迫、ひいては殺人等の犯罪に発展するおそれが強いので法的規制が必要であるという観点から、つきまとい等の行為に対し行政規制、刑事処罰を加えているものであり、このような法律が成立した背景には、ストーカー行為に対する社会的非難の高まりがある。ストーカー行為はいかなる理由があれ社会的に許されない行為であるという社会規範が形成されつつあるといえる。

そこで、少なくともストーカー規制法により犯罪となる行為及びストーカー規制法による行政規制の対象となる行為は、民法上も違法性をおびる行為と解することができうるのであり、このような行為が行われた場合には、受忍限度を超えるかどうかを問わず民事上も差止請求が認められると解すべきである。

したがって配偶者・元配偶者が別居中の被害者（おおむね妻）の住居や勤務先に押しかけて復縁を迫ったり、加害者が被害者の自宅、勤務先に佇んだり、はいかいしたり、待ち伏せしたり、尾行したり、つきまとう行為、あるいは、被害者及びその家族に脅迫電話や嫌がらせ電話をかけたり、被害者を誹謗・中傷する文書を上司、同僚などの第三者に送付する行為等がストーカー規制法の規制の対象となる行為にあたる場合には、受忍限度を超えるかどうかに関わりなく、人格権にもとづき差止請求が認められると解される。

3　仮処分手続

差止請求を通常訴訟で訴求すると、判決確定までの間に、侵害行為が継続したり、いまだ始まっていない侵害行為が始まってしまうことが多いので、差止請求に実益があるのは主として仮処分手続を利用する場合である。別居中の被害者（おおむね妻）に、加害者（おおむね夫）が復縁を迫り、加害者が被害者の住居・勤務先に押しかけたり、被害者の身辺につきまとったり、はいかいしたり、又は、無言電話を架け続けたりする場合に、被害者が差止請求権を被保全権利として仮処分決定を求めるのはこのためである。

侵害行為の差止めを求める仮処分は、「仮の地位を定める仮処分」と呼ばれているものである（民事保全法二三条二項）。仮の地位を定める仮処分とは、執行保全の手段という性質を有せず、法律的紛争があることによって当事者に生ずる現在の危険や不安を除去するため、その解決に至るまでの間の暫定的措置を定め、これを維持・実現することを目的とするものであって、いわば現在の危険に対する保全の手段である。民事保全法二三条二項は、「仮の地位を定める仮処分命令は、争いがある権利関係について債権者に生ずる著しい損害又は急迫の危険を避けるためこれを必要とするときに発することができる」と定める。ところで、暫定的措置は、現在における危険を除去するために採られるものであるので、その処置が強制的にも実現されることが必要である場合には、通常の強制執行手続により終局的な段階にまで達することができる。不作為を命ずる仮処分の執行は間接強制によるとされており（民事執行法第一七二条第一項）、暴力団組事務所として建物を使用することの禁止を命じた仮処分決定について、違反した場合の一日につき金一〇〇万円を支払うよう命令した裁判例がある（大阪地堺支決平成三年一二月二七日、判時一四一六号一二〇頁）。このように仮の地位を定める仮処分は本訴提起前に事実上の最終的な決着がつく手続であり、本案判決以前に相手の財産権等に対する重大な制約という結果を招来する手続である。

そこで、債務者に対する手続的保障を与えるために、原則として口頭弁論あるいは債務者審尋が必要とされ、「ただし、その期日を経ることにより仮処分命令の申立ての目的を達することができない事情があるときは、この限りでない」とされる（民事保全法第二三条四項但書）。たとえば、債権者の生命・身体に対し重大な危険が切迫しており債務者審尋を待っていたのではそれが現実化してしまう場合がこれに当たる。

ドメスティック・バイオレンス事案に関する民事保全法による仮処分を活用した救済方法については、裁判所の仮処分命令に違反した場合の有効な制裁措置がないこと、原則として債務者審尋が必要であることから仮処分決定までに時間がかかり、決定までの間に債権者の生命、身体に重大な損害が発生する恐れがあること、保証金を要する場合があること、申立に要する書面（申立書・疎明資料等）が多く手続が頻繁であることなどが、問題点として指摘されていた[81]。

そこで、ここでは仮処分手続における審尋の必要性について従来どのように考えられてきたのかについて検討を加えてみよう。

東京地裁裁判官が民事保全の申立てと審理に関する理論上・実務上の諸問題を論じた文献によれば、「債権者に重大な危険が切迫しているとの理由だけで債務者審尋を行わないことについては、かなり慎重に考えなければならない」「犯罪としても評価されうるような暴力的な行為が現に継続して行われているような場合を除き、電話で債務者を呼び出してでも、審尋の機会を与えるべきであろう」と一般論をのべ、無審尋で決定を出す場合をきわめて限定的に解している[82]。とりわけ面会等禁止の仮処分については「本来は民事介入暴力に対する仮処分として登場してきたものであるが、最近ではその適用範囲が広がって、男女関係のもつれからくる面会や通話の強要、あるいは債権者の勤務する会社等に対する債権者の名誉を害する事実の告知の禁止等を求める申立てが多い」と指摘し、「多くの事案では、債務者審尋を行い、債務者に対し、法的な手続をとり、直接交渉はしないように告げると、その旨約する場合が多い。このような場合には、事案に応じ、その旨を記載した上申書を提出させ、あるいはそうした陳述を記載した審尋調書を作成することで取下げに至ることとなる」、「男女関係のもつれを原因とする事案については、債権者にも問題のあることがあり、このような事案については、前記のような形での取下げによる処理が望ましい」とのべている(83)。

従来、ドメスティック・バイオレンス事案に関する面談強要禁止の仮処分については、審尋期日を開いて債務者を説得し、仮処分の申立を取下げさせることが奨励されてきたことが窺われる。

しかしながら、被害者の生命・身体に対する侵害行為が現に行われており、将来も行われるおそれが高い場合、あるいは侵害行為が犯罪行為とも言える場合には、たとえ被害者が配偶者、元配偶者であったり、又は恋人であったとしても、裁判所は場合によっては債務者審尋を経ることなく、仮処分命令を発令して、加害者（債務者）に対し、侵害行為の禁止を命ずるべきであろうと思われる。ＤＶ防止法がその前文でのべているように、「配偶者からの暴力」は犯罪となる行為なのである。今後は仮処分の審理に当たってもこの点の十分な認識が必要であろうと思われる。

（1）大谷實『刑法講義総論（第四版補訂版）』成文堂（平成八年）八頁。
（2）総理府内閣総理大臣官房男女共同参画室『男女間における暴力に関する調査』（平一二年）四九頁。
（3）団藤重光『刑法綱要各論（第三版）』創文社（一九九〇年）五八一頁。
なお、近親者間の相盗行為について一律に刑を免除するという処置が必ずしも当を得たものになっていないと指摘し、これを親告罪として処理する方が適切だと主張するものとして、日髙義博「親族相盗例の問題点」専修法学論集七五巻（一九九九年）一一一―一二〇頁。
（4）大谷實『刑法講義各論（第四版補訂版）』成文堂（平成八年）四二一頁。
（5）大塚仁外編『大コンメンタール刑法第八巻』青林書院（一九九一年）〔渡辺咲子〕二四八頁。
（6）荘子邦雄『刑法総論（第三版）』青林書院（一九九六年）二一四頁。

（7）大谷、前注（4）二九頁。なお、傷害・暴行の意義については、大谷實VS前田雅英「エキサイティング刑法第二〇回生命・身体に対する罪⑵」法教二一二号（一九九八年）八三頁以下参照。
（8）前注（5）一五八頁。
（9）団藤、前注（2）四六〇頁。
（10）大谷、前注（4）八六頁。
（11）前注（5）〔伊藤納〕五二七頁。
（12）山口厚『問題探求　刑法各論』有斐閣（一九九九年）四八頁。
（13）大谷、前注（4）八七―八八頁。
（14）前注、八九頁。
（15）葛原力三「夫婦間での強姦」法セミ四三〇号三六頁（一九九〇年）。
（16）欧米における強姦罪の改正の動向については、上村貞美「人権としての性的自由と強姦罪」香川法学七巻三号・四号一三九頁以下（一九八八年）。
（17）強姦罪において、裁判所が、いかなる場合に、被害者に加えられた暴行・脅迫が「抵抗を困難ならしめる程度」に達したと事実認定しているのかにつき、裁判例を掲げて検討している論稿として、礒邉衛「強姦の成否」小林充外編『刑事事実認定――裁判例の総合的研究――（下）』判例タイムズ社（一九九二年）一一九頁以下。
（18）大村敦志『家族法』有斐閣（一九九九年）五一頁。
（19）佐伯仁志・道垣内弘人「対談　民法と刑法（第一六回）」法教二三八号六四頁（二〇〇〇年）。
（20）ロナルド・ドゥオーキン〔水谷英夫・小島妙子訳〕『ライフズ・ドミニオン』信山社（一九九八年）八四頁。
（21）前注（19）六五頁。大村敦志教授は、「仮に夫婦は相互に性交要求権を有しているとしても、性関係の強要が違法となるかどうかはまた別問題であり、強姦罪成立の余地はあるというべきだろう」と主張する。大村、前注（18）。
（22）中森喜彦「夫につき妻に対する強姦罪の成立を認めた事例（判例評釈）」判時一二五六号二一七頁。
（23）林幹人『刑法各論』東京大学出版会（一九九九年）九六頁。
（24）萩原玉味「強姦罪における被害者の法的保護（二・完）」警察研究六一巻二号二八頁（一九九〇年）。
（25）町野朔「強姦、和姦、準強姦」法教一六八号八九頁（一九九四年）。

町野教授は、「継続的な結婚関係がある程度の不任意の性行為を受忍する関係であることも否定できない」「内縁の場合でも同じであろう」「日本の刑法の解釈論としても、意思に反する姦淫を正当化するような結婚関係が存在しなくなったときには、行為は違法となり強姦罪を認めることになる」と言う。しかしながら、婚姻とは、意思に反する姦淫を正当化する関係ではない。また、ここでは、夫婦間において暴行・脅迫を用いて相手を姦淫する行為が強姦罪に当るかどうかが問題なのであり、意思に反する姦淫が問題となっているのでもない。

なお、夫婦間の強姦罪の成否は、主に法律上の婚姻関係にある者について論じられており、これを内縁の夫婦についても拡張して論ずる者は少ない。内縁の妻も強姦罪の客体となるとした判決として札幌高判昭和三〇年九月一五日（高刑八巻六号九〇一号）。

(26) A4 - 0250/97, Resolution on the need to establish a European Union wide campaign for zero tolerance of violence against women, R, 16 September 1997.

(27) 刑法改正案提出の背景については、斉藤純子「夫婦間強姦可罰化のための刑法改正案」ジュリスト一〇八八号八〇頁（一九九六年）。

(28) 大塚仁外編『大コンメンタール刑法（第二版）第九巻』青林書院（二〇〇〇年）〔亀山継夫〕六一頁。

(29) 前注、六三頁。

(30) 阿部純二『刑法総論』日本評論社（一九九七年）二八九頁。

(31) 法務省刑事局編『改正刑法草案の解説』。

(32) 松本時夫「量刑の手続」公判法体系Ⅲ五九頁。

(33) 原田國男「量刑基準と量刑事情」『創立五〇周年記念特集号⑶刑事編（司法研修所論集九九）』（一九九七年）一五一頁。

(34) 百瀬武雄「殺人罪における量刑」、石川弘外編『刑事裁判実務大系第九巻』（一九九二年）二三一―二三三頁。

(35) 城下裕二『量刑基準の研究』成文堂（一九九五年）三五―三六頁。

(36) 福岡県弁護士会刑事弁護委員会では会員の弁護士が担当した事件について求刑・量刑をデーター・ベース化する作業を進めており、検察官の求刑・裁判官による量刑が適正になされているのかどうかについて、被告人・弁護人の視点から検討する作業を開始している。詳しくは、上田國廣「最近の量刑の傾向について」『現代法律実務の諸問題（平成八年版）』（一九九七年）五四九頁以下を参照されたい。

なお、最高裁判所は、二〇〇二年三月以降、各地の高等裁判所あるいは地方裁判所のホームページの判決速報のコーナーで紹介された裁判例を集約したものをホームページで公開している（下級裁主要判決情報）。

(37) アルバート・J・リース〔宮澤＝川本訳〕「アメリカ合衆国における量刑政策と実務」ジュリスト八三四号七五頁（一九八五年）。

(38) 百瀬、前注(34)二三二頁。

(39) 判例集未登載。事案の内容は、安宅左知子『殴られる妻たち』洋泉社（二〇〇〇年）一二頁以下、及び女性情報九七年八月号一六三頁。同九八年六月号三四頁参照。

(40) 中谷瑾子「女性犯罪と刑の量定（三・完）」法学研究四二巻二号三五頁（一九六九年）。

(41) 大谷實『刑法講義総論（第四版補訂版）』成文堂（平成八年）五四六頁。

(42) 原田、前注(33)一四九頁。

(43) 中谷瑾子「女性犯罪と刑の量定（一）・（二）・（三・完）」法学研究四一巻六号一頁以下、四一巻一〇号二五頁以下、四二巻二号二二頁以下（一九六八年〜一九六九年）。とりわけ、四二巻二号二三—三九頁を参照した。

なお、女性による殺人罪の量刑について、量刑因子を抽出して検討した論文として、岩井宜子「女性による殺人罪の量刑——女性による殺人事例の研究（その2）」法学研究五六巻八号一頁以下（一九八三年）がある。

私は、女性による殺人罪の量刑の分析とりわけ実刑と執行猶予を分ける基準の分析に当っては、嬰児殺か否か、既遂か未遂かが決定的に重要であると考えるが、岩井教授の論文ではこの点を量刑因子の一つとして他の量刑因子と並列させて分析している点で疑問が残る。

(44) 大谷、前注(41)二六〇頁。

(45) 過去の侵害なのか、侵害が継続しているのかについて、裁判例を分析したものとして、荘子、前注(6)一二一八—一二一九頁。

(46) 戒能民江「法律学とジェンダー論」労旬一三九九・一四〇〇号、三四頁。

(47) 大塚仁外編『大コンメンタール刑法第二版第三巻』青林書院（一九九九年）〔島田＝島田〕三七四頁。

(48) 配偶者間の不法行為について、学説・判例を整理し、このテーマを全体として見通しうる骨組を提示した論文として、藤岡康宏「配偶者間の不法行為」『現代家族法体系2』有斐閣（昭和五五年）三七五頁以下。藤岡教授は、「われわれにとって重要なのは、配偶者間の不法行為が婚姻関係のいかなる局面で争われ、損害賠償責任が、そこでどのような役割を担わされているか、ということである」と指摘する。

(49) 大津千明『離婚給付に関する実証的研究』日本評論社（一九九〇年）七〇頁。
(50) 藤岡、前注(48)三九九頁。
(51) 鈴木禄弥『親族法講義』創文社（一九八八年）四八―四九頁。
(52) 金子武志「面談強要禁止等仮処分申立事件について」判タ九六二号一一頁。
(53) 佐伯仁志・道垣内弘人、前注(19)。
(54) ロナルド・ドゥオーキン、前注(20)。
(55) 広中俊雄『債権各論講義第六版』有斐閣（一九九四年）四五六頁、四五九頁。
(56) 幾代通『不法行為』筑摩書房（昭和五二年）二五二―二五三頁。
(57) 夫婦間の財産関係については、水谷英夫・小島妙子編『夫婦法の世界』信山社（一九九五年）七〇―七三頁。
(58) 鈴木、前注(51)二九頁。
(59) 林信雄「夫婦の同居協力義務」『家族法大系Ⅱ』有斐閣（昭和三四年）一七二頁。
(60) 藤岡、前注(48)三九九頁。
(61) 大村、前注(18)五一頁。
(62) 前注、一四一頁。
(63) 我妻栄『親族法』有斐閣（昭和三六年）一二四頁、一七〇頁。
(64) 島津一郎外編『新・判例コンメンタール民法11』三省堂（一九九四年）二三四頁〔大津〕。
(65) 鈴木、前注(51)六六頁。
(66) 米倉明「積極的破綻主義でなぜいけないか」ジュリスト八九三号三八頁以下（一九八七年）。
(67) 法務省民事局参事官室『婚姻制度等に関する民法改正要綱試案及び試案の説明』八七頁（平成六年）。
(68) 本判例の研究として、鍛冶良堅、大杉麻美「夫の暴力を避けるための別居と離婚事由」ジュリスト一一九三号一一三頁以下（二〇〇一年）がある。
(69) 川島武宜「離婚慰藉料と財産分与との関係――法的保護と法的構成との関係の問題として――」我妻還暦記念『損害賠償責

任の研究（上）』有斐閣（一九五七年）二七一－二七二頁。

(70) 島津一郎「相互有責の法理に代わるもの」法曹時報三九巻九号（昭和六二年）三二一－三三二頁。

(71) 鈴木眞次『離婚給付の決定基準』弘文堂（平成四年）二九八－二九九頁。

(72) 前注、三〇一頁。

(73) 「夫（恋人）からの暴力」調査研究会著『ドメスティック・バイオレンス』有斐閣（一九九八年）一六九－一七二頁。

(74) 「平成一二年度各高等裁判所管内調停運営協議会における協議結果要旨」調停時報一四八巻四六頁（平成一三年）。なお、多くのDV事件では、裁判官の反応は"And so what ?"（だからどうだというのだ）に留まっている、と指摘し、家事調停・離婚裁判のあり方を批判するものとして、林陽子「成立したドメスティック・バイオレンス防止法」『国際女性01』（二〇〇一年）八九頁以下。

(75) 北野俊光「親権者の指定及び変更」野田愛子外編『講座・実務家事審判法2』日本評論社（一九八八年）二二四－二二五頁。

(76) 神戸弁護士会両性の平等に関する委員会「『夫の暴力』事件相談マニュアル」（一九九七年）。

(77) 金子武志「面談強要禁止等仮処分申立事件について――大阪地裁保全部における主文例を中心として――」判タ九六二号四頁以下（一九九八年）。

(78) 前注（76）、一三頁。

(79) 原田恵理子編『ドメスティック・バイオレンス』明石書店（二〇〇〇年）〔長谷川京子〕一四六－一四七頁。

(80) 広中教授は、裁判所が侵害対象に「生命・身体」のほかに「財産等」も含めて「受忍限度」準則に服させている点には疑問があるとする。詳しくは、広中俊雄『債権各論講義（第六版）』（一九九四年）五〇五頁。

(81) 角田由紀子「夫（恋人）からの暴力に対する法的処置――日本の現状とアメリカの模範法典について――」財団法人横浜市女性協会発行『民間シェルター調査報告書Ⅱ』（一九九五年）三八－三九頁。

(82) 瀬木比呂志「民事保全の申立てと審理に関する理論上、実務上の諸問題（一）」判タ九二七号一四頁（一九九七年）。

(83) 瀬木比呂志「民事保全の申立てと審理に関する理論上、実務上の諸問題（二）」判タ九二九号四〇頁（一九九七年）。

第五章　ドメスティック・バイオレンスの法的救済Ⅱ（新たな手法）

一　配偶者からの暴力の防止及び被害者の保護に関する法律

1　本法成立の意義

本法は、平成一三年四月六日成立し、一〇月一三日施行された。本法は参議院「共生社会に関する調査会」が提出したいわゆる議員立法である(1)。

本法は、ドメスティック・バイオレンスに対する特別な法的救済を定める法律であり、これによって、わが国におけるドメスティック・バイオレンスに対する本格的な法的対策が講じられることとなった。

本法の提案者は、本法の立法趣旨として、夫・パートナーからの暴力であるドメスティック・バイオレンスに対処するための法的措置が求められており、本法は、ドメスティック・バイオレンスの状況を改善し、人権の擁護と男女平等の実現を図るため、配偶者からの暴力に係る通報、相談、保護、自立支援等の体制を整備し、配偶者からの暴力の防止及び被害者を保護するための施策を講ずるものであると述べている。

本法は、右目的を実現するために主として二つの施策を用意している。①保護命令制度の創設（二〇〇一年一〇月施行）、及び②配偶者暴力相談支援センター等に関する規定（二〇〇二年四月施行）である。

保護命令制度は、本法により新設されたものであり、裁判所が被害者からの申立てにより、被害者の生命及び身体の安全を確保するため、加害者に対し、①接近禁止命令、②住居からの退去命令を発し、命令違反者に刑罰を科すという法制度である。本法の主眼は、保護命令制度の創設に置かれている。一方、配偶者暴力相談支援センター等に関する規定は、ドメスティック・バイオレンスの被害者に対し、売春防止法にもとづき婦人相談所等が事実上行なってきた一時保護・相談等の業務について、法的位置づけを与え、国としての予算措置を講ずるとする規定である。

本法はこのように、法的性格の全く異なる施策を含む複合的な構造となっている。

さて、本法は、わが国初のドメスティック・バイオレンス防止法として高く評価できる法律である。本法の意義として、保護命令制度を創設した点、ＤＶの被害者保護等の業務を配偶者暴力相談支援センター等が行うこととし、国としての予算措置を講じた点が挙げられるが、さらに重要な点は、本法が、ドメスティック・バイオレンスは個人の尊厳を害し男女平等の実現の妨げとなる行為であって、社会的に許容されない違法行為であり、その解決のためには、国家による法的介入が必要であるというメッセージを社会全体に発信している点である。

とりわけ、前文が「配偶者からの暴力は犯罪となる行為である」と明言している点が重要である。ちなみに本法は、「配偶者からの暴力」を「配偶者（婚姻の届出をしていないが、事実上婚姻関係と同様の事情にある者を含む）からの身体に対する不法な攻撃であって生命又は身体に危害を及ぼすもの」と定義している。ここで、「身体に対する不法な攻撃であって生命又は身体に危害を及ぼすもの」とは、具体的には、刑法上暴行罪又は傷害罪にあたるような行為をいうと解されている。

ドメスティック・バイオレンスは、従来、たとえそれが暴行罪、傷害罪等にあたるような行為であっても、一般に刑罰に値するほどの違法な行為ではないと考えられてきたが、本法は、「配偶者からの暴力」が、最低限のモラルに違反する高度の反社会性を帯びる行為であって、刑罰に値するほどの違法行為であることを明言しており、ドメスティック・バイオレンスに対する人々の法意識に多大なインパクトを与えるものと思われる。

また、ドメスティック・バイオレンスに対する法的救済は、伝統的には刑法、不法行為法、婚姻法などにより行なわれてきたが、これらの伝統的な手法は、加害者の法的責任を明確にし、被害者の法的救済をはかるという観点からみて、十分な機能を果たしてきたとはいえない。本法の制定は、各法分野において、本法の趣旨に沿った形でドメスティック・バイオレンスに関する法の適用がなされることを要請するであろう。たとえば、暴行罪、傷害罪、強姦罪等刑法犯の処罰範囲の拡大、個別的不法行為責任の違法性判断、離婚原因及び離婚慰藉料の認定への影響などが考えられよう。

本法制定に伴う各法分野に対する影響については、第四章で行うこととし、本節では、ドメスティック・バイオレンスに対する本格的な法的対策を提供するものとして登場した本法について、本法の主眼ともいえる保護命令制度を中心に、本法制定の趣旨・目的、その内容、今後の課題等について述べることとする。

2　本法制定の趣旨・目的（前文関係）

本法は前文において、「配偶者からの暴力は、犯罪となる行為であるにもかかわらず、被害者の救済が必ずしも十分に行われてこなかった。また、配偶者からの暴力の被害者は、多くの場合女性であり、経済的自立が困難である女性に対して配偶者が暴力その他の心身に有害な影響を及ぼす言動を行うことは、個人の尊厳を害し、男女平等の実現の妨げとなっている」と指摘し、「このような状況を改善し、人権の擁護と男女平等の実現を図るためには、配偶者からの暴力を防止し、被害者を保護するための施策を講ずることが必要である。このことは、女性に対する暴力を根絶しようと努めている国際社会における取組にも沿うものである」と言う。

このように、前文は、本法制定の趣旨が主として「女性に対する暴力」の根絶を目的とするものであることを明らかにしている。本法前文については、「当初『女性への暴力』に限定していたが、参議院法制局から『法の下の平等をうたった憲法一四条に触れる恐れがある』と指摘があり、『配偶者からの暴力』に変更。代わりに前文に（中略）女性への暴力を主眼にした法律であることを明記して《妥協》した」との指摘がある（二〇〇一年四月六日付毎日新聞）。

今日、ドメスティック・バイオレンス（夫・パートナーからの暴力）は、深刻な社会問題となり、その解決のために法的措置を採ることが国際的にも要請されているが、このような要請は、いうまでもなく女性に対する暴力の撤廃という観点から行なわれている。

ちなみに、国連における「女性に対する暴力の撤廃に関する宣言」は、ドメスティック・バイオレンスを女性に対する暴力の一類型として挙げ、家庭において起こる身体的・性的・心理的暴力であると定義しているが、女性に対する暴力は、男女間の歴史的に不平等な力関係を明らかに示すものであり、女性が男性に比べて従属的地位に置かれていることを余儀なくさせる重大な社会構造の一つであると指摘し、国家は女性に対する暴力を撤廃するためにあらゆる適切な手段をとるべきであるという。このように今日女性に対する暴力の撤廃が国際的な課題となっている。

本法の前文は、本法が、このような社会的要請に応えて、主として女性に対する暴力の根絶を目的とするため制定されたことを明らかにするものである。

本法は、規制の対象を「配偶者からの暴力」としており、性に中立的な立法となっているが、本法の主たる目的が女性に対する暴力の根絶であることが前文に明記されていることは重要であり、本法の運用にあたってはこの点が十分に考慮されるべきであろう。

ちなみに、アメリカにおいて一九九四年八月に成立した、ドメスティック・バイオレンス、レイプ等の女性に対する暴力犯罪の防止を目的とした初の連邦法である「女性に対する暴力防止法」も、上下院のレポートに掲げられた同法の目的は女性に対する暴力犯罪の防止と処罰とされているが、同法の規制の対象となる「ドメスティック・バイオレンス」(domestic violence)の定義は、性に中立的なものとなっている。

次に、前文は、「配偶者からの暴力」が犯罪となる行為であるにもかかわらず、被害者の救済が十分でなく、かかる被害が放置されてきたことを強調している。本法において「配偶者からの暴力」とは、「配偶者(婚姻の届出をしていないが、事実上婚姻関係と同様の事情にある者を含む)からの身体に対する不法な攻撃であって生命又は身体に危害を及ぼすものをいう」と定義されているが(第一条第一項)、具体的には刑法上の暴行罪、傷害罪に当たるような行為をいうと解されている。(2)

わが国において、これまで他人間であれば刑罰法規に触れる行為として処罰されるべき行為が、被害者が配偶者(おおむね妻)である場合には、重大な殺傷事件へと発展しない限り、「犯罪」として扱われず、放置されてきた。その背景には、人々がドメスティック・バイオレンスを刑罰に値するほどの非難に値する行為ではないと考えてきた事情があり、警察などの捜査当局も「民事不介入」を口実に「犯罪」としての検挙を見送ってきたといえる。しかしながら、本法前文は、配偶者に対する暴行罪、傷害罪に当るような行為は、たとえいかなる理由があろうとも、社会的に許されない行為であり、犯罪となる行為であることを明言している。かかる法律が制定されたことは、配偶者からの暴力について、これを社会的に許容しないとするモラル・社会規範の形成を促すものと思われる。

3 「配偶者からの暴力」の定義(第一条関係)

本法において法的保護の対象となる「配偶者からの暴力」とは、「配偶者(婚姻の届出をしていないが、事実上婚姻関係と同様の事情にある者を含む。)からの身体に対する不法な攻撃であって生命又は身体に危害を及ぼすものをいう」と定義されている(第一条第一項)。また「被害者」とは、「配偶者からの暴力を受けた者(配偶者からの暴力を受けた後婚姻を解消した者であって、当該配偶者であった者から引き続き生命又は身体に危害を受けるおそれがあるものを含む。）をいう」と定義されている（第一条第二項）。

ここで、配偶者とは、いうまでもなく、婚姻の届出をしている法律上の夫婦であり、「婚姻の届出をしていないが、事実上婚姻関係と同様の事情にある者」とは、民法上あるいは社会保障法上「婚姻に準ずる関係」として扱われ、法的保護を与えられてきた者をいう（準婚理論）。

このように本法が法的規制の対象とする「配偶者からの暴力」とは、当事者の点でいうと法律上・事実上の夫婦に限定され、元配偶者、単なる恋人・一時的同棲相手・婚約者など婚姻に準ずる関係にあるとはいえない者からの暴力は除かれている。

本法は配偶者からの暴力が以下の点で一般の暴力とは異なるとして、配偶者からの暴力を一般の暴力と区別して特別に法的保護の対象としている。即ち、第一に、配偶者からの暴力は家庭内で行われるので、外部からの発見・介入が困難であり、暴力が継続して行われエスカレートして重大な被害が生じることがある点、第二に、配偶者からの暴力は暴力によって相手の人格を否定し従属的な関係を強要するものであり、個人の尊厳を害し、男女平等の実現の妨げとなる点である。元配偶者・恋人などからの暴力は、おおむね右のような特色がなく一般の暴力と異ならないので、本法の対象としないというのが提案者の説明である（南野参議院議員答弁(3)）。

夫（事実婚を含む）からの暴力の被害者は離婚後の経済的自立が困難であったり、離婚が子どもに及ぼす影響を恐れていたり、子どもと引き離されるのではないかと懸念しており、容易に夫の下を離れることができず、暴力を甘受していると考えられ、このような者には特別な法的救済が必要であると考えられたからであろうと思われる。

本法の対象とならない、元配偶者・恋人などからの暴力は、従来どおり刑法、民法、民事保全法、ストーカー規制法等による法的規制に委ねられることになる。

但し、元配偶者については、離婚等の関係の終了や離婚等に向けての話し合いの際中に暴力が激化する実態があることを踏まえ、婚姻中に配偶者から暴力を受け、離婚してもなお引き続きその者から生命又は身体に危害を加えられるおそれがある者については、本法の保護を受ける「被害者」に含まれると定めている。そこで、このような被害者も配偶者暴力相談支援センター等の保護の対象となる（保護命令の申立はできないと解されている）。

次に、「配偶者からの暴力」における「暴力」とは、「身体に対する不法な攻撃であって生命又は身体に危害を及ぼすもの」と定義されている。

具体的には、刑法上、暴行罪・傷害罪に当たるような行為を指すといわれ、「暴力」といわれる行為のなかでも、身体に対する不法な攻撃とはいえないような性的暴力（＝見たくもないのにポルノビデオを見せるなど）又は、精神的暴力（何を言っても無視する、交友関係を細かく監視する、「誰にメシを食わしてもらっているんだ」というなど）は、「暴力」に含まれないと解されている(4)。

ここで、性的暴力のなかでも、刑法上の強姦罪にあたるような行為は、身体に対する不法な攻撃にあたるので、「配偶者からの暴力」に含まれると考えられる。

一方、身体に対する不法な攻撃にあたらない「性的暴力」又は「精神的暴力」も、被害者の「心身に有害な影響を及ぼす言動」であり、配偶者からの暴力と同様に、個人の尊厳を害し、男女平等の実現の妨げとなる許されない行為である。そこで、このような行為も配偶者暴力相談支援センターの保護の対象とし（第三条第二項）、また国・地方自治体が行う教育・啓発活動についてはその対象とすることにしている（第二四条）。

なお、心的外傷を与える言動を行い、相手にＰＴＳＤ（心的外傷後ストレス障害）を生じさせ、これが傷害罪における傷害にあたる場合（＝人の生理的機能に障害を与える場合）には、「暴力」にあたりうる(5)。

身体に対する不法な攻撃とは言えない「性的暴力」及び「精神的暴力」もまた「配偶者からの暴力」に含めるべきであるとの意見もあろうが、本法が「配偶者からの暴力」をきわめて限定的に定義した理由は、本法の主眼が、「配偶者からの暴力」の被害者を地方裁判所が発する保護命令（①六ヵ月間の接近禁止命令、②二週間の住居からの退去命令）により保護する点にあり（第一〇条）、保護命令の実効性を確保するため命令違反行為に刑罰（一年以下の懲役又は百万円以下の罰金）を科すことにしていることから（第二九条）、保護命令の対象となる加害行為を限定する必要があると考えたためであろう。

4　保護命令制度（第一〇条〜第二二条関係及び第二九条関係）

(1)　保護命令制度の意義

本法の創設した保護命令制度とは次のような制度である。

配偶者からの暴力を受けた者が「更なる配偶者からの暴力によりその生命又は身体に重大な危害を受けるおそれが大きいとき」、裁判所は、被害者からの申立により保護命令を発することができる（第一〇条）。ここで「生命又は身体に重大な危害を受けるおそれが大きいとき」とは、被害者に対し、殺人、傷害等の危害が及ぶおそれがある状況をいうとされる(6)。

保護命令の内容は、①六月間、被害者の住居その他の場所において、被害者の身辺につきまとい、又は被害者の住居、勤務先、その他その通常所在する場所の付近をはいかいすることを禁止すること（接近禁止命令）、②二週間、被害者と共に生活の本拠としている住居から退去すること（退去命令）であり、裁判所は同居中の夫婦について、①と②をあわせて命ずることができる。

保護命令は、執行力を有しないが、その実効性を確保するため、命令違反者には、刑罰（一年以下の懲役又は百万円以下の罰金）を科すこととしている（第二九条）。法執行機関は警察とされ、保護命令が発令された場合、裁判所書記官は、速やかにその旨及びその内容を申立人の住所又は居所を管轄する警視総監又は道府県警察本部長に通知することになっている（第一五条第三項）。

さて、私人の申立てにもとづいて裁判所が発した禁止命令に違反した場合に刑罰を科すという法制度は、わが国のこれまでの法制度では類例を見ないものであるといわれている。[7] このような罰則付保護命令制度には「民事と刑事の制度を区別する日本にはそぐわない」として法務省などが難色を示していたが、本法を議員立法で成立させた議員達の熱意に、司法サイドが折れたといわれている（二〇〇一年四月六日付毎日新聞朝刊）。

また、本法において禁止命令の内容は、命令を受ける相手方（加害者）の行動の自由、財産権の行使などを制約するものであるにもかかわらず、緊急を要する場合には相手方に対する手続的保障（口頭弁論・審尋期日を経ること）を要せずに命令を発することができることになっている（第一四条第一項）。

このような法制度は、配偶者からの暴力に対する社会的非難が格段に高まり、配偶者からの暴力の防止と被害者の保護が国家の重要な責務であると考えられ、被害者保護のため国家による法的介入が必要であるとの認識が共有された結果、制定されたものである。私はその意味で本法は、他の法分野においてドメスティック・バイオレンス（ＤＶ）の違法性判断及びＤＶへの法的介入を検討する際に指針を与えるものであると考える。

ここで、保護命令制度とは、配偶者からの暴力により、被害者の生命又は身体に対する重大な危害が発するおそれが高いと認められる場合に、被害者の生命又は身体の安全を確保し、さらには家庭の平穏を確保するという観点から、国家が夫婦の生活関係に後見的に介入し、接近禁止や生活の本拠としている住居からの退去を命ずる民事行政的作用を有し、非訟事件の一種として位置づけられるものであるといわれている。[8]

ところで、本法成立以前においては、夫婦間における人格的利益の侵害行為への救済として不法行為法による損害賠償請求が婚姻継続中はほとんど行われないという現状の中で、婚姻継続中に、被害者から加害者に対する人格的利益の侵害行為の差止請求権が民事保全法による仮処分を求める形態で行使され、裁判所が侵害行為の差止命令を発することによって被害者の生命又は身体の安全を確保する方策がとられていた。

たとえば、暴力を振るう加害者（多くは夫）と別居したが、加害者が、被害者（多くは妻）の別居先（実家・アパート）や勤務先へ押しかけて復縁を迫ったり、被害者の自宅、勤務先付近に佇んだり、はいかいしたり、待ち伏せしたり、尾行したりするなどして被害者につきまとう場合、被害者の名誉を棄損し又は侮辱する内容の郵便物を勤務先の上司、同僚などの第三者に差し出したり、そのような内容のビラを配布したり、無言電話を繰り返したりする場合に、被害者が人格権にもとづく妨害予防・排除請求権を被保全権利として、侵害行為の差止命令を民事保全法上の仮処分手続きで求め、裁判所が差止命令を発する場合があった。ちなみに、法務省によると、夫らの接近を禁止する仮処分の申請は、東京、大阪、両地裁で二年間に七〇件の申請があり、接近を禁止する命令が二〇件出たという（二〇〇〇年八月九日付日経新聞）。ただし、加害者に生活の本拠としている住居から退去するよう命じた仮処分の裁判例はなかった。

このような取組みは、夫婦間における、生命・身体・自由・名誉などの人格的利益の侵害行為は、いかなる理由があれ許されない行為であり、かかる人格的利益の侵害行為に対しては、加害者に対する刑事処罰、不法行為による損害賠償、離婚などの、いわば「事後的救済」のみならず「事前の救済」が必要であり、仮処分などによる「事前の救済」なくしては、被害者の生命又は身体の安全を確保することができず、被害者の生活の再建をはかることも離婚手続をすすめることもできないという切実な要求から生じたものである。

本法の保護命令は、いうまでもなく、民事保全法にもとづく仮処分手続とは法的性格を全く異にするものではあるが、その基本には、配偶者からの暴力はいかなる理由があれ許されない行為であり、被害者の生命又は身体の安全を確保するため、国家が夫婦の生活関係に介入し、事前の救済措置を講ずる必要があるとする考え方があり、このような基本的考え方はこれまでの仮処分による被害者救済の法的実践と共通するものである。その意味で、これまでの被害者救済に向けての法的実践が今回の保護命令制度の創設につながったといえるであろう。

また、アメリカにおいてペンシルバニア州が一九七六年全米初のドメスティック・バイオレンス（ＤＶ）防止法を制定して以来、今日アメリカのあらゆる州とコロンビア特別区において民事裁判所の発するインジャンクション（injunction）によってドメスティック・バイオレンス（ＤＶ）の被害者に法的保護を与える州法が制定されている。州法が規制の対象とするＤＶとは各州ごとに異なっているが、おおむね、配偶者・前配偶者など一定の身分関係にある者に対して行われる虐待行為（具体的には身体的利益の侵害行為、脅迫、嫌がらせ、ストーキング、性的暴行、子供の略取・誘拐、住所侵入など）であり、裁判所が発するインジャンクションの内容は、虐待禁止命令・接近禁止命令・住居からの退去命令などである。裁判所の命令は通常プロテクション・オーダー（protection orders）と呼ばれている。さらに、今日アメリカのほとんどの州でプロテクション・オーダーの実効性を確保するため、プロテクション・オーダーの違反行為は軽罪（おおむね一年以下の拘禁刑あるいは罰金に当たる犯罪）とされている。そればかりではなく、各州はプロテクション・オーダーの違反者の逮捕を容易にするため、警察官の逮捕権限を拡大し、プロテクション・オーダーの違反行為が行われたと信ずべき相当の理由がある場合には現行犯でなくても違反者を令状なしで逮捕できるようにするための州法改正も行っている。アメリカ法は今日まで、民事裁判所が加害者に対しインジャンクションを発し、その実効性を確保するために命令違反行為を犯罪化し、命令違反者を警察官が現場で逮捕するという法制度を創設して、ＤＶの防止及び被害者の保護に対処してきたといえる（アメリカにおける法実践については本書第二章アメリカにおける法状況を参照されたい）。

本法の罰則付保護命令制度は、明らかに、アメリカ法の法実践を参考にして、わが国にはこれまでに例がない全く新しい法制度を創設したものといえ、アメリカにおけるＤＶ防止の闘いの成果が生かされていると言えよう。このように本法の成立は、わが国における被害者救済に向けての法実践とアメリカなどの諸外国のＤＶ防止の闘いの成果が結実したものである。

なお、二〇〇〇年五月に成立したストーカー規制法については、行政機関（公安委員会）に罰則付の禁止命令を発令する権限を与えている点について、行政機関による権限の濫用を招き私人の人権が侵害される恐れがあるとして批判がなされたが、本法はこのような批判に答え、保護命令は司法機関たる裁判所が発令し、法の執行は行政機関たる警察が行なうこととしており、保護命令を受ける一般私人の権利を不当に侵害しないよう人権保障に配慮した法制度になっている。

(2)　保護命令制度の概要

ア　保護命令の要件・内容（第一〇条関係）

配偶者からの暴力を受けた者が、「更なる配偶者からの暴力によりその生命又は身体に重大な危害を受けるおそれが大きいとき」、裁判所は被害者からの申立により保護命令を発することができる。ここで、「生命又は身体に重大な危害を受けるおそれが大きいとき」とは、被害者に対し、殺人、傷害等の被害が及ぶおそれがある状況をいうとされる。この要件をあまり厳格に解すると保護命令が発せられる場合が極端に限定されてしまうことになるので、注意を要する。

申立ができるのは、配偶者からの暴力を受けた者に限られる。本法で配偶者からの暴力とは「配偶者（婚姻の届出をしていないが、事実上婚姻関係と同様の事情にある者を含む。）からの身体に対する不法な攻撃であって生命又は身体に危害を及ぼすものをいう」と定義されている（第一条第一項。なお配偶者からの暴力の定義については本書四〇五頁を参照されたい）。

よって、申立ができるのは、法律上、事実上の夫婦に限定され、単なる恋人、一時的同棲相手、婚約者などのように婚姻に準ずる関係にあるとはいえない者は、申立ができない。また、配偶者と離婚した後の被害者は、保護命令の申立はできないと解されている[(9)]。

また、身体に対する不法な攻撃とはいえない「性的暴力」及び「精神的暴力」の被害者も保護命令の申立ができない。

保護命令制度については、保護命令を申請できる範囲が狭すぎるという批判がある[(10)]。

裁判所は、保護命令として、「六月間、被害者の住居（当該配偶者と共に生活の本拠としている住居を除く。以下この号において同じ）その他の場所において被害者の身辺につきまとい、又は被害者の住居、勤務先その他その通常

＜表１＞　保護命令制度の概要

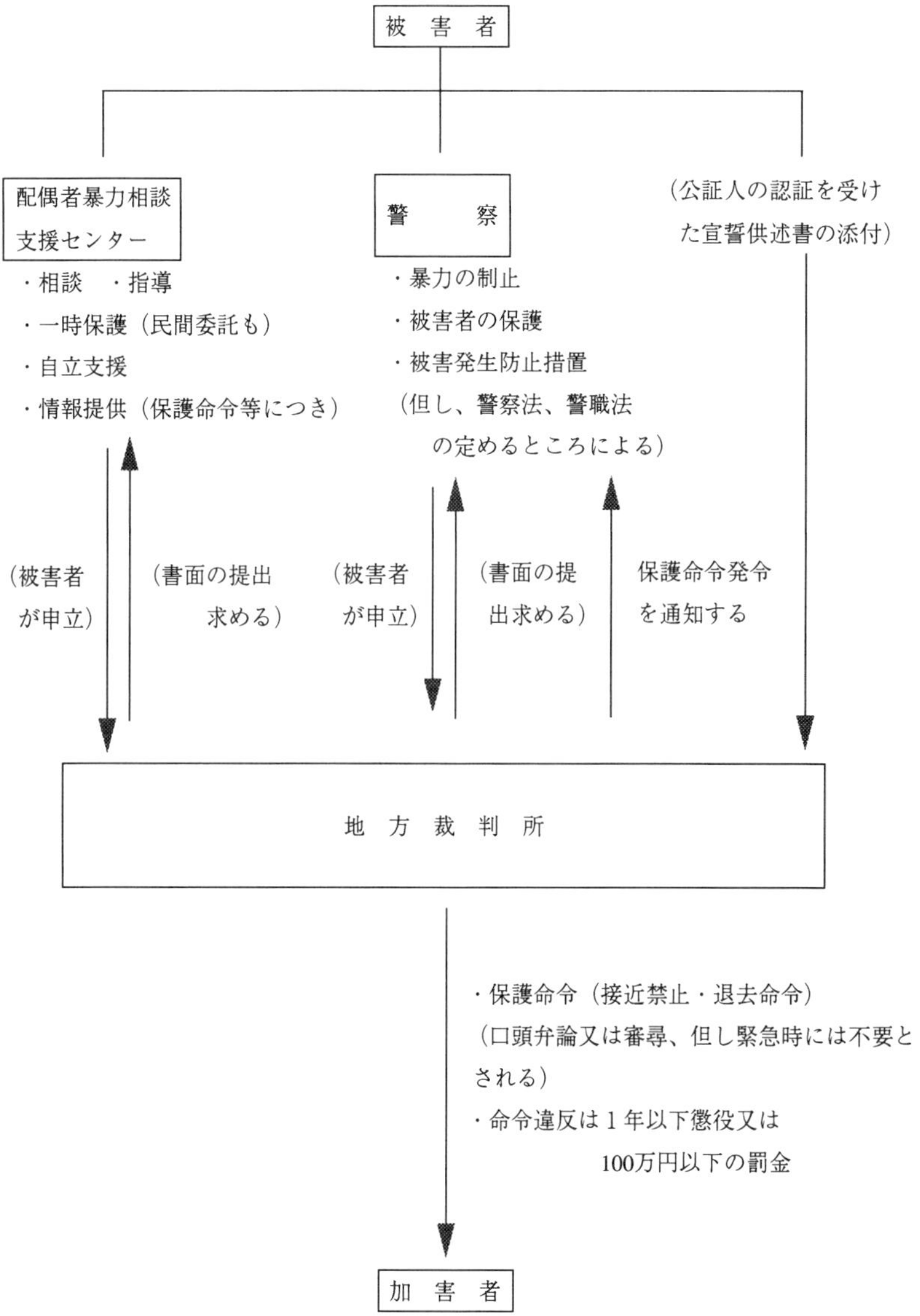
被　害　者
配偶者暴力相談支援センター
・相談　・指導
・一時保護（民間委託も）
・自立支援
・情報提供（保護命令等につき）
警　察
・暴力の制止
・被害者の保護
・被害発生防止措置
（但し、警察法、警職法の定めるところによる）
（公証人の認証を受けた宣誓供述書の添付）
（被害者が申立）
（書面の提出求める）
（被害者が申立）
（書面の提出求める）
保護命令発令を通知する
地　方　裁　判　所
・保護命令（接近禁止・退去命令）
（口頭弁論又は審尋、但し緊急時には不要とされる）
・命令違反は１年以下懲役又は100万円以下の罰金
加　害　者

所在する場所の付近をはいかいすることを禁止すること」（第一〇条第一号）、「二週間、被害者と共に生活の本拠としている住居から退去すること」（第一〇条第二号）、を命ずることができる。裁判所は、第一号の接近禁止命令と第二号の退去命令を併せて発することができる。

被害者の住居その他の場所において「被害者の身辺につきまとい」とは、被害者の行動にしつこく追随することをいう（大森参議院議員答弁）。具体的には、待ち伏せ、進路への立ちふさがり、尾行、などが含まれよう。住居・勤務先・実家などへ押しかけるなども含まれる場合もあろう。「被害者の住居・勤務先・その他その通常所在する付近をはいかいする」とは、被害者の住所、勤務先、学校等の被害者が通常所在する場所付近を理由もなくうろつくことを言う（大森参議院議員答弁）。そこで、妻の別居先へ押しかけて復縁を迫る等は、「つきまとい」又は「はいかい」に含まれる場合がありえよう。一方、無言電話など嫌がらせ電話を架ける行為はこれに含まれない。

また、接近禁止命令は「配偶者からの暴力」の被害者へのつきまとい・はいかいを禁止するものなので、被害者の家族（子どもなど）への接近禁止は、保護命令の内容とすることができない。

保護命令の要件に該当しない場合には、ストーカー規制法又は民事保全法による法的救済を求めることになる。

ところで、退去命令が創設された理由は、配偶者からの暴力では、加害者と被害者が生活の本拠を共にしていることが多く、場合によっては加害者をその住居から退去させなければ、被害者の生命又は身体に対し重大な危害が加えられる恐れがあり、被害の発生を未然に防止できないことがあるからである。

そこで退去命令は、申立時において被害者及び当該配偶者が「生活の本拠を共にする場合」に限って発せられる。ここで「生活の本拠を共にする場合」とは、申立人と相手方が生活の拠り所としている主たる住居を共にする場合をいうので、常態として被害者が加害者と生活の本拠を共にしている以上、被害者が配偶者暴力相談支援センターに一時保護されている場合や実家に緊急に避難している場合であっても「生活の本拠を共にする場合」

に含まれる（大森参議院議員答弁）。

ここで、退去命令は、保護命令を受ける者の所有権等の実体的権利関係に変動を及ぼすものではないと解されている[11]。なお、保護命令には執行力がないことから退去命令も強制執行はできない。

ところで、アメリカにおけるＤＶ防止法では、各州法において裁判所が発するプロテクション・オーダーの内容を定めているところ、いずれの州法もおおむね、虐待禁止命令、接近禁止命令、住居から退去命令を発することができるとしている。プロテクション・オーダーの有効期限は、これを六ヵ月ないし一年と定める州が多い。ただし、緊急時において相手方に通知せず、審尋の機会を与えないで一方当事者の申立に基づいて発せられる緊急プロテクション・オーダーの有効期限は短く、ほとんどの州で二〜三週間と定められている。

本法の保護命令は、口頭弁論又は審尋を経て発令される場合も、緊急時に審尋を経ることなく発令される場合も、その内容は同一であり、六カ月間の接近禁止及び二週間の住居からの退去を命ずるものである。これをアメリカのＤＶ防止法と比較すると、本法が定める二週間の住居から退去命令はきわめてその期間が短いことがわかる。

もともと、アメリカのＤＶ防止法においてドメスティック・バイオレンスの加害者が自己所有の住居からの退去を命じられるに至ったその立法趣旨は、被害者がシェルターに避難することになると職場の問題や子どもの学校問題などで生活上の困難を強いられるので、被害者が生活の本拠地から逃げ出さなくてもすむように、むしろ加害者に家を出るよう命じ、被害者が子どもと共にある程度の期間従来どおりの生活ができるようにして、被害者の身の安全と平穏な生活を確保することにあった。

このような観点からみると、本法の定める二週間の退去期間はきわめて短いものであり、転居先又はシェルターを探すための準備期間としての役割しか果たせないのではないかと思われる。本法の退去命令は、アメリカ法のＤＶ防止法で採用されている退去命令とは、全く趣旨が異なる制度となっている。少なくとも、口頭弁論又は保護命令を受ける相手方に対する審尋が行なわれた上で発せられる退去命令については、退去期間を六ヵ月程度とする法改正が検討されるべきと思われるが、そのためには、このような保護命令を必要とする社会的実体を明らかにしていく必要があろう。

イ　保護命令の管轄裁判所（第一一条関係）

保護命令の申立に係る事件は①相手方の住所（日本国内に住所がないとき又は住所が知れないときは居所）の所在地を管轄する地方裁判所の管轄に属する。さらに、申立人は、②申立人の住所又は居所の所在地、③当該申立てに係る配偶者からの暴力が行なわれた地、を管轄する地方裁判所にも保護命令の申立をすることができる。

ウ　保護命令の申立及び審理（第一二条、第一三条関係）

保護命令は命令を発せられる相手方の行動の自由及び財産権の行使に一定の制約を課すものであり、命令違反者は刑罰に処せられること、緊急を要する場合は口頭弁論も相手方が立ち合うことのできる審尋期日も経ることなく、申立人の言い分にもとづいて命令を発することができることから（第一四条第一項）、このような保護命令の発令権限を裁判所に認めることは、裁判所にこれまでにない程の大きな権限を与えることになる。そこで、保護命令が裁判所によって適正に発せられるためには、保護命令の要件を認定する際における裁判所の自由裁量に一定の歯止めをかける仕組みが必要であると考えられる。

一方、本法は保護命令事件について「速やかに裁判をするものとする」（第一三条）旨定めており、裁判所には適正な事実認定と迅速な裁判という二つの要請が課せられることとなった。

本法は右二つの要請を満たすために保護命令の申立及び審理について以下のとおり工夫をこらしている。

即ち、保護命令の申立書に、「配偶者からの暴力を受けた状況」及び「更なる配偶者からの暴力により生命又は身体に重大な危害を受けるおそれが大きいと認めるに足りる事情」を記載する外に、本法において配偶者からの暴力の防止及び被害者の保護のための業務を行うとされる「配偶者暴力相談支援センター」（第三条）、及び、本法において配偶者からの暴力の制止、被害者の保護その他配偶者からの暴力による被害の発生を防止するために必要な措置を講ずる努力義務を課せられた「警察官」（第八条）をはじめとする「警察職員」に対し、被害者が配偶者からの暴力に関して相談し、又は援助若しくは保護を求めた事実の有無及びその事実があるときはその内容、及び相談又は中立人の求めに対して執られた措置の内容等について記載させることとし（第一二条第一項第三号）、この場合、裁判所は当該配偶者暴力相談支援センター又は当該警察職員の所属する官署の長に対し、中立人が相談し又は援助若しくは保護を求めた際の状況及びこれに対して執られた措置の内容を記載した書面の提出を求めることとした（第一四条第二項）。

被害者が右いずれにも保護等を求めた事実がない場合についても、保護命令を発することができることとし、この場合には、「配偶者からの暴力を受けた状況」「更なる配偶者からの暴力により生命又は身体に重大な危害をうけるおそれが大きいと認めるに足りる事情」についての中立人（被害者）の供述を記載した書面について、申立人が公証人の面前でその記載の真実なることを宣誓し、公証人の認証を受け、そのようにして作成された宣誓供述書を申立書に添付しなければならないこととした（第一二条第二項）。

次に、保護命令は、原則として口頭弁論又は相手方が立ち会うことができる審尋の期日を経て発せられる（第一四条第一項）。これは、保護命令が相手方にとって行動の自由、財産権の行使に一定の制約を課すものであることから、相手方に反論の機会を与えるべく手続上の保障をしたものである。但し、緊急に保護命令を発しなければ、被害者の保護ができない場合のように、口頭弁論期日、審尋期日を経ることによって申立の目的を達することができない事情がある場合には、当該期日を経ることなく保護命令を発することができる（第一四条第一項但書）。

もっとも、東京地裁及び大阪地裁保全部において、本法の解釈及び運用について協議した結果を紹介した論文は、「相手方の手続的保障の観点から、無審尋又は口頭弁論期日を経ない発令には慎重であるべきであり、退去命令を発する場合には、一層相手方の権利の制限が重大であるため、原則にもとづいた審理の運用がなされる必要性が高いものと思われる」と指摘している[12]。

ところで、アメリカにおいては、各州のＤＶ防止法が、裁判所に、被害者保護のため、プロテクション・オーダーを発する権限を与えているが、プロテクション・オーダーの制度には、緊急時において相手方に通知せず、審尋の機会も与えないで一方当事者の申立てに基づいて発せられる緊急プロテクション・オーダーの制度がある。緊急プロテクション・オーダーが発令されると、速やかに相手方に通知され審尋の機会（異議申立の機会）が与えられることになっている。

裁判所に対し緊急プロテクション・オーダーを発する権限を与える州法の規定については、合衆国憲法修正一四条に定めるデュー・プロセス条項に違反するのではないかとの主張がなされ、その合憲性が争われている。各州の最高裁判所は、制約される個人の利益（たとえば、財産上の利益）、命令発令による州の利益（被害者の生命・身体の安全を確保する利益）、命令発令後に用意されている手続的保障（発令後の速やかな通知と審尋）を比較衡量した上で、おおむね、緊急プロテクション・オーダーを発令する権限を裁判所に与えている州法の規定を、合憲であると判断している（詳しくは第二章九八頁参照）。

本法制定にあたって、保護命令が出るまでの数日間が一番生命・身体の危険が大きいこと、諸外国でも、通常保護命令と緊急保護命令を分けている例があることから、暫定的緊急命令の制度を設けることができないのかという議論があったが「命令違反は刑罰であり、手続保障上、双方審尋は必要である」「今回の保護命令はむしろ全てが緊急命令との前提でつくられており、仮に暫定的命令を規定した場合は、別途その手続が必要になることから、かえって本発令までの日数がかかる懸念がある」等の意見が出され、結局、緊急保護命令の制度は見送られ、代わりに、緊急時に保護命令を発令しなければ、被害者の安全を確保できない状況にあるときは審尋期日等を経ることなく保護命令を発令することができる旨の規定を置いたといわれている[13]。

　このように本法では緊急時における暫定的保護命令の制度が見送られた。さて、事態が切迫しており、被害者の生命又は身体に危害が加えられる差し迫った現在の危険が存在する場合には、審尋期日を経ることなく保護命令が発令される必要があると思われる。一方で、保護命令違反行為に刑罰が科せられることから、命令を発せられる相手方には手続的保障が与えられなければならない。民事保全法は、本法第一四条第一項但書と類似する規定を置き、緊急時に債務者審尋を経ず仮の地位を定める仮処分命令を発令することができる旨の規定を設けているが（民事保全法第二三条第四項）、命令違反者に刑罰が科せられるという点で、保護命令の手続は民事保全法における仮の地位を定める仮処分の手続とは状況が決定的に異なる。命令違反行為に刑罰を科す保護命令の発令に当って、たとえ緊急時とはいえ命令を発せられる相手方に対する手続的保障が全くないまま保護命令を発令することができるとする本法一四条一項但書の規定には、疑問がある。

　裁判所は、保護命令の発令に当って、相手方の手続的保障を重視し、相手方の審尋を経ずに保護命令とりわけ退去命令を発令することはほとんどないだろうと思われ、その意味で本条は〝死文化〟するおそれがある。

　私は、緊急時における対応は、アメリカ法にならい緊急時保護命令制度を別に設け、相手方への通知・審尋なく裁判所は保護命令を発令することができるが、発令後速やかに相手方への審尋を実施し、反論の機会を与える等の手続を用意するなどの手当をすべきであると考える。今後の課題である。

　なお、保護命令に関する手続の運用に当っては、被害者の安全確保が重要な課題となる。この点に関し、最高裁判所事務総局の担当課長は、保護命令に関する手続の運用に当って、特に留意されるべき点として、①迅速な裁判、及び②被害者の安全の確保や秘密の保持に対する十分な配慮、を挙げている[(14)]。

エ　保護命令の申立についての決定（第一五条関係）

　保護命令は相手方に対する決定書の送達又は相手方が出頭した口頭弁論若しくは審尋の期日における言渡しによってその効力を生じる（第一五条第二項）。保護命令を発したときは、裁判所書記官は、速やかにその旨及びその内容を申立人の住所又は居所を管轄する警視総監又は道府県警察本部長に通知することになっている（第一五条第三項）。法執行機関である警察は、法執行のために保護命令の発令主体である裁判所から直接通知を受ける必要があることからこの規定が設けられた。保護命令は民事上の執行力を有しない（第一五条第四項）。保護命令は抗告によらなければ不服を申立てることができない裁判（民事執行法第二二条第三号）に該当するが、債務名義性がない（福島参議院議員答弁）。保護命令の実効性は、命令違反者に対する罰則によって実質的に担保される。この点で債務名義性があり、民事執行法による執行がなされる民事保全法による仮処分命令とは全く法的性格が異なる。

オ　保護命令の申立についての裁判に対する不服申立（第一六条関係）

保護命令の申立に対する裁判に対して不服がある者は、高等裁判所に対して即時抗告をすることができる（第一六条第一項）。即時抗告は、保護命令の効力に影響を及ぼさない（第一六条第二項）。即時抗告があった場合において、保護命令の取消しの原因となることが明らかな事情があることにつき疎明があったときは、抗告裁判所は申立により即時抗告についての裁判が効力を生ずるまでの間、保護命令の効力の停止を命ずることができる（第一六条第三項）。

カ　保護命令の取消し（第一七条関係）

保護命令を取消す場合とは、接近禁止を内容とする保護命令について、①保護命令の申立てをした者（被害者）が取消しの申立をした場合、又は②保護命令を受けた者（加害者）が保護命令の効力が生じた日から三月が経過した後に取消しの申立をした場合において、裁判所が保護命令の申立をした者（被害者）に異議がないことを確認したときである（第一七条第一項）。なお、住居からの退去命令については有効期間が二週間と短いため取消の規定がない。

キ　保護命令の再度の申立（第一八条関係）

保護命令を得た被害者が配偶者から新たな暴力を受けた場合には、その暴力の事実を理由として新たな保護命令の申立をすることができる。この点については何の問題もない。申立人が新たな暴力を受けていない場合であっても、「更なる配偶者からの暴力によりその生命又は身体に重大な危害を受けるおそれが大きいと認めるに足りる事情」があるときは、一度発せられた保護命令の申立ての理由となった配偶者からの暴力の事実を理由として、第一〇条第一号に掲げる事項（接近禁止）に係る保護命令については、再度の申立てをすることができる（第一八条第一項）。

ク　民事訴訟法の準用等（第二一条、第二二条関係）

保護命令に関する手続に関しては、その性質に反しない限り、民事訴訟法の規定を準用する（第二一条）。また、保護命令に関する手続に関し必要な事項は、最高裁判所規則で定める旨規定されている（第二二条）。これにもとづき平成一三年七月二七日「配偶者暴力に関する保護命令手続規則」が制定された（平成一三年一〇月施行）。

(3)　ストーカー規制法による禁止命令制度との相異

ア　発令主体

保護命令制度と「ストーカー行為等の規制等に関する法律」（以下ストーカー規制法という）における禁止命令制度とは、いずれも将来の危害を防止するため、公的機関が私人の行為について禁止等の一定の義務を課す命令を発し、命令を刑罰によって担保する点で共通する制度である。

しかしながら、ストーカー規制法が、禁止命令の発令主体を行政機関である公安委員会としているのに対し、本法は保護命令の発令主体を司法機関である裁判所としている。

ストーカー規制法について、行政機関に罰則付の禁止命令を発する権限を与えることは、行政機関による権限濫用を招くおそれがあり、一般私人の行動の自由を不当に制約することになるのではないかとの危惧の念が表明されたことから、(15)本法では、このような批判を踏まえ、保護命令の発令主体を司法機関である裁判所とすることによって行政機関である警察の権限行使に歯止めをかけ、よって保護命令を受ける一般私人の行動の自由を不当に侵害しないよう人権保障に配慮した法制度にしたものと思われる。

イ　警告の有無

ストーカー規制法によれば、警視総監若しくは道府県警察本部長又は警察署長（以下警察本部長等という）は、つきまとい等の被害者からつきまとい等に係る警告を求める旨の申出を受けた場合において、行為者（加害者）がつきまとい等をして被害者に身体の安全、住居等の平穏、若しくは名誉が害され、又は行動の自由が著しく害される不安を覚えさせる行為をし、かつ当該行為をした者が更に反復して当該行為をするおそれがあると認めるときは、行為者に対し「更に反復して当該行為をしてはならない旨」を警告することができる（第四条第一項）。この警告は行政処分ではなく行政指導の一種であるとされ、行為者に義務を課したり、その権利を制限するような法律上の拘束力をもつものではないが、警告を受けた者の任意による自発的な行為の中止を求めるものである。公安委員会の禁止命令は、右警告に従わずつきまとい等をして不安を覚えさせる行為をしたものが、更に反復して当該行為をするおそれがあると認めるときに発せられるものである。禁止命令は行政機関の行政指導に従わない者に対し、行政機関が一定の義務を遵守するよう命令を発する制度である。保護命令は司法機関が行う民事的行政作用の性格を有するものであるが、その前段階に警告の制度はない。

ウ　規制対象者・対象行為

保護命令が保護の対象とする行為とは配偶者（事実婚を含む）からの暴力に限られる。一方、ストーカー規制法は行為者と被害者の間に特段の身分関係を要しない。但し、ストーカー規制法は、規制対象となる行為を目的の点で限定している。即ち「恋愛感情その他の好意の感情又はそれが満たされなかったことに対する怨恨の感情を充足する目的」で行われる行為に限るとしている（第二条第一項）。このような目的があれば、元配偶者、恋人なども規制の対象となる。ストーカー規制法が行為の目的を限定しているのは、つきまとい等に関する被害実態が、交際要求又は性的関心を理由とするもの、あるいは、離婚後に復縁を迫るために行われている例が多く、これらの場合には、その相手に対する暴行、脅迫、ひいては殺人等の犯罪に反転するおそれが強いので法的規制が必要であるが、一方で国民に対する規制の範囲を最小限にすべきであるとの要請があり、マスコミ活動、組合活動等が規制の対象とならないようにするためである（参議院地方行政・警察委員会松村龍二議員答弁）。

次に、対象となる行為は、保護命令が、「身体に対する不法な攻撃であって生命又は身体に危害を及ぼすもの」としており、具体的には暴行罪、傷害罪等に当たるような行為に限定されるのに対し、ストーカー規制法が対象とする行為は、つきまとい等をして、その相手方に身体の安全、住居等の平穏、若しくは名誉が害され、又は行動の自由が著しく害される不安を覚えさせることである（第三条）。

ここで、つきまとい等とは、つきまとい、待ち伏せし、進路に立ちふさがり、住居等の付近において見張りをし、住居等へ押しかける行為、行動を監視していると思わせるような事項を告げる、面会・交際の要求、無言電話、名誉・性的羞恥心を害する事項を告げる等の行為である（第二条第一項）。このようにストーカー規制法は、刑罰法規に触れる犯罪行為とまでは言えないような行為についても、幅広く規制の網をかけている。

エ　命令の内容

保護命令は、①六月間、被害者の住居その他の場所において被害者の身辺につきまとい、又は被害者の住居、勤務先その他その通常所在する付近をはいかいすることを禁止する（接近禁止命令）、②二週間、被害者と共に生活の本拠としている住居から退去すること（退去命令）をその内容とする。一方ストーカー規制法による禁止命令は、①更に反復してつきまとい等をして不安を覚えさせる行為（当該行為）をしてはならないこと、②更に反復して当該行為が行われることを防止するために必要な事項（但し、①の命令の履行を確保するのに必要な範囲に限定される）、を命令の内容としており、退去命令は発することができない。

＜表２＞　ストーカー規制法VS配偶者からの暴力防止法

	ストーカー規制法	配偶者からの暴力の防止及び被害者の保護に関する法律
〈対象者・対象行為〉		
加害者	特定の個人	配偶者（事実婚を含む）
被害者	被害者、又はその配偶者、直系若しくは同居の親族その他被害者と社会生活で密接な関係を有する者	配偶者
行為の目的	恋愛感情その他の好意の感情又はそれが満たされなかったことに対する怨恨の感情を充足する目的で行われる行為に限る	目的の限定はない
行為の内容	・つきまとい等をして、相手方に身体の安全、住居等の平穏、若しくは名誉が害され、又は行動の自由が著しく害される不安を覚えさせること つきまとい等とは→ つきまとい、待ち伏せ、立ちふさがり、見張り、住居等へのおしかける行為 行動を監視していると思わせるような事項を告げる 面会・交際の要求、乱暴な行動 無言電話、ＦＡＸ送信 名誉・性的羞恥心を害する事項を告げる等 ・ストーカー行為とはつきまとい等を反復してすること。	身体に対する不法な攻撃であって、生命又は身体に危害を及ぼすもの。 ＝「配偶者からの暴力」
〈警　告〉	警察本部長等による警告	
〈禁止命令／保護命令〉		
発令者	公安委員会による禁止命令	地方裁判所による保護命令
被害者の申立	不要（但し、警告を求める申出は必要）	必要
命令の法的性格	行政命令	民事的行政作用
要　件	警告を受けた者が警告に従わずつきまとい等をして不安を覚えさせる行為をした場合で、更に反復して当該行為をするおそれがあるとき	更なる配偶者からの暴力により生命又は身体に重大な危害を受けるおそれが大きいとき
命令の内容	更に反復して当該行為をしてはならないこと 更に反復して当該行為が行われることを防止するために必要な事項	６月間の接近禁止命令 ２週間の住居からの退去命令
手　続	聴聞手続	口頭弁論又は審尋
不服申立	行政事件訴訟法の取消訴訟	即時抗告
緊急を要するとき	（警察本部長による仮の命令） 緊急の必要があるときは聴聞又は弁明の機会の付与を行わないで、命令を発することができる	審尋をしないで保護命令を発することができる
罰　則	①禁止命令に違反した者 →50万円以下の罰金 ②禁止命令に違反してストーカー行為をした者 →１年以下の懲役又は100万円以下の罰金 ③ストーカー行為をした者 →６月以下の懲役又は50万円以下の罰金	保護命令に違反した者 →１年以下の懲役又は100万円以下の罰金
告　訴	③については告訴を要す	不　要

配偶者からの暴力では、被害者と加害者が生活の本拠を共にしていることが多く、加害者にその住居から退去を命じなければ、被害者の生命又は身体に重大な危害が加えられるおそれがあり、被害の発生を防止できない場合がある。そこで、保護命令においては住居からの退去命令がその内容となっている。一方ストーカー規制法が規制の対象として念頭においているのは、加害者と被害者の間に特段の身分関係がなく両者が生活の本拠を別にしているような場合であるので、退去命令がその内容とはなっていないのである。

なお、保護命令では、つきまとい、はいかい以外の接近行為たとえば、無言電話を架ける等の行為を禁止することはできない。また、保護命令の被害者には、配偶者の家族（子どもなど）は含まれない。なお、ストーカー規制法による禁止命令との違いについては別表を参照されたい（別表2）。

(4) 保護命令制度の課題

本法の保護命令制度には、規制の対象が狭すぎる（＝性的暴力・精神的暴力や、恋人、元配偶者からの暴力が含まれない）、保護命令の内容が十分でない（＝たとえば退去命令の期間が短かすぎる）、申立手続が繁雑である等、法的介入の範囲をもっと拡大すべきであるとの批判がある一方で[16]、本法が保護命令違反者に刑罰を科すこととし、保護命令の法執行機関を警察としたことについて、警察にかかる権限を与えることには国民の基本的人権の確保という点から危惧があるとする意見がある[17]。本法が罰則付保護命令の制度を創設したことから警察によるＤＶへの介入の是非、限界が問題となろう。

私は、ドメスティック・バイオレンス（ＤＶ）が、女性の生命又は身体に深刻な被害を及ぼしてきたにもかかわらず、わが国の法制度が今日までこの問題に有効に対処してこなかったこと、ＤＶへの社会的非難が高まりつつある中で被害者の生命又は身体の安全を確保するための法的介入を求める切実な要求があるといった立法事実を踏まえた上で、保護命令が裁判所という司法機関によって発せられること、保護命令を発することができる場合が限定されていること、保護命令の執行に関する警察の介入が保護命令違反行為という犯罪の摘発という司法警察の作用（＝司法権に従属する作用）に限られていることから、本法の罰則付保護命令の制度自体は、おおむね妥当な制度であると考える(18)。

問題はむしろ、法が期待された運用をされるのかどうかにかかっているだろう。保護命令の発令に当り裁判所が要件を厳しく解釈し、保護命令の発令が限定されたり、裁判所が保護命令を出しても、警察が法の執行を怠たり、命令違反者に対する制裁措置がとられなければ、保護命令の制度は画餅に帰す。一方で、警察がその権限を逸脱してドメスティック・バイオレンスに過度に介入すれば、加害者のみならず被害者の基本的人権も確保できない恐れがあろう。保護命令の発令及び警察による法執行が被害者保護という法の目的を達成すべく期待どおりに行なわれるかどうかは、保護命令を求める被害者を支援する被害者保護運動の今後の活動にかかっているように思われる。

ちなみに、アメリカにおいても、各州は、プロテクション・オーダーの実効性を担保するため、命令違反行為を軽罪とする法制度を用意したが、当初警察は法執行を怠たり、被害者から要請があっても加害者を逮捕することはなかった。ところが、被害女性が警察の怠慢を合衆国憲法修正一四条に定める平等保護条項に違反するとして、市当局及び警察を被告として訴えた事件において、裁判所が被告らに二三〇万ドルという高額な損害賠償の支払いを命じる判決を下すと、これが警察のＤＶ対策を変更させる起爆剤となり、警察は加害者の逮捕を積極的に行なうようになった（サーマン対トリングトン市事件）。その後、アメリカにおいて、ＤＶ犯罪防止のために加害者の逮捕を奨励する政策は理論的にも実践的にも様々な疑問が呈されてはいるが、アメリカのＤＶ対策の主要な柱として採用され今日に至っている（詳しくは本書第二章一二四頁以下参照のこと）。

わが国において、今後保護命令違反者に対する警察による法執行をいかに行なうべきかを考える際に、アメリカの法実践が貴重な示唆を与えてくれるものと思われる。

5　配偶者暴力相談支援センター等

本法は、婦人相談所、婦人保護施設、婦人相談員が、売春防止法にもとづいて行なってきた配偶者からの暴力等の被害者に対する保護業務・相談業務について、法的位置づけを明確にし、国としての予算措置を講じている。

売防法は、売春を行うおそれのある女子（要保護女子）に対する補導処分及び保護更生の措置を講ずることによって、売春の防止を図ることを目的としており（売防法第一条）、都道府県は婦人相談所を設置しなければならず（同法第三四条第一項）、婦人相談所は要保護女子の保護更生に関し要保護女子の一時保護等の業務を行うこととされており（同法第三四条第二項）、婦人相談所は要保護女子を一時保護する施設を設けなければならないとされている（同法第三四条第四項）。また、婦人相談員は要保護女子の相談に応ずる等の業務を行うが都道府県知事がこれを委嘱するものとされ（同法第三五条）、また都道府県は要保護女子を収容保護するための施設である婦人保護施設を設置することができると定められている（同法第三六条）。

売防法による婦人保護事業は要保護女子を対象者としてスタートしたが、売春問題の潜在化・多様化に伴い、公的機関に保護を求めるケースが減少する一方で、夫の暴力などにより保護を求める女性のニーズが高まり、近時は、婦人相談所の設置する一時保護所がドメスティック・バイオレンスの被害女性が保護を求める緊急一時避難場所（シェルター）として機能するようになっている。ちなみに、厚生労働省の調査では、平成一一年度に全国の婦人相談所が受け付けた相談は五三、九〇二件であり、うち「夫の暴力」に関する相談は七、三五二件で全体の一三・七％であった。一方売春等に関する相談は一、五七一件で全体の三％にもみたなかった。このような事態に対応するため、厚生省は、平成一一年四月一日婦人保護事業の対象者の範囲を夫等からの暴力により保護を必要とする女性も含むものとする旨の通知を発し、(19) 売防法に基づく婦人相談所等による婦人保護事業が事実上果たしている役割を追認してきたが、売防法の定める婦人保護事業によるドメスティック・バイオレンスへの対応には、法の目的からも実際上も様々な制約があった。

そこで、本法では、「都道府県は、当該都道府県が設置する婦人相談所その他の適切な施設において、当該各施設が配偶者暴力相談支援センターとしての機能を果たすようにするものとする」と定め（第三条第一項）、婦人相談員が被害者の相談に応じ、必要な指導を行うことができること（第四条）、都道府県が婦人保護施設において被害者の保護を行うことができること（第五条）を明記して、これらの機関が行ってきたドメスティック・バイオレンス被害者への保護業務及び相談業務について、その法的位置づけを明確にした。なお、「その他適切な施設」とは都道府県が設置しているいわゆる「女性センター」等をいう。これらの機関が従来ドメスティック・バイオレンスの被害女性の一時保護、相談等の業務を行なってきたことからその実績を踏まえて、これらの機関についても本法による配偶者暴力相談支援センターとしての機能を果すことができる機関であることを明記している。

本法では、配偶者暴力相談支援センターが、配偶者からの暴力の防止及び被害者（被害者に準ずる心身に有害な影響を及ぼす言動を受けた者を含む）の保護のために相談、一時保護、指導・援助等の業務を行うものとされている（第三条第二項）。ところで、本法では、警察官も警察法、警察官職務執行法その他の法令の定めるところにより、暴力の制止、被害者の保護、その他の配偶者からの暴力による被害の発生を防止するために必要な措置を講ずるよう努めなければならないとされており（第八条）、本法においては「配偶者暴力相談支援センター」と「警察官」を配偶者からの暴力による被害者保護の「最前線」の機関として位置づけている。

このことは、本法が、配偶者からの暴力を受けている者を発見した者は、その旨を配偶者暴力相談支援センター又は警察官に通報するよう努めなければならないとしていること（第六条第一項）、また医師その他の医療関係者は、その業務を行うに当たり、配偶者からの暴力によって負傷し又は疾病にかかったと認められる者を発見したときは、その旨を配偶者暴力相談支援センター又は警察官に通報することができると定めていること（第六条第二項）からも明らかである。本法はこの二つの機関に福祉事務所を加えた三つの機関が緊密な連携をはかることをめざしている。即ち、「配偶者暴力相談支援センター、都道府県警察、社会福祉法に定める福祉に関する事務所等の関係機関は、被害者の保護を行うに当たっては、その適切な保護が行われるよう、相互に連携を図りながら協力するよう努めるものとする」と定めている（第九条）。

右規定は、被害者の保護が行われるためには、一つの機関だけの対応では不十分で、関係機関が連携を図ることが必要であることから定められたものであるが、福祉事務所が関係機関として例示してあるのは、被害者が暴力から逃れ自立して生活をしていくためには、福祉的な援助が必要なことが多いからであり、具体的には生活保護の実施を行うことなどが念頭におかれている。

ところで、配偶者暴力相談支援センターが保護する被害者の範囲は、「配偶者からの暴力」の被害者のみならず、配偶者からの暴力の被害者に準ずる心身に有害な影響を及ぼす言動を受けた者も含まれる。本法は、「配偶者からの暴力」を「配偶者からの身体に対する不法な攻撃であって生命又は身体に危害を及ぼすもの」と定義しているが（第一条第一項）、身体に対する不法な攻撃にあたらない「性的暴力」及び「精神的暴力」も、被害者の心身に有害な影響を及ぼす言動であり、配偶者からの暴力と同様に、個人の尊厳を害し、男女平等の実現の妨げとなる行為であることから、配偶者暴力相談支援センター等が行う相談等の業務については、広くこれらの被害を受けた者も保護の対象とすることにしている。

さて、配偶者暴力相談支援センターの業務は以下のとおりである（第三条第二項各号）。

- 被害者に関する各般の問題について、相談に応ずること又は婦人相談員若しくは相談を行う機関を紹介すること（第一号）。
- 被害者の心身の健康を回復させるため、医学的又は心理学的な指導その他の必要な指導を行うこと（第二号）。
- 被害者（被害者がその家族を同伴する場合にあっては、被害者及びその同伴する家族。次号、第六号及び第五条において同じ。）の一時保護を行うこと（第三号）。

●被害者が自立して生活することを促進するため、情報の提供その他の援助を行うこと（第四号）。具体的には、被害者に適合する職業に就職することができるよう公共職業安定所、職業訓練施設等を紹介すること、公営住宅への入居方法、母子福祉資金の貸付け、生活保護法等による援護措置について説明すること、同伴する児童が義務教育をうけるために必要な情報を与えること等が考えられる。
●第四章に定める保護命令の制度の利用について、情報の提供その他の援助を行うこと（第五号）。
●被害者を居住させ保護する施設の利用について、情報の提供その他の援助を行うこと（第六号）。被害者を居住させ保護する施設とは、具体的には婦人保護施設・母子生活支援施設（児童福祉法第二三条）等の公的な施設、民間団体が運営するシェルターをいう。

本法は、一時保護は、婦人相談所が自ら行い、又は厚生労働大臣が定める基準を満たす者に委託して行うものとすると定める（第三条第三項）。なお、委託の費用についても国が補助金を出すことになっている（同法第二八条第一項）。

厚生労働省は、平成一三年七月「配偶者からの暴力の防止及び被害者の保護に関する法律第三条第三項に基づき厚生労働省が定める基準」を定めた（厚生労働省告知第二五四号）。その内容は、①地方公共団体、社会福祉法人その他の法人又は、被害者保護の実施に関し相当の活動実績を有する者であること、②不特定多数の者に開放されておらず、かつ被害者の安全及び衛生の確保並びに入所者のプライバシーの保護に配慮した設備を有していること、③入所者を二週間以上継続して入所させ、入所者に食事（食材も含む）及び被服を提供し、婦人相談所と連携を図り、夜間を含めて速やかに入所者と連絡を取るという運営が可能な体制にあること、④事前に都道府県と報告徴収等について定めた委託契約を締結していること、である。

さて、本法は、配偶者暴力相談支援センターの業務を行う婦人相談所の運営に要する費用、及び婦人相談所が行う被害者の一時保護（厚生労働大臣が定める基準を満たす者に委託して行う場合も含む）に要する費用については、都道府県が支弁しなければならないが、その一〇分の五を国が負担するものとし、婦人相談員が行う業務に要する費用及び婦人保護施設における保護に要する費用についても都道府県等が支弁しなければならないが、その一〇分の五を国が補助することができるとしている（第二七条、第二八条）。本法における補助金は、売春防止法上の補助金とともに、制度的補助金となっている。なお、本法の施行に伴い必要となる経費は、平成一四年度において十億円を見込んでいる。

ところで、民間シェルター等に対する援助について、本法二六条は、「国及び地方公共団体は、配偶者からの暴力の防止及び被害者の保護を図るための活動を行う民間の団体に対し、必要な援助を行うよう努めるものとする」と定める。ここで必要な援助とは財政援助及び情報の提供をいう。本法は配偶者からの暴力の問題は、公的機関と民間団体が緊密な連携をとりながら、被害者の多様なニーズに答えていくことが望ましいという考え方に立っており、本規定は重要な役割を担う民間団体に対し、公的援助を行うことが必要であるとの認識の下に設けられている。現在においても、自治体などが独自の基準により民間団体に対し資金援助等が行われている例がみられるが、このような援助がさらに広がっていくことが期待される。なお、第二六条による援助は、婦人相談所から一時保護の委託を受けていない民間団体に対しても行われるが、国による財政的手当ては特段なされていない。

6　警察官による被害の防止（第八条関係）

本法第八条は、「警察官は、通報等により配偶者からの暴力が行われていると認めるときは、警察法、警察官職務執行法その他の法令の定めるところにより、暴力の制止、被害者の保護その他の配偶者からの暴力による被害の発生を防止するために必要な措置を講ずるよう努めなければならない」と定める。ちなみに警察法第二条第一項は「警察は、個人の生命、身体、財産の保護に任じ、犯罪の予防、鎮圧及び捜査、被疑者の逮捕、交通の取締その他公共の安全と秩序の維持に当たることをもってその責務とする」と規定している。本法は、警察官に暴力の防止及び被害者の保護について新たに権限を付与するものではなく、既存の法律にもとづく権限を適正に行使するよう求めている。

本法の制定を受けて、警察庁は各都道府県警察に対し、「配偶者からの暴力の防止及び被害者の保護に関する法律の施行を踏まえた配偶者からの暴力事案への適切な対応について」を示達した。

右によれば、警察官による被害の防止については、「女性・子どもを守る施策実施要綱」（平成一一年一二月一三日発出）等を踏まえ、検挙、防犯指導、関係機関・団体の紹介、相手方への指導警告その他の事案に応じた適切な措置を引き続き講ずることとしている。

ドメスティック・バイオレンスに対する警察の介入については、市民社会の自律、自治に委ねるべきであり警察権力・刑罰依存の解決をめざすことは望ましくないとする意見がある一方で、警察の積極的介入を促す意見がある。ドメスティック・バイオレンスへの警察の介入をどのように考えるべきかについては、本章第三節「警察介入の是非とその限界」において詳しく検討したい。

7　配偶者からの暴力の発見者による通報（第六条関係）

配偶者からの暴力を受けている者を発見した者は、その旨を配偶者暴力相談支援センター又は警察官に通報するよう努めなければならない（第六条第一項）。本条は、配偶者からの暴力が、家庭内で行われるので、外部から発見することが困難であり、被害者も配偶者からの報復や家庭の事情等様々な理由から保護を求めることをためらいがちであることから、被害者の保護を図るため、広く社会一般に情報を求めるべく、配偶者からの暴力を受けている者を発見した者に通報義務を課すことにしている（努力義務）。

医師その他の医療関係者は、その業務を行うに当たり、配偶者からの暴力によって負傷し、又は疾病にかかったと認められる者を発見したときは、その旨を配偶者暴力相談支援センター又は警察官に通報することができる。この場合において、その者の意見を尊重するよう努めるものとする（第六条第二項）。

本条は、「医師その他医療関係者」には守秘義務があるので、公的機関に通報することをためらうことも考えられることから、通報できることを注意的に規定したものである。一方で医師等が被害者の意思を無視して通報することとなると、通報を嫌う被害者が、配偶者からの暴力で負傷した場合に医師等にかからないことになるおそれもあるので、通報に当たっては被害者の意思を尊重するよう努めるものとしている。

ちなみに、アメリカでは、多くの州法が、医師はドメスティック・バイオレンスの事実を警察に通報しなければならない旨定めており（義務的通報制度）、このような立法は論争を呼んでいると言われている。これを支持する者は、医療と法執行機関が問題解決のためにより緊密な連携をとることができること、及び警察には連絡をとらない多くの被害女性達が医師には暴力を報告することを指摘する。一方で、被害女性の支援者たちはこれに批判的であり、医師あるいは法執行者に対する適切な訓練がなされなかったり、また刑事司法システムの適切なフォローアップがないなら、このような義務的通報制度は被害女性達を助けるどころかより一層危険な状態におくのではないかと懸念している。シェルターや、法的サービス、検察官による起訴などの援助措置が被害者に提供されない間に、加害者が警察から連絡を受けるおそれがあり、加害者が暴力について第三者に口外したと被害者を責めて被害者に報復するのではないかと懸念するのである。

本条項は、通報義務が努力義務にとどまっているのでアメリカにおけるような論争を呼ぶものとはなっていないが、通報に当っては被害者の意思を尊重する一方で、通報によって被害者が危険に晒されることのないよう関係機関による適正な法の執行が望まれる。

本法においては医師もまた、一般人と同じ通報義務（努力義務）を負ってはいるが、専門職として一般人以上の義務を負うことにはなっていない。この点については、医師、看護婦等は、業務上ドメスティック・バイオレンスの被害者を発見する機会が多く、また職務上、被害者を保護すべき責務があると考えられるとして、一般人と異なる法的義務を課すべきであるとする意見もある。[20]今後の検討課題となるものと思われる。

次に本法は、守秘義務を負っている者が、配偶者からの暴力を発見した場合に、躊躇することなく通報ができるように、刑法の秘密漏示罪等の規定その他守秘義務に関する法律の規定は第六条第一項、第二項の規定により通報することを妨げるものではないことを明記している（第六条第三項）。

また、医師その他の医療関係者が、その業務を行うに当たり、配偶者からの暴力によって負傷し、又は疾病にかかったと認められる者を発見したときは、その者に対し、配偶者暴力相談支援センター等の利用について、その有する情報を提供するよう努めなければならないと定めている（第六条第四項）。

8　その他の規定

本法は、配偶者からの暴力に係る被害者の保護、捜査、裁判等に職務上関係のある者（「職務関係者」という）は、その職務を行うに当たり、被害者の心身の状況、その置かれている環境等を踏まえ、被害者の人権を尊重するとともに、その安全の確保及び秘密の保持に十分な配慮をすべきこと（第二三条第一項）、国及び地方自治体は、職務関係者に対し、被害者の人権、配偶者からの暴力の特性等に関する理解を深めるために必要な研修及び啓発を行うものとすること（第二三条第二項）、国及び地方公共団体は、配偶者からの暴力の防止等に関する国民の理解を深めるための教育、啓発に努めること（第二四条）、国及び地方公共団体は、配偶者からの暴力防止及び被害者の保護に資するため、加害者の更生のための指導の方法、被害者の心身の健康を回復させるための方法等に関する調査研究の推進並びに被害者の保護に係る人材の養成及び資質の向上に努めること（第二五条）を定めている。

なお、本法は、公布の日から起算して六月を経過した日（平成一三年一〇月一三日）から施行されており、配偶者暴力相談支援センターに係る部分等は平成一四年四月一日から施行されている。

また、この法律の規定については、法律施行後三年を目途として、法律の施行状況等を勘案し、検討を加え、その結果に基づいて必要な措置が講ぜられるとしている。

9　今後の課題

《保護命令制度について》

保護命令制度については、規制の対象が狭すぎる（＝性的暴力・精神的暴力や、恋人・元配偶者からの暴力が含まれない）、保護命令の内容が十分でない（＝たとえば退去命令の期間が短すぎる）、手続きが繁雑である（配偶者暴力相談支援センターか警察署を経由するか、宣誓供述書の添付が必要）等、法的介入の範囲を更に拡大すべきであるとの意見がある一方で、本法が保護命令違反者に刑罰を科すこととし、保護命令の法執行機関を警察としたことについて、警察にかかる権限を与えることには国民の基本的人権の確保という点から危惧があるとする意見がある。本法が罰則付保護命令の制度を創設したことから、警察による介入の是非、限界が問題となろう。

私は、保護命令制度の課題の項において既に述べたとおり、本法の罰則付保護命令の制度それ自体はおおむね妥当な制度であると考える。問題は、法が期待された運用をされるのかどうかにかかっているであろう。保護命令の発令に当たり、裁判所が要件を厳格に解釈し、保護命令の発令が限定されたり、裁判所が保護命令を出しても、警察が法の執行を怠り、命令違反者に対する制裁措置がとられなければ、保護命令制度は画餅に帰す。一方で、警察がその権限を濫用してドメスティック・バイオレンスに過度に介入すれば、加害者のみならず、被害者の基本的人権も確保できない。保護命令の発令及び警察による執行が被害者保護という法の目的を達成すべく期待どおりに行われるかどうかは、保護命令を求めていく被害者及びこれを支援する被害者保護運動の今後の活動にかかっているように思われる。

なお、最高裁事務総局民事局は、各地の裁判所における保護命令に関する手続の運用状況に関する調査を行なっているが、右調査によれば、平成一三年一〇月一三日から同年一二月末日までの間、全国の裁判所に申立てられた保護命令事件は一七一件であり、平均して一ヵ月に約七〇件の申立があった。ちなみに、申立人はすべて女性である。既済一五三件のうち認容された事件は一二三件（八〇・四％）であり、平均審理期間は九日、申立人に代理人（弁護士）がついたケースは六二件（四〇・五％）であった。

申立に至ったルートをみると、警察職員若しくはＤＶセンターのいずれか、又は、双方への相談等の事実の記載がある申立てが九六・一％に及んでおり、宣誓供述書を添付している申立ては三・三％であった(21)。

また、高松地方裁判所は平成一四年三月四日、全国で初めて、保護命令違反と住居侵入の罪に問われた会社員に対し、懲役八月の実刑判決を下した。

このように保護命令制度は、おおむね順調にスタートしたようであるが、なお今後の法施行状況を見守る必要があろう。

《その他》

本法において、婦人相談所が配偶者暴力相談支援センターとしての機能を果たすこととされ、被害者及びその家族の一時保護を行うとされている。そこで婦人相談所による被害者の一時保護が適正になされることが重要であろう。また、婦人相談所は、一時保護の委託制度を活用して、被害者が一時保護を受けられる機関を増やすべきであり、都道府県はこれに伴う予算措置を講ずる必要がある。なぜなら婦人相談所による一時保護だけでは、被害者のためのシェルターとして十分とはいえないからである。一時保護後の生活支援にも課題がある。生活保護の認定、母子生活支援施設への入所がスムーズに行われる必要があろう。婦人相談所、婦人保護施設、母子生活支援施設の設備の充実、施設運用の改善も望まれる。

また、本法が配偶者からの暴力の防止及び被害者の保護を国及び地方自治体の責務としていることから、生活保護法、児童福祉法等関連する社会福祉法が本法の成立にふさわしく運用されることが期待される。

この点に関し、政府は母子家庭の「命綱」ともいわれている児童扶養手当を大幅に抑制する方針をうち出し、まず政令によって全額支給の所得制限を大幅に引き上げ、さらに支給開始後五年を経過した場合は一部（支給額の二分の一まで）を支給しないことを内容とする児童扶養手当法の改正案を本年三月国会に提出した。児童扶養手当法に関するこのような法の運用及び法改正は、離婚後子どもを抱えて経済的に厳しい生活を送っているＤＶ被害女性の生活基盤を脅かすものであって、きわめて問題があると思われる。

さて、本法においては、国・都道府県による施策に重点がおかれているが、住民に最も近い市町村による独自の取組みも望まれる。男女共同参画推進条例の制定又は男女共同参画計画の策定の際、ドメスティック・バイオレンスの防止と被害者保護のための施策を盛り込むことが期待される。たとえば、ドメスティック・バイオレンスの防止及び被害者の保護を目的とした相談窓口の設置、被害者のためのシェルターの開設、民間シェルターへの財政的支援などが考えられる。

ちなみに、男女共同参画社会基本法の制定（平成一一年六月）を受けて各地方自治体においては条例作りが課題となっているところ、自治体における男女共同参画推進条例において、ドメスティック・バイオレンスの禁止を含む女性に対する暴力を禁止する規定を設けるところが登場している。

たとえば、鳥取県出雲市は、平成一二年三月二四日、全国の自治体に先駆けて「男女共同参画による出雲市まちづくり条例」を施行したが、右条例によると、

「第五条　何人も、性別を理由とする権利侵害や差別的取扱いを行ってはならない。

2　何人も地域、職場、学校などあらゆる場においてセクシャル・ハラスメントを行ってはならない。

3　何人も、夫婦間を含むすべての男女間において、個人の尊厳を踏みにじる暴力や虐待を行ってはならな

い。」

と規定し、さらに、男女共同参画によるまちづくりを阻害する問題を処理するため、苦情処理窓口を設置し、相談者に対し必要な支援を行うとしている（第一〇条）。

同様の動きは、東京都、埼玉県、鳥取県、北海道、茨城県、富山県、宮城県などに広まっており、市町村レベルでも新座市、倉敷市、岡山市、塩尻市、白石市等においてこのような条例が制定されている。

なお、宮城県岩出山町は全国の町村に先駆けて、平成一三年四月、「いわでやま男女平等推進条例」を施行したが、同条例は、性別による差別的取扱い、性的行為の強要、性的言動による生活環境の侵害、及び個人の尊厳を踏みにじる暴力や虐待を禁止し、これに反する行為により人権を侵害する行為があった場合に、当該被害者を救済するために、町に苦情相談機関を置くこととし、さらに、苦情相談機関の相談員の職務として、「侵害行為が著しいと判断する場合には、被害者の身柄の安全を確保する等、適切な保護措置を講ずることができる」と規定した。岩出山町では、条例にもとづき被害者の一時保護ができる施設を確保し、これにシェルター機能を営ませているという。ＤＶ防止法の制定によって、各自治体によるＤＶの防止と被害者保護の施策の実施が期待されるところ、岩出山町の取組みは、実質的にみるとＤＶ防止法の各自治体による「上積み」という面があり、注目される。

二　ストーカー行為等の規制等に関する法律

1　はじめに

《本法成立の背景》

「ストーカー行為等の規制等に関する法律」（以下ストーカー規制法若しくは本法という）が平成一二年（二〇〇〇

年）五月一八日成立し、同年一一月二四日から施行された。

ストーカー規制法は、特定の者に対する恋愛感情その他の好意の感情又はそれが満たされなかったことに対する怨恨の感情を充足する目的で、当該特定の者等に対し、つきまとい、行動を監視していると思わせる事項を告げ、面会・交際を要求し、著しく粗野又は乱暴な言動をし、無言電話をかけ、汚物・動物の死体などを送付し、名誉・性的羞恥心を害する事項を告げる等の行為をすることを「つきまとい等」と定義し、何人も「つきまとい等」をして、相手方に不安を覚えさせてはならないと定めてこれを禁止し、警察本部長等が「つきまとい等」をして不安を覚えさせた者に対し警告を行なうことができること、警告に従わない者に対し公安委員会が罰則付の禁止命令を発令することができることを定める。また、同一の者に対し「つきまとい等」を「反復してすること」を「ストーカー行為」と定義して、これに罰則を科している。さらに、警察本部長等は、ストーカー行為及び「つきまとい等」の相手方（被害者）からの申出に応じて、相手方に対しストーカー行為等に係る被害防止措置を教示する等必要な援助を行うものとするとしている。

ところで、わが国において一九九〇年代後半以降、「ストーカー」という言葉が日常用語として次第に用いられるようになったが、その契機となったものとして、秋岡史氏が当時アメリカで社会問題となっていたストーキング犯罪を紹介するため、リンデン・グロス著「ストーカー」を翻訳出版したことを挙げることができる[22]。

それまでに、「ストーカー」という言葉こそなかったが、「別れ話のもつれ」から、被害者（主に女性）をつけまわし、殺傷に至る事件は数多く発生していた。しかしながら、殺傷事件に至る以前の段階における被害者へのつきまとい、尾行、住居等への押しかけ、面会・交際の強要、無言電話、中傷文書・わいせつ文書の送付自体が犯罪行為として取り上げられることは、ほとんどなかったのである。

右のようないわゆるストーカー行為は、脅迫罪、傷害罪、住居侵入罪、名誉毀損罪、器物損壊罪、軽犯罪（第一条第二八号、追随）、迷惑防止条例などの既存の刑罰法規に触れる行為が多かったが、交際相手が交際の継続を強要し、あるいは元配偶者が復縁を迫る目的で行なわれていたことから、警察は、被害者（おおむね女性）から被害を訴えられても「男女関係のことには立入れない」として、いわゆるストーカー行為を「犯罪」として検挙することはほとんどなく、ストーカー犯罪は、いわば「放置」されているに等しい状況にあった。

一方で、都道府県警察には、いわゆるストーカー行為に関する相談が多数寄せられ、警察庁は平成九年から「つきまとい事案」について統計をとりはじめたところ、相談件数は、平成九年、同一〇年が六〇〇〇件余り、平成一一年には八〇〇〇件余りに達した。また、総理府が平成一二年二月に発表した「男女間における暴力に関する調査」によれば、特定の異性にしつこくつきまとわれた経験が「ある」人は男性で四・八％、女性では実に一三・六％に達しており、ストーカー被害が国民とりわけ女性の間に広がっていることが次第に明らかになっていった。都道府県議会では、このような状勢をうけ、いわゆるストーカー行為に罰則を科する条例を制定する動きがでてきた。

鹿児島県議会は、平成一一年七月、ストーカー行為を取締まる条項を盛りこんだ「公衆に不安等を覚えさせる行為の防止に関する条例」を可決し、全国の注目を集めた。鹿児島県には、全国三七都道府県が制定している迷惑防止条例がなかったので、一九九〇年代後半以降社会問題となったストーカー行為を取締まるため、①つきまとい②面談強要③電話（無言電話を含む）及び文書による嫌がらせ等の行為を禁止し、違反行為に罰則（六カ月以下の懲役、二〇万円以下の罰金、又は拘留）を科することとした。

このような中で、平成一一年一〇月、埼玉県桶川市においてストーカーの被害にあっていた女子大生が刺殺される事件が発生した。右事件は、テレビ朝日の報道番組『ザ・スクープ』の放映を契機に、平成一二年三月の参議院予算委員会において取り上げられ、警察の対応が不適切であり、警察が被害者の声を真剣にうけとめて適切な対応をとっていたら被害者は殺されずに済んだのではないかとして、警察の責任が厳しく問われた[23]。女子大生は以前交際していた男につきまとわれ、自宅におしかけられたり、写真入りの中傷ビラ多数を大学や最寄の駅及び自宅の周辺に貼られたり頒布されたり、さらに父親が勤める会社に中傷文書が多数郵送されたりする被害をうけ、女子大生及びその家族が再三にわたり警察署（埼玉県警上尾警察署）に対し被害を訴え名誉毀損罪で告訴するに至っていたにもかかわらず、警察は男に対する捜査を何ら実施しなかった。そればかりか、担当の警察官は「告訴はいったんなかったことにしてもらえませんか」と要請し、被害者及び家族がこれに応じないとみるや、捜査の怠慢を隠ぺいするため、被害者の供述調書を告訴から被害届に改ざんしたというのである。[24] のちに警察官は、虚偽有印公文書作成、同行使の罪により起訴され、有罪判決が下されている（浦和地判平成一一年九月七日）。警察は女子大生が殺害された後も最重要容疑者であるストーカーの男を取り逃し、男が事件発生の約三ヵ月後に自殺してしまい真相究明の手がかりを失うなど、殺人事件の捜査についても失態を演じそのあり方が問題となった。なお、殺害の実行犯は、男の兄が経営する風俗店の従業員であり、これが男の兄と共謀の上犯行に及んだと認定された（さいたま地判平成一三年七月一七日）。

桶川女子大生刺殺事件が人々に広く知られるようになると、警察は国民の生命、身体、財産を保護する責任があるのにこれを怠っているのではないかという警察不信の声が高まるとともに、いわゆるストーカーとは、重大な事件に発展するおそれのある危険な行為であるのみならず、被害者に深刻な被害を及ぼす犯罪行為であって、国・自治体にはストーカー行為の法的規制と被害者保護の責任があるという認識が人々の間に急速に広まっていった。ストーカー規制法は、予算委員会での右質問からわずか二ヵ月余りの間に、議員立法としてまとめられ、与野党全会派が賛成して平成一二年五月一八日可決、成立した。このように、本法成立の背景には警察の「汚名返上」という意味あいがあったこと、ストーカーを取締まる法律がなかったのでストーカーによる重大な殺傷事件が発生したのではなく、ストーカー犯罪に対する警察の怠慢こそが問題であったことは、留意すべき点である。

ところで、ストーカー規制法は、交際相手（恋人）又は元交際相手（元恋人）、離婚後の元配偶者による行為を主として念頭においているが、配偶者による行為も「恋愛感情その他の好意の感情又はそれが満たされなかったことに対する怨恨の感情を充足する目的」でなされる行為であれば規制の対象となる。そこで、別居中の配偶者が、相手に復縁を迫って、相手につきまとい、尾行したり、自宅、勤務先等に押しかけたり、面会を強要したり、無言電話をかけたり、中傷ビラを勤務先へ送付する等の行為も、右目的でなされる限り規制の対象とされる。従って、ストーカー規制法はドメスティック・バイオレンスの救済法としての機能を果す面がある。

《本法の問題点》

本法は、同一の者に対して「つきまとい等」を反復してすることを「ストーカー行為」と定義し、これに刑罰を科すこととしている。一方、そこまでに至らない前段階の行為を「つきまとい等」として列挙し、これに「警告」、「禁止命令」、「仮の命令」といった行政的規制を加えている。

本法制定の趣旨について、草案提案者である松村龍二議員はこう述べる(25)。わが国において、いわゆるストーカー行為が社会問題化しており、ストーカー行為がエスカレートし、殺人などの凶悪事件に発展する事案が全国的に見うけられるところ、特定の者に対する執拗なつきまとい行為や無言電話等は、刑法や軽犯罪法の適用により対応が可能な場合もあるものの、現実には既存法令の適用が困難な場合が大部分であり、これまで有効な対策をとりがたいものであったので、このような現状を踏まえ、ストーカー行為を処罰する等ストーカー行為等について必要な規制を行うものである、と。

本法に対しては、公安委員会が犯罪の防止という行政目的のために禁止命令を発することができる点について、禁止命令が一般私人に作為・不作為の義務を課すものであることから、これを司法機関である裁判所の権限とすべきであるとする意見があった。警察と密接な関係を有する公安委員会に、このような命令を発する権限を認めることは、警察の権限濫用を招き国民の基本的人権の擁護という点できわめて問題があるとするものである。国会の審議においても警察及び公安委員会の権限濫用を懸念する意見が繰り返し述べられている[26]。

ちなみに、平成一三年四月に成立した「配偶者からの暴力の防止及び被害者の保護に関する法律」は、「配偶者からの暴力」の被害者が、「更なる配偶者からの暴力により生命又は身体に重大な危害を受けるおそれが大きいとき」、地方裁判所が保護命令（①六月間の接近禁止命令②二週間の住居からの退去命令）を発することができるとしており、警察は法の執行機関として位置づけられている。同法において警察の果す役割はストーカー規制法におけるそれとは異なっている。

私は、本法が、今日までその多くが既存の刑罰法規に触れる行為でありながら「犯罪」として取扱われず「放置」されてきたいわゆるストーカー行為について、これが社会問題化するのに伴い、新たな犯罪類型を定め、懲役刑を含む刑罰を科すこととした点については評価する。なぜなら、このような立法は、いわゆるストーカー行為が社会的にみて許されない行為であり犯罪の名に値する非難すべき行為であるとするモラルを形成し、ストーカー行為に対する社会一般及び法執行者の価値観を転換するインパクトを与えるからである。

しかしながら、本法の主要な柱ともいうべき、犯罪の前段階である「つきまとい等」について都道府県公安委員会が一般私人に対し禁止命令を発する制度を新設した点については、問題があると考える。このような命令は司法機関たる裁判所が発すべきであり、この点については今後法の見直しが必要であると考える。

また、警察本部長等による警告及び援助については、「被害者の申出」を口実にして、本来犯罪として検挙されるべきものが「警告」「援助」にとどまり、検挙を見送られるような運用がなされたり、逆に警告に値しない行為について警告がなされる等の権限の濫用がなされたりするおそれがあり、法の適正な運用がなされているのかどうかが問題となる。

ストーカー規制法は、このように、基本的な点で問題のある法律であるが、ドメスティック・バイオレンスの救済法として機能する面もあり、また、警察が従来「男女関係のことなので立入れない」として犯罪としての摘

<表3>　ストーカー規制法による規制

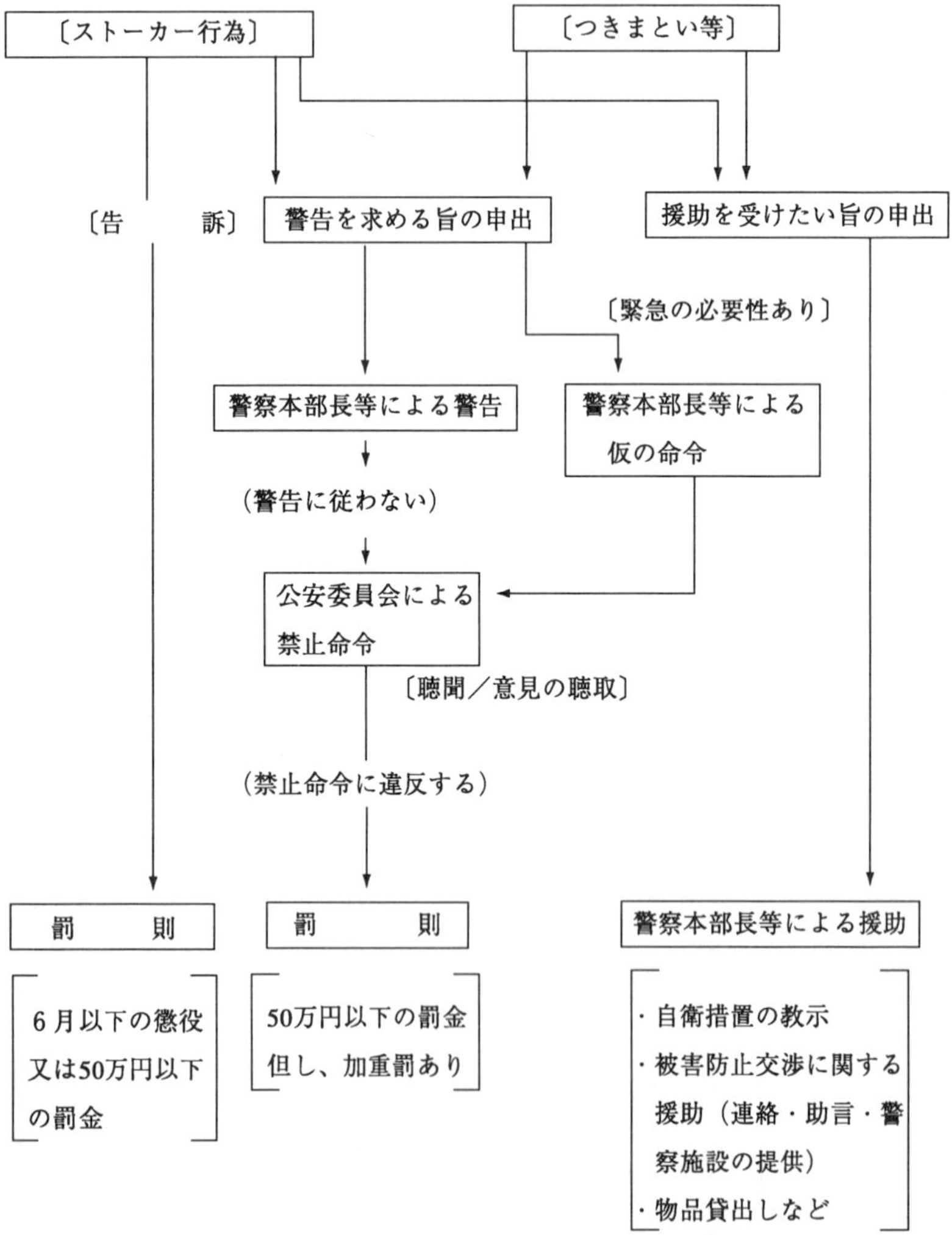
〔ストーカー行為〕
〔つきまとい等〕
〔告　　訴〕
警告を求める旨の申出
援助を受けたい旨の申出
〔緊急の必要性あり〕
警察本部長等による警告
警察本部長等による仮の命令
（警告に従わない）
公安委員会による禁止命令
〔聴聞／意見の聴取〕
（禁止命令に違反する）
罰　　則
罰　　則
警察本部長等による援助
6月以下の懲役又は50万円以下の罰金
50万円以下の罰金
但し、加重罰あり
・自衛措置の教示
・被害防止交渉に関する援助（連絡・助言・警察施設の提供）
・物品貸出しなど

発や介入を見送ってきた問題について、今後いかなる対応をしようとしているのかを検証しておくことは、同様に犯罪としての摘発が見送られてきたドメスティック・バイオレンスに関する警察の対応を検討する際の参考になると思われる。そこで以下ではストーカー規制法の概要及び問題点、施行状況等について検討してみる。

2　本法の目的（第一条関係）

本法第一条は、本法の目的を「ストーカー行為を処罰する等ストーカー行為等について必要な規制を行うとともに、その相手方に対する援助の措置等を定めることにより、個人の身体、自由及び名誉に対する危害の発生を防止し、あわせて国民の生活の安全と平穏に資することを目的とする」と定めている。

さて、本法制定の趣旨について草案提案者は、いわゆるストーカー行為はエスカレートし、殺人などの凶悪事件に発展する事案が全国的に見うけられるところ、既存法令の適用が困難な場合が大部分であり、これまで有効な対策をとりがたいものであったので、ストーカー行為を処罰する等ストーカー行為等について、必要な規制を行うものである、と説明している。しかしながら、桶川女子大生刺殺事件の経緯を見れば明らかなとおり、ストーカーを規制する法律がなかったのでストーカーによる重大な殺傷事件が発生したのではなく、ストーカー被害に対し、既存の刑罰法規を適用してこなかった警察の怠慢こそが問題であったことは、指摘しておきたい。

3　「つきまとい等」と「ストーカー行為」の定義（第二条関係）

本法では規制の対象となる行為を「つきまとい等」と「ストーカー行為」として定義している。

(1)　「つきまとい等」（第二条第一項）

「つきまとい等」とは、「特定の者に対する恋愛感情その他の好意の感情又はそれが満たされなかったことに対する怨恨の感情を充足する目的で」、「当該特定の者又はその配偶者、直系若しくは同居の親族その他当該特定のいう。

者と社会生活において密接な関係を有する者に対し」、第二条第一項各号のいずれかに掲げる行為をすることを

ここで、「恋愛感情その他の好意の感情」とあるが、好意の感情とは好きな気持ち、親愛感を言うが、それらの感情を「充足する目的」で行うものとしていることから、単に一般的に好ましいと思う感情だけでなく相手方がそれにこたえて何らかの行動をとることを望むことを含むものを言う（松村参議院議員答弁）。

「それが満たされなかったことに対する怨恨の感情」とは、特定の者に対して抱いた好意の感情が満たされなかったために生じた怨恨の感情であり、当初は好意の感情を抱いていたことが必要となるとされる。

このような限定がなされたのは、第一にいわゆるストーカー行為の被害実態をみると、離婚後復縁を迫るためであったり、男女間の交際要求のためであったり、女性に対する性的興味からのつきまといがその大半を占めていること、第二に、本法による「つきまとい等」の行為の規制は、警察、公安委員会などの行政機関によるものであって裁判所による司法判断なく国民の権利・自由を制約するものであるので、マスコミ活動、組合活動なども対象とされると、国民の権利・自由が大幅に制約されるおそれがあることから、国民の権利・自由に対する行政的規制を目的に合った必要最小限にするためである（松村参議院議員答弁）。

また、行為の相手方は、好意の感情等を抱いている対象である「特定の者」、又は「その配偶者、直系若しくは同居の親族その他当該特定の者と社会生活において密接な関係を有する者」である。「社会生活において密接な関係を有する者」とは「特定の者」の身上、安全等を配慮する立場にある者をいい、具体的には、学校の教師、職場の上司等が該当する。ドメスティック・バイオレンスの被害者が、友人宅、民間シェルターに身を寄せる場合などには、シェルターの職員、友人なども含まれる（松村参議院議員答弁）。

なお、本法では、つきまとい等の行為の主体に何の限定もないので、交際相手・元配偶者による行為はもとより、配偶者による行為も当然に規制の対象となる。

次に、第二条第一項各号が掲げる行為につき詳しく述べる。

①　つきまとい、待ち伏せし、進路に立ちふさがり、住居、勤務先、学校その他その通常所在する場所（以下「住居等」という。）の付近において見張りをし、又は住居等に押し掛けること（第一号）。

ここで「その通常所在する場所」とは、相手方が所在することが通常予定されている場所をいい、ドメスティック・バイオレンスの被害者が駆け込む婦人相談所内の一時保護所、婦人保護施設（いずれも売防法により各県に設置されている施設）、民間シェルターも含まれる（松村参議院議員答弁）。

なお、軽犯罪法第一条第二八号は、「他人の進路に立ちふさがって、若しくはその身辺に群がって立ち退こうとせず、又は不安若しくは迷惑を覚えさせるような仕方で他人につきまとった者」が処罰の対象とされているが、本号の規定とおおむね重なっている。本法では、つきまとい等の行為を同一の者に対し反復してすることを「ストーカー行為」と定義し、これに刑罰を科していることから、本法は軽犯罪法の特別法にあたるものといわれている。

②　その行動を監視していると思わせるような事項を告げ、又はその知り得る状態に置くこと（第二号）。

具体例としては、相手方に対し、帰宅した直後に「おかえりなさい」と電話したりすることであると説明されている。「告げる」とは、対象者に直接右事項を伝達することであり、その方法について限定はなく、口頭、文書による伝達のほか、電子メールを送信する方法も含まれる。「知り得る状態に置く」とは、直接相手方に伝達するものではないものの、その内容が相手方に伝わる状態におくことであり、例えば、公共の自転車置き場におかれている相手方の自転車にメモをおいておくことなどが該当するといわれている。(27)

③　面会、交際その他の義務のないことを行うことを要求すること（第三号）。

④　著しく粗野又は乱暴な言動をすること（第四号）。

本号の規定は文言上かなり広範囲の言動を含むので、法の適用に当たっては慎重になされるべきものと考える。

⑤　電話をかけて何も告げず、又は拒まれたにもかかわらず、連続して、電話をかけ若しくはファクシミリ装置を用いて送信すること（第五号）。

「電話をかけて何も告げず」とは、無言電話のことである。後段の連続した架電等については、「拒まれたにもかかわらず」とあることから、行為者が電話又はファックスをすることを相手方から拒否されていることを認識していることが必要となると指摘されている。本号の行為は電話又はファックスによるものに限定されており、電子メールを連続して送信することは対象となっていない。

ところで、「死ね」「殺してやる」等と脅迫電話をかける行為は、脅迫罪に該当し、また、無言電話を何回もかけつづけて相手方に神経症等を発症させれば、傷害罪が成立するが、今日までかかる犯罪については、とりわけ加害者が配偶者・元配偶者、あるいは交際相手である場合、被害が届けられても警察が犯罪として取扱うことはほとんどなかった。本号は犯罪が成立する前段階の行為についても「つきまとい等」として行政規制の対象としているが、脅迫罪、傷害罪が成立する場合には、原則として「犯罪」として処罰すべきであろう。

⑥　汚物、動物の死体その他の著しく不快又は嫌悪の情を催させるような物を送付し、又はその知り得る状態に置くこと（第六号）。

⑦　その名誉を害する事項を告げ、又はその知り得る状態に置くこと（第七号）。

⑧　その性的羞恥心を害する事項を告げ若しくはその知り得る状態に置き、又はその性的羞恥心を害する文書、図画その他の物を送付し若しくはその知り得る状態に置くこと（第八号）。

本法は、このように「つきまとい等」を八類型にわけて細かく規定しているが、「つきまとい」の形態で典型的なものは、電話、待ち伏せ、尾行、家や職場への訪問である（警察庁「悪質つきまとい事案等相談状況について」平成一一年一二月一三日発表）。

(2)　ストーカー行為（第二条第二項）

本法において、同一の者に対し、「つきまとい等」を反復して行う行為を「ストーカー行為」と定義している。ストーカー行為をした者は、六月以下の懲役又は五十万円以下の罰金に処するとされている（第一三条第一項）。本法は、いわゆるストーカー行為の中から悪質性の高いものを「ストーカー行為」と捉えて刑罰を科すこととし、そこまでに至らない前段階の行為を「つきまとい等」として、警告、禁止命令等の行政措置の対象としている。ここで、「反復して」とは、複数回繰り返してということを意味し、同一類型のつきまとい等を反復してした場合に「つきまとい等を反復してする」に当たると解すべきであると指摘されている(28)。

なお、「つきまとい等」のうち第二条第一項第五号から第八号に掲げる行為については、これらを単純に反復して行えばストーカー行為となるが、同項第一号から第四号に掲げる行為については、「身体の安全、住居等の平穏若しくは名誉が害され、又は行動の自由が著しく害される不安を覚えさせるような方法」により反復して行われた場合に限りストーカー行為となる。

4　「つきまとい等」の行政的規制

(1)　警告（第四条）

警視総監若しくは道府県警察本部長又は警察署長（以下「警察本部長等」という）は、つきまとい等をされたとして、当該つきまとい等に係る警告を求める旨の申出を受けた場合において、当該申出に係る第三条の規定に違反する行為があり、かつ当該行為をした者が更に反復して当該行為をするおそれがあると認めるときは、当該行為をした者に対し、「更に反復して当該行為をしてはならない旨」を警告することができる（第四条）。

第三条は、「何人も、つきまとい等をして、その相手方に身体の安全、住居等の平穏若しくは名誉が害され、又は行動の自由が著しく害される不安を覚えさせてはならない」と定めている。本法では第三条の定める義務違反に対し公安委員会による禁止命令（第五条）の制度を設けているが、その前提として、警告を行うこととしている。本法においては、第三条違反の行為に対しては警察本部長等による警告で対処することとし、警告に従わない者に対して都道府県公安委員会の禁止命令を発令することにしている。禁止命令の実効性は命令違反に対して罰則を科すことで図っている。

ここで警告の内容は、「更に反復して当該行為をしてはならない旨」とされている。当該行為とは、申出に係る第三条に違反すると認められる行為、すなわち、つきまとい等であって被害者に不安を覚えさせていると認められる行為である。つきまとい等の行為の単位は、第二条第一項各号を単位と考えるべきであるので、個々の具体的事案における行為の態様や状況を踏まえ、具体的な行為を捉えて、同項各号の行為類型を基本とした警告を行うことになるといわれている。(29) 行為者が一人の被害者に対し複数類型のつきまとい等を行っている場合はその全てについて警告を行うことができる。

なお、この警告は行政指導の一種とされており（松村龍二参議院議員答弁）、当該行為者に義務を課したり、その権利を制限するような法律上の拘束力をもつものではなく、あくまでも警告を受けた者の任意による自発的な行為の中止を求めるものである。従って行政不服審査法の不服申立て、行政事件訴訟法の対象とはならない。

ところで、警察本部長等が被害者からの警告を求める旨の申出をうけて、「つきまとい等」の行為者に対し警告をすることができるとする本法の規定については、いわゆるストーカー行為をしていない者が誤って警告の対象とされ、国民の権利が侵害されるおそれがないのか、労働組合運動あるいは市民運動に対する警察権力の乱用を防止できるのか、などの意見がある。

一方で、被害者が申出をした場合に、警察が適切に対応できるのかどうかについて懸念が表明されている。即ち、本法による警告は行政指導の一種であり、行政指導は本来個別の法律の根拠がなくてもできることから、本法の規定がなくても警察は警告を行なうことができる。しかしながら、桶川の女子大生刺殺事件の例をひくまでもなく今日までストーカー被害に対する警察の対応はきわめて冷淡なものであり、その結果殺人等の重大事案に発展してしまうことがあった。国会審議においても、ストーカーの被害者からの申出があった場合に警察が従来の態度を改めて適切な対処をすることができるのかどうか懸念された（富樫参議院議員）。この点に関して、本法の起草者の一人である松村参議院議員は、行為者名が不明であったり証拠をしっかり挙げることができない場合であっても警察はきちんと対応できるのかという質問に対し、「申出を受けた警察本部長等は、申し出をした者等の協力を得ながら、例えば、つきまとい等の事実についてメモしたり電話を録音してもらうなどして事実を明らかにしていくとともに、行為者に直接事情聴取を行う等、必要な調査を行っていくものと考えております。従って被害者が申し出をする際に、行為者の氏名等が不明であったり、証拠がない場合であっても、警察は被害者の立場に立って可能な限り対応を行うものと考えられます」と答弁している。

このように「警告」については、警察の権限行使が適切になされるかどうかがきわめて重要な課題となっている。どのような場合にどのような警告がなされているのか、警告を求める申出があったのに警告がなされなかったのはどのような場合か、逆に、誤った警告を行ない市民の権利・自由を制約することがなかったのか等について、警察当局は情報を広く公開し、警察の権限行使が適正になされているかどうか、国民の批判に答えるべき責務があると考える。

また、警察関係者が本法施行事務の担当者の執務の参考にすることを目的として執筆した解説書によれば、（被害者からの）「申出の時点で、既にストーカー行為が成立している場合もあると考えられるが、その場合でもストーカー行為はつきまとい等に包含される概念であり、被害者が本条に基づく警告を求めるような場合には、警告を行って差し支えないと考える」と解説されている。(30) しかしながら、本来ストーカー犯罪として検挙されるべきものが「被害者が警告を求めた」ことに藉口して、検挙を見送られることがあっては問題である。被害者の意向を尊重すべきことは言うまでもないが、今日まで、脅迫罪、名誉毀損罪、傷害罪、住居侵入罪、迷惑防止条例、軽犯罪法等の刑罰法規に触れるようないわゆるストーカー行為について、「男女関係のもつれ」として検挙を行なわなかったこと、そのような法の適用が社会一般のストーカーに対する寛容な態度を助長してきたことを考えるならば、新設されたストーカー行為罪に該当する行為がなされた場合は、原則として、警告ではなく「犯罪」として扱うのが望ましいと考える。

ちなみに本年一三年八月、警察庁は「ストーカー規制法施行後約六ケ月間におけるストーカー対策の推進状況について」と題する資料を発表して、ストーカー規制法施行後約六ヵ月間における同法の適用状況を明らかにしたが、それによると、警告四六〇件、仮の命令は適用なし、禁止命令一八件、援助三五六件、ストーカー行為罪（第一三条関係）による検挙六八件、命令違反（第一四条関係）による検挙三件、他法令による検挙四八五事件となっており、ストーカーに対する警察の対応は、①警告、②援助、③他法令による犯罪の検挙が主なものであることがわかる。

右資料によれば、警告が行なわれた事案については数例が紹介されているにすぎず、「警告」がいかなる事案についてなされているのかなお不明な点があるが、「犯罪」として扱うべき事件について検挙が見送られているとすれば問題であろう。

(2)　禁止命令（第五条）

都道府県公安委員会は、警告を受けた者が当該警告に従わずに当該警告に係る第三条の規定に違反する行為をした場合において、当該行為をした者が更に反復して当該行為をするおそれがあると認めるときは、当該行為をした者に対し、①更に反復して当該行為をしてはならないこと、②更に反復して当該行為が行われることを防止するために必要な事項、を命ずることができる。

禁止命令に違反した場合には罰則が科せられる（第一四条、第一五条）。

ところで、警告や禁止命令を行なう対象の行為が、既に本法の定めるストーカー行為罪や他の刑罰法規に触れる場合であっても、警告・禁止命令等の行政措置を行なうことができるといわれている。(31) この点に関する問題点については既に警告のところで述べたとおりである。

さて、本法第五条は、第三条に違反してつきまとい等を行ってその相手方に不安を覚えさせている者に対し、公安委員会が禁止命令を発令するという制度を創設している。命令の主体は都道府県公安委員会である。命令の要件の第一は、警告を受けた者が当該警告に違反することであり、第二の要件は、当該行為をした者が更に反復して当該行為をするおそれがあると認められることである。命令の内容は、「更に反復して当該行為をしてはならないこと」（第五条第一項第一号）と「更に反復して当該行為が行われることを防止するために必要な事項」（第五条第一項第二号）を命ずるものである。

第一号の命令の内容は、警告の内容と同じである。個々の具体的事案における行為の態様や状況を踏まえ、具体的な行為を捉えて、第二条第一項各号（「つきまとい等」の行為）の八つの行為類型を基本とした命令を行うことになると説明されている。第二号の命令の内容は、「当該行為が行われることを防止するために必要な事項」であることから、「禁止命令の対象となっている行為を継続する手段となるものを廃棄させる措置等であり、具体的には、写真、ビデオテープ等を送付するなどした場合に、そのネガ、マステープなどを廃棄することを命ずることなどが考えられます」と説明されている（松村参議院議員答弁）。

禁止命令は、行政庁が、法令にもとづき、特定の者を名あて人として、直接に、これに一定の義務を課す処分であることから、行政手続法第二条第四号に規定する不利益処分に該当する。ストーカー規制法では禁止命令等の対象者の権利保護の観点から、禁止命令をしようとするときには「聴聞」を行わなければならないと定めている。また禁止命令が行政処分となることから、警告とは異なり、行政事件訴訟法の取消訴訟の対象となる。

ところで、禁止命令の発令主体が都道府県公安委員会である点について、国会審議において、禁止命令は警告とは異なり一般私人に対して一定の義務を課すものであり、命令違反には刑罰が科せられることから、このような命令の発令は、司法機関たる裁判所が行うべきではないかという議論があった（照屋参議院議員）。

東京大学法学部教授長谷部恭男氏は、朝日新聞論壇において「私人間の交際のような一般市民の行動の自由を裁判所の判断を前提とすることなく、罰則を背景とした行政機関の『命令』で束縛するという制度は、きわめて異様といわざるをえない」「一般私人の行動の自由を束縛するには、行政機関とは独立した裁判所の判断をまず仰ぐべきだ」「警察から独立した判断能力を持っているか疑念をもたれている公安委員会に、こうした無益な権限を新たに与えることにいかなる意味を見いだすことができるだろうか」として、ストーカー事件の生々しさにとらわれて制度のあり方に関する冷静な議論を欠いたまま、拙速の措置をとるべきでないと意見を述べている（二〇〇〇年五月一六日付朝日新聞）。

また、札幌学院大学助教授岡田久美子氏も「つきまとい等の行為を認定し、当該行為が反復される危険性を判断して禁止命令等を出すのは、中立的な裁判機関であるべきだろう」と主張している。(32)

平成一三年四月に成立した「配偶者からの暴力の防止及び被害者の保護に関する法律」は、この点の批判に答え、加害者に対する保護命令の発令は司法機関たる裁判所が行い、法の執行は警察が行うことにしている。

私は、ストーカー規制法は、執行後五年を目途として、執行状況を勘案して検討が加えられることになっているが、禁止命令の発令主体は司法機関である裁判所とする改正を視野に入れて検討すべきであると思う。ストーカー規制法に関する国会における審議においても、「最終的には裁判所の権限とするのがよろしいのでしょうけれども、まだいきなりそこまではいけない。その過渡的形態として私は、実はこの警告、中止命令という措置というのはうまく機能してほしい」（大森参議院議員）、「禁止命令を出すについては裁判所などの司法機関の介入が必要ではないかなということをいまだに考えておるわけであります」（照屋寛徳参議院議員）という意見もあり、提案者である松村龍二議員自身も、「西洋の法制におきまして裁判所、判事が指示を出すというふうな方法等もあると。しかし、これには司法関係が十分成熟したといいましょうか、市民の問題に即座に対応できるという社会的な準備、対応が必要でございますし（以下略）」と述べている。

私は、公安委員会による禁止命令という制度は、命令を受ける者の基本的人権の保障という観点からみて問題があると考える。「配偶者による暴力の防止及び被害者保護に関する法律」の実施状況、とりわけ司法機関がどの程度この種の問題に対応できるのか、を見据えつつ、禁止命令は司法機関たる裁判所が発令する制度に改めるべきであると考える。

なぜなら、まず第一に、行為者の権利、自由を制限する禁止命令を発する権限を警察と密接に関連する行政機関に付与することはその権限濫用を招くおそれがある。国民の権利、自由の保障という観点から、このような命令は司法機関たる裁判所が発令すべきである。第二に、裁判所に対しストーカー行為の禁止命令を求める法制度の方が、命令が出されない場合の不服申立が保障されるなど、被害者の権利保障がはかられる面がある。第三に、警察は、いわゆるストーカー行為について、それがストーカー行為罪及び他の刑罰法規による犯罪に該当する場合には、犯罪の摘発こそ行なうべきである。いわゆるストーカー行為を「犯罪」として扱うという法の執行が必要なのであり、そのような法の執行を通じてストーカー行為が社会的に非難される行為であり許されない行為であるとする価値観が形成されていくのである。警告や禁止命令などの行政措置に頼ることは、本来刑罰法規が適用され、犯罪として処罰されるべきいわゆるストーカー行為に刑罰法規の適用を見送る結果となり、ストーカー行為に寛大なモラルを生みだすことにもなりかねない。

ちなみに、平成一三年八月、警察庁が発表した「ストーカー規制法施行後約六ケ月間におけるストーカー対策の推進状況について」と題する資料によれば、ストーカー規制法施行後約六ヵ月間の都道府県警察におけるストーカー規制法の適用状況は、主に①警告四六〇件、②援助三五六件、③犯罪の検挙（ストーカー行為罪六八件、命令違反三件、及び他法令――脅迫罪、傷害罪、住居侵入罪、器物損壊罪、暴行罪など――による検挙四八五事件）となっており、禁止命令はわずかに一八件、仮の命令の発令はなかった。

法制定時に厳しい批判を浴びたことを反映し、禁止命令の発令には慎重になっている姿勢が窺えるとともに、ストーカー行為罪及び他の刑罰法規にもとづく犯罪としての検挙の方が、警察にとっても法執行が容易であり、被害者を含めた一般市民にとっても納得をえられる状況があると思われる。

(3)　仮の命令（第六条）

本法は、被害者に対する危害の発生を防止するために緊急の必要がある場合には、警察本部長等（警視総監若しくは都道府県警察本部長又は警察署長）が、第二条第一項第一号のつきまとい等の行為をして第三条の規定に違反する行為をした者に、聴聞又は弁明の機会の付与を行わないで、更に反復して当該行為をしてはならない旨を命ずることができる、と定めている。警察本部長等が発令する禁止命令を仮の命令という。仮の命令の効力は、仮の命令をした日から一五日である。公安委員会は右期間内に相手方から「意見の聴取」を行うこととされ、仮の命令が不当である場合には、仮の命令を失効させ、仮の命令が不当でないときは聴聞を行わないで禁止命令等をすることができる。

警察本部長等による仮の命令も、公安委員会による禁止命令と同様に、私人に対し一定の義務を課す処分である。本来、聴聞あるいは弁明の機会の付与が必要であるが、緊急の必要性から、これらの手続を踏まないでもよいと規定したといわれている。

仮の命令については、命令の発令者が、公安委員会ですらなく法の執行機関である警察そのものであること、行為者に聴聞を行わず弁明の機会も与えないで行為者に一定の義務を課す不利益処分であることから、公安委員会による禁止命令よりも一層問題があり、警察権限の乱用を招き、一般私人の権利・自由が著しく侵害されるおそれがあると考える。従って、裁判所などの司法機関が発令する制度に改めるべきであると考える。

5　警察本部長等の援助（第七条）

第七条は、「警察本部長等は、ストーカー行為又は第三条の規定に違反する行為（以下「ストーカー行為等」という。）の相手方から当該ストーカー行為等に係る被害を自ら防止するための援助を受けたい旨の申出があり、その申出を相当と認めるときは、当該相手方に対し、当該ストーカー行為等に係る被害を自ら防止するための措置の教示その他国家公安委員会規則で定める必要な援助を行うものとする」と定める。

本条の趣旨については、「第二条の規定に違反するつきまとい等及びストーカー行為による被害を効果的に防止するためには、警察の取締だけでなく、その被害者に対し自衛策や対応策等の防犯指導を行うことが必要となる。また、ストーカー行為等については、既知の間柄で行われることが多いことを踏まえると、警察による検挙、行政命令等による解決を求めるのではなく、当事者間での問題解決を図ろうとする場合もあると考えられ、そのような場合でも、警察としてできるだけの支援をすることが求められるであろう。そこで、本条では、ストーカー行為等の被害者の保護のため、被害者に配慮した対応が確実にとられるよう、ストーカー行為の被害を防止するために自ら対処しようとしている被害者からの申出に応じて、警察本部長等が自衛措置の教示等の援助を行う責務があることを法律上明らかにしたものと考えられる」と説明されている。(33)

ところで、ストーカー行為等の規制等に関する法律施行規則第九条は、警察本部長等による援助の内容を次のように定める。

① 申出に係るストーカー行為等をした者に対し、当該申出をした者が当該ストーカー行為等に係る被害を防止するための交渉（以下この条において「被害防止交渉」という。）を円滑に行うために必要な事項を連絡すること（第一号）。

② 申出に係るストーカー行為等をした者の氏名及び住所その他の連絡先を教示すること（第二号）。

③ 被害防止交渉を行う際の心構え、交渉方法その他の被害防止交渉に関する事項について助言すること（第三号）。

④ ストーカー行為等に係る被害の防止に関する活動を行っている民間の団体その他の組織がある場合にあっ

ては、当該組織を紹介すること（第四号）。

⑤　被害防止交渉を行う場所として警察施設を利用させること（第五号）。

⑥　防犯ブザーその他ストーカー行為等に係る被害の防止に資する物品の教示又は貸出しをすること（第六号）。

⑦　申出に係るストーカー行為等について警告、禁止命令等又は仮の命令を実施したことを明らかにする書面を交付すること（第七号）。

⑧　その他申出に係るストーカー行為等に係る被害を自ら防止するために適当と認める援助を行うこと（第八号）。

ここでは、被害者が加害者との間で被害防止交渉を行うこと――当事者間の話し合いでストーカー行為等をやめさせること――が主に念頭におかれ、被害防止交渉を円滑に行うために必要な事項を連絡すること（たとえば、被害者が被害防止交渉を望んでおり、警察署で被害防止交渉を行うこととして、日時、場所を加害者に連絡すること）、ストーカー行為等をした者の氏名及び住所その他の連絡先を教示すること、被害防止交渉に関する事項について助言すること、被害防止交渉を行う場所として警察施設を利用させること、が援助の内容として挙げられている。

ところで、本条の定める警察本部長等による援助は、ストーカー行為又はつきまとい行為の被害者からの申出により行なわれることになっているが、ストーカー行為はいうまでもなく本法により犯罪とされている行為である。また、いわゆるストーカー行為には他の刑罰法規にふれる行為が多く含まれており、脅迫罪、傷害罪、住居侵入罪、器物損壊罪、暴行罪、強制わいせつ罪、軽犯罪にあたる行為でありながら、今日まで「犯罪」として認められず放置されてきた行為が含まれている。そこで、いわゆるストーカー行為のうちでも刑罰法規に触れ犯罪となる行為について、「被害者からの申出」に藉口して、警察が警察署内に加害者と被害者を呼んで話し合いで解決することを援助することは、いわゆるストーカー行為に関する警察の対応としてはおよそ妥当とは思われない。

なぜなら、第一に、いわゆるストーカー行為のうち刑罰法規にふれるものは「犯罪」であり、警察は犯罪の摘発、検挙を行なうべきである。このような行為について当事者の「話し合い」に問題の解決を委ねることは、いわゆるストーカー行為が「犯罪」として扱われないことを意味し、行為者の責任の所在が曖昧なまま解決がはかられることになるので、妥当ではない。第二に、「被害防止交渉」なるものは、いわば加害者と被害者の間の損害賠償等を中心とした民事紛争の解決であり、本来司法が担うべき職分であり、警察の職分ではない。警察署内において警告、犯罪の検挙という「強権」を有する警察の仲介の下で任意の解決をはかることは妥当ではない。

ちなみに、警察庁が平成一三年八月発表した「ストーカー規制法施行後約六ケ月間におけるストーカー対策の推進状況について」と題する資料によると、警察本部長等による援助の実施は三五六件であり、その内訳をみると自衛措置の教示（二三七件）、被害防止に資する物品の教示又は貸出し（一九九件）と並んで、被害防止交渉の場所として警察施設の利用（六七件）、被害防止交渉に関する助言（八二件）、被害防止交渉に必要な事項の連絡（六七件）が挙げられている。どのような事案について被害防止交渉に関する援助がなされているのか明らかではないが、「犯罪」について検挙を見送っているのであれば問題である。

6　罰則（第一三条ないし第一五条）

(1)　ストーカー行為罪（第一三条）

第一三条第一項は、「ストーカー行為をした者は、六月以下の懲役又は五十万円以下の罰金に処する」と定める。ストーカー行為罪は親告罪である（同条第二項）。

「ストーカー行為」とは、同一の者に対し、「つきまとい等」（第二条第一項第一号から第四号までに掲げる行為については、身体の安全、住居等の平穏若しくは名誉が害され、又は行動の自由が著しく害される不安を覚えさせるような方法により行なわれる場合に限る）を反復してすることをいう（第二条第二項）。

(2)　禁止命令等違反罪（第一四条、第一五条）

禁止命令等違反に対する罰則については、本法において三つの類型に分けて規定している。既に述べたとおり警察と密接な関係を有する公安委員会が発する禁止命令の実効性を罰則で担保するという立法は、国民の権利、自由の保障という点できわめて問題があると考える。

なお、禁止命令等については罰則が設けられているのは、第五条第一項第一号に係る禁止命令（「更に反復して当該行為をしてはならないこと」）に限られており、「更に反復して当該行為が行なわれることを防止するために必要な事項」を命ずるものについては、違反行為に対する罰則は設けられていない。

(ア)　禁止命令等に違反してストーカー行為をした場合（第一四条第一項）

禁止命令等を受けた後、命令の対象となった第三条の規定に違反する行為（＝つきまとい等をして不安を覚えさせることの禁止に違反する行為）を反復して行い、それがストーカー行為である場合が本項の対象となると解されている。第一三条の罪の加重処罰類型であるといわれている。

本項に違反した場合には、一年以下の懲役又は百万円以下の罰金に処せられる。

(イ)　禁止命令等に違反してつきまとい等をすることにより、ストーカー行為をした場合（第一四条第二項）

本項は、禁止命令等を受けた者が命令に違反して、第三条の規定に違反する行為をした場合で、命令前の行為から通じて評価するとストーカー行為に該当する行為を行っている場合の罰則である。本項に違反した場合も、第一項と同様、一年以下の懲役又は百万円以下の罰金に処せられる。本条は第一五条の罪の加重処罰類型であるといわれている。

(ウ)　禁止命令等に違反した場合（第一五条）

第一五条の規定は、禁止命令等に違反した者についての罰則である。「前条に規定するもののほか」とあることから、禁止命令等に違反して第三条の規定に違反する行為を行った場合で、命令前の行為から評価してもストーカー行為に該当しない場合である。

本条に違反した場合には五十万円以下の罰金に処せられることとなる。

三　警察介入の是非とその限界

1　問題の所在

《警察権限の適正な行使を求める要請》

従来、ドメスティック・バイオレンスに対する警察の対応には、被害者保護の観点から問題があると指摘され、警察権限の適正な行使を求める声が挙がっていた(34)。

東京都が実施した「女性に対する暴力」調査における「夫・パートナーからの暴力」被害体験者面接調査（平成九年一一月実施）の結果報告書は、「警察の対応については、通報などにより暴力の現場に来て助けになったというケースがある一方、『夫婦げんかには干渉できない』『民事不介入』の原則を理由に対応がなされない場合があり、これらの対応に不満を示すケースが多い。夫やパートナーが暴力を振るうのは女性の方にも原因があるからではないかといった発言に対する反発もみられる」と指摘する(35)。右調査は、関係機関ヒアリングも同時に行っているが（平成一〇年二月～三月実施）、警察庁総務部企画課犯罪被害者対策室は、当時、女性に対する暴力問題への対応に関する課題として、「いわゆる夫婦げんかは、単なる痴話げんかと深刻な犯罪などとの区別が付きにくく、また、夫婦が冷静になった時に警察の行為がアダになる例もあるので、慎重に対応せざるを得ない」と述べており(36)、警察の対応が消極的であるという被害者側の訴えを裏づける回答になっている。

ところで、男女共同参画推進本部は、平成八年一二月「男女共同参画二〇〇〇年プラン」を発表したが、「女性に対するあらゆる暴力の根絶」を重点目標の一つとして挙げ、この目標を達成するための施策の基本的方向の一つとして「女性に対する暴力に対する厳正な対処」を求め、具体的施策として「家庭内暴力に対する対策の推進」を挙げ、「家庭内の事案であることのみをもって犯罪とならないものではなく、暴行罪、傷害罪、強姦罪等の刑事事件に該当する場合は、夫婦・親子等という関係に配慮しつつ、関係諸規定の厳正かつ適切な運用を図る」と述べ、警察庁・法務省等の担当省庁に家庭内暴力に対する対策の推進を求めていた。また、平成一一年五月には、男女共同参画審議会が内閣総理大臣に対し、わが国における女性に対する暴力に関する基本的方策に関する初めての答申「女性に対する暴力のない社会を目指して」を行なった。

《警察庁通達――「女性・子どもを守る施策実施要綱の制定について」》

警察庁は、このような状勢をうけ、夫や恋人など親しい男性から女性への暴力や、親による児童虐待などの家庭内の暴力について、介入に慎重だった従来の姿勢を見直し、事件として立件することを含めた積極的な対応を取ることを決め、平成一一年五月三一日までに全国の警察本部に指示した。警察庁によれば、右指示は、一線の警察官に対し、家庭内の問題でも最初から「民事には不介入」と敬遠せず、女性が夫による暴力などで困っているケースや児童虐待が疑われる場合、相手の相談に乗るなどして深刻な事態の発生を未然に防ぐほか、悪質なケースは積極的に摘発をすることを求めている、という（一九九九年六月一日付河北新報、朝刊）。

さらに、警察庁は平成一一年一二月一六日、各都道府県警察に対し、次長通達「女性・子どもを守る施策実施要綱の制定について」を発出した。その趣旨として警察庁は、女性・子どもが被害者となる犯罪等が社会的に大きな問題となっており、男女共同参画審議会による女性に対する暴力根絶に向けた基本的方策『女性に対する暴力のない社会を目指して』の内閣総理大臣への答申など、女性・子どもを犯罪の被害から守ることが国内的にも国際的にも強く要請されているところから、女性・子どもが被害者となる犯罪については、刑罰法令に抵触する事案につき適切に検挙措置を講ずることはもとより、刑罰法令に抵触しない事案についても、国民の生命、身体及び財産の保護の観点から、警察として積極的に対策を講じる必要があると述べる。要綱の内容として「被害に遭った女性・子どもへの支援等」を挙げ、「つきまとい事案及び夫から妻への暴力事案に対する取組み」として、具体的には以下のように指示している。

「つきまとい事案及び夫から妻への暴力事案に対しては、次の方針で対応すること。

ア　刑罰法令に抵触する事案については、被害女性の意思を踏まえ、検挙その他の適切な措置を講ずる。

イ　刑罰法令に抵触しない事案についても、事案に応じて、防犯指導、自治体の関係部局、弁護士等の他機関への紹介等の方法により、適切な自衛・対応策を教示するとともに、必要があると認められる場合には、相手方に指導警告するなどして、被害女性への支援を行う。」

《ストーカー規制法及びＤＶ防止法の成立》

さて、ドメスティック・バイオレンス及びストーカーなど、警察が従来「夫婦間のことは立入れない」「男女のことには立入れない」として「民事不介入」などを楯に消極的対応に終始してきた事案について、これが社会問題化するに伴い、被害者の保護と暴力防止の観点から、新しい立法が制定されている。

まず、平成一二年五月には「ストーカー行為等の規制等に関する法律」（以下ストーカー規制法という）が成立した。同法は、同一の者に対して「つきまとい等」を反復してすることを「ストーカー行為」として刑罰を科することとし、さらにそこまでに至らない前段階の行為を「つきまとい等」として列挙し、警察本部長等による「警告」、都道府県公安委員会による「禁止命令」、警察本部長等による「仮の命令」という行政的規制を加えることとしている。

ストーカー規制法の草案者である松村議員は、前述のごとく、同法の立法趣旨についてこう述べている。わが国においていわゆるストーカー行為が社会問題化しており、ストーカー行為がエスカレートし、殺人などの凶悪事件に発展する事案が全国的に見うけられるところ、特定の者に対する執拗なつきまとい行為や無言電話等は、刑法や軽犯罪法の適用により対応が可能な場合もあるものの、現実には既存法令の適用が困難な場合が大部分であり、これまで有効な対策をとりがたいものであったので、このような現状を踏まえ、ストーカー行為を処罰する等ストーカー行為等について必要な規制を行うものである、と。

しかしながら、ストーカー規制法が成立した直接の契機となった事件は、平成一一年一〇月に発生した桶川女子大生刺殺事件であった。この事件では、被害者が名誉棄損罪等の既存の刑罰法令に触れるようないわゆるストーカー被害に遭っており、警察に相談し告訴もしていたにもかかわらず、警察は何ら捜査を実施しなかった。そればかりか、担当の警察官は「告訴はいったんなかったことにしてもらえませんか」と要請し、被害者及び家族がこれに応じないとみるや、捜査の怠慢を隠ぺいするため、被害者の供述調書を告訴から被害届に改ざんしたというのである。右事件は平成一二年三月参議院予算委員会で取り上げられ、警察が適切な対応をとっていたら被害者は殺されずにすんだのではないか、として警察の責任が厳しく問われた。ストーカー規制法は、右質問からわずか二ヵ月余りの間に議員立法としてまとめられ、同年五月成立したが、ここで留意すべきことは、いわゆるストーカーに対する警察の対応について問題とされた点が犯罪の予防というレベルではなく、警察が既に発生している犯罪について捜査機関として果たすべき職責を怠っていたことであり、かつその職責を怠ったことが原因で重大な被害が発生してしまったということである。

しかるに、ストーカー規制法は、犯罪予防という観点から、主としてストーカー行為に対する行政的規制を行うとする内容となった。

ストーカー規制法に関する国会の審議では、警察と密接な関係を有する公安委員会及び警察の権限濫用を懸念する意見が繰り返し述べられ、とりわけ公安委員会が禁止命令を発することができるという点について、これを司法機関である裁判所の権限とすべきであるとの意見があった。

次に、平成一三年四月には「配偶者からの暴力の防止及び被害者の保護に関する法律」(以下DV防止法という)が成立した。同法は「配偶者からの暴力」を「身体に対する不法な攻撃であって生命又は身体に危害を及ぼすもの」と限定し、「更なる配偶者からの暴力によりその生命又は身体に重大な危害を受けるおそれが大きいとき」には、被害者からの申立により、地方裁判所が、①六ヵ月間の接近禁止命令、②二週間の住居からの退去命令を発することができ、命令違反行為を犯罪とする法制度を創設している。

同法はストーカー規制法と異なり、加害者に対する命令を司法機関である裁判所が発することとしており、命令違反行為を「犯罪」として警察が「犯罪」の取締まりを行ない、裁判所の命令の実効性を確保する仕組みとなっている。

《DV防止法に対する批判――小田中教授の批判》

ところで、「配偶者からの暴力の防止及び被害者の保護に関する法律」(DV防止法)に対しては、相反する二つの立場からの批判がある。まず、小田中聰樹教授は、「刑事法制の変動と憲法」と題する論文において、ストーカー規制法、児童虐待防止法、ドメスティック・バイオレンス法(DV法)などの最近の立法的事象について、ほぼ共通して備わっている顕著な特徴があると指摘し、その特徴とは、「警察権力・刑罰権への依存化傾向である」と主張し、警察権力が、その本質において市民不在、人権抑圧の存在であることを変えていないのであるから、そのような警察権力に児童虐待・ストーカー、DV等に対する早期・積極的介入の権限を与える警察依存の傾向に対しては批判的にならざるを得ないと述べ、そのような傾向を防ぐ意味で、警察消極原則、刑法謙抑主義、罪刑法定主義や適正手続をはじめとする近代的刑事原則の厳守を強く主張したいと述べられる。

小田中教授は、ストーカー規制法には罪刑法定主義違反、適正手続違反の疑いが強いと指摘し、「警察権限拡大の点では、児童虐待防止法やDV法にも問題がある」と述べ次のように主張する[37]。

「私は、戒能氏の問題意識を理解し、児童虐待等が重大な問題であることとの認識を共有した上で、これらの問題についても警察消極原則が厳守されるべきであると考える。本文でも述べたとおり警察権力組織の本質・実態、治安政策の動向などからみて、警察権力に積極的介入・規制・取締の権限を付与することは、人間社会の最も基本的単位である親子・夫婦など愛情を中心とする人間関係に対する警察権力の直接的介入・支配（情報収集、監視、取締、政策展開など）を公認することを意味する。しかし、このような状況下で形成される人間関係は、好むと好まざるとを問わず、また求めると求めざるとを問わず、警察権力を背後に意識した、いびつで歪んだものとならざるをえない。そしてこのような人間関係の変化・変質は、社会を変え、児童虐待等の問題を一層深刻化、拡大化していくのではないだろうか。そうだとすれば、児童虐待等の痛ましい実態を直視しつつその防止・解決に向けて営まれるべき思索や行動は、警察消極原則、刑法謙抑主義、罪刑法定主義、適正手続などの憲法的近代刑事原則の厳守を前提として行なわれるべきであると考える」と。

《ＤＶ防止法に対する批判――戒能教授の批判》

一方で、戒能民江教授は、ＤＶ防止法について「法律の内容には問題が多すぎる」「まず、保護命令を申請できる範囲が事実上の夫婦も含めた配偶者からの身体的暴力に限定されている。暴力は殴る、蹴るだけではない。心理的抑圧や性暴力、経済的なしめつけなど、複合的な暴力を日常的に受けることで女性の生活や心理状況が支配されていく。精神的暴力や性暴力は表面化しにくいだけに影響も大きく、相談もしにくい」と述べ、罰則付保護命令が申請できる範囲を拡大すべきである旨主張する(38)。

ちなみに戒能教授は、警察庁が平成一一年一二月一六日、次長通達「女性、子どもを守る施策実施要綱の制定について」を発出した際も、「警察権の発動という点においては、従来の枠を一歩も出ていないと言うべきであろう。――中略――暴力行為そのものを積極的に処罰し、防止するという意味での加害行為への『積極的な介入』

には踏み込んでいない」と批判され、「『刑罰法令に抵触しない場合』つまり、暴力の被害を受けても、まだ軽いけがしか負っていない場合や、精神的暴力や性的暴力の場合、警察の介入は被害者の自衛に対する援助と警告指導にとどまることである。これは暴力の複合性や継続性、精神的影響の深刻さなど、ＤＶの特質の無理解に基づくものである。重傷を負うなどの事件性がない限り、警察は本気で介入しないということを意味する」と述べ、刑罰法令に抵触しない場合であっても警察はＤＶに積極的に介入すべきであると主張する。(39)

また、戒能教授は、法学セミナーの特集〔特別企画＝検証・「民事不介入」の揺らぎ〕に掲載した「警察の介入姿勢の『変化』と『法は家庭に入らず』の維持」と題する論文において、次のように主張する。(40)

「警察の『民事不介入』原則の誤った適用による『不介入』は、多くの重大な結果を招いてきた」「警察の介入は何といっても被害者の安全を守るために必要である。暴力によって日常生活が支配されているとき、被害者自身が加害者の暴力を止めさせることは困難だ。暴力の抑止には外部の介入を必要とする。警察の介入は強力であるとともに、医療機関と同じく二四時間体制であり、いつでも駆け込めるという利点がある。」「さらに、警察は第一次保護機関として、他の援助への道を開く『門番』でもある。」

「『民事不介入』の無原則的な適用により、暴力被害が放置されてきた。家庭内だろうと恋人だろうと、違法な人権侵害への警察の介入は当然である。」

両者の間には、ＤＶ、ストーカー行為、児童虐待等の問題について、警察が積極的に介入すべきか否かをめぐる対立があり、ＤＶ防止法はいわば両者から挟撃される位置にある。ドメスティック・バイオレンスに対する警察の介入はどうあるべきなのか。

ドメスティック・バイオレンスが、暴行罪、傷害罪、脅迫罪、強姦罪等の犯罪を構成する場合、警察はこれに積極的に介入し、「犯罪」としての摘発を行うべきか。あるいは、夫婦のような愛情を中心とする人間関係における暴力問題の解決は社会の自治・自律に委ねるべきであり、警察力・刑罰権依存の解決は極力回避すべきなのか。

また、私人からの要請にこたえて警察が行政機関としてＤＶに介入する場合において、近代法治国家において所与の前提として認められてきた原則――警察権の行使は、公共の安全と秩序の維持という消極的な目的のためにのみ限定されるとともに、その目的のためにする警察権の行使も決して無制限のものではなく、法律の根拠に基づくことを要するのみならず、法律の根拠がある場合であってもその目的に照らし、必要な最小限度に止まらなければならないとする原則――との関係をどう考えるのか。

藤田宙晴教授は、「現行の警察法二条は、『個人の生命、身体及び財産の保護に任』ずることを、警察の責務として、しかもその冒頭に掲げているのであるから、この規定の解釈の如何によっては、『民事不介入』の原則もまたその一部を構成するところの『警察公共の原則』そのものが、少なくとも警察組織に属する行政機関の活動に関しては、現行法上もはや否定されるに至っている、と考えることも、必ずしも不可能ではないのである」と論じており(41)、今日右原則の妥当性が疑われる状況にある。一方警察実務においては、警察法二条一項の規定を根拠に、警察は国民の生命、身体及び財産の保護という目的のために警察権を積極的に行使することができるとする考え方が支配的となっており、警察法改正をはじめとする様々な警察権限の拡大をめざす立法がなされている。右立法傾向の中でストーカー規制法、及び今般成立したＤＶ防止法はどのように位置づけられるのか。また、どう評価すべきなのだろうか。

2　司法警察としての権限・機能

《市民社会の自律・自治に委ねるべきか》

ドメスティック・バイオレンスが、暴行罪、傷害罪、脅迫罪、強姦罪など犯罪を構成する場合、警察はこれに積極的に介入し、「犯罪」としての捜査・摘発を行うべきか。あるいは、このような愛情を中心とする人間関係における暴力問題の解決は社会の自治・自律に委ねるべきであり、警察力・刑罰権依存の解決を極力回避する別途の方策を考えるべきなのか。

後者の考え方に立つ議論として、小田中教授は、「たしかにストーカー行為、児童虐待、ＤＶが犯罪を構成する場合、捜査権限・刑罰権が適正に行使されるべきことは当然である」と述べられる一方で、警察の介入について次のように強調される。

「夫婦、親子、家庭、学校、地域をはじめとして、これまで市民社会が自律、自治に秩序維持機能を委ねてきた領域における諸問題については、ぎりぎりのところまで警察権力介入を抑制し、やむをえず介入せしめる場合でもその条件設定に当たり工夫をこらすべきである。そうせずにルーズな条件の下で警察権力に裁量的・恣意的介入を許すことは、その濫用に道を開くだけではなく、かえって問題解決をこじらせ、社会の自律的解決機能を衰退させる危険をもたらすのである。」

「警察権力に積極的介入・規制・取締の権限を付与することは、人間社会の最も基本的単位である親子・夫婦などの愛情を中心とする人間関係に対する警察権力の直接的介入・支配を公認することを意味する。しかしこのような状況下で形成される人間関係は好むと好まざるとを問わず、また、求めると求めざるとを問わず、警察権力を背後に意識した、いびつで歪んだものとならざるを得ない。そしてこのような人間関係の変化・変質は社会を変え、児童虐待等の問題を一層深刻化・拡大していくのではないだろうか。」

「深刻化しつつある犯罪・非行問題についても広くその原因・対策を社会的に究明・策定し、警察力・刑罰権依存の解決を極力回避する方策を探ることの社会的有用性の認識を広く共有することの重要性を述べておきたい。」

小田中教授は、結局、児童虐待、ストーカー、ＤＶ等の諸問題はこれまで市民社会が自律、自治に秩序維持機能を委ねてきた領域であり、警察権力・刑罰権依存の解決をめざすことはかえって問題を深刻化、拡大化させるので望ましくないと主張しておられるように思える。

また、日本弁護士連合会は、一九九四年一〇月に開催した第三七回人権擁護大会において「警察活動と市民の人権」をテーマに警察制度を正面からとりあげたシンポジウムを開いたが、右シンポジウムの基調報告書をまとめた『検証　日本の警察』[42]においても、ドメスティック・バイオレンスについて警察依存の解決をめざすことを批判して次のように述べている。

「妻に対して暴力を振るう夫を検挙したとしても、それだけでは真の解決にならないことも多い。女性の権利を擁護するためには、社会の様々な場面での男女差別の解消、社会保障の充実が必要とされる。

また夫の暴力から逃れ、自立した生活を築くまでのシェルターなどの整備とそのための市民の自助努力も必要である。このような抜本的対策は一般行政施策の中で初めて実現されるものである。一般行政で十分な施策がとられないとすれば、何故そうなっているのかという問題の解明こそが重要であり、それを怠って安易に警察に依存することは戒められるべきである。」

《犯罪化の要請》

さて、私は、ドメスティック・バイオレンス（ＤＶ）は、「女性に対する暴力」の一類型であり、女性の人権を侵害する違法・不当な行為であり、国家・社会はその撤廃のため積極的な役割を果たすべきであると考える。警察もまたその役割を果たすべき一つの重要な国家機関である。特に、女性に対する暴力行為を処罰することは、女性に対する暴力の防止と根絶のためにとるべき重要な対策であると考える。したがって、警察はＤＶが犯罪を構成する場合、これを積極的に摘発し、「犯罪」としての取扱いをするべきだと考える。このことは、女性に対する暴力の根絶にとりくむ国際社会における共通の認識となっていることを強調しておきたい。

即ち、一九九五年北京で開催された第四回世界女性会議で採択された「北京行動綱領」は、「女性に対する暴力は、女性を男性と比べて従属的な地位に追い込んでいる重大な社会的仕組みの一つである。多くの場合、女性及び少女に対する暴力は家族間又家庭内で起こるが、そこではしばしば暴力が黙認される。家族その他の同居人による女児及び女性に対する無視、身体的・性的虐待及びレイプ、並びに夫婦間及び非夫婦間の虐待の発生は、しばしば通報されず、それゆえに発見しにくい。そのような暴力が通報された場合ですら被害者の保護又は加害者の処罰は怠られることが多い」と指摘し（行動綱領、パラ一一七）、女性に対する暴力を防止し根絶するために、政府が取るべき行動として、「女性に対する暴力に携わることをやめ、国家によって行われるものであれ、私人の犯行であれ、女性に対する暴力行為を防止し、調査し、国内法に則って処罰するよう、しかるべき義務を履行すること」（行動綱領、パラ一二四(b)）、「家庭、職場、地域、又は社会であれ、またその形態を問わず暴力を受けた女性及び少女に対する不正を処罰し是正するために、国内法における刑事、民事、労働及び行政上の制裁を制定及び／又は強化すること」を挙げている（行動綱領、パラ一二四(c)）[43]。

また、二〇〇〇年にニューヨークで開催された国連特別総会「女性二〇〇〇年会議」が採択した「成果文書」は、北京宣言及び行動綱領の実施に向けて各国政府などが行うべき更なる行動とイニシアティブを提言した各国の行動指針となる文書である。同文書は、各国政府が取るべき行動として、「あらゆる形態の差別に基づく暴力を含め、年齢を問わず、女性や少女に対するあらゆる形態の暴力を法律による処罰の対象となる刑事犯罪として扱う」（成果文書、パラ六九(c)）、「夫婦間レイプ、女性や少女の性的虐待を含むあらゆる形態のドメスティック・バイオレンスに関する犯罪に対処するため、法律の制定及び適切な制度の強化、あるいはそのいずれかの措置を採り、こうした犯罪を速やかに訴追できるようにする」（成果文書、パラ六九(d)）ことを求めている[44]。

また、諸外国の法制をみれば、たとえば、アメリカで一九九四年八月に成立した「女性に対する暴力防止法」は、女性がレイプ、ドメスティック・バイオレンスなどの暴力犯罪の標的になっているにもかかわらず、このような犯罪は警察、検察、裁判所などの刑事司法制度において「第二級の犯罪」としてしか扱われておらず、法の執行が適正、厳格に行われていないという認識に立った上で、法の目的として女性に対する暴力犯罪の防止と処罰を挙げている。

同法の成立の背景をのべた下院の報告書によれば、毎年四〇〇万人の女性が夫またはパートナーに殴打されており、ＤＶの被害者の九五％が女性であり、病院の救急処置室を利用する女性の約三五％がＤＶによるケガであると指摘した上で、夫は妻を懲戒するため自らの親指よりも細いムチでなら殴打することができるとする「親指の法理」は刑事司法制度のすみずみにおいてみられ、警察においても検察においてもＤＶは「くだらないもの」「重要でないもの」として取扱われていると指摘する。同法は連邦法としては初めてのＤＶ防止法であるところ、刑事司法制度が女性に対する暴力犯罪に対し有効に機能していないこと、とりわけ刑事司法制度は女性を差別的に取扱い、その結果女性の生命、身体の安全が脅かされているとの認識に立ち、刑事司法制度を改善するための施策を展開している。

ところで、わが国においても他人間において暴行罪、傷害罪、脅迫罪、強姦罪などの犯罪行為が行われれば犯罪として摘発されるのに比べ、夫婦間で同様の行為がなされた場合には、生命・身体に対する重大な結果が発生しない限り、犯罪として検挙されることがないという状況があり、その理由としては、もっぱら犯罪の捜査機関である警察が「法は家庭に入らず」という立場からこの種の事件への介入を拒んできたからであると言われている。このように従来は、ドメスティック・バイオレンスに対して刑罰権の発動がさし控えられ、ＤＶが犯罪として扱われてこなかったといえる。その背景には、社会一般のモラル・社会倫理がドメスティック・バイオレンスを「許されるもの」「非難に値しないもの」「犯罪の名に値しないもの」と考えてきたという事情があった（刑法とモラル・社会倫理の関係については本書二六九頁参照）。

しかしながら、わが国においても国際社会の要請をうける中で、男女共同参画推進本部が策定した「男女共同参画二〇〇〇年プラン」（平成八年）は、「女性に対するあらゆる暴力の根絶」を男女共同参画社会の実現に向け政府として取り組むべき重点目標の一つとして取りあげ、「女性に対する暴力について、一九九三年国連総会で採択された『女性に対する暴力の撤廃に関する宣言』の趣旨等も踏まえつつ、適正な取締や捜査はもとより、予防活動から事後的救済まで現行の関連制度を総合的に検討し、女性に対する暴力を防止する環境づくり、被害女性の救済策の充実等様々な観点から幅広く対応する」ことを施策の基本的方向として述べ、具体的施策としては「家庭内暴力等潜在化しやすい暴力に対する実態把握と対策の推進」を挙げ、「夫による妻への暴力等の家庭内暴力については、相談体制を整備し、指導、助言を行うとともに、必要に応じて適切な施設への通告、収容等を行う。また、家庭内の事案であることのみをもって犯罪とならないものではなく、暴行罪、傷害罪、強姦罪等の刑事事件に該当する場合は、夫婦・親子等という関係に配慮しつつ、関係諸規定の厳正かつ適切な運用を図る」としている。

また、男女共同参画審議会は、平成一一年五月、内閣総理大臣に対し、わが国における女性に対する暴力に関する基本的方策に関する初めての「答申」を行なった。「答申」は、政府が女性に対する暴力の現状に対応するため、公的機関の在り方について検討を行うべきであると提言した。

これを受けて、警察庁は、平成一一年一二月「女性・子どもを守る施策実施要綱の制定について」と題する次長通達を各都道府県警察に発出した。同通達は、つきまとい事案及び夫から妻への暴力事案に対しては、「刑罰法令に抵触する事案については、被害女性の意思を踏まえ、検挙その他の適切な措置を講ずる」よう指示している。

さて、私は、ドメスティック・バイオレンス（DV）に対する法政策で最も重要なことは、ドメスティック・バイオレンスが暴行罪、傷害罪、脅迫罪、強姦罪等の犯罪を構成する場合には、たとえいかなる理由で行なわれた行為であろうとも、たとえ被害が軽微であろうとも、それが他人間において犯罪として扱われる程度の行為であるならば、それは、最低限のモラルに違反する高度の反社会性を帯びる行為であって、違法な行為であるという認識が共有され、刑事上、民事上、婚姻法上等あらゆる法分野において、加害者が法的責任を問われることであると考える。この原則なくして他の被害者保護の対策——シェルターの充実、相談活動の充実、社会保障の完備等――を進めても、ＤＶの撤廃という目的は達成できないと考える。とりわけ刑事責任の追求は、ＤＶを社会的非難に値する違法行為であるとするモラル・社会倫理の形成に多大な影響を与えるものであると考える。
もちろん、私は犯罪の名に値しないものを摘発せよと言うつもりはない。一九九五年以降、国際社会の要請をうけ、わが国においてもＤＶが「犯罪」の名に値するものであり捜査機関により「犯罪」として取扱われるべきものであるとするモラル・社会倫理が急速に形成されつつあり、それこそが、警察は「民事不介入」「法は家庭に入らない」としてＤＶ犯罪に介入しないという批判を生み出しているといえる。これまでＤＶは人々の間でも「犯罪」に値しない行為であったが、そこには大きな変化・前進がみられるのである。ＤＶ防止法は、前文において、「配偶者からの暴力は犯罪となる行為である」と指摘している。その意義は「配偶者からの暴力」が最低限のモラルに反する高度の反社会性を帯びる行為であることを明言し、現代社会における右のようなモラル・社会倫理の形成を促す点にある。このようにＤＶは、「犯罪」の名に値する行為になりつつある。私は、警察は、ＤＶが犯罪を構成する場合、これに積極的に介入し、犯罪の摘発・捜査を行うべきだと考える。

《警察権限の強化・拡大を警戒すべき分野とは》

なるほど、警察は、一九九四年の警察法を改正に伴い、生活安全局を設置し、その分掌事務を、「犯罪、事故その他の事案に係る市民生活の安全と平穏に関すること」「犯罪の予防に関すること」及び「地域警察その他の警らに関すること」「保安警察に関すること」とするなど警察権限を拡大させる方策をとっている。このような生活安全局の設置と所掌事務の拡大とは、警察運営にかかわるこれまでの「公共の安全と秩序の維持」からのアプローチを大転換するものであり、警察実務家は警察の業務運営の在り方について「国民を一番基礎的な生活の単位において（すなわち、市井の人という立場での市民として）とらえ、そういった市民の立場、犯罪、事故等により被害をうける被害者の立場から見て、業務を運営していくことが求められる」という。(45)

このような変化について、白藤博行教授は、警察の手法も「犯罪取締より事前対策により重点が置かれることになる」「『警察権の積極的行使』への要請の具体化が、これまでの『公共の秩序と安全の維持』からの要請一辺倒から『個人の生命、身体及び財産の保護』という要請を全面にたてる方向へと理論的転換を遂げ、さらに『警察法二条一般的根拠規範説』に基づき、市民生活の安全と安心の確保のためであれば、地域警察活動を活発化させ、あらゆる強力な事前対策の手段を使っての警察事務の推進に可能性を開くものである」と指摘し、警察庁の所掌事務の拡大について警戒感を滲ませる。(46)

私は、警察権限の強化・拡大を警戒すべき分野は、犯罪の予防に藉口した「事前対策」であり、行政警察権限の拡大・強化であると考える。行政警察の作用と司法警察の作用は、わが国の法制上同一の警察組織の責務とされており（警察法第二条第一項）、その区分けは実際上困難であるとも言われているが、それを承知した上で私は、行政警察と司法警察の区別がドメスティック・バイオレンスに対する警察の介入を考える際重要であると考える。警察は、近年、市民生活に身近な犯罪の捜査を怠り、行政警察活動を重視し、司法警察活動を軽視してきたのではないかと思う。とりわけ、親密な関係にある（又はあった）男性が加害者となる犯罪について、捜査が怠られてきたといわざるをえない。

たとえば、ストーカー規制法制定の直接の契機となった桶川女子大生刺殺事件においては、女子大生は以前交際していた男につきまとわれ、自宅におしかけられたり、写真入りの中傷ビラ多数を大学や最寄の駅及び自宅の周辺に貼られたり領布されたり、さらに父親が勤める会社に中傷文書が多数郵送されたりする被害をうけ、女子大生及びその家族が再三にわたり警察署（埼玉県警上尾警察署）に対し被害を訴え名誉毀損罪で告訴するに至っていたにもかかわらず、警察は男に対する捜査を何ら実施しなかった。そればかりか、担当の警察官は「告訴はいったんなかったことにしてもらえませんか」と要請し、被害者及び家族がこれに応じないとみるや、捜査の怠慢を隠ぺいするため、被害者の供述調書を告訴から被害届に改ざんしたというのである。警察は女子大生が殺害された後も最重要容疑者であるストーカーの男を取り逃し、男が事件発生の約三ヵ月後に自殺してしまい真相究明の手がかりを失うなど、殺人事件の捜査についても失態を演じ、批判を浴びた。なお、殺害の実行犯は、男の兄が経営する風俗店の従業員であり、これが男の兄と共謀の上犯行に及んだと認定された（さいたま地判平成一三年七月一七日）。

また、横浜地方検察庁は、一九九三年一二月、自宅アパートから失火し焼け跡から女性の遺体が発見された事件について、女性の両親が提訴した民事訴訟において、一、二審とも裁判所が女性の交際相手であり当時同居していた男性による「殺人」を認定したことを受けて、再捜査に着手し、二〇〇一年三月に至りこの男性を殺人罪と現住建造物放火罪で起訴するに至った。女性の両親はこの男性を殺人と放火容疑で刑事告訴していたが、地検は九八年六月嫌疑不十分として不起訴処分としていたという。地検次席検事は「結果論として当時の捜査に問題がなかったとはいえない」と述べている（二〇〇一年三月一九日付朝日新聞）。本件は捜査機関による不起訴処分の後に民事訴訟で「殺人」を認定されるという異例の事態に発展した事件であるが、事件直後の警察の捜査が適切なものであったのか疑問が残る。

私は、ＤＶが犯罪を構成する場合に、司法警察の権限が適正に行使されない現状は改善を要すると考える。警察権限の拡大・強化の点で問題とすべきは、市民生活に身近な犯罪の捜査を怠り、行政警察活動を重視してきた警察活動のあり方そのものではないのだろうか。

3　行政警察としての権限・機能

《見解の対立》

ドメスティック・バイオレンス（ＤＶ）の被害者が警察に要請することは、犯罪の捜査・摘発にとどまらない。加害者への警告、実力行使、被害者の一時保護、病院への搬送、困り事相談、情報提供など、行政警察としての介入も求められている。DVが犯罪を構成しない場合、警察は行政機関としてDVにどの程度介入することができるのか。あるいは、どの程度介入すべきなのか。

ところで、警察庁は、つきまとい事案及び夫から妻への暴力事案などに対する警察の対応への批判が高まる中で、平成一一年一二月「女性・子どもを守る施策実施要綱の制定について」と題する次長通達を各都道府県警察に発出したが、右通達は、つきまとい事案及び夫から妻への暴力事案について以下のような方針で対応するよう指示している。即ち、「ア、刑罰法令に抵触する事案については、被害女性の意思を踏まえ、検挙その他の適切な措置を講ずる」とする一方で、「イ、刑罰法令に抵触しない事案についても、事案に応じて、防犯指導、自治体の関係部局、弁護士等の他機関への紹介等の方法により、適切な自衛・対応策を教示するとともに、必要があると認められる場合には、相手方に指導警告するなどして、被害女性への支援を行う」としている。

さて、戒能教授は、「家庭内だろうと恋人だろうと、違法な人権侵害への警察の介入は当然である。昨年一二月の警察庁通達は、この当然の原則を追認したものにすぎない」と述べるが[47]、教授は別の機会に右次官通達についてこう批判している。

「『刑罰法令に抵触しない場合』つまり、暴力の被害を受けても、まだ軽いけがしか負っていない場合や精神的暴力や性的暴力の場合、警察の介入は、被害者の自衛に対する援助と加害者への警告指導にとどまることである。これは、暴力の複合性や継続性、精神的影響の深刻さなど、DVの特質の無理解に基づくものである。重傷を負うなどの事件性がないかぎり、警察は本気で介入しないということを意味する。

現行法下でも、a.・事前相談やパトロール、シェルターへの同行と警備、b.・一一〇番通報で現場に急行すること、加害者への警告と指導、任意同行、現行犯逮捕、通報記録の作成、c.・口頭でも被害申告や告訴を受理すること、など可能である[48]」。

戒能教授は、警察はもっと「本気」で介入せよ、と積極的介入を促している。

また、日本で初めてドメスティック・バイオレンスに関する調査を行った「夫（恋人）からの暴力調査研究会」は、その成果を「ドメスティック・バイオレンス」と題する書物にまとめて発表し、国内世論に多大なインパクトを与えたが、同書においても、警察による積極的な介入を求める意見が述べられている。「警察の対応は、私人間のトラブルには介入しないという『民事不介入』や、警察は家庭内の問題には立ち入らないとする『法は家庭に入らず』の原則に忠実である」「そもそも、警察の目的は個人の権利と自由の保護と公共の安全と秩序維持にあり、個人の生命、身体および財産を保護し、犯罪の予防、捜査、逮捕などにあたることを責務としている（警察法一条、二条一項）。したがって、パトカー出動の要請があれば原則として応じる責任がある。また、警察官の権限濫用防止のために、その職務が一定の手段によって行われるべきことを定めた警察官職務執行法によれば、男性が現に女性に対して暴力をふるっているならば、警察官はその男性を身柄拘束したり、同意の上で派出所などに連行することができるし、男性に警告を発したり、暴力を制止することができるはずである（警職法二条・五条）。警察の目的にかなった警察権の適正な行使を求めたい[49]」。

一方、小田中教授は、DV等の事案への警察の介入は必要最小限であるべきだとして次のように主張する。「警察権力は、その本質において市民不在、人権抑圧の存在であることを変えていない」「警察権力の早期・積極介入に対し無警戒的態度や楽観的態度をとることはできない。逆に、夫婦、親子、家庭、学校、地域をはじめとして、これまで市民社会が自律、自治に秩序維持機能を委ねてきた領域における諸問題については、ぎりぎりのところまで、警察権力介入を抑制し、已むを得ず介入せしめる場合でもその条件設定に当たり工夫をこらすべきである。そうせずにルーズな条件の下で警察権力に裁量的・恣意的介入を許すことは、その濫用に道を開くだけでなくかえって問題解決をこじらせ、社会の自律的解決能力を衰退させる危険をもたらすのである。」「私は戒能氏の問題意識を理解し、児童虐待等が、重大な問題であるとの認識を共有した上で、これらの問題について警察消極原則が厳守されるべきであると考える[50]」。

ここで、両者の対立は、近代法治国家において当然に条理上認められてきた警察権の行使をめぐる以下の原則をどう考えるかにかかっていると思われる。即ち、「警察権の行使は、公共の安全と秩序の維持という消極的な目的のためにのみ限定されるとともに、その目的のためにする警察権の行使も、決して無制限のものではなく、原則として、法律の根拠に基づくことを要するのみならず、法律の根拠に基づく場合であっても、その目的に照らし、必要な最小限度に止まらなければならない」という原則である。(51)

《警察公共の原則》

警察権の発動は、法規にもとづき、かつその定めに従わなければならないのであるが、警察に関する法規の定めは、現実には、必ずしも一義的なものばかりではなく、抽象的、概括的で、解釈運用上の幅を残している規定や、多かれ少なかれ警察機関の裁量に委ねているように解される規定を設けている例も少なくない。従来、わが国の学説・判例は、規定の上で、警察権の自由裁量を許容しているように見える場合であっても、警察権の発動には、条理上の限界が存するものとし、これを警察権の限界又は警察権の条理上の限界と呼んできた。

「警察公共の原則」とは「警察消極目的の原則」、「警察責任の原則」、「警察比例の原則」とならんで、右の意味での警察権の限界に関する原則として挙げられるものである。その内容は田中博士によれば「警察は、ただ、公共の安全と秩序を維持するという消極的な目的のためにのみ発動しうるのであって、公共の安全と秩序の維持に直接関係のない私生活・私住所及び民事上の法律関係は、原則として、警察権の関与すべき限りでない」とされ、(ア)私生活不可侵の原則、(イ)私住所不可侵の原則、(ウ)民事上の法律関係不干渉の原則(いわゆる民事不介入の原則)の三つの原則がこれに含まれると言う。(52)

さて、「警察公共の原則」とりわけ「民事不介入の原則」について、藤田宙晴教授は、「『民事不介入』等の『警察権の限界』論は、本来、専ら右にみた『公共の安全と秩序を維持するために、一般統治権に基づき、人民に命令し強制し、その自然の自由を制限する作用』、すなわちその限りで純粋に理論的な意味での『警察作用』について立てられた原則であるが、実際に現行法が、例えば、警察行政組織に属する行政機関に、このように理論的意味での『警察作用』のみを行うべく授権しているかどうか、言葉を変えるならば、現行法上警察行政機関が、右の理論的な意味での『警察作用』のみを行うこととされているかどうか、という問題は、これとは全く別に存在し得る」と指摘し、「現行の警察法二条は、『個人の生命、身体及び財産の保護に任』ずることを、警察の責務として、しかもその冒頭に掲げているのであるから、この規定の解釈の如何によっては、『民事不介入』の原則も亦その一部を構成するところの『警察公共の原則』そのものが、少なくとも警察組織に属する行政機関の活動に関しては、現行法上もはや否定されるに到っている、と考えることも、必ずしも不可能ではないのである」と論ずる[53]。

藤田教授は、「警察法二条は、単なる組織規範に止まるものではなく、（少なくとも同時に）警察活動の一般的根拠規範としての性質を有しているが、ただ警察が命令・強制等の公権力を行使する限りにおいては、この規定のみでは足りず、他に個別の法令による授権を必要とする」という考え方（＝警察法二条一般的根拠規範説）、及び、「警察法二条の規定を、公権力行使についての直接の根拠規範としては性格付けないが、しかし、同条は警察に文字通り条文上に示されたような責務を、法的拘束力を以て課するものであり、従って警察は、一定の場合には、この責務を果たすために積極的な行動に出ることすらをも、法的に義務付けられる」という考え方（＝警察法二条責務規範説）がありうるとし、これらの考え方を採用した場合に生ずる法解釈上の効果は主として、「㈠個別法令の規定による授権無くも、状況によっては警察機関が命令・強制等の公権力の行使を行い得る道を理論的に開くこと」（「一般的根拠規範説」の場合）であり、又、「㈡警察機関に権限行使・不行使の自由が法令上与えられるように見える場合であっても、状況によっては積極的権限行使が義務づけられることの理論的根拠を与えること」（「責務規範説」の場合）である、と指摘する。

この二つの場合に共通して言えることとして、同教授はこう述べる(54)。

「それが、いわゆる『警察消極の原則』等に代表される古典的な警察行政理論に見られた考え方、すなわち、法治主義の見地からして警察権の行使を可能な限り法的に抑え込むことが理想であり又警察行政法理論の目的である、とする基本的な考え方と異なり、状況に応じて必要な場合には、むしろ警察権の行使を積極的に促し又義務付けることこそ必要とする、という考え方への展開線上に存在するということであろう。そしてその際注目されなければならないのは、警察権の積極的行使へのこのような要請は、常に『個人の生命・身体及び財産の保護』という要請との関連において提出されて来ている、ということである」。

ところで、近時警察実務においては、警察運営にかかわるこれまでの「公共の安全と秩序の維持」というアプローチを大転換し、「警察は個人の生命、身体及び財産の保護に任じ」と定める警察法第二条第一項の規定を根拠に、警察は国民の生命、身体及び財産の保護という目的のために警察権限を積極的に行使することができるとする考え方が支配的となっており、生活安全局の設置を定めた警察法改正（一九九四年）など警察権限を拡大する方向での立法が次々に制定されている。警察は、「市民生活の安全と平穏」をキーワードとして、「国民を犯罪、事故等により被害を受ける被害者の立場からみて、業務を運営していくこと」を強調しており、警察の手法としても犯罪取締よりもむしろ事前対策に重点がおかれることになると指摘されている(55)。

さて、警察法二条が、「警察は個人の生命、身体、及び財産の保護に任」ずることを警察の責務として定めていること、私人から行政に対する個人の生命、身体、財産の保護の要請が高まっていることを根拠に、「警察公共の原則」は警察権の限界を画する理論としては今日すでに妥当しなくなっており、警察は、ドメスティック・バイオレンス、ストーカー等の事案について、右制限なく積極的に介入することができると解すべきなのか。

なるほど、ドメスティック・バイオレンス、ストーカーなどについて、警察の積極的介入を望む声が高まっていることは事実である。しかしながらこれらの事案について警察の対応が問題とされる局面とは、犯罪の予防即ち事前取締のレベルではなく、むしろ、すでに暴行罪、傷害罪、住居侵入罪、名誉毀損罪等の犯罪が発生しているのにもかかわらず、警察が「男女のことには立入れない」「夫婦間のことには介入できない」として、「民事不介入」を楯に、「犯罪」としての立件を見送ってきた点にある。たとえば、ストーカー規制法が制定される直接の契機となった桶川女子大生刺殺事件においては、被害女性が名誉棄損罪で告訴していたにもかかわらず、警察（埼玉県警上尾署）は捜査を全く行っていなかったのであり、警察が適正にその捜査権限を行使していれば被害者は殺されなかったのではないかとして、警察の対応に批判が集中したのであった。

また、警察とはいうまでもなく、他の行政機関とは異なり、行政上の目的のために専ら「人民に命令し強制しその自然の自由を制限する作用」を担う機関である。加えて、現行の警察組織は、右のごとき行政警察の作用のみならず、司法警察の作用（犯罪の捜査・被疑者の逮捕等を目的とする刑事司法権に従属する作用）もあわせて警察の責務としており、市民の人身の自由を制限できる強大な権限を有している。

警察が、その強大な権限を適正に行使し、一般市民に対する人権侵害や不当な取扱いがなされないようにするためには、市民が警察官の職務活動をコントロールする法的仕組みが必要である。一九九九年以降神奈川県警、新潟県警をはじめとする警察不祥事が次々と露見したことに対応し、「警察刷新会議」が設けられ、「警察刷新に関する緊急提言」が提出されているが、右提言も、日本の警察の体質を変えうるようなものではないと指摘されている。(56)

警察組織に「手放し」で、ドメスティック・バイオレンス、ストーカー事案等に対する行政的介入を委ねることは妥当ではない。今日なお警察権の行使には「警察公共の原則」をはじめとする条理上の限界があると解すべきであり、警察法が現行の警察組織に右限界を超える権限を与えていると解すべきではないと考える。なお、警察官が警職法に定める権限を行使する場合——たとえば、同五条に定める警告、制止をする場合——についても、現行の警察実務において、警職法改正案（昭和三三年国会提出）が期待したのと同様の職務執行を容認するような拡張解釈が支配的となっている状況を考慮すべきである。警察官は、警職法を厳格に解釈して、職務執行を行なうべきである。

《公権力の行使》

私は、警察がドメスティック・バイオレンスに介入する場合について、その是非と限界を検討するに当たっては既に前項でのべたとおり、それが犯罪の捜査・摘発なのか、すなわち司法警察としての権限を行使する場面なのか、それとも犯罪の防止、被害者の保護など行政目的を達するための行政警察としての権限を行使する場面なのかの仕分けが（実際には難しいことを承知した上でなお）重要であると考える。ＤＶが犯罪を構成する場合について司法警察の権限が厳正に行使されるべきであることについては、前項で述べたとおりである。

次に、行政警察としての権限行使を考えるに当たっては、それが人民に対し命令し強制する「権力的活動」なのか、即ち、公権力の行使に亘る場合なのか、あるいは、「非権力的活動」なのかの仕分けが重要であると考える。即ち、警察の活動が命令・強制等の公権力の行使に亘る場合、警察の権限行使には、「警察公共の原則」をはじめとする警察権の限界があると考える。そのような権限行使には特別の法律の根拠が必要であり、警察の介入は必要最小限度であるべきだと考える。

ここで、警察による「公権力の行使」が警察権の限界を超えて許容されない場面においては、司法機関（裁判所）による介入――たとえばＤＶ防止法の用意する保護命令のような――が用意されるべきだと考える。

一方で、警察の介入が行政指導、被害者の保護、相談、情報提供等のような非権力的活動である場合については、警察はＤＶ撤廃の責任を有する国家の一機関として他の行政機関とともに積極的に行政サービスを提供すべきであると考える。今日までのところ、国、地方自治体等の行政機関による本格的なＤＶ対策は始まったばかりであり、警察が提供することのできる行政サービスをこれに代わって提供できる代替行政機関がいまだ充分に用

＜表４＞　ＤＶへの警察の介入

⑴　犯　　　罪	……警察が積極的に摘発
⑵　事前規制	……司法機関の介入
⑶　行政的支援	……他の行政機関・自治体との役割分担（相談・援助・保護）

意されていないからである。ＤＶ防止法が、警察を「配偶者暴力相談支援センター」と並んで、被害者が「配偶者からの暴力」に関する相談、援助、保護を求める第一次的機関（＝窓口）として位置づけているのも、このような現状の反映であると思われる。

ただし、ＤＶ防止法が、「配偶者からの暴力」を「配偶者からの身体に対する不法な攻撃であって生命又は身体に危害を及ぼすもの」と定義し、「配偶者からの暴力」の被害者と並んで、「配偶者からの暴力」の被害者に準ずる心身に有害な影響を及ぼす言動を受けた者に対する保護も行うとして、両者を分けた上で、警察には「配偶者からの暴力」の被害の発生を防止する責務を課している点にみられるように、身体に対する不法な攻撃にあたらない「性的暴力」及び「精神的暴力」については、警察以外の行政機関が相談等の業務に当たることがふさわしいと考える。

なお、警察による行政指導等が、実質的にみて「公権力の行使」に等しい場合には、「警察公共の原則」をはじめとする警察権の限界の理論が警察権の行使の限界を画すると考える。

《ＤＶ防止法VSストーカー規制法》

既に述べたとおり、警察による「公権力の行使」が警察権の限界を超えて許容されない場面においては、司法機関（裁判所）による介入が用意されるべきであると考えるが、この点に関して、ストーカー規制法は、「つきまとい等」の行為を列挙して禁止し、違反者に対し、警察本部長等が「警告」を発することができることとし、警告に従わない者に対し都道府県公安委員会が罰則付の「禁止命令」を発することができると定めている。私は、同法が警察と密接な関連を有する行政機関たる公安委員会に、犯罪の防止という行政目的を達するため、一般私人の権利・自由を制限する禁止命令を発することができる権限を与えている点については、国民の基本的人権擁護の観点からみてきわめて問題があると考える。かかる命令は、司法機関たる裁判所が発令すべきである。

一方で、「配偶者からの暴力の防止及び被害者の保護に関する法律」は、「配偶者からの暴力」の被害者が、「更なる配偶者からの暴力により生命又は身体に重大な危害をうけるおそれが大きいとき」、地方裁判所が、保護命令(①六ヵ月間の接近禁止命令、②二週間の住居からの退去命令)を発することができるとしており、警察は右保護命令の執行機関として位置づけられている。保護命令違反者には刑罰が科せられることになっている。保護命令制度は、裁判所が発する命令の実効性を刑罰が担保する法形式を採用しており、警察の位置づけは、ストーカー規制法とは全く異なっている。

DV防止法は、DV防止と被害者の保護という法目的を実現するために、警察権限を拡大して私人の権利・自由を制限する手法を採用せず、司法機関である裁判所に積極的な役割を果すことを求めることによって、警察と裁判所に各々が果たすべき役割を割り当てたものであり、高く評価される。DV防止法をストーカー規制法と同列に論じ、警察依存の立法であるとする評価は妥当でない。

(1)　本法制定の経緯及び各条文の解釈については、南野知恵子外監修『詳解DV防止法』ぎょうせい(平成一三年)を参照した。なお、本法に関する資料の収集に際し、福島瑞穂参議院議員事務所(とりわけ斉藤文栄さん)から多大なご協力を頂いた。深く感謝したい。

(2)　南野、前注(1)、一三二頁。

(3)　本法については、平成一三年四月六日衆議院法務委員会において質疑が行なわれ、参議院「共生社会に関する調査会」のメンバーが草案提案者としての説明を行なっている。参議院議員の答弁はすべて右委員会における答弁である。会議録は、「国会会議録検索システム」のホームページで検索できる。

(4)　南野、前注(1)、一三二頁。

(5) 前注、一三二頁。
(6) 前注、一五八頁。
(7) 菅野雅之「保護命令手続のイメージについて―配偶者暴力に関する保護命令手続規則の解説を中心に」判タ一〇六七号四頁（二〇〇一年）。
(8) 南野、前注（1）、一五五頁。
(9) 前注、一五九頁。
(10) 戒能民江「DV防止法目立つ不備、見直しが必要」（二〇〇一年五月一七日付朝日新聞「私の視点」）。戒能教授は、DV防止法の内容には「問題が多すぎる」と主張され、「まず、保護命令を申請できる範囲が事実上の夫婦も含めた配偶者からの身体的暴力に限定されている」点を指摘し、「精神的暴力や性的暴力は表面化しにくいだけに影響も大きい」と説く。また、「元夫の暴力に適用されないことも、別れた後の危険が大きいDVの実態から遊離している」と厳しく批判される。
なお、保護命令の申立要件を「身体的暴力、精神的暴力、性的暴力、経済的暴力などにより申立人の人間の尊厳を侵害するおそれのあるとき」と改めることを提言するものとして、戒能民江編『ドメスティック・バイオレンス防止法』尚学社（二〇〇一年）〔戒能〕一三〇頁。
(11) 南野、前注（1）、一六七頁。
(12) 深見敏正、高橋文清「東京地裁及び大阪地裁におけるDV防止法に基づく保護命令手続の運用」判タ一〇六七号二二頁（二〇〇一年）。
(13) 南野、前注（1）、四六―四七頁。
(14) 菅野、前注（7）、五頁。
(15) 長谷部恭男「ストーカー規制論議は冷静に」（二〇〇〇年五月一六日付朝日新聞論壇）、及び岡田久美子「ストーカー行為等規制法」法セミ五五〇号六三頁（二〇〇〇年）。
(16) 戒能教授は、DV法の問題点として、保護命令を申立できる「暴力」の範囲が狭いこと、申立の際にDV相談支援センターか警察に事前相談していた事実が必要となること、接近禁止命令で禁止される行為がストーカー規制法の「つきまとい」行為より著しく範囲が狭いこと、退去命令の期間が二週間と短いこと等を指摘し、さらに「保護命令違反の逮捕についてもDV法上規定はない」「退去命令を無視して加害者が居座ったときに被害者が通報した場合、警察が保護命令違反として必ず逮捕するのかどうかわからないのでは、被害者の安全は確実には守られない」と批判する。戒能民江「配偶者暴力防止法と諸外国のドメスティック・バイオレンス防止立法の現状」法律のひろば五四巻九号二六―二九頁（二〇〇一年）。

(17) 小田中教授は、警察権限拡大の点ではＤＶ法にも問題があると指摘する。小田中聰樹「刑事法制の変動と憲法」法律時報七三巻六号四六頁（二〇〇一年）。

(18) 保護命令の手続については、被害者は事実上、警察署又は配偶者暴力相談支援センターの二つの「窓口」を経由して申立てをせざるを得ない点で、被害者にとって利用しにくい制度になっているとの指摘がある。法的手続へのアクセスを容易にするため、住民に最も身近な市区町村役場の相談窓口・福祉事務所を保護命令申立の際の「窓口」に加えることを検討すべきであろう。また、将来的には、元配偶者からの申立も認めること、生命・身体に対し危害を加える旨の脅迫行為も保護命令の対象とすること、口頭弁論又は審尋を経た上で発せられる退去命令については、退去期間を六ヶ月程度とすることも検討すべきであろう。

(19) 厚生省社会・援護局保護課長、厚生省児童家庭局家庭福祉課長「夫等からの暴力により保護を必要とする女性への対応について」（社援保第一八号、児家第二四号）。なお、右通知では母子生活支援施設の広域入所を促進すること及び同施設における単身女性の宿泊を可能とすることも通知しており、夫等の暴力により保護を必要とする女性に対応することとしている。

(20) 社団法人自由人権協会「ドメスティック・バイオレンス禁止法案」（二〇〇〇年）。

(21) 藤本恵子「保護命令事件の概況――平成一三年の裁判統計を中心にして――」民事法情報一八六号五二頁（二〇〇二年）。

(22) リンデン・グロス〔秋岡史訳〕『ストーカー』祥伝社（平成七年）。

(23) 平成一二年三月七日に開催された参議院予算委員会における竹村泰子参議院議員の質問。

『ザ・スクープ』のキャスター鳥越俊太郎氏と取材班により、警察の責任が明らかにされていく経過について、鳥越俊太郎&取材班『桶川女子大生ストーカー殺人事件』メディアファクトリー（二〇〇〇年）。

(24) 埼玉県警察本部『埼玉県桶川市における女子大生殺人事件をめぐる調査報告書』（平成一二年四月六日）。

(25) ストーカー規制法は、平成一二年五月一六日、参議院地方行政・警察委員会において審議された。本法は議員立法であり、草案につき提案者である松村龍二参議院議員より趣旨説明及び答弁がなされている。なお会議録は「国会会議録検索システム」のホームページで検索できる。

(26) 平成一二年五月一六日付参議院地方行政・警察委員会における照屋寛徳参議院議員の発言。

(27) 檜垣重臣『ストーカー規制法解説』立花書房（平成一二年）一三―一四頁。
(28) 前注、二〇頁。
(29) 前注、三五頁。
(30) 前注、三三頁。
(31) 前注、四〇頁。
(32) 岡田久美子「ストーカー行為等規制法」法セミ五五〇号六三頁（二〇〇〇年）。小田中教授は、「ストーカー規制法には罪刑法定主義違反、適正手続違反の疑いが強く付着することは否定し難い」と厳しく批判する。小田中、前注(17)、四六頁。
(33) 檜垣、前注(27)、六二―六三頁。
(34) ドメスティック・バイオレンスに対する警察介入の是非とその限界については、広中俊雄先生（東北大学名誉教授）が主宰されておられる研究会において、報告の機会を与えられ、広中先生からご指導を頂いた。広中先生は、市民社会における避けられない勢いとして、田中二郎博士のいう「警察消極の原則」では済まない社会的要請があり、これを切り捨ててはならないことを説かれる一方で、警察の介入を促す際に、警察の質を問わないことは危険であることを指摘され、警察を市民のためのものにするにはどうしたらよいのか、行政警察を市民社会がどう「飼い慣らすのか」という観点が必要であると説かれた。さらに警察オンブズマンの構想が一つの回答になると指摘された。私は、現状では警察を市民社会がコントロールできる状態にはないことを考慮し、このような警察に「手放し」でＤＶ問題の解決を委ねることは妥当ではないが、一方でＤＶに対する警察の介入を求める社会的要請にどのように答えていったらよいのかを考え、警察介入の是非と限界について私見をまとめてみた。
なお、広中先生が警察オンブズマン構想に寄せて執筆された最近の論稿として、広中俊雄「警察の電話盗聴に関する住民監査請求に思う――警察オンブズマン構想に寄せて――」篠原一編『警察オンブズマン』信山社（二〇〇一年）七七頁以下を参照されたい。
(35) 東京都生活文化局女性青少年部女性計画課編「『女性に対する暴力』調査報告書」（平成一〇年）一〇五頁。
(36) 前注、一四〇―一四一頁。
(37) 小田中、前注(17)、四八頁。
(38) 戒能、前注(10)。なお、戒能、前注(16)もＤＶ防止法の問題点として、保護命令を申立できる「暴力」の範囲が狭いことなどを指摘する。

(39) シェルター・DV問題調査研究会議調査3担当『シェルターを核とした関係援助機関の活動連携実態および法制度・運用に関する調査』(二〇〇〇年)〔戒能〕二〇頁。
(40) 戒能民江「警察の介入姿勢の『変化』と『法は家庭に入らず』の維持」法セミ五五〇号五六頁(二〇〇〇年)。
(41) 藤田宙晴「民事不介入」『行政法の争点〈新版〉(ジュリスト増刊号)』二四〇―二四一頁(一九九〇年)。
(42) 日本弁護士連合会編『検証日本の警察――開かれた警察と自立した市民社会をめざして』日本評論社(一九九五年)四六二頁。
(43) 総理府男女共同参画室編『北京からのメッセージ――第四回世界女性会議及び関連事業等報告書――』(平成八年)所収「北京宣言及び行動綱領」参照。
(44) 総理府男女共同参画室「国連特別総会『女性二〇〇〇年会議』の概要」所収「北京宣言及び行動綱領実施のための更なる行動とイニシアティブ」(平成一二年)参照。
(45) 島田尚武「生活安全局の設置について」警察学論集第四七巻一〇号一一九―一二〇頁。
(46) 白藤博行「警察法『改正』の行政法学的検討」吉川経夫編『各国警察制度の再編』法政大学現代法研究所(一九九五年)二一二頁。
(47) 戒能、前注(40)、五七頁。
(48) 前注(39)、二〇頁。
(49) 「夫(恋人)からの暴力」調査研究会『ドメスティック・バイオレンス』有斐閣(一九九八年)一六四―一六五頁。
(50) 小田中、前注(17)、四七―四八頁。
(51) 田中二郎『新版行政法下巻全訂第二版』弘文堂(昭和五八年)五二頁。
(52) 前注、五八―五九頁。
(53) 藤田、前注(41)、二四一頁。
(54) 藤田宙晴「警察法二条の意義に関する若干の考察(二)」法学五三巻二号一〇〇頁(一九八九年)。
(55) 白藤、前注(46)、二二二頁。
(56) 広中、前注(34)、九七頁。

あとがき

それは一九九〇年七月に起こった。ドメスティック・バイオレンスという言葉を誰も知らない頃の出来事である。

夫から日常的に激しい暴行を受けていた妻が、その日も、たまたま帰宅時間が遅かったことに端を発し、夫から長時間に亘り殴る、蹴る、首をしめる等の暴行を受け（加療二週間の傷害を負う）、妻は夫に反撃するため夢中で台所から包丁を持ち出し、気がつくと夫の腹部を刺していた。夫は約二週間後に病院で死亡し、幼児、小学生、中学生の三人の子どもが残された。彼女は殺人罪で起訴され、私は弁護人になった。殺意を否認し、正当防衛及び心神耗弱の主張をし、さらに、病院での医療過誤が原因で死亡したので因果関係はないと争ったが、いずれも認められず、懲役五年の実刑判決が言渡された。やり切れない思いだけが残った。それ以来、「夫の暴力」が私のライフワークとなった。

本書は、一九九七年一月東北大学大学院法学研究科前期課程（社会人コース）に提出した学位論文をもとにこれに大幅に加筆訂正したものである。私は一九九八年九月札幌で開催された第四一回日弁連人権擁護大会第三分科会シンポジウム「家族と暴力」においてシンポ実行委員として基調報告書の執筆に携わり、思索を深める機会を得た。その頃から、ドメスティック・バイオレンスの法的救済について自分の考えをまとめておきたいと思うようになった。

本書の執筆を思い立ってから脱稿まで随分と長い時間を要したが、その最大の理由は、幸いにしてドメスティック・バイオレンス（ＤＶ）が多くの人々の関心を呼び、これに対する法的取組みが急速に進展したことによる。一番の収穫は、昨年成立した「配偶者からの暴力の防止及び被害者の保護に関する法律」（いわゆるＤＶ防止法）であろう。

本書で私が述べたかったことを簡単に要約すれば、第一に、ドメスティック・バイオレンスの法的救済として伝統的に用意されてきた手法――刑法、不法行為法、婚姻法など――が、これまで十分に機能してこなかった要因としては、ドメスティック・バイオレンスが、従来、一般の人々の間でたとえそれが暴行罪、傷害罪等の犯罪にあたる行為であっても、刑罰に値するほどの違法な行為ではないと考えられてきたことが挙げられる。ＤＶ防止法は、「配偶者からの暴力」を「犯罪となる行為である」として強く非難し、被害者の救済のため罰則付保護命令制度を創設しているが、同法の制定は、「配偶者からの暴力」をはじめとするドメスティック・バイオレンス（ＤＶ）に対する人々の法意識を大きく変える力を持っている。即ち、人々の間にＤＶがときに犯罪となる行為であり、人格的利益を侵害する違法な行為であって、社会的非難に値する行為であるという法意識を形成することが期待される。これに伴い、各法分野においてＤＶ防止法の趣旨に沿う形で法の解釈・運用がなされることが社会的に要請されるものと思われる。

たとえば、夫婦間には原則として強姦罪は成立しないが、婚姻が実質的に破綻しているなどの例外的事情があれば犯罪の成立をみとめるとする法解釈、長期間に亘り身体的・性的・心理的暴力を受けていた妻が追い詰められて夫を殺した場合に、妻の犯行を「短絡的」と決めつけてドメスティック・バイオレンスをさほど考慮しない量刑のあり方、夫婦間における人格的利益の侵害について夫婦であることが違法性判断に影響を及ぼすと解したり、夫婦であることを理由に損害賠償請求権の行使自体に一定の制約があると解する法解釈、暴行・傷害行為などのような重大な人格的利益の侵害を理由として離婚を求めても、そのような事情は「婚姻が破綻しているかどうか」を判断する一事情として考慮されるにとどまるとされ、被害者からの離婚請求が認められる保障がない離婚法の解釈、婚姻が破綻している限り、破綻に至る責任の所在を問題にすることなく離婚を認めるという破綻主義を徹底する法解釈などは、ＤＶの加害者の法的責任を明確にし、被害者の法的保護を図るという観点から、再検討を迫られると思われる。

ＤＶ防止法は、長い間、ドメスティック・バイオレンスを黙認し、これに対する法の介入を好ましくないものとしてきた従来の法のあり方そのものに変化を迫るものであるといえる。

第二に、ドメスティック・バイオレンスへの警察の介入については、犯罪の摘発・捜査から暴力の制止、被害者の保護・支援・相談まで、ありとあらゆる側面における警察の積極的介入を求める意見があるが、市民社会による警察のコントロールがきわめて困難である現状を考えると、警察に「手放し」でＤＶ問題の解決を委ねることは、妥当でないと考える。

ＤＶへの警察の介入はどうあるべきか。まずＤＶが暴行・傷害などの犯罪を構成する場合、司法警察の権限が適正に行使されない現状は改善を要すると考える。警察はＤＶ犯罪の摘発・捜査を厳正に行うべきである。一方で犯罪の防止、被害者の保護などの行政目的を達成するための行政警察としての権限の行使については、それが公権力の行使に亘る場合には、警察の権限行使には今なお、「警察公共の原則」をはじめとする警察権の限界があると考える。そのような権限行使には特別の法律の根拠が必要であり、警察の介入は必要最小限であるべきである。ここで、警察による「公権力の行使」が警察権の限界を超えて許されない場合においては、司法機関（裁判所）による事前規制が用意されるべきであろう。ＤＶ防止法の用意した保護命令の制度は、この部分をカバーするものである。

警察の権限行使が被害者の保護、相談、情報提供等のような非権力的活動である場合については、警察はドメスティック・バイオレンスの防止及び被害者保護の責務を有する国家の一機関として、他の行政機関とともに積極的に行政サービスを提供すべきであると考える。国、自治体による本格的なＤＶ対策はいままさに始まったばかりであり、警察が提供することのできる行政サービスを警察に代わって提供できる行政機関が充分に用意されているとは言い難い状況にある。ＤＶ防止法が警察を「配偶者暴力相談支援センター」と並んで、被害者が「配偶者からの暴力」に関する相談・援助・保護を求める第一次的機関（＝窓口）として位置づけているのも、このような状況の反映である。

しかしながら、身体に対する不法な攻撃とまではいえない「性的暴力」及び「精神的暴力」などについては、警察以外の行政機関が相談等の業務に当ることがふさわしいと考える。

第三に、ＤＶ防止法は、ストーカー規制法が「つきまとい等」の行為を禁止し、違反者に対し警察本部長等が「警告」を発することができることとし、警告に従わない者に対し、公安委員会が罰則付禁止命令を発することができるとしているのとは異なり、国民の基本的人権擁護の観点から、一般私人の権利・自由を制限する保護命令は司法機関たる裁判所が発し、その実効性は命令違反者に刑罰を科することによって担保するという法形式を採用している。ＤＶ防止法における警察の位置づけはストーカー規制法とは全く異なるのである。ＤＶ防止法をストーカー規制法と同列に論じ、警察依存の立法であると評価することは、妥当でない。ストーカー規制法が、桶川女子大生刺殺事件を契機に、警察の汚名返上のため短期間のうちに成立したという事情と異なり、ＤＶ防止法は国・地方自治体のＤＶへの取組みや民間団体の被害者保護活動の結実であるという法の成り立ちを考えると一層その感が強い。

一方で、保護命令が罰則付であり、法執行機関として警察が予定されていることを考慮すれば、身体に対する不法な攻撃に当らないような性的暴力や精神的暴力についてまで罰則付保護命令が申請できるように、保護命令が申請できる範囲を拡大する意見には賛成できない。このような暴力への警察の介入には一定の限界があると考えるからである。

本書の執筆にあたっては、多くの方々のお世話になった。阿部純二先生（東北大学名誉教授）、川崎英明先生（現関西学院大学）、遠藤比呂通先生（現弁護士）、水町勇一郎先生（東北大学助教授）には、東北大学大学院在学中にご指導を頂いた。

また、広中俊雄先生（東北大学名誉教授）が主宰されている研究会において、ドメスティック・バイオレンスに対する警察介入の是非と限界について報告をする機会を与えられ、先生からご指導を頂いた。研究会の中村哲也先生（新潟大学）、藤岡康宏先生（早稲田大学）、岡孝先生（学習院大学）、松田健児先生（創価大学）、宮崎淳先生（創価大学）、水谷英夫先生（仙台弁護士会）からは貴重なご指摘を頂いた。

一九九八年日弁連人権擁護大会シンポジウム「家族と暴力」実行委員会における議論は、大変有益であった。シンポジウムでパネラーを勤めた角田由紀子先生及び平山知子実行委員長、富岡恵美子副委員長、色川雅子事務局長、安藤ヨイ子委員をはじめとする実行委員会の諸先生方に感謝したい。

私は、一九九〇年に離婚問題に直面した女性たちの相談に応じる目的でＮＧＯ「女性のための離婚ホットライン」を立ち上げたが、その活動から多くのことを学んだ。代表として私を励まし支え続けて下さった佐川房子先生（仙台弁護士会）をはじめ、渡辺美保氏（宮城県婦人相談員）、八幡悦子氏（仙台女性への暴力防止センター代表）など、この活動に参加された方々に感謝したい。

論文発表の機会を与えて下さった旬報社真田聡一郎氏、資料の収集にあたり御協力頂いた福島瑞穂参議院議員秘書斎藤文栄氏、東北大学法学部図書室の皆様に感謝したい。また、韓国在住の女性画家Keum, Dong Won氏は、本書表紙の絵の使用を快諾してくださった。同氏及び仲介の労を取ってくださった李鍾和氏に感謝したい。

本書は企画段階から完成まで長い時間を要したが、信山社村岡侖衛氏は、私のわがままを辛抱強く聞いて下さり、暖かく見守って下さった。厚く御礼を申し上げたい。

最後に、私は故佐藤唯人先生（仙台弁護士会）の下で、弁護士生活のスタートを切り、今日に至っているが、私が弁護士としての職責を果たすことができているとすれば、それはひとえに先生のご指導があったからである。先生は、仙台弁護士会会長、日本弁護士連合会副会長などの要職を歴任され、また松山再審事件、スモン薬害訴訟などに関与されるなど、多方面に亘ってご活躍をなさっていたが、一九九八年七月急逝された。

本書は、弁護士になって以来、私を励ましご指導下さった佐藤先生に捧げ、せめてものご恩返しとさせて頂きたい。

二〇〇二年六月

小島　妙子

ドメスティック・バイオレンスに関する主な文献・論文

＊ 詳しくは本文中の注を参照されたい。

1 日本に関するもの

〈主な文献〉

●阿部純二『刑法総論』日本評論社（一九九七年）
●安宅左知子『殴られる妻たち 証言・ドメスティック・バイオレンス』洋泉社（二〇〇〇年）
●江原由美子『装置としての性支配』勁草書房（一九九五年）
●大塚仁外編『大コンメンタール刑法（第二版）第九巻』青林書院（二〇〇〇年）
●大沢真理編『二一世紀の女性政策と男女共同参画社会基本法』ぎょうせい（二〇〇〇年）
●大村敦志『家族法』有斐閣（一九九九年）
●大谷實『刑法講義各論（第四版補訂版）』成文堂（一九九六年）
●大谷實監修『わかりやすいストーカー規制法』有斐閣（二〇〇二年）
●「夫（恋人）からの暴力」調査研究会『ドメスティック・バイオレンス』有斐閣（初版一九九八年、新版二〇〇二年）
●川本隆史『現代倫理学の冒険』創文社（一九九五年）
●戒能民江編『ドメスティック・バイオレンス防止法』尚学社（二〇〇一年）
●戒能民江『ドメスティック・バイオレンス』不磨書房（二〇〇二年）
●かながわ・女のスペース〝みずら〟『シェルター・女たちの危機――人身売買からドメスティック・バイオレンスまで〝みずら〟の一〇年』明石書店（二〇〇二年）
●神奈川県立かながわ女性センター『緊急保護室一〇年の検証』（一九九三年）
●小西聖子『ドメスティック・バイオレンス』白水社（二〇〇一年）
●シェルター・DV問題調査研究会議調査3担当『シェルターを核とした関係援助機関の活動連携実態および法制度・運

用に関する調査』（二〇〇〇年）
●城下祐二『量刑基準の研究』成文堂（一九九五年）
●シャーマン・L・バビオー〔大島静子外訳〕『女性への暴力――アメリカの文化人類学者がみた日本の家庭内暴力と人身売買』明石書店（一九九六年）
●鈴木眞次『離婚給付の決定基準』弘文堂（一九九二年）
●鈴木隆文・後藤麻里『ドメスティック・バイオレンスを乗り越えて』日本評論社（一九九九年）
●鈴木禄弥『親続法講義』創文社（一九八八年）
●関哲夫『資料集　男女共同参画社会』ミネルヴァ書房（二〇〇一年）
●仙台女性への暴力調査研究会『仙台市における「女性に対する暴力」実態調査報告書』（一九九九年）
●荘子邦雄『刑法総論〈第三版〉』青林書院（一九九六年）
●棚村政行『結婚の法律学』有斐閣（二〇〇〇年）
●角田由紀子『性差別と暴力』有斐閣（二〇〇一年）
●東京都生活文化局女性青少年部女性計画課『「女性に対する暴力」調査報告書』（一九九八年）
●東京弁護士会両性の平等に関する委員会編『ドメスティック・バイオレンス　セクシャル・ハラスメント』商事法務研究会（二〇〇一年）
●富岡恵美子・吉岡睦子編『現代日本の女性と人権』明石書店（二〇〇一年）
●鳥越俊太郎&取材班『桶川女子大生ストーカー殺人事件』メディアファクトリー（二〇〇〇年）
●内閣総理大臣官房男女共同参画室『男女間における暴力に関する調査』（二〇〇〇年）
●内閣府男女共同参画局『配偶者等からの暴力に関する事例調査』（二〇〇一年）
●内閣府男女共同参画局『平成一四年版男女共同参画白書』（二〇〇二年）
●中村正『ドメスティック・バイオレンスと家族の病理』作品社（二〇〇一年）
●南野知恵子外監修『詳解ＤＶ防止法』ぎょうせい（二〇〇一年）
●二宮周平＝榊原富士子『離婚判例ガイド』有斐閣（一九九四年）

●日本DV防止・情報センター編『ドメスティック・バイオレンスへの視点』朱鷺書房（一九九九年）
●日本弁護士連合会編『検証日本の警察――開かれた警察と自立した市民社会をめざして』日本評論社（一九九五年）
●日本弁護士連合会両性の平等に関する委員会『シンポジウム基調報告書　女性に対する暴力』（一九九五年）
●日本弁護士連合会編『ドメスティック・バイオレンス防止法律ハンドブック』（二〇〇〇年）
●長谷川京子監修『DV防止法活用ハンドブック』朱鷺書房（二〇〇二年）
●波田あい子、平川和子編『シェルター』青木書店（一九九八年）
●原田恵理子編『ドメスティック・バイオレンス』明石書店（二〇〇〇年）
●檜垣重臣『ストーカー規制法解説』立花書房（二〇〇〇年）
●広中俊雄『民法綱要総論(上)』有斐閣（一九八九年）
●フェミニストカウンセリング堺DV研究プロジェクトチーム『「夫・恋人（パートナー）等からの暴力について」調査報告書』（一九九八年）
●福島瑞穂『使いこなそう！　ドメスティック・バイオレンス防止法』明石書店（二〇〇一年）
●水谷英夫・小島妙子編『夫婦法の世界』信山社（一九九五年）
●森田ゆり『ドメスティック・バイオレンス』小学館（二〇〇一年）
●山下泰子・橋本ヒロ子・齊藤誠『男女共同参画推進条例のつくり方』ぎょうせい（二〇〇一年）
●山田秀雄編『Q&Aドメスティック・バイオレンス法　児童虐待防止法解説』三省堂（二〇〇一年）
●吉田克己『現代市民社会と民法学』日本評論社（一九九九年）
●吉廣紀代子『殴る夫　逃げられない妻』青木書店（一九九七年）
●渡辺和子編『女性・暴力・人権』学陽書房（一九九四年）

〈主な論文〉

●岩井宜子「配偶者からの暴力の防止及び被害者の保護に関する法律」法学教室二五一号七六頁以下（二〇〇一年）
●大脇雅子「女性に対する暴力――DV立法における『保護命令』の議論をめぐって――」国際女性一四号一一七頁以下

（二〇〇〇年）
●岡田久美子「ストーカー行為等規制法」法学セミナー五五〇号六一頁以下（二〇〇〇年）
●小田中聰樹「刑事法制の変動と憲法」法律時報七三巻六号四三頁以下（二〇〇一年）
●戒能民江「イギリスにおける夫婦間暴力と法［序説］」『現代法社会学の諸問題（上）黒木三郎先生古稀記念』民事法研究会（一九九二年）
●戒能民江「法律学とジェンダー論」労働法律旬報一三九九＋四〇〇号三三頁以下（一九九六年）
●戒能民江「ドメスティック・バイオレンスと性支配」『岩波講座現代の法11ジェンダーと法』一八一頁以下（一九九七年）
●戒能民江「警察の介入姿勢の『変化』と『法は家庭に入らず』の維持」法学セミナー五五〇号五六頁以下（二〇〇〇年）
●戒能民江「配偶者暴力防止法と諸外国のドメスティック・バイオレンス防止立法の現状」法律のひろば五四巻九号二五頁以下（二〇〇一年）
●鍛冶良堅、大杉麻美「夫の暴力を避けるための別居と離婚事由」ジュリスト一一九三号一一三頁以下（二〇〇一年）
●菅野雅之「保護命令手続のイメージについて——配偶者暴力に関する保護命令手続規則の解説を中心に」判例タイムズ一〇六七号四頁以下（二〇〇一年）
●葛原力三「夫婦間での強姦」法学セミナー四三〇号三六頁以下（一九九〇年）
●佐伯仁志・道垣内弘人「対談　民法と刑法（第一六回）」法学教室二三八号六四頁以下（二〇〇〇年）
●白藤博行「警察法『改正』の行政法学的検討」吉川経夫編『各国警察制度の再編』法政大学現代法研究所（一九九五年）
●高島智世「国家による性規制の論理と性的自己決定権——『夫婦間強姦』に関する議論をめぐって——」江原由美子編『性・暴力・ネーション』勁草書房（一九九八年）一七一頁以下二〇五頁以下
●中谷瑾子「女性犯罪と刑の量定（一）・（二）・（三・完）」法学研究四一巻六号一頁以下、四一巻一〇号二五頁以下、四二巻二号二二頁以下（一九六八年〜一九六九年）
●林陽子「成立したドメスティック・バイオレンス防止法」国際女性一五号八九頁以下（二〇〇一年）

●原ひろ子「ドメスティック・バイオレンスをめぐる今後の課題」法律のひろば五四巻九号三四頁以下（二〇〇一年）
●広中俊雄「警察の電話盗聴に関する住民監査請求に思う——警察オンブズマン構想に寄せて——」篠原一編『警察オンブズマン』信山社（二〇〇一年）七七頁以下
●深見敏正、高橋文清「東京地裁及び大阪地裁におけるDV防止法に基づく保護命令手続の運用」判例タイムズ一〇六七号二〇頁以下（二〇〇一年）
●深見敏正、森崎英二、後藤眞知子「DV防止法の適正な運用を目指して」判例タイムズ一〇八六号四一頁以下（二〇〇二年）
●藤岡康宏「配偶者間の不法行為」『現代家族法体系2』有斐閣（一九八〇年）三七五頁以下
●藤田宙晴「警察法二条の意義に関する若干の考察（一）・（二）」法学五二巻五号一頁以下（一九八八年）、法学五三巻二号七七頁以下（一九八九年）
●藤本恵子「保護命令事件の概況～平成一三年の裁判統計を中心にして～」民事法情報一八六号五二頁以下（二〇〇二年）
●松島京「ドメスティック・バイオレンス（Domestic Violence）という用語が持つ意味——先行研究からの考察——」立命館産業社会論集三六巻一号一四一頁以下（二〇〇〇年）
●村上文「いわゆる『ドメスティック・バイオレンス』に対する政府の取組と法律の成立を受けた今後の課題について」法律のひろば五四巻九号一一頁以下（二〇〇一年）

2　アメリカに関するもの

〈主な文献——邦語文献〉

●大西祥世・NMP研究会編『ドメスティック・バイオレンスと裁判——日米の実践——』現代人文社（二〇〇一年）
●梶山寿子『女を殴る男たち』文芸春秋社（一九九九年）
●キャサリン・A・マッキノン〔奥田暁子外訳〕『フェミニズムと表現の自由』明石書店（一九九三年）
●熊谷文枝『アメリカの家庭内暴力——子ども・夫・妻・親虐待の実態』サイエンス社（一九八三年）
●ジニー・ニッキャーシー、スー・ディヴィドソン〔むらさき工房訳〕『夫・恋人の暴力から自由になるために』パンドラ

（一九九五年）
●ジュディス・L・ハーマン〔中井久夫訳〕『心的外傷と回復』みすず書房（一九九六年）
●スーザン・エストリッチ〔中岡典子訳〕『リアル・レイプ』JICC出版局（一九九〇年）
●ドナルド・G・ダットン、スーザン・K・ゴラント〔中村正訳〕『なぜ夫は、愛する妻を殴るのか？』作品社（二〇〇一年）
●ニール・ジェイコブソン、ジョン・ゴットマン〔戸田律子訳〕『夫が妻に暴力をふるうとき』講談社（一九九九年）
●リンデン・グロス〔秋岡史訳〕『ストーカー』祥伝社（一九九五年）
●レノア・E・ウォーカー〔穂積由利子訳〕『バタードウーマン』金剛出版（一九九七年）
●ロナルド・ドゥオーキン〔水谷英夫・小島妙子共訳〕『ライフズ・ドミニオン』信山社（一九九八年）
●ロランド・V・デル＝カーメン〔樺島正法・鼎博之共訳〕『アメリカ刑事手続法概説』第一法規出版（一九九四年）

〈主な論文——邦語論文〉

●青山彩子「米国におけるドメスティック・バイオレンスへの対応㊤・㊦」警察学論集五二巻一号一〇〇頁以下、五二巻二号一四三頁以下（一九九九年）
●石川稔「夫婦間レイプ（その1）（その2）——夫婦間に強姦罪は成立するか」法学セミナー三五七号三八頁以下、三五八号六二頁以下（一九八四年）
●萩原玉味「強姦罪における被害者の法的保護（一）（二・完）」警察研究六一巻一号二二頁以下、二号二〇頁以下（一九九〇年）
●小島妙子「妻に対する暴力の現状と法的規制——アメリカの事例を中心に」労働法律旬報一三三九号二一頁以下（一九九四年）
●小島妙子「『女性に対する暴力防止法』の成立とその背景」労働法律旬報一三六〇号三九頁以下（一九九五年）
●小林寿一「夫婦間暴力に対する警察の対応（一）〜（五）——アメリカ合衆国における動向について」警察研究六〇巻八号〜一二号（一九八九年）

●角田由紀子「夫（恋人）からの暴力に対する法的処置——日本の現状とアメリカの模範法典について——」財団法人横浜市女性協会編『民間シェルター調査報告書Ⅱ　アメリカ調査編』（一九九五年）三五頁以下

●西岡繁靖「ジョージア州フルトン郡における家庭内暴力の被害者保護」判例時報一七五七号二一頁以下

●沼崎一郎「騙されずにバタラー（DV加害者）を見極められますか？——アメリカの教訓——」アディクションと家族一八巻三号三一五頁以下（二〇〇一年）

●福岡久美子「ドメスティック・バイオレンスと合衆国憲法（一）（二・完）」阪大法学四九巻五号三九頁以下、四九巻六号五三頁以下（二〇〇〇年）

●吉川真美子「アメリカ刑事司法におけるDV加害者逮捕政策」日本法社会学会編『法社会学』五五号一五九頁以下（二〇〇一年）

●吉浜美恵子「アメリカにおけるドメスティック・バイオレンスへの取り組み」財団法人横浜市女性協会編『民間シェルター調査報告書Ⅱアメリカ調査編』（一九九五年）五四頁以下

〈英語文献及び論文〉

● Bureau of Justice Statistics, "*Intimate Partner Violence*", NCJ 178247（2000）

● Dobash and Dobash, *Violence Against Wives*,（Free Press, 1979）

● Elizabeth Pleck, "Criminal Approaches to Family Violence, 1640-1980", in Lloyd Ohlin and Michael Tonry eds., *Family Violence*,（The University of Chicago Press, 1989）

● Eve S. Buzawa and Carl G. Buzawa eds., *Domestic Violence : The Changing Criminal Justice Response*,（Auburn House, 1992）

● Eve S. Buzawa and Carl G. Buzawa, *Domestic Violence : The Criminal Justice Response-2nd ed.*,（Sage,1996）

● Fredrica L. Lehrman, *Domestic Violence Practice and Procedure*,（West, 1996）

● Joan Zorza, "The Criminal Law of Misdemeanor Domestic Violence, 1970-1990", 83 (1) *The Journal of Criminal Law and Criminology* 46（1992）

● Joan Zorza, "Women Battering : High Costs and the State of the Law", 28 *Clearinghouse Review 383*, (1994)
● Kersti Yllo, "Wife Rape : A Social Problem for the 21st Century", *Violence Against Women* Vol. 5, num. 9, (Sage, 1999)
● Lawrence W. Sherman, *Policing Domestic Violence*, (Free Press, 1992)
● "Legal Responses to Domestic Violence", *Harvard Law Review*, Vol. 106 at 1498 (1993)
● Nancy K. D. Lemon, *Domestic Violence Law : A Comprehensive Overview of Cases and Sources*, (Austin & Winfield, 1996)
● National Institute of Justice, *Domestic Violence, Stalking, and Antistalking Legislation : An Annual Report to Congress under the Violence Against Women Act* (1996)
● Patricia G. Barnes ed., *Domestic Violence : From a Private Matter to a Federal Offense Vol. 1-3*, (Garland Publishing, 1998)
● Peter Finn and Sarah Colson, *Civil Protection Orders : Legislation, Current Court Practice, and Enforcement*, (National Institute of Justice, 1990)
● Susan Schechter, *Women and Male Violence*, (South End Press, 1982)
● Rene Augustine, "Marriage : The Safe Haven for Rapists", 29 *Journal of Family Law* 559 (1990/1991)
● Violence Against Women Grants Office, *Domestic Violence and Stalking, The Second Annual Report to Congress under the Violence Against Women Act*, (1997)

3 国連、諸外国に関するもの

● アジア・太平洋人権情報センター編『ドメスティック・バイオレンスに対する取組みと課題』現代人文社（二〇〇一年）
● アンソニー・ギデンズ〔松尾精文・松川昭子共訳〕『親密性の変容』而立書房（一九九五年）
● クマラスワミ報告書研究会『女性に対する暴力――国連人権委員会特別報告書』明石書店（二〇〇〇年）
● 国際女性法研究会編『国際女性条約・資料集』東信堂（一九九三年）
● 国際女性の地位協会編『国際女性』（92年版～01年版）尚学社（一九九二年～二〇〇一年）
● 国際女性の地位協会編『女性関連法データブック』有斐閣（一九九八年）
● スティーヴン・シュート、スーザン・ハリー編〔中島吉弘・松田まゆみ訳〕『ジョン・ロールズ他――人権について』み

すず書房（一九九八年）
●ミランダ・デービス編〔鈴木研一訳〕『世界の女性と暴力』明石書店（一九九八年）
●ユーラン・アーネ、クリスティーン・ロマーン〔日本・スウェーデン家族比較研究会、友子・ハンソン訳〕『家族に潜む権力――スウェーデン平等社会の理想と現実――』青木書店（二〇〇一年）
●ロバート・W・コンネル〔森重雄外訳〕『ジェンダーと権力』三交社（一九九三年）

事項・人名索引

マ 行

著者紹介

小島 妙子（こじま たえこ）

弁護士（仙台弁護士会所属）

主著：『夫婦法の世界』（共編，1995年），
R.ドゥオーキン著『ライフズ・ドミニオン――中絶・尊厳死そして個人の自由』（共訳，1998年）

ドメスティック・バイオレンスの法

アメリカ法と日本法の挑戦

初版第1刷　2002年10月20日発行

著　者
小島妙子

発行者
袖山　貴＝村岡侖衛

発行所
信山社出版株式会社
113-0033　東京都文京区本郷6-2-9-102
TEL 03-3818-1019　FAX 03-3818-0344

印刷・松澤印刷株式会社　製本・渋谷文泉閣

ISBN 4-7972-5320-7　C3032